BIBLIOTHÈQUE DU CONSTRUCTEUR

HISTOIRE

DE

LA LÉGISLATION

DES

TRAVAUX PUBLICS

PAR

M. F. MALAPERT

DOCTEUR EN DROIT, AVOCAT A LA COUR D'APPEL DE PARIS

PARIS

LIBRAIRIE GÉNÉRALE DE L'ARCHITECTURE

et des Travaux publics

DUCHER et Cie

ÉDITEURS DE LA SOCIÉTÉ CENTRALE DES ARCHITECTES

51, Rue des Écoles, 51

—

1880

BIBLIOTHÈQUE DU CONSTRUCTEUR

HISTOIRE

DE

LA LÉGISLATION

DES TRAVAUX PUBLICS

BIBLIOTHÈQUE DU CONSTRUCTEUR

comprenant une série de Traités relatifs à la Construction

dans ses rapports avec le Droit civil et le Droit administratif

PUBLIÉE SOUS LA DIRECTION DE

M. Jules PÉRIN

AVOCAT A LA COUR D'APPEL DE PARIS, DOCTEUR EN DROIT

ARCHIVISTE-PALÉOGRAPHE

Membre correspondant de l'Académie de législation de Toulouse, etc.

Officier de l'Instruction publique.

INTRODUCTION

HISTOIRE DE LA LÉGISLATION DES TRAVAUX PUBLICS, par M. F. Malapert, avocat à la Cour d'appel de Paris. — Prix : 10 fr.

HISTOIRE DE LA LÉGISLATION DES BATIMENTS, par M. Jules Périn.
(*En préparation.*)

TRAITÉS SPÉCIAUX

TRAITÉ DE LA LÉGISLATION ET DE L'ADMINISTRATION DE LA VOIRIE
URBAINE, par M. Alfred des Cilleuls, chef de division à la Préfecture
de la Seine. — Prix : 10 fr.

Sous presse :

TRAITÉ DES RÈGLES DE L'ART DE BATIR et des Vices de Construction,
d'après l'opinion des Maîtres dans l'Art de bâtir et la Jurisprudence
civile et administrative, par M. Jules Périn, avec le concours de
M. Gustave Lecomte, architecte, expert près le Tribunal civil de la
Seine.

En préparation :

Traité des Servitudes réelles. — Traité de la Mitoyenneté. — Traité du
Marché de Travaux particuliers et de Travaux publics. — Traité de la
Police des Constructions. — Traité de la Garantie décennale des Ouvrages
de Construction. — Traité de l'Expertise. — Traité des Honoraires de
l'Architecte. — Traité de la Responsabilité des Propriétaires à raison
de la vétusté ou des vices de leurs bâtiments. — Traité de la Responsabilité des Accidents qui atteignent les personnes dans les Travaux
de construction. — Traité des Constructions élevées sur le terrain
d'autrui. — Traité de l'exploitation des Carrières à ciel ouvert et par
galeries souterraines. — Traité des Réparations (grosses et locatives). —
Traité des Dommages résultant de l'exécution des Travaux publics. —
Traité de la Responsabilité en matière d'incendie. — Etc.

HISTOIRE

DE

LA LÉGISLATION

DES

TRAVAUX PUBLICS

PAR

M. F. MALAPERT

DOCTEUR EN DROIT, AVOCAT A LA COUR D'APPEL DE PARIS

PARIS

LIBRAIRIE GÉNÉRALE DE L'ARCHITECTURE

et des Travaux publics

DUCHER et Cie

ÉDITEURS DE LA SOCIÉTÉ CENTRALE DES ARCHITECTES

51, Rue des Écoles, 51

—

1880

AVERTISSEMENT

On a des documents et même des livres sur quelques branches de l'Histoire de la Législation des Travaux publics ; mais aucun ouvrage n'a porté sur l'ensemble. On chercherait en vain dans les temps antérieurs au nôtre, on ne trouverait aucune étude complète. C'est à peine si Bergier a parlé de la Législation, dans son volume in-4° sur *les Grands Chemins de l'Empire romain*. Lecler-du-Brillet, qui a écrit sur *la Voirie* le quatrième volume du *Traité de la Police* de De La Mare, s'est, au contraire, beaucoup occupé du Droit, mais il a fait un ouvrage de pratique, et le lecteur y est trop souvent arrêté par la reproduction des textes. De Lalande, dans son *Histoire des Canaux*, donne aussi, lui, un certain nombre de pièces. Il ne faut pourtant pas réclamer de cet auteur des dissertations juridiques. De Lalande était un mathématicien, occupé, avant tout, de sa spécialité. Son travail sur les canaux semble être un accident, pour lequel il est sorti de sa voie ordinaire. Les *Histoires des Ponts et chaussées* — nous ne citerons que celle de Duclos, — sont des dissertations fort intéressantes ; elles ont cependant peu de valeur pour les jurisconsultes. De sorte qu'à part le volume de Lecler-du-Brillet, l'ancien régime ne nous a pas laissé grand'chose sur la matière des Travaux publics (1).

Dans notre époque moderne, quatre ouvrages sont à signaler entre tous. Le premier est un chef-d'œuvre en son genre. C'est un petit volume dû à M. Allent, qui a été général du Génie, conseiller d'État, sous le Gouvernement de Juillet. M. Allent a essayé de présenter l'*Histoire du Génie militaire* et des plus illustres officiers du corps. C'est une œuvre faite avec soin, par un général, qui avait le légitime orgueil de voir figurer son nom à côté de celui de ses illustres camarades. M. le chef de bataillon du génie Augoyat a été chargé de développer l'œuvre de M. Allent. Il a amplifié les indications fournies par son devancier. Le premier a écrit avec un certain désir de bien faire et il a souvent réussi. Son continuateur a été un officier consciencieux, auquel on a demandé l'Histoire de son Arme. Son travail se ressent d'avoir été exécuté d'après des ordres supérieurs. Nous ne pouvons apprécier à plus haut prix les trois volumes de M. Vignon, ingénieur en chef des Ponts et chaussées. C'est aussi là un travail commandé auquel la spontanéité fait trop souvent défaut. Le titre de l'ouvrage en indique la portée : *Études historiques sur l'administration des Voies publiques en France au* XVIIe *et au* XVIIIe *siècles.*

Le quatrième travail que nous avons à rappeler, malheureusement trop incomplet, est une notice, qui se trouve en tête de la *Statistique des Routes et des Ponts*, publiée en 1873 ; c'est ce qui a été fait de plus succinct et de mieux en notre matière.

---

(1) C'est ce qu'avait compris M. *Aimé Champollion-Figeac*, quand il a fait un livre sur *Les Travaux publics exécutés sous la troisième race des rois de France* (1860).

Ainsi tous et chacun des ouvrages que nous possédons ont été faits au point de vue d'une spécialité.

L'auteur de l'Histoire des Travaux publics que nous publions est donc le premier qui a essayé de présenter une vue d'ensemble. Ce livre ne satisfera pas les chercheurs d'espèces, car M. Malapert n'a pas eu la prétention de faire une œuvre capable de remplacer nos admirables *Recueils de Jurisprudence*. Il a voulu simplement montrer comment il y a des règles constantes, qui dérivent de notre nature et qui, par conséquent, doivent toujours être observées. Cette opinion n'est pas une vaine conception faite *a priori*. Elle est la conséquence d'études sérieuses sur toutes les branches de la science du droit.

L'Histoire du Droit a toujours paru être la meilleure manière d'exposer les principes de la Législation, de montrer où conduit l'étude des textes et d'enseigner la véritable philosophie qui doit présider à la confection et à l'interprétation des Lois.

C'est dans cet esprit qu'a été conçu le livre que nous offrons au public et auquel des juges compétents, à qui nous l'avons soumis, ont déjà prédit un légitime succès.

LES ÉDITEURS.

INTRODUCTION

Les premières lois sur les Travaux publics sont contemporaines des premiers ouvrages faits en commun. Nous en chercherions en vain le texte ou la date, nous n'arriverions pas à une certitude. Le berceau de l'humanité est couvert de nuages impénétrables, au travers desquels nous ne pouvons qu'à peine entrevoir les origines des arts ou des sciences. La matière des Travaux publics échappe d'autant moins à cette règle que les constructions sont une conséquence de nos instincts naturels. Les abeilles ont des ruches, les lapins des clapiers, les hommes ont des villes, des départements, des républiques ou des Empires.

L'homme est un être sociable ; cette affirmation ne se conteste plus. Un ou deux faits, mal observés, avaient entraîné les philosophes du siècle dernier à croire que l'homme pouvait vivre isolément. Un examen attentif a dissipé cette erreur.

La forme la plus simple de la société est la famille, qui a trop peu d'éléments pour être capable de résister à des ennemis naturels ou de se défendre contre les rigueurs des saisons. Les familles se sont réunies, dès les premiers âges du monde, en groupes, auxquels on a donné des noms divers, tous représentant la même idée. Nous citerons les tribus, les phyles, les clans, les peuplades. Lorsque plusieurs groupes parlaient un même langage, avaient

1

un même culte, ils formaient une nation. Les Grecs, chantés par Homère, étaient la réunion de cent peuplades. Cette organisation a été celle des habitants primitifs du Latium ; elle était celle des Gaulois, lors de leur apparition dans l'histoire.

Nous sommes ainsi faits qu'il ne nous suffit pas d'être citoyen d'une cité et même d'un grand État, nous voulons étendre notre fraternité. L'humanité est notre patrie commune. Le mot de Térence :

Homo sum : humani nihil à me alienum puto,
est l'expression d'un sentiment naturel.

Les Grecs et les Romains affectaient de repousser cette solidarité. Ils donnaient aux nations étrangères le nom de Barbares et affichaient pour ces peuples le mépris que le mulâtre des États-Unis d'Amérique a pour le nègre. Ces préjugés de couleur, de race, de nationalité sont en dehors de la nature ; Cicéron les attaquait déjà. Aujourd'hui, la fraternité des hommes est un fait consacré par des écrits, dont les conclusions, universellement reçues, prennent le nom de règles du droit des gens. Les Gouvernements sont, aussi bien que les particuliers, tenus d'observer ces lois. Les codes de chaque nation, les traités internationaux en ont fait une obligation, dont la violation est punie, s'il le faut, par l'action collective de tous les peuples civilisés. Ainsi, la traite des nègres est universellement prohibée et ceux qui se livrent à ce commerce impie sont partout condamnés à la peine infligée aux pirates.

L'instinct social a conduit les hommes à faire des ouvrages pour l'utilité commune des peuplades et des nations et même de l'humanité tout entière. Ces œuvres ont-elles précédé ou suivi les constructions faites par les individus dans leur intérêt personnel ? C'est un problème que nul ne peut résoudre avec certitude.

Mais, on a des données, qui nous apprennent dans quelles

parties du monde de grands travaux ont été d'abord entrepris. L'Asie et l'Afrique septentrionale étaient habitées, alors que l'Europe n'existait pas encore. Cette contrée a été formée par des éruptions volcaniques, relativement récentes. Ainsi, pour savoir quelles sont les premières conquêtes de l'humanité sur le monde matériel, nous porterons nos regards du côté de l'Orient.

L'Inde, la Chine, la Syrie, la Perse, l'Égypte sont indiquées comme étant les lieux où les premiers symptômes de la civilisation se révèlent. Les antiquaires vont, avec de grandes fatigues, y pratiquer des fouilles pour découvrir les ruines des édifices superbes, dont la construction a précédé les moindres œuvres rudimentaires de nos Européens. Que sont nos dolmens, nos menhirs, nos constructions cyclopéennes, auprès des palais assyriens, qui couvraient des espaces grands comme des villes et dont telle salle occupait le terrain où nous bâtirions nos plus vastes palais !

Qu'il se soit agi des murs de Babylone, avec leurs jardins suspendus, des temples de Saïs, de Thèbes, ou de Loucqsor, de l'Acropole d'Athènes ou de tout autre travail, il a fallu y employer des forces considérables, des bras dont on ne saurait préciser le nombre. On ne met pas en mouvement tant de personnes, sans en avoir prévu l'emploi et combiné par avance tous les mouvements.

Un grand travail d'utilité publique suppose qu'une autorité a pu l'ordonner, c'est-à-dire le concevoir, en arrêter le projet, déterminer les moyens d'exécution, promulguer les ordres nécessaires pour réunir, classer les ouvriers et les soumettre à une discipline. Ce n'était pas encore assez. Il fallait prévoir les besoins qui naîtraient de ces agglomérations et savoir prendre les mesures que comportait la nécessité de fournir des aliments à tant de personnes, d'abord, pendant leur voyage vers les chantiers, ensuite, pendant leur séjour, et, enfin, durant le retour des

ouvriers vers leurs demeures. Nous sommes bien près de soup-
çonner que les fournisseurs de vivres et les entrepreneurs de
travaux publics ont été connus dès les temps les plus anciens.

La nature des choses indique comment les cités ont été, tout
d'abord, entourées de murs protecteurs. Ensuite, si ce n'est en
même temps, on a bâti des temples pour le culte, qui ont été, en
outre, le lieu où le prince habitait et le refuge contre les attaques
des ennemis. Les temples de l'Inde, celui de Jérusalem, étaient
des forteresses, des lieux saints et des habitations.

Les populations étaient appelées à venir à ces sanctuaires,
qui tous étaient dits seules et uniques demeures du vrai Dieu.
C'est dans ces temples que l'on apportait les offrandes, autrement dit les contributions, au moyen desquelles on subvenait aux
dépenses publiques. Vous voyez avec moi, n'est-ce pas, apparaître
les moyens de communication, qui vont joindre entre elles les parties les plus éloignées des plus vastes empires; car, pour apporter
la dîme des moissons, on avait besoin de routes carrossables.

Des lois avaient donc été nécessaires pour régler tout cela.
J'espère que l'on ne me querellera pas pour me demander comment ces lois étaient faites et d'où me vient l'audace d'affirmer
leur existence, lorsque je n'ai pas de preuves à fournir. Mais, je
prie de considérer que je ne fais pas un traité de métaphysique
sur les droits des gouvernants et ceux des gouvernés. Je reste
sur la terre, où je donne aux mots leur sens vulgaire et en particulier celui de loi à la règle à laquelle on est tenu d'obéir, ce
qui ne m'empêche pas de désirer que cette règle soit le plus près
possible des conséquences qui naissent des rapports des choses,
comme l'a demandé Montesquieu.

Le plus ancien de tous les textes connus sur notre matière est
probablement dans le livre de Josué. Le successeur de Moïse avait
fixé le montant des contributions à payer, pour aider à la construction de l'arche d'alliance.

Les œuvres communes à toute une nation ont, nous venons de le montrer, été contemporaines des premiers âges. Il en fut de même de certains travaux créés dans l'intérêt de plusieurs peuples. La nécessité d'entretenir des rapports commerciaux fit établir des routes pour les caravanes. La terre stérile de la Palestine avait une population nombreuse ; les Phéniciens allaient, avec leurs flottes, chercher des vivres sur les côtes de la Méditerranée ; ils donnaient en échange les produits de l'Orient.

En ce temps, la navigation n'était point encore assez pratiquée pour que les Méditerranéens fussent capables d'arriver avec leurs vaisseaux jusqu'aux bouches du Gange ou de l'Indus. Pour atteindre à ces points éloignés, on suivait des routes terrestres, et il y en eut dès la plus haute antiquité. Au début de l'histoire on traversait l'Asie, et l'on allait des terres des Ismaélites dans celles des Égyptiens. La pratique des arts était, d'ailleurs, assez avancée. Abraham voyagea en Égypte et s'y est servi de monnaie. Les marchands qui avaient acheté Joseph le revendirent à Putiphar, grand seigneur de la cour de Pharaon ; et puis, nous avons la délicieuse histoire d'Éliézer, allant en quête d'une épouse pour Isaac. Il avait emporté le prix destiné à l'acquisition de cette femme qu'il ne connaissait pas, et il avait pour elle des bracelets d'or et des pendants d'oreilles. Lorsqu'il fut arrivé près des lieux qu'elle habitait, il pria Dieu de la lui indiquer. Aussitôt voici venir vers lui Rebecca, vierge de la plus exquise beauté ; elle lui tend sa cruche, remplie au puits du désert. Éliézer lui offre ses présents et lui demande de le mener chez son père.

Que de choses dans ce récit !

Il y a d'abord un voyage à l'étranger, c'est-à-dire une route conduisant d'un peuple chez un autre ; ensuite des bijoux, qui nous indiquent des mines exploitées, des minéraux fondus, des métaux travaillés ; enfin, nous voyons dans le désert un puits creusé par la main des hommes. Et, puisque nous en sommes aux déductions, ajoutons qu'une route d'une certaine longueur suppose nécessairement des travaux d'art. Celle qui traversait le pays des Amorhéens, et que Moïse gratifiait du nom de route royale devait avoir toutes les qualités désirables.

Quel a été le premier pont, sur lequel les hommes ont franchi les rivières ? Eschyle en a reporté l'invention à Prométhée, qui se vantait encore d'avoir enseigné aux hommes l'art de la navigation, bien près duquel sont les canaux et le remorquage des embarcations pour remonter les fleuves. Sans nous reporter jusqu'à cette antiquité, nous rappellerons que Cyrus savait que l'on pouvait faire couler les rivières dans des lits artificiels. Il détourna l'Euphrate ; ses soldats descendirent dans l'espace abandonné par le fleuve et se trouvèrent au cœur de Babylone, quand les habitants n'avaient même pas soupçonné leur artifice. Ceux qui faisaient de tels ouvrages devaient savoir bâtir des ponts.

Prenons d'autres exemples de l'antiquité des travaux publics sur les eaux. Les Égyptiens avaient façonné le lac Mœris, afin de régulariser les inondations du Nil ; ils fertilisaient la terre par des irrigations artificielles, assainissaient les marais par des canaux de desséchement et savaient encore établir des canaux de communication entre leurs diverses provinces. Ils avaient joint la mer Rouge à la Méditerranée par un canal, qui a précédé notre canal de Suez.

Mais, voici des ouvrages mieux décrits. Lorsque les Perses eurent soumis les Assyriens, ils firent des routes à travers leur vaste empire. Ils y établirent des bâtiments royaux, pour recevoir les délégués de l'autorité et d'autres bâtiments pour les voyageurs. Hérodote avait vu ces chemins et les constructions dont nous parlons, il avait compté les ouvrages, pour nous en léguer le dénombrement.

Nous devons regretter de ne pas en savoir plus long sur ces

civilisations puissantes. Si nous avions les lois des Perses, nous y trouverions leurs usages, les règles qu'ils avaient posées pour la construction et l'entretien de leurs ouvrages. Nous regarderions leurs premiers essais, pour en suivre les modifications jusque dans leur dernière transformation et nous arriverions à l'Europe, si tard initiée à ce qui constitue la vie des peuples.

Les plus anciens habitants de notre partie du monde ont été les Pélasges de la famille des Titans (*Japeti genus*). Lorsqu'une de leurs cités avait une population trop nombreuse, elle s'en débarrassait, en proclamant qu'aux premiers beaux jours, les hommes nés telle année seraient tenus de partir. C'était ce qu'on appelait un printemps sacré. Au jour dit, les futurs émigrés étaient convoqués et réunis. Ils étaient en habits de fête, les parents, au contraire, étaient vêtus de deuil. On se disait adieu, puis cette jeunesse partait.

L'augure, chef de la religion, poëte chéri des dieux, se mettait à la tête de la troupe. Il s'appuyait sur son bâton pastoral et marchait en avant, parce que le ciel lui avait donné ses ordres sur la direction à prendre et sur le lieu où la colonie devait être fondée. Lorsqu'il était parvenu à la terre promise, il s'arrêtait, saluait à l'Orient le point d'où vient la lumière. Aussitôt sa prière terminée, ce prêtre se relevait de toute la hauteur de sa taille et bénissait la terre où ses compagnons et lui devaient vivre et mourir. Ayant fini ses invocations, il fendait l'air avec sa crosse, dont le mouvement marquait les quatre points cardinaux.

Ces cérémonies étant achevées, les arpenteurs se mettaient au travail et mesuraient la terre, dont ils faisaient le partage, en réservant ce qui était nécessaire pour les choses saintes ou publiques. Les temples, les murs des villes, les bornes mêmes étaient dans les choses saintes : qui ne les respectait pas commettait le plus grand des crimes. Rémus, dit l'histoire légendaire, paya de sa vie le fait d'avoir, même en raillant, méprisé les ordres de son frère et franchi le fossé, où devaient être bâtis les murs protecteurs de la ville éternelle.

En même temps que les constructions s'élevaient, on s'occupait de donner à la cité tout ce dont les habitants pourraient avoir besoin. Elle était ordinairement bâtie sur le bord d'un fleuve, mais s'il avait paru convenable de s'écarter du voisinage des eaux, on créait des aqueducs pour amener les flots des plus claires rivières. D'autre part, l'on creusait des égouts destinés à emporter au loin les immondices et à entraîner les émanations malsaines. Quand la ville était sur le bord de la mer, on faisait les travaux nécessaires à l'agencement des abris naturels, pour en faire des ports dans lesquels se réfugieraient les vaisseaux. Les romans grecs parlent de ces ouvrages faits de pierres polies, c'est-à-dire taillées par la main des hommes. Thucydide nous rapporte que Thémistocle, pressé de mettre les trois ports d'Athènes à l'abri d'un coup de main, se servit, au contraire, de tous les matériaux qu'il trouva, mêlant dans sa précipitation, les pierres brutes sortant des carrières et les débris taillés d'anciens édifices.

Un usage constant a été d'orner partout les ouvrages publics. Les peuples, soit par une conséquence du développement de leurs aspirations, soit par orgueil, ont toujours eu cette coutume. L'on s'est demandé bien souvent sur quoi les architectes et les ingénieurs avaient pris modèle pour donner à leurs œuvres la grandeur et la beauté, et où ils ont trouvé les proportions, qui plaisent à l'esprit, après avoir charmé les yeux. Pour la grandeur, on essayait de rivaliser avec les masses imposantes dont la terre est chargée. On voulait, en dressant le temple des Dieux, pénétrer les spectateurs d'un respect pareil à l'émotion que cause la vue de la montagne, dont les sommets escarpés se perdent dans les nuages. Le sentiment religieux faisait encore dresser des obélisques et bâtir des pyramides. Mais les plus beaux édifices ont t tous des proportions combinées avec soin, dont il importe de se rendre raison. Elles se rapprochent le plus possible de celles du corps humain. Rien ne vaut pour nous l'harmonie qui règne entre les diverses parties de notre être. Ce que tous nous trouvons de plus beau, c'est l'homme dans sa force, la femme dans l'éclat de sa jeunesse. Le beau, pour nous, est toujours conforme à cette loi. Cependant ce n'est pas assez que de se reporter vers le type universellement admis, il faut que le modèle ait été représenté dans ses plus nobles attitudes.

Il est des constructions qui sont disgracieuses, quoique couvertes des plus riches sculptures et bien qu'on puisse encore y marquer comment les architectes ont voulu prendre l'homme pour modèle. Tels sont les temples indiens de la dernière époque. Les plus anciens sont beaux. Plus tard, on a pris pour type les proportions de l'homme agenouillé ; les plus récents des temples semblent représenter le faquir assis par terre ; son torse s'élève au-dessus de bâtiments inférieurs séparés par des espaces vides, comme si l'on avait poussé l'imitation jusqu'à reproduire la bizarre situation qu'aiment à prendre ces malheureux, lorsqu'ils ont les jambes croisées. L'Égypte avait aussi souvent adopté de mauvaises proportions. Les colonnes qui forment la porte de quelques-uns de ses temples n'ont que la hauteur des serfs courbés sous le poids d'un fardeau. La Grèce a été plus heureuse. Les colonnes doriques qui soutiennent le toit du Parthénon sont de la taille d'Hercule, quand il remplaçait Atlas. Les temples de l'ordre ionique rappellent les chœurs de ces filles de Sparte, qui, après s'être baignées dans l'Eurotas, s'en allaient danser nues sur les sommets du Taygète. Enfin, les colonnes de l'ordre corinthien sont la représentation du guerrier, coiffé de son casque, s'apprêtant à combattre, ou si vous le préférez, revenant et célébrant la victoire de Marathon ou celle de Salamine. La voûte intérieure des temples s'élève à perte de vue et nous représente le firmament; celle des cryptes s'allonge, au contraire, et nous rappelle le cercueil.

Ces remarques ont leur intérêt; mais nous ne nous y arrête- rons pas et nous suivrons le courant des âges pour arriver à nos véritables origines, je veux dire à la République romaine et à l'Empire romain. Il ne nous reste rien des traditions gauloises ou germaines. Personne ne connaît la destination de ces grandes pierres, dont quelques-unes sont encore entières dans nos cam- pagnes. Menhirs, dolmens, peulvans, cromlechs ou autres cons- tructions pareilles sont là comme pour témoigner du besoin que les hommes ont toujours eu de travailler en commun. Que vou- lait-on faire en dressant ces monuments? nul ne peut ré- pondre. On en trouve d'ailleurs partout, comme on rencontre des constructions cyclopéennes ou pélasgiques en Amérique et dans l'Océanie.

On sait qu'il y avait, dans les villages gaulois, une grande hutte formée avec des perches et de la terre battue, où se réunissait le conseil des guerriers. Que pourrait-il en être venu jusqu'à nous? Les pluies de deux hivers ont comblé les trous creusés pour planter les perches; et l'aire de la hutte a été peu après nivelée par l'influence des saisons. Les lois de ces peuples ont disparu comme leurs frêles édifices. Les travaux de MM. Fustel de Cou- lange, de Vuitry, Giraud et autres, remontent vers Rome pour avoir toutes nos origines. Ils finiront par faire des adeptes à des idées justes que, seul, j'ai longtemps soutenues, bien qu'elles aient été celles d'un grand nombre de savants du xviiie siècle.

Les lois romaines sont donc l'unique source du droit euro- péen, et surtout du droit germanique. En y restant, nous aurons, d'ailleurs une riche moisson. Nous commencerons par la ville de Rome, pour voir ce qui y avait été fait. Nous irons d'abord vers les travaux publics, et, si vous le voulez,

nous suivrons l'empereur Constance parcourant, après son
entrée triomphale, tous les quartiers de la ville et même les fau-
bourgs. Il croyait toujours n'avoir rien à voir au-dessus du dernier objet qui frappait ses yeux : « C'était, dit Ammien Mar-
« cellin, le temple de Jupiter Tarpéien, qui l'emporte sur le
« reste, comme les choses divines sur les choses humaines ;
« des bains ayant l'étendue d'une province ; la masse or-
« gueilleuse de l'amphithéâtre, dont la pierre de Tibur a fourni
« les matériaux, et dont la vue se fatigue à mesurer la hauteur ;
« le Panthéon, sphère élevée ; les tours, imitations des œuvres
« des premiers princes, au haut desquelles conduisent des de-
« grés ; et le temple de la ville ; le Forum de la paix ; et le théâtre
« de Pompée ; et l'Odéon ; et le stade ; et les autres monuments,
« décors de la ville éternelle. Mais, lorsque Constance vint au
« Forum de Trajan, construction unique sous le ciel et, comme
« nous le pensons, que l'on peut avec le consentement des dieux
« appeler admirable, il s'arrêtait étonné, portant son esprit vers
« ces gigantesques proportions indescriptibles et qui ne seront
« jamais reproduites. »

Le splendide tableau que le vieux capitaine, devenu conféren-
cier, faisait à ses auditeurs, aurait, à cette époque, trouvé des
pendants dans les grandes capitales des provinces. Constantinople, Andrinople, Salonique, Lyon, pour ne pas en citer un plus
grand nombre, avaient leurs monuments et comme Rome elle-
même, leurs égouts et leurs aqueducs. Partout il y avait des
bibliothèques publiques ; elles étaient au moins au nombre de
vingt-neuf dans la capitale de l'empire.

Mais, ces établissements, ces édifices, ces ouvrages n'étaient,
comme les jardins suspendus de Babylone, et les palais de Ninive
qu'une affaire locale. Nous savons qu'il y avait de plus importants travaux pour la population de l'Empire. Nous citerons
ceux qui avaient été faits pour les routes et les ponts. Indiquons

encore les mines, où l'on récoltait les métaux plus ou moins précieux et le sel fossile.

Les chemins et les grandes routes ont été, dès le temps de la ré-publique, et sont restés, sous l'empire, une des grandes affaires du gouvernement. Un sénatus-consulte rendu sous le consulat de Jules César et d'Antoine décida que ces routes seraient vues, visitées et mesurées à partir du Mille doré, placé dans le Forum et considéré comme le centre du monde. On sait que des bornes chargées d'indications marquaient, tous les mille pas, la direction des routes et la distance du point où l'on se trouvait du Mille doré. Les routes principales étaient appelées, dans tout le monde civilisé, des routes royales (*viæ regales*); les autres, de moindre importance, conduisaient d'une ville de province à une autre; les chemins vicinaux reliaient les communications avec les bourgs ou les grandes propriétés.

Le travail demandé par le sénatus-consulte, dont nous avons parlé, ne fut achevé qu'après 32 ans. C'est alors qu'Agrippa fit peindre, sur un portique, une carte de l'Empire, où l'on avait tracé, en couleur, les villes, les cours d'eau, les routes avec les lieux où les délégués de l'empereur trouveraient des maisons de repos (*mansiones*), dans lesquelles ils pourraient faire séjour, et ceux où il n'y avait que de simples abris sans importance, et qui étaient des stations ou étapes (*stativæ*). Cette carte dura des siècles; elle était corrigée, suivant les événements. On y portait les routes nouvelles; on en effaçait les anciennes, quand elles étaient aban-données. Les chefs militaires recevaient avant de partir pour leurs commandements la carte (*itinerarium*) des lieux par où ils devaient passer. Les séjours, les étapes, les localités où ils au-raient des vivres, les postes aux chevaux, avec le nombre des ré-quisitions qu'ils pourraient faire, s'y trouvaient. Ces cartes indi-quaient les bois, les défilés, les ponts qu'il fallait traverser; au-cun obstacle n'était oublié. Mais, s'il était permis d'avoir des cartes

générales pour enseigner la géographie, et il y en avait dans les
écoles, il était défendu aux particuliers d'avoir les plans détail-
lés. On mentionne une condamnation à mort prononcée par Do-
mitien contre un personnage qui avait un *itinerarium* sur par-
chemin et qui l'avait montré.

Quand ils avaient à construire une route, les Romains ne s'arrêtaient devant aucun obstacle. Ils la jetaient par-dessus les collines ou les lui faisaient traverser. La voie Flaminienne passait
sous les Apennins. A Naples une route souterraine avait été faite
sous le mont Misène ; une autre était sous le Pausilippe. Les rochers les plus durs étaient coupés pour laisser passer ces voies
qui traversaient les bois, les fleuves, les marais, et qui franchis-
saient les vallées. A Narni, un pont réunissait ensemble les sommets de deux montagnes.

Les Romains avaient aussi des canaux. Comme les Égyptiens,
ils savaient les employer aux irrigations, aux desséchements ou
à la navigation. Le même canal servait parfois à plusieurs de ces
usages. Un canal de desséchement, partant de *Forum Appii*, traversait les marais pontins pour aboutir à Terracine ; on l'employait
pour la navigation. Un canal de desséchement portait souvent le
nom de *emissarium*. Tous les lettrés connaissent l'histoire de celui qui fut fait pour vider le lac d'Albe. C'était au temps de la
guerre de Veïes. Les oracles avaient dit que les Romains ne s'em-
pareraient de cette ville qu'après avoir vidé le lac. Le déversoir
fut creusé dans une seule campagne et Veïes se rendit. Quand
aux canaux d'irrigation, c'était une affaire entre particuliers ;
nos livres de droit s'en occupent à propos des servitudes.

Les Romains, établis à 25 kilomètres de la mer à peu près,
avaient grand soin du port d'Ostie, où s'abritaient leurs flottes. Ils
l'avaient agrandi et l'avaient creusé. Ils veillaient à enlever les
vases que le Tibre y apportait.

Le mot *Pontife* est absolument latin. Il a toujours désigné un homme revêtu d'une haute dignité sacerdotale. On en a souvent recherché l'origine et presque toujours on s'est arrêté à celle-ci qu'il désignait un constructeur de pont. C'est que l'art de traverser les fleuves sur des routes fixes était fort admiré. L'antiquité de ces ouvrages à Rome nous est prouvée par les plus anciennes histoires. Horatius Coclès arrêta l'armée de Porsenna en défendant le pont du Janicule; et, en suivant les temps, nous constaterons l'enthousiasme causé par le pont si vite jeté par César à travers le Rhin; deux siècles plus tard, Trajan, imitant César, soumettait le Danube et recevait aussi les applaudissements de ses contemporains.

Pendant l'Empire, les travaux publics reçurent une grande extension; une organisation, savamment hiérarchisée, présidait à la surveillance de ce qui était d'intérêt général. Il y a lieu de penser que les assemblés appelées convents (*conventus*) ou Forum, dernier mot que nous avons traduit par celui de *foire*, avaient une action sur ceux des travaux qui regardaient surtout une province. Nous le croyons d'autant mieux qu'au moyen âge nos États provinciaux avaient le soin des ouvrages publics. Nous savons que ces dernières assemblées dérivaient des premières, et qu'elles étaient composées de délégués (*legati*), dont les droits et les devoirs sont consignés dans nos codes. Pendant que nos foires attiraient la foule, deux fois, chaque année, dans les capitales de nos provinces, l'Orient continuait à faire du commerce et devait soigner ses voies de communication. Les points où se rencontraient les caravanes se développaient et devenaient des villes importantes. Ainsi grandit Palmyre, dont le nom rappelle ceux d'Aurélien et de Zénobie. La conquête dévasta Palmyre et ses pareilles; puis, l'Empire romain subit à son tour une transformation. La révolte des armées détruisit l'empire d'Occident et diminua beaucoup celui de Constantinople.

Les Gaules n'avaient jamais obéi sans murmurer. Lorsqu'à

la fin du ive siècle de notre ère, toutes les nations résolurent de s'affranchir de la domination des empereurs ; nos cités voulurent se rendre indépendantes. Partout, on s'entendit avec les chefs des armées barbares, campés sur les frontières, et la révolte fut à peu près générale. En l'an 408, les cités de l'occident des Gaules avaient rompu avec l'Empire et s'étaient constituées en République. Les officiers de l'empereur se mirent à la tête de cette révolution, pour rendre leurs fonctions définitivement héréditaires. La république des Armoriques ne vécut que jusqu'en 496, époque à laquelle elle accepta les secours, c'est-à-dire sa soumission à Clovis, chef des Francs saliens. Un traité avait très-certainement réglé les droits de ce roi ; mais il ne s'en tint pas là. Il se fit nommer patrice et consul, afin d'exercer l'autorité que ces titres comportaient. Ainsi commença la lutte de la royauté contre les nobles seigneurs.

Au commencement du ve siècle, les Gaules étaient couvertes de villes magnifiques. Des routes royales, d'autres de moindre importance sillonnaient le sol. On trouvait même de petits embranchements (*canales*), qui joignaient une route à une autre. Il y avait aussi des canaux (*fossæ*) ; Marius passe pour avoir creusé les premiers de ceux qui ont été établis dans les Gaules. Les villes, qui avaient toutes un conseil municipal et des magistrats élus par le peuple ou par le conseil, continuèrent à entretenir leurs édifices publics ; elles ne recurent plus de secours du trésor national et durent s'arrêter, quand les dépenses étaient trop considérables. Elles laissèrent naturellement sans réparation ce qui avait été consacré au culte des faux dieux et aux fêtes du paganisme, de sorte que bien des monuments ont disparu, dont nous regrettons la perte. Les indications fournies par les livres, les inscriptions ou par les constructions elles-mêmes, prouvent qu'il y avait, à ce moment, environ 1700 ponts, que nous avons conservés. Il n'en a point été ajouté beaucoup, car une statistique, publiée en 1873, n'en comptait que 2000, pour le temps actuel.

La séparation des Gaules d'avec l'Empire empêcha d'entreprendre de nouveaux ouvrages. Ainsi, on ne faisait plus de travaux neufs et l'on négligeait d'entretenir les anciens.

Les routes, les ponts n'étaient plus réparés. Les rois de la première race semblent ne pas s'être beaucoup occupés de ces choses, quoique les anciennes voies romaines aient porté, dans certaines provinces, le nom de chaussées de Brunehaut.

Les Carlovingiens tentèrent d'en revenir aux usages de l'Empire romain, par les instructions remises aux conseillers d'État en service extraordinaire, aux comtes, à qui on donnait le titre de délégués du maître (*missi dominici discurentes*), envoyés ou chevaliers errants : ces instructions leur disaient de faire construire des ponts et des routes, où il en serait besoin et aussi de réparer les ouvrages détériorés. Mais, les successeurs de Charles le Gros ne furent pas capables de se faire obéir, et l'on retomba dans le chaos, d'où l'on était un moment sorti avec Pépin et Charlemagne.

Hugues Capet, en montant sur le trône, accepta la situation de chef de ses égaux, sans recevoir d'eux la faculté de les rendre obéissants. Par conséquent, on a tellement négligé les anciennes routes, sous son règne et sous celui de ses premiers successeurs, qu'il ne reste de ces grands travaux que des tronçons épars, à peine appréciables pour l'antiquaire.

L'histoire des premiers rois de la troisième race nous montre la lutte du pouvoir central contre les grands vassaux. Dans les récits de cette époque, on s'occupe beaucoup de la biographie des personnages ; on ne s'attache pas assez à nous montrer le cadre dans lequel ils se sont trouvés. Sans doute, il est agréable de lire les exploits des guerriers et la description des fêtes, dans lesquelles nos chevaliers montraient leur vaillance. C'est une étude attrayante, dans laquelle on aperçoit les passions humaines jouant un rôle grandiose, car les bonnes et les mauvaises actions des souverains ont des effets considérables sur les populations. Pourtant, je préférerais à ces récits, ou plutôt je voudrais avoir, en outre, des données exactes sur les institutions de ces temps.

Et, par exemple, les ordonnances des rois de France contiennent des conventions faites entre Philippe V, puis Jean son fils, avec les États du Languedoc. Il y est dit qu'en ce qui concerne les travaux publics, le roi retirera ses délégués (*missi dominici*). Quels étaient ces États provinciaux ? comment étaient-ils composés ? quels étaient les droits ou les prétentions des *missi dominici*, envoyés dans cette province ?

Je n'ai pas encore pénétré assez profondément dans ces époques, pour en avoir dissipé toutes les obscurités ; j'ai tenté l'entreprise ; je l'indique à de plus hardis et de plus savants.

Les travaux qui intéressaient la nation entière étaient absolument négligés. On avait bien fait des églises, des hôtels de ville, des châteaux, refait quelques ponts, mais on ne créait plus guère de routes ou de canaux. Le spectacle qu'eurent nos rois, dans les expéditions qu'ils firent en Italie, leur donna le désir de faire des bâtiments d'un nouveau genre. Ainsi, furent entrepris successivement le Louvre, les Tuileries, le palais du Luxembourg, etc., etc. Ce n'étaient pas encore là des travaux d'intérêt général. Mentionnons cependant que, sous le règne de François Ier, les États de Bretagne avaient rendu la Vilaine navigable dans une certaine partie de son cours. A dater du règne de François Ier, la lutte du pouvoir central contre les autorités locales prit un caractère plus âpre. Le roi accentuait, chaque jour, ses prétentions.

Henri II, époux de Catherine de Médicis, suivit les errements de son père, en continuant les splendides constructions commencées ou projetées. En ce temps, les États du Languedoc autorisèrent un gentilhomme à créer un canal qui devait fertiliser la plaine de la Crau. Ce canal existe et est encore appelé canal de Craponne, du nom de son auteur. Henri II avait en quelque sorte ressuscité l'institution des *missi dominici*. Il avait envoyé dans toutes les provinces des représentants de la royauté auxquels on avait donné le nom d'Intendants. C'était commencer sérieusement la tentative d'unification de la France, tentative que ses successeurs n'ont jamais pu conduire à bonne fin, quoiqu'elle eut été bien commencée, car, sous Henri II, les jurisconsultes se groupèrent autour du roi pour attaquer les prétentions des seigneurs. Dumoulin et ses émules entreprenaient la série de ces écrits, si bien continués par Chopin dans son traité du *Domaine*, par Bacquet dans son traité des *Droits de Justice*, par Nicolas Rigault, dans un *Glossaire*, par Loiseau dans ses œuvres diverses. A côté de l'enseignement de ces grands patriotes, un autre élément tendit à accroître le pouvoir royal, ce fut la réforme de Luther et de Calvin.

Pendant que les populations se battaient pour leurs croyances, elles s'épuisaient et se rendaient incapables de maintenir leur indépendance. D'ailleurs, tout en souffrit. Les guerres religieuses eurent cet effet de brûler les abbayes, les églises et de commencer la destruction des châteaux. Elles paralysèrent en même temps les efforts tentés pour reprendre les travaux d'intérêt général. Cependant les États généraux, réunis sous les fils de Henri II, et les ordonnances rendues en suite de la tenue de ces assemblées, donnaient de bonnes indications.

La Hollande et l'Angleterre furent prises, au temps de Henri IV, d'une véritable fièvre d'agiotage. Ces deux pays rivalisèrent dans la création de compagnies, qui iraient au delà des mers, coloniser l'Amérique, l'Afrique et l'Asie, au profit des Européens. Sully ne pouvait rester indifférent à ce mouvement. Il fonda aussi des Compagnies des Indes. En même temps, il se faisait nommer grand voyer de France et s'occupait des routes et des canaux, autant que faire se pouvait; c'est alors que fut commencé le canal de Briare. Il fut entrepris pour le compte du roi, on y employa six mille soldats. Lors de la mort de Henri IV, le travail fut abandonné. Il fut concédé sous Louis XIII à deux financiers, qui obtinrent de le mettre en société. Il y avait vingt-huit parts, qui pouvaient se subdiviser. Les lettres patentes portant concession du privilège furent enregistrées par le Parlement sous certaines réserves, car ce corps judiciaire voulait être législateur.

Si Richelieu déploya un luxe inouï, s'il fit des constructions splendides, il faut avouer qu'il ne fit pas grand'chose pour les travaux d'intérêt général, mais il continua la lutte de la royauté contre les seigneurs. C'est sous Louis XIII que la destruction de tous les châteaux fortifiés a été décidée et qu'elle a presque partout eu lieu. Le roi compléta le nombre des intendants des provinces, dont il régularisa et affermit les pouvoirs. Les seigneurs menacés résistèrent énergiquement, Louis XIII leur fit une guerre à outrance. Les commissions judiciaires condamnèrent les révoltés; le roi livra les condamnés au bourreau. En 1629, on fit *le dégât* dans le bas Languedoc. Cette province fut envahie par des armées venues du nord de la France, de la Guyenne, de Toulouse, de la Provence et du Dauphiné. On tua les habitants hommes et femmes, on n'épargna que les enfants âgés de moins de douze ans. Les moissons furent détruites; les maisons furent rasées; les vignes furent arrachées; les arbres fruitiers furent coupés par le pied.

L'histoire de ces guerres civiles n'est pas assez connue; on parle trop de 1793 et pas assez de 1629.

Lorsque Mazarin, qui continuait l'œuvre de Louis XIII et de Richelieu, eut vaincu la Fronde, il acheta la conscience des grands seigneurs. Les nobles se vendaient, en 1651 et 1652, aussi publiquement que l'on vend la marée à la halle. Puis, Mazarin mourut, et Louis XIV déclara que désormais il serait seul le maître de tout. Il résuma la situation par un aphorisme, que tout le monde acceptait autour de lui. Il disait : « l'État, c'est moi.» A deux lieues de la cour pourtant, les privilégiés luttaient contre les ordres du roi, car on refusait à Paris même de se soumettre à ses édits.

Louis XIV avait eu une très-singulière éducation. Le cardinal Mazarin l'avait mis au milieu des beaux esprits, qu'il avait chargés de l'instruire en l'amusant. Le jeune monarque prit, de bonne heure, dans ce milieu, l'idée qu'il devait avoir une illustration extraordinaire, en accomplissant de grandes choses. Le surnom de *grand* fut ce qu'il ambitionna par-dessus tout.

La vue des constructions faites sous le règne précédent, les éloges que l'on décernait aux monuments que nous appelons aujourd'hui le palais du Luxembourg, le Palais-Royal, la Sorbonne, l'Institut, etc., allumèrent chez lui le désir de surpasser ses devanciers. Et puis, il ambitionnait le renom de grand homme de guerre. Il commença par restaurer les ports, et avoir une marine. Il a reçu des éloges pour Versailles, les embellissements de Marly, l'achèvement de la colonnade du Louvre. Nous ne nous arrêterons pas plus à ces bâtiments que nous ne nous sommes arrêtés aux châteaux de la Renaissance, à Anet, à Gaillon, à Amboise, à Chenonceaux, à Chambord, etc., etc. Mais, Louis XIV, tout impuissant qu'il ait été, comme ses prédécesseurs, à *recréér* nos routes et nos ports, a du moins garni nos frontières d'une série de places fortes. C'est sous le règne de ce prince qu'on a enfin entrepris et achevé le canal du Languedoc, magnifique opération qui a illustré le nom de ceux qui y ont touché : Riquet, le financier qui en fut l'adjudicataire ; Andréossi, jeune ingénieur sous ses ordres ; le chevalier de Clerville, qui fit les devis et qui, comme premier ingénieur, avait Vauban dans son service. Louis XIV fit encore travailler à d'autres ouvrages, et l'on ne saurait passer légèrement sur son temps. La fin de son règne a été marquée par des travaux considérables, entrepris pour remettre nos routes en état.

Bientôt le duc d'Orléans, régent de France, institua un conseil des travaux publics. A partir de ce moment, les ingénieurs gagnèrent en importance. Le duc de Bourbon suivit les traditions du régent ; le cardinal de Fleury fit mieux encore. C'est lui qui, en 1747, date à jamais mémorable en notre matière, créa l'École des ponts et chaussées ; les Écoles du génie, de l'artillerie et des mines vinrent bientôt après. Le promoteur de la formation de l'École des ponts et chaussées a été l'ancien intendant Trudaine. Il choisit Perronnet, pour le mettre à la tête du nouvel établissement, et cette nomination d'un homme habile, judicieux, instruit, assura le succès de cette fondation, dont le recrutement n'était pas toujours facile.

Mais, les prétentions des seigneurs subsistaient encore. Une révolution sociale pouvait seule arrêter leurs réclamations et mettre les choses du domaine public dans les mains d'une administration capable de se faire obéir. Cette révolution arriva, et les voies de communication cessèrent d'être considérées comme ayant pu devenir une propriété privée, une chose sur laquelle d'autres que les corps constitués pouvaient avoir des exigences.

Les derniers règnes avaient eu, cependant, un rôle très-efficace. La statistique des routes, publiée en 1873, qui évalue la longueur de nos routes à 55,000 kilomètres, établit qu'elle était de 40,000 en 1776.

L'Assemblée constituante ayant conservé les ingénieurs, la Convention créa l'École des travaux publics, qui prit bientôt le nom d'École polytechnique. Les élèves y apprennent toutes les connaissances nécessaires pour devenir ingénieurs, sous quelque dénomination que ce soit.

Le Directoire a fait beaucoup pour les travaux publics, il voulait plus encore. Mais, le 18 brumaire arriva ; des guerres incessantes épuisèrent nos forces. Les historiens de Napoléon s'extasient devant l'Arc de triomphe, la Madeleine, la rue de Rivoli, et aussi devant des routes qui furent faites pour mieux unir l'Italie à la France. Avouons que ce bagage est fort mince, eu égard aux besoins d'un grand peuple et à la durée du règne.

Après la paix, la Restauration donna une énergique impulsion aux travaux publics. Les routes, les ponts, les canaux se multiplièrent. Les préfets furent invités à s'occuper de ces entreprises, et à solliciter le concours des départements et des communes, même celui des simples particuliers. On s'occupa activement des plus utiles des voies de communication, les chemins vicinaux. Le ministère de 1819 renversé, il resta peu de chose de l'élan primitif. Il faut la liberté pour que de grandes œuvres soient conçues, entreprises et menées à fin.

Cependant le progrès s'accomplit, malgré toutes les entraves ; il est plus lent, mais son action n'en est pas moins continue. Ainsi, en 1821 et 1822, il y eut de nombreuses lois sur des canaux et sur des ponts.

C'est le 26 février 1823 qu'une ordonnance autorisa le premier chemin de fer qui ait été fait en France ; sous le règne de Louis XVIII, encore, se développa la navigation à vapeur.

Le règne de Charles X a été court. Les œuvres entreprises déjà furent continuées ; on n'en commença point un grand nombre de nouvelles. Mais la surveillance des travaux publics parut alors un fardeau trop lourd au ministre de l'Intérieur ; il s'en débarrassa en faisant créer un ministère spécial qui en fut chargé.

Après la révolution de juillet 1830, le mouvement s'est continué. Nous avons vu terminer la ligne des phares qui entoure nos côtes, achever les canaux, les routes et les chemins, commencés précédemment. Alors, on a construit les routes de Bretagne et de Vendée, établi les grandes lignes de chemin de fer avec lesquelles sont nées les premières applications de la télégraphie électrique. Ce règne donna de grands soins à la voirie municipale.

La république de 1848 a continué les errements de Louis-Philippe. Mais, pour assurer du travail aux ouvriers, elle a fait plus encore, elle a décrété la réunion du Louvre et des Tuileries, la continuation de la rue de Rivoli. Elle préludait ainsi aux travaux qui, sous le règne de Napoléon III, ont fait de Paris une ville sans rivale possible.

Le second empire a marqué, dans l'histoire des travaux publics, non-seulement par les embellissements qui ont été faits dans toutes les grandes villes, mais surtout par le développement de nos lignes ferrées.

Il avait trouvé le réseau des grandes lignes qui met Paris en communication avec les plus importantes des villes de la France et de l'étranger. Il a dû songer à relier les agglomérations moindres, les unes avec les autres. Les petites lignes se sont multipliées grâce aux concessions faites par le Gouvernement. En 1865, a été votée la loi sur les chemins d'intérêt local; puis la législation sur les sociétés a été retouchée. Des lois, de 1863 et de 1867, ont permis toutes les fantaisies des créateurs d'entreprises, tout en semblant assurer au public des garanties certaines.

L'expérience a démontré que non-seulement ces lois n'étaient pas utiles, mais qu'elles étaient un danger. Sous la législation précédente, mille et une compagnies avaient prospéré ; les lois de 1863 et de 1867 n'ont guère abouti qu'à des désastres financiers.

La France porte aujourd'hui une attention particulière sur les travaux publics.

On comprend que les voies de communication sont les artères du corps social, notre pays ne veut pas être en arrière des autres contrées civilisées ; il lui faut affirmer sa vitalité par les œuvres de la paix. Des mesures sont prises ou proposées pour réparer le mal causé par des spéculations mal combinées; on songe à multiplier les chemins de fer et les canaux pour que tous les points du territoire soient accessibles aux voyageurs et aux marchandises.

Il nous a paru bon de choisir ce moment pour faire paraître un résumé de l'histoire de la législation des Travaux publics, depuis les temps les plus anciens jusqu'en 1830. Nous nous arrêterons à cette date, parce qu'alors l'Administration était organisée, telle à peu près que nous l'avons reçue et conservée.

J'ai pensé que cet ouvrage serait une préface utile pour tous les traités sur les Travaux publics, pour les annales des Ponts et Chaussées, etc. C'est un exposé simple et rapide des vicissitudes de la législation, dans une matière qui a toujours préoccupé les bons esprits.

L'étude à laquelle je me suis livré soulève de bien grands problèmes.

J'ai vu, d'un côté, des rois absolus comme ceux d'Égypte et d'Assyrie sacrifier leurs sujets à l'exécution de leurs entreprises. Le despotisme des souverains accomplit alors des œuvres colossales, mais les populations employées à ces travaux trop souvent inutiles succombaient sous la charge.

J'ai vu, d'autre part, les effets du morcellement de la France, et les difficultés qui en résultaient pour les œuvres d'utilité générale.

Il faut examiner ensuite si les travaux publics contribuent à accroître la population, et favorisent le développement de l'humanité.

Je me suis aussi demandé, s'il convient de revenir à la pra-

tique suivie avant Vespasien, alors que les routes étaient construites par les légions, pratique dont Charlemagne a fait l'essai,
dont Henri IV a tenté le rétablissement, que Louis XIV lui-même
a voulu remettre en usage, que la Convention adoptait.

Comment encore doit être réglée l'intervention des particuliers, auxquels des ponts, des routes, des chemins de fer sont
concédés, à condition qu'ils en tireront des bénéfices ? Est-il
d'une sage économie politique de confier à de simples citoyens
la confection de certains travaux, ou vaudrait-il mieux que tout
fût entrepris par l'État ?

Vient enfin une dernière question, la plus vaste et la plus dé-
licate de toutes celles que soulève notre matière. Où doit s'arrêter l'action commune ? Nous avons déjà, entre les mains de
l'État, les routes, les canaux, les chemins de fer (au moins, ces
derniers, pour le sol), la télégraphie, la poste. Le département a
ses palais de justice, ses maisons de correction, ses maisons de
secours aux malades dont le corps ou la raison sont en péril, et
encore ses grandes voies de communication d'ordre secondaire.
La commune a ses asiles, ses écoles, son hôpital, sa mairie, son
presbytère, son église, ses fontaines publiques, ses marchés, ses
bibliothèques, ses chemins vicinaux.

L'antiquité avait ses maisons d'abri pour les voyageurs ; certaines villes ont, de nos jours, des maisons de refuge pour les in-
digents; on parle de faire des asiles où les invalides civils, où les
ouvriers sans travail seront admis. Jusqu'où donc faut-il aller
dans la concentration des forces, et où faudra-t-il s'arrêter ?

Il serait, je le crois, téméraire de poser des limites invaria-
bles. Cependant il y a un principe qui domine tout : c'est que la
liberté des citoyens doit être partout et toujours respectée. A ce
seul prix les institutions sont durables. Nous ajouterons que si
les œuvres faites en commun ne sont pas entreprises pour satisfaire le caprice des gouvernants, elles sont toujours approuvées

par la conscience publique, heureuse de recevoir satisfaction dans le plus noble de ses sentiments, la sociabilité.

Ainsi le philosophe et l'économiste trouveront un élément à leurs pensées, en suivant avec patience la marche de la législation, dont nous présentons aujourd'hui une simple esquisse.

HISTOIRE

DE

LA LÉGISLATION

DES TRAVAUX PUBLICS

CHAPITRE PREMIER

—

LES LOIS ROMAINES

SUR LES TRAVAUX PUBLICS

———

GÉNÉRALITÉS.

Nous voudrions donner des explications sur les législations les plus anciennes ; mais les documents sur les temps primitifs manquent absolument.

Nous n'en possédons aucun sur la Perse ou l'Assyrie ; quant à l'Égypte, nous n'avons que des conjectures.

Pour la Grèce, Platon et Aristote ont bien indiqué que l'on avait, dès leur époque, des lois sur nos matières ; malheureusement elles nous sont inconnues. Nous savons cependant qu'il y avait des temples communs à toute la nation; qu'en outre chaque peuple, chaque cité avait ses édifices, ses rues, ses places, qu'enfin des magistrats, sous le nom de curateurs ou régulateurs de la ville, avaient la charge de veiller à la confection et à l'entretien de ces ouvrages.

Les premières lois romaines sur la voirie de la ville et les travaux publics du dehors, les routes, les aqueducs, les cours d'eau, ne nous sont pas parvenues. Les plus anciens ouvrages dont on nous parle ont été ces fameux cloaques, dont la construction est attribuée à Tarquin le Superbe. Denys d'Halicarnasse, dans sa romanesque *Histoire des Antiquités romaines*, nous a raconté comment ces travaux furent entrepris et terminés. Le passage où il en parle mérite d'être conservé, parce qu'il nous montrera, sinon ce qui fut fait au temps de Tarquin, du moins les idées qui couraient à l'époque où vivait Denys sur la manière d'exécuter les grands travaux. « Tarquin, dit cet écrivain, n'y employa la main « que de ceux qu'il avait ruinés par ses impôts et à qui il ne don- « nait qu'un peu de blé, qu'il faisait distribuer chaque jour. Les « uns coupaient le bois et taillaient les pierres ; les autres por- « taient sur leurs épaules les matériaux ; ceux-ci étaient occupés « à fouiller la terre et à faire les voûtes des égouts ; ceux-là ser- « vaient de manœuvres à ceux qui travaillaient aux portiques. « Tous enfin, enlevés malgré eux aux ouvrages particuliers, « étaient employés aux travaux publics. »

Denys n'en savait pas plus que nous sur les moyens employés pour construire les égouts de Rome, seulement il voyait ce qui se faisait de son temps et il partait de là pour bâtir un système de suppositions plus ou moins vraisemblables.

Les lois des Douze-Tables avaient statué sur la largeur des voies publiques : huit pieds si la route suivait droit ; seize pieds dans les coudes. On trouvait dans ces lois des dispositions diverses sur les voies qui devaient séparer les propriétés privées les unes des autres ; sur les précautions à prendre pour ne pas inonder les voisins en faisant des aqueducs ; sur la distance que l'on devait laisser entre une sépulture et le terrain d'autrui ; la défense d'inhumer quelqu'un dans la ville. Ces règles nous font regretter de ne pas mieux connaître le système adopté par les Romains dans ces temps reculés. Tibérius Sempronius Gracchus, le grand tribun si détesté des patriciens, avait fait rendre une loi sur les routes ; cette loi fixait leur largeur à douze pieds, et disait comment elles seraient construites, pavées et entretenues. Cette même loi Sempronia ordonnait de placer sur les routes des bornes qui marquaient les distances, les *milles*. Enfin elle prescrivait la construction de plusieurs ponts.

Nous avons quelques détails relatifs aux colonies, que l'on commençait alors à multiplier, pour s'assurer de la fidélité des provinces.

La loi qui ordonnait la fondation d'une colonie imposait aux colons l'obligation de conserver dans leur état les temples des Dieux, les sépulcres publics, les sentiers, les voies, les passages, les aqueducs qui avaient servi aux besoins des habitants avant la nouvelle distribution des terres entre les colons ; et, à propos des voies publiques, on ajoutait que chacun pouvait y passer, et, en passant, y laisser paître ses troupeaux. Le territoire était divisé en deux parts. La première, occupée à titre particulier, était la propriété de ceux entre qui elle était partagée ; la seconde, terre publique, *ager publicus*, était concédée à charge de payer un fermage, et sous toutes les conditions que l'on voulait imposer, et qu'acceptait le futur possesseur. Au nombre des conditions et charges incombant au fermier, figurait le soin des routes qui traversaient ou longeaient l'*ager publicus*. Elles étaient entretenues et réparées par la *familia*, lisez par les serfs. Caton, dans son traité *De Re rustica*, recommande de leur faire faire ce travail pendant les jours de fête.

L'établissement des ouvrages publics était une grande affaire. De pareilles entreprises ne se faisaient pas sans porter atteinte à la propriété privée ; elles devaient donc être autorisées par des lois ou par des sénatus-consultes. L'acte qui ordonnait l'exécution des travaux désignait le fonctionnaire qui y serait préposé. C'était le plus souvent à l'un de ceux dont les pouvoirs expiraient que ce soin était confié. Cependant les consuls, les censeurs, les édiles, les préteurs, les questeurs en exercice furent chargés de ces travaux. Appius Claudius Cæcus était censeur quand il fit la voie Appienne. Titus Flaminius établit, en sortant de son premier consulat, la voie Flaminienne ; il fit, étant de nouveau consul, la voie qui conduit de Bologne à Arezzo. César et son collègue Bibulus furent, en sortant du consulat, désignés pour être curateurs des routes et des forêts. Ce titre de curateur indiquait à la fois la dignité de celui qui en était revêtu et la fonction qu'il devait accomplir.

Lorsque la construction d'un ouvrage public avait été décidée légalement, le magistrat chargé de veiller à l'exécution dressait le cahier des charges à imposer aux adjudicataires. La loi ou le sénatus-consulte et les conditions de l'entreprise étaient publiés sur le tableau noir destiné aux affiches publiques. On y écrivait en blanc ce qui devait être porté à la connaissance de tous. Le tableau *album* donnait ensuite la date du jour de l'adjudication.

La première condition pour faire une soumission était d'avoir les aptitudes nécessaires pour exécuter les ouvrages. Le magistrat était seul juge de cette question. Ainsi, l'on indiquait parfois que les entrepreneurs de travaux publics antérieurement adjugés et non achevés ne seraient pas admis à enchérir. S'il s'agissait de la réfection de travaux mal exécutés par un précédent adjudicataire, celui-ci ou les siens pouvaient être écartés des enchères.

La seconde condition ajoutée par le cahier des charges était que l'adjudicataire donnerait caution.

La troisième lui imposait l'obligation de ne pas céder son traité.

On indiquait encore que l'entrepreneur réparerait les dommages qu'il causerait, qu'il se servirait de bons matériaux, chacun dans son genre ; que l'ouvrage serait reçu après examen.

S'il s'agissait de l'adjudication de travaux à réparer ou à achever, le nouvel entrepreneur pouvait être tenu des dégats occasionnés par son fait aux ouvrages de son prédécesseur. Enfin le cahier des charges statuait sur la propriété des matériaux qui pouvaient rester après les travaux.

Au jour fixé, les enchères étaient ouvertes. Celui qui voulait avoir l'entreprise levait la main, et faisait ses offres. L'adjudication était accordée à celui qui avait soumissionné aux meilleures conditions.

L'acte était alors inscrit dans les registres publics, et devenait obligatoire.

Telle était la marche de l'affaire. Cicéron nous en a laissé le tableau dans ses pamphlets contre Verrès (Liv. I*, chap. 50, 55 et 56).

Les adjudicataires étaient dits *publicains,* parce qu'ils avaient reçu leurs droits par une adjudication publique ; ils prenaient le nom particulier de *redemptores.*

La loi *Julia municipalis,* qui avait été faite pour toutes les cités italiennes, donne quelques renseignements sur les travaux publics. Les édiles, y est-il dit, avaient le soin des routes jusqu'à mille pas de la ville. Ils devaient faire pour la moitié les voies qui se trouvaient bordées d'un temple, d'un édifice ou d'un autre lieu public. Chaque particulier ayant un bâtiment en façade était tenu de son côté de construire ou réparer la moitié de la voie attenant à son édifice. L'édile à qui la surveillance des routes avait été donnée (par le sort) ordonnait au riverain négligent de faire les travaux qui lui incombaient. Si ce dernier n'obéissait pas, le magistrat le citait à son tribunal et lui impartissait un délai dans lequel il devait avoir terminé la construction ou la réparation qui lui était demandée, en lui disant que s'il n'avait pas terminé à cette date, le travail serait mis en adjudication. Le délai entre l'avertissement et les enchères ne pouvait être moindre de dix jours. Le délai passé, le questeur préposé au Trésor public adjugeait le travail. Si, dans les trente jours qui suivaient l'achèvement de l'ouvrage adjugé, celui pour le compte duquel il avait été fait n'en avait pas soldé le prix, il était condamné comme s'il en avait emprunté le montant.

Cette même loi chargeait les édiles de faire enlever les constructions ou les dépôts faits le long des édifices publics.

Il paraît que l'obligation de faire et entretenir les routes au devant de ses bâtiments a été une règle partout admise, car nous la retrouverons dans le Digeste, où l'on voit que le travail devait se faire de manière que le passage fût toujours possible. Le Digeste défend de plus aux riverains de faire devant leurs bâtiments des dépôts capables d'embarrasser la voie ou même d'incommoder les voyageurs. Ainsi ils ne pouvaient y mener des troupeaux assez nombreux pour empêcher le passage. Les lois romaines mettaient encore le curage des fossés au compte des riverains, obligation qui, d'après certains jurisconsultes, serait encore existante.

Ces dispositions avaient une grande importance, car l'empire était sillonné de routes. La première chose que faisait un général en arrivant dans un pays était d'y établir des voies stratégiques, filets tendus pour l'asservissement des populations envahies. Il donnait à ses ouvrages tous les soins que comportait un travail qui devait être durable, et qui était le moyen d'opérer la retraite s'il fallait reculer. Aussi ces routes étaient-elles faites avec un art qui n'a pas été surpassé. Les armées qui les construisaient les faisaient solides, capables de porter les troupes, leur artillerie, les équipages de pont et de siège, les vivres, etc. Il n'y fallait pas la moindre malfaçon.

Les grandes routes avaient différentes dénominations. Les plus larges et les plus belles, celles qui seraient, chez nous, dans la première classe, portaient, même sous la République, le nom de *voies royales*. On les appelait encore consulaires, prétoriennes, militaires. Leur nom général était celui de voies publiques. Certains commentateurs des lois romaines et, parmi eux, Jacques Godefroy, le plus savant de tous, ont essayé de montrer que chaque nom désignait une classe distincte entre ces routes. L'opinion commune a repoussé cette interprétation. Nous pensons avec la généralité des jurisconsultes qu'il n'y a pas, à ce point de vue, à rechercher de différence entre les unes et les autres. Cependant leur largeur n'était pas uniforme. Les unes étaient faites conformément à la loi des Douze-Tables, d'autres avaient les douze pieds réglementaires d'après la loi Sempronia. Certaines étaient larges de vingt pieds, d'autres de quarante.

Tout le monde sait que des relais et des maisons de poste avaient été placés sur ces routes. Les historiens se plaisent à raconter, à ce propos, comment Constantin, ne voulant pas être poursuivi, quand il quitta les Gaules, fit couper les jarrets à tous les chevaux qu'il laissait derrière lui.

Les codes de Justinien et de Théodose ont des textes sur les réquisitions que l'on pouvait faire des chevaux de poste, et même de ceux des particuliers qui habitaient dans le voisinage des grandes routes.

Le soin avec lequel on entretenait ces ouvrages est attesté par le zèle que les plus grands d'entre les anciens y ont apporté. Nous savons que Jules César avait ordonné de mesurer les routes, et d'achever de placer des pierres milliaires, qui marquaient la distance où l'on se trouvait du Mille doré, situé dans le *forum*. Les employés qui firent cette opération en dressèrent le plan ; ils n'achevèrent ce travail que sous Auguste, trente et un ans après l'avoir commencé. Agrippa, qui avait fait construire un portique alors fort admiré, avait fait peindre sur les murs la carte de l'empire, ou plutôt la carte de toutes les contrées alors connues. Outre les

3

routes avec les indications qu'elles comportaient, relais, étapes, séjours, on y avait marqué en couleurs différentes, les provinces de l'empereur et celles du sénat. On y avait indiqué les limites de l'empire et celles de la terre. Les dessinateurs avaient figuré tout autour le vieil Océan dont les eaux embrassaient le monde.

Pour en revenir aux ouvrages publics en général, les lois mentionnent les divers édifices qui pouvaient servir aux besoins de la population et à ceux de ses administrateurs. Nous ne croyons pas nécessaire d'en faire l'énumération.

Nous avons déjà noté, tout particulièrement, parmi les ouvrages, les routes, les ponts, les chaussées, que nous retrouverons dans toute la suite de cette étude. Les canaux (*fossæ*) étaient aussi mentionnés. Nous donnons le mot technique, parce que le mot *canalis,* qui paraît correspondre au mot français, avait un autre sens ; il désignait un embranchement conduisant d'un lieu quelconque à une voie publique.

Quant aux magistrats chargés des travaux publics, on leur donna le nom général de curateurs, qu'ils portèrent plus encore sous l'empire qu'ils ne l'avaient fait sous la république. Quintus Élius Tubero et Fabius Maximus étant consuls, en l'an 743, furent désignés pour être curateurs des eaux, en sortant de leur charge.

Lorsque, vers cette même époque, le préfet de la ville fut chargé de la police, il fut établi au-dessus de tous les autres magistrats pour les objets confiés à sa vigilance ; il fut fait, en quelque sorte, le surintendant des travaux publics de la capitale. Il devint l'exécuteur et l'ordonnateur de tous les ouvrages nécessaires à l'assainissement et à l'embellissement de Rome. Agrippa, préfet sous Auguste, a rebâti la ville, l'a ornée de nouveaux monuments, a perfectionné la viabilité, fait de nouveaux aqueducs et complété les travaux des égouts. Il a été un grand démolisseur et un grand entrepreneur. C'est, avec l'amitié d'Auguste, ce qui constitue sa gloire.

. Le préfet de Constantinople eut des attributions pareilles à celles qui avaient été données au préfet de la ville à Rome.

Mais, à Constantinople et à Rome, le chef de l'administration, après l'empereur, était le fonctionnaire appelé préfet du prétoire. C'est lui qui dirigeait les affaires générales et faisait exécuter les lois. Il avait des représentants sur toute la surface de l'Empire, d'abord à Rome et à Constantinople les préfets de la ville ; dans les provinces les gouverneurs, ducs, comtes, préfets, présidents, qui portaient le titre général de juges (*judices*).

Les lois semblent contradictoires sur le droit que l'on pouvait avoir de faire des travaux publics. Il résulte de certains textes que des autorisations auraient été nécessaires ; d'autres nous disent que, qui le voulait, construisait des ouvrages publics.

Ainsi, cette faculté aurait appartenu aux magistrats des cités, de plus les particuliers l'auraient eue.

Il était cependant défendu de commencer de nouveaux travaux avant d'avoir terminé ceux déjà entrepris.

Des lois portaient que toute personne qui aurait commencé un ouvrage serait tenue de le finir. Quant aux juges ou chefs des cités, ils ne pouvaient commencer un ouvrage public aux frais de leur département, que si tous les autres étaient dans un bon état d'entretien, et si les travaux entrepris auparavant étaient achevés.

On était dans l'usage de placer, dans des lieux apparents, des inscriptions commémoratives de la construction des ouvrages publics. Il était défendu d'y mettre d'autres noms que celui de l'empereur ou du magistrat qui les avait terminés. Si plusieurs fonctionnaires se disputaient l'honneur de figurer dans une inscription, l'empereur décidait à qui en appartiendrait la gloire.

L'établissement d'un travail d'utilité générale comporte, presque toujours, l'appréhension de propriétés privées. Les Romains payaient la propriété dont ils s'emparaient pour établir des travaux d'utilité publique.

Nous avons des exemples multiples de ce paiement d'une indemnité. Il y en a de relatifs aux aqueducs ; nous en reparlerons.

Les textes nous disent encore que l'on donna des indemnités à des propriétaires, qui furent privés de maisons qu'ils avaient construites auprès de salles destinées à des cours publics ; qu'enfin il était ordonné d'en référer à l'empereur chaque fois qu'il fallait toucher à une maison valant 50 livres d'argent. L'indemnité pouvait être réglée par un arbitrage ; elle l'a été parfois par le préteur, ou par l'intervention du Sénat, ou après une sorte d'appréciation par une mise aux enchères. Mais, sous l'Empire, le fonctionnaire chargé d'établir les travaux avait le plus souvent le soin de régler l'indemnité.

L'expropriation comprenait, outre le terrain nécessaire à l'établissement des ouvrages publics, l'espace sur lequel ces travaux imposaient des servitudes. En cas de contestations, le fonds était acheté en entier. L'étendue des servitudes était en général de quinze pieds autour des ouvrages, quelquefois de cent pieds. Cette dernière distance était celle que les particuliers devaient observer quand ils voulaient bâtir auprès des palais ou des jardins de l'empereur.

La conservation des ouvrages était confiée à des fonctionnaires qui avaient, comme nous l'avons dit, gardé le nom de *curateurs*. La République romaine avait quatre quatuorvirs, curateurs chargés des routes ; l'Empire en eut un plus grand nombre.

Les curateurs étaient haut placés dans la hiérarchie sociale et administrative. Ils pouvaient, après avoir fait approuver leur gestion, être créés comtes de premier ordre ou consulaires. Ils avaient une juridiction : un personnel nombreux les assistait. Les curateurs des eaux, dit Frontin, se faisaient précéder par deux licteurs. Ils étaient donc armés pour défendre leurs droits et faire exécuter leurs arrêts, ayant des huissiers pour assigner, des greffiers pour écrire leurs sentences, des exécuteurs pour contraindre à l'obéissance. Des inscriptions relevées à Aix, à Mayence et ailleurs, mentionnent l'existence de cette magistrature.

L'inspection générale des travaux avait été, dans le principe, l'affaire du proconsul gouverneur de la province. On lui avait adjoint des inspecteurs généraux qui faisaient des tournées pour s'assurer que le service était régulier. On leur donnait à la fin de l'empire, pour les aider dans leurs fonctions, des envoyés extra-ordinaires qui devaient opérer avec le concours des chefs des provinces et des magistrats municipaux, consuls, décemvirs, édiles, curateurs, architectes, gardiens, employés. Quand ils avaient terminé leur tournée, les inspecteurs extraordinaires faisaient des rapports directs à l'empereur.

Les officiers chargés des travaux publics et les receveurs des deniers qui y étaient employés étaient, avec les entrepreneurs, responsables pendant quinze ans des avaries pour malfaçon. Cette responsabilité passait à leurs héritiers. Le cas fortuit était le seul dont ils ne fussent pas tenus. On devait veiller aux moyens d'empêcher les fissures ou lézardes, et surveiller la couverture. S'il fallait déplacer une statue ou d'autres sculptures, on le faisait avec précaution ; puis la réparation faite, les objets étaient remis en place.

Les lois de l'Empire prévoyaient le cas où on était obligé de démolir les édifices anciens. S'il s'agissait de bâtiments ordinaires, tels que les greniers publics, les écuries de la poste, la recons-truction pouvait être faite avec les matériaux provenant de la démolition. Mais, s'il s'agissait d'édifices plus importants, les ma-tériaux devaient être respectés, sauf le cas où le préfet du prétoire en avait autorisé l'emploi.

Les curateurs s'occupaient de tout cela. Ils faisaient conserver le travail et ses ornements, même les inscriptions dont il était chargé.

Les lois romaines contenaient une disposition assez mauvaise, si elle n'était pas tempérée par de sages exceptions: il était permis à qui le voulait d'entreprendre la réparation d'un ouvrage public.

Nous trouvons dans le Digeste que le préteur punissait ceux qui dégradaient un ouvrage public, à moins qu'une loi ou un sénatus-consulte n'eût autorisé leurs entreprises.

De même, l'édit prévoyait le cas où l'on aurait causé un dégât à une voie publique, disposition répétée d'âge en âge, à propos des voies de terre, des rivières et des canaux.

Les ouvrages publics étaient imprescriptibles. Cependant on obtenait souvent l'autorisation d'y adosser des constructions parasites. Ces concessions ne donnaient jamais un droit absolu de conserver les constructions ainsi faites ; l'autorité pouvait toujours en exiger la démolition. L'on disait même que si la construction embellissait l'édifice auquel elle était adossée, c'était une juste tolérance que de la conserver.

Les usurpateurs n'en étaient pas quittes pour la perte des biens qu'ils avaient usurpés, ils encouraient encore de fortes amendes, parfois seulement de dix mille sesterces, en général de cent mille.

On voit que tout avait été réglé par ces lois, depuis la prise du terrain, la fourniture des matériaux, l'adjudication pour la main-d'œuvre, jusqu'à la construction et la conservation des ouvrages publics.

Le mode d'opérer est assez facile à comprendre. Il ressemble beaucoup à celui que nous suivons, dans notre droit moderne.

Bien entendu, les hauts fonctionnaires de l'Empire ne s'occupaient que des travaux publics d'intérêt général, ils laissaient le reste au soin des gouverneurs des provinces ou des magistrats des cités.

Les travaux étaient quelquefois placés sous la surveillance d'une autorité particulière. Tels étaient ceux qu'exécutaient, sur les frontières, les ducs ou commandants des armées.

Il y a beaucoup de confusion, dans les recueils de lois, sur la

manière dont on pourvoyait aux frais que nécessitaient les ouvrages publics. Les jurisconsultes ont remarqué que les ouvrages
pouvaient être entrepris dans l'intérêt de l'État, des provinces,
des départements ou cités, ou enfin des villes ou villages. Ils
n'ont pas recherché, à l'occasion de chaque espèce d'ouvrage, par
qui la dépense devait être supportée.

Nous croyons qu'il y a toute une étude à entreprendre à ce
sujet ; car les provinces avaient leurs états (*conventus*), où venaient
les députés des départements, et chaque département ou cité,
chaque ville, chaque bourgade avait ses conseils électifs pour
régler, percevoir et employer ses revenus.

L'État devait payer ses ouvrages et ne pas exiger d'autres impôts que ceux qui avaient été anciennement fixés.

Les provinces, les départements, les villes et les villages
payaient en général chacun les leurs. Mais il arrivait que l'État
exigeait le concours des provinces ; celles-ci demandaient parfois
celui des cités, qui réclamaient l'aide des villes et des bourgs.
Une constitution de l'an 390, de notre ère, permet aux villes
clariores de se faire aider par les petites. Les anciens jurisconsultes trouvaient la chose naturelle, pourvu qu'il ne s'agit pas de
travaux de simple ornement et que les exigences ne fussent pas
la ruine des petites villes. La loi leur semblait donc juste, les
autres villes devant vénérer la métropole comme leur mère. Un
auteur moderne, M. Serrigny, a prétexté de ce passage pour blâ-
mer énergiquement les améliorations faites dans les capitales aux
dépens des provinces. Cette dissertation est un peu déplacée, si
l'on songe que les lois qui accompagnent celle que nous rappelons avaient prévu les abus. M. Serrigny paraît avoir, par haine
contre Paris, pris le contre-pied de la situation. Hier, comme aujour-
d'hui, les peuples ont tenu à honneur de parer leurs grandes villes,
et par conséquent de contribuer à leur ornementation, dans la mesure du raisonnable. Mais, jamais il n'a été permis, pas plus sous

l'empire romain que dans la législation française, de dépouiller une petite ville de ce qu'elle renfermait de beau pour en doter une plus grande, ou de ruiner l'une au profit de l'autre.

Ainsi le trésor public, les provinces, les cités, les bourgs intervenaient pour faire les dépenses des travaux publics. On avait, aussi, souvent, des dons qui étaient faits par des particuliers, mûs par un esprit de bienfaisance ou par le désir de faire montre de leur fortune. Les ressources ordinaires étaient les revenus des locations des terres communes, des boutiques ou ateliers, et les impôts ordinaires ou spéciaux. Si ces ressources ne suffisaient pas, on y ajoutait de nouvelles contributions. Les impôts particuliers, affectés par exemple aux ports, rivières, canaux, ponts et chaussées, étaient ceux auxquels nous donnons les noms divers de douanes, péages, etc., et qui, dans le droit romain, portaient le nom général de *portorium*. Pour les routes et les chemins, il y avait surtout la corvée, que nous avons signalée dès les premiers âges de la république.

Enfin, comme les provinces, les départements, les villes et les bourgs préféraient laisser dégrader leurs routes plutôt que d'y porter remède, on avait exigé qu'un tiers du revenu de leurs communaux fût affecté à l'entretien des voies de transport.

Mais, nous le répétons, le grand moyen n'était pas là, non plus que dans l'emploi de l'armée, il était dans la corvée des colons ou serfs de la glèbe. Tous les propriétaires, comme au temps de Caton l'Ancien, devaient faire faire les prestations en nature ; personne n'avait d'exemption à faire valoir. Il ne s'agissait pas, disaient les empereurs, d'un impôt sordide, mais d'un travail à faire et à payer dans un intérêt commun. Nous retrouverons ce raisonnement dans *les Capitulaires*.

CHAPITRE II

LES LOIS ROMAINES (Suite)

§ Ier. — DES COURS D'EAU ET DES CANAUX.

Les rivières étaient publiques ou privées. Les lois laissaient aux riverains la faculté de disposer des eaux des rivières privées. L'édit du préteur avait au contraire tout réglé pour les cours d'eau du domaine public.

Il était défendu de rien faire qui en gênât le cours ou mît obstacle à la navigation. Les rives étaient aussi protégées par le préteur, qui défendait d'y porter atteinte de manière à gêner.

Il y avait des étangs et des fossés dépendant du domaine public. Ces fossés étaient ce que nous connaissons sous le nom de *canaux;* car le mot *canalis,* que l'on trouve dans plusieurs lois romaines, y est mis, nous le répétons, pour désigner de petites routes publiques s'embranchant sur de plus grandes auxquelles elles servaient de lignes de jonction.

Mais, nous savons que Marius avait fait un canal pour communiquer d'Aix avec la mer ; que d'autres canaux encore avaient été faits ou projetés dans d'autres parties des Gaules, et qu'on leur donnait le nom de *fossæ.*

On poussait loin la protection dont on entourait les eaux du domaine public. Une loi avait réglé quand et comment les soldats des légions pourraient s'y baigner. Nous citons ce fait comme un exemple de la grande sollicitude des Romains sur ce sujet. Mais ce que l'on ne sait pas assez, c'est qu'il y avait tout un système d'impôts sur les ports et les rivières, droits de douanes et péages dont nous subissons encore les conséquences. Ces impôts étaient donnés à ferme dans le temps de la République et de l'Empire. Néron, l'ennemi des maltôtiers, voulut supprimer ces taxes. Le Sénat lui fit des remontrances respectueuses que Tacite, l'ami et le défenseur des fermiers généraux, nous a conservées dans le treizième livre de ses *Annales*.

§ II. — DES AQUEDUCS.

Strabon rapporte qu'il y avait trois sortes d'ouvrages que les Grecs avaient négligés, mais qui avaient été pratiqués chez les Romains, avec une profusion de dépense et une magnificence somptueuse dépassant tout ce qui fut jamais entrepris de grand et de splendide dans le reste de la terre. Strabon était en cela l'écho de la Grèce. Denys d'Halicarnasse a parlé de ces travaux avec un égal enthousiasme ; ils comprenaient les aqueducs, les routes et les égouts.

Les aqueducs étaient nombreux à Rome, où l'on ne se contentait pas des eaux jaunâtres du Tibre. On était allé chercher à leur source les plus claires fontaines du pays d'alentour. Les conduits tracés de mains d'hommes étaient protégés par des maçonneries établies, tantôt sous des montagnes, tantôt dans des vallées, parfois sur des cours d'eau.

Les arches, sur lesquelles passaient les aqueducs, étonnaient les regards par la hardiesse de leur construction, la richesse de leurs décorations. Les réservoirs ou châteaux d'eau étaient des merveilles par leur masse et les sculptures qui les ornaient.

Le temps, malgré ses ravages, nous a laissé les restes d'un livre avec lequel on pourrait reconstituer la législation sur les aqueducs, c'est un traité de Frontin, intitulé : *De Aquæductu*. Frontin avait été trois fois consul, puis il avait été curateur des eaux. Quand il avait été général d'armée, il avait étudié les stratagèmes militaires sur lesquels il a écrit un ouvrage qui nous est resté ; créé curateur des eaux, il étudia ce qui était relatif à son nouvel emploi, et il a écrit sur les aqueducs le travail que nous venons de mentionner. C'est là que nous allons surtout prendre les quelques renseignements qui vont suivre.

Des fontaines alimentaient les châteaux d'eau établis à Rome. Elles étaient d'abord au nombre de onze ; mais l'une d'elles avait dû être abandonnée aux habitants du pays qu'elle traversait. La première était dite APPIA ; elle devait son nom à Appius Cæcus, l'aveugle, qui, étant censeur, fit construire la voie Appienne et le premier aqueduc. La seconde, dont l'aqueduc avait été établi avec les dépouilles conquises sur Pyrrhus, se nommait le vieil *Anio*, ANIO VETUS. La troisième, appelée MARCIA, avait été amenée à Rome en l'an 608 par le préteur Marcius. La quatrième, dite TEPULA, avait été conduite à Rome en l'an 627. La cinquième fut dite JULIA, parce qu'elle fut établie par Agrippa, sous le second consulat de César-Auguste, entré, comme on le sait, par l'adoption de César, dans la famille des *Jules*. La sixième est celle qui fut abandonnée aux habitants (les Tusculans) dont elle traversait le territoire ; elle se nommait CRABRA. La septième, comme les deux précédentes, fut entreprise par Agrippa, elle se nommait Eau Vierge, AQUA VIRGO. La huitième était appelée ALSIETINA ou AUGUSTA ; elle avait été aussi établie sous Auguste, son eau était mauvaise et n'était employée que pour l'ornement ou l'arrosage.

La neuvième fontaine, dite AUGUSTA, comme la septième, était, quand elle arrivait à Rome, réunie à l'aqueduc de l'eau de la MARCIA. La dixième, dite CLAUDIA, fut entreprise par Caligula et terminée par Claude. La onzième, appelée nouvel ANIO, date aussi de l'empereur Claude.

Frontin a remarqué que parmi les châteaux d'eau qui recevaient ces fontaines, les plus récents avaient été placés sur les lieux les plus élevés, les plus anciens étant plus bas, comme si les constructeurs avaient été moins instruits des lois de l'écoulement des liquides.

Nous avons déjà montré que les premiers magistrats étaient ceux qui, sous le titre de *curateurs* des eaux, étaient chargés de ces affaires. Ils furent, comme nous l'avons dit, au nombre de quatre, à la fin de la république, et on les appelait quatuorvirs ; ils étaient choisis parmi les anciens consuls ou autres magistrats de l'ordre le plus élevé. C'est un sénatus-consulte de l'an 743 qui leur avait donné deux licteurs et un personnel d'officiers égal à celui du magistrat qui distribuait le blé au peuple.

La première chose à faire, quand on voulait construire un aqueduc, était d'acquérir le terrain sur lequel il serait placé.

Il était défendu de planter plus près que quinze pieds des constructions, à cause des ravages que causeraient les racines.

Le sénatus-consulte de l'an 743 autorisait les curateurs des eaux à prendre sur les propriétés voisines, moyennant une indemnité, réglée *arbitrio boni viri,* la terre, l'argile, les sables, la pierre, la brique, le bois, et les autres matériaux dont ils avaient besoin.

Malgré toutes les précautions, les riverains faisaient tous leurs efforts pour détourner les eaux ; l'art de voler, aussi vieux que Mercure, a été pratiqué chez les anciens avec une science et un raffinement dont les Anglais et les Américains eux-mêmes n'approchent pas. La sévérité des peines, la vigilance des magistrats étaient impuissantes à prévenir les fraudes.

On faisait à Rome des concessions d'eau aux particuliers, ceux-ci, d'accord avec les fontainiers, faisaient des fissures aux tuyaux de conduite ou augmentaient celles qui se déclaraient. Afin d'éviter ces détournements, on décida que toute concession serait prise directement au château d'eau. Les concessions étaient inscrites sur des registres publics, leur étendue était déterminée par le nom du module qui était fixé ; il y avait vingt-cinq modules. Le tuyau de conduite était en bronze, l'ouverture de son bec de décharge était mesurée sur l'importance de la concession. Le droit ainsi accordé était considéré comme une faveur personnelle ; il ne passait pas aux héritiers de celui qui l'avait obtenu.

Les aqueducs de Rome avaient été imités dans les provinces. Les grandes cités de l'Empire avaient aussi fait des dépenses considérables pour obtenir les eaux nécessaires aux besoins réels ou factices de leurs habitants. Les restes de l'aqueduc qui s'élevait au-dessus du Gard étonnent encore de nos jours le voyageur émerveillé. On pourrait trouver des analogues auprès de toutes les villes ; l'architecture et la sculpture s'étaient unies pour embellir ces ouvrages.

Les aqueducs étaient donc, partout, une grande affaire. Ils étaient au temps de l'empire, comme les autres travaux, d'abord sous la surveillance du préfet du prétoire, qui avait sous ses ordres à Rome et à Constantinople, le préfet de la ville ; dans les provinces, le gouverneur.

Des curateurs spéciaux venaient après ces personnages ; on les appelait les *consulaires* chargés des eaux. L'intendant de la liste civile, (*comes rei privatæ*), était chargé des aqueducs qui conduisaient l'eau aux châteaux impériaux.

Le Trésor public faisait parfois la dépense des aqueducs; d'autres fois on laissait cette charge aux cités. La corvée était employée pour les construire et les réparer. Les prestations en nature étaient même le moyen ordinaire.

On se servait pour leur construction, réparation ou entretien, de tous les matériaux que l'on trouvait, même des débris des temples détruits.

———

CHAPITRE III

—

LE DROIT FRANÇAIS

AVANT 1789

LES DEUX PREMIÈRES RACES.

Nous quittons l'Empire, dont les institutions vont tomber sous le coup des révoltes multipliées, auxquelles les historiens de Rome et de Constantinople ont donné le nom d'invasion des Barbares. Les Gaules rompirent par saccades leur attache avec Rome ; la Bretagne d'abord, les provinces voisines de l'Espagne ensuite, se soulevèrent contre l'autorité des empereurs. En l'an 408 de notre ère, les cités de l'ouest se sont confédérées avec celles de la Bretagne, et toutes ensemble ont formé une république, gouvernée par des États généraux pour les affaires générales, tandis que des Conciles provinciaux et des Conciles municipaux statuaient sur les affaires locales. L'histoire de la transformation du régime impérial en régime républicain n'a point encore été faite. Elle a été indiquée par l'abbé Dubos, dont l'*Histoire critique de la Monarchie française* était fort goûtée par les Bénédictins de la congrégation de Saint-Maur. Il résulte des études de ce savant que les chefs des cités avaient été les chefs de la révolte contre l'autorité impériale. Ces fonctionnaires se déclarèrent indépendants ; ceux qui n'étaient pas dans les ordres sacrés, les ducs, les comtes, les vicomtes, proclamèrent du même coup que leurs titres seraient héréditaires. Les cités consentirent à aider ces insurgés, avec lesquels les évêques firent cause commune. Les comtes et les autres seigneurs continuèrent à percevoir les différents impôts; seulement ils les gardèrent pour eux au lieu de les employer comme autrefois aux besoins du public. Tel était l'état des choses quatre-vingt-huit ans après la formation de la république des Armoriques. Les États généraux de cette confédération achetèrent le secours de Clovis et de son armée pour résister à des ennemis qui menaçaient d'une invasion prochaine. C'était en 496 qu'intervenait ce traité, et, depuis 408, les affaires générales, telles que les routes, les ponts, avaient été presque toujours négligées. Mais Clovis fut avisé par l'empereur d'Orient des droits auxquels l'autorité impériale prétendait. Il voulut en être investi, et il se fit décerner par la cour de Constantinople des titres et dignités qui le rendirent en quelque sorte le vicaire de l'empereur. Puis, il réclama toutes les redevances, tous les droits imposés par les ordonnances impériales. Il essaya, sans y réussir, de restaurer l'ancienne administration; il échoua dans cette entreprise, qui fut continuée par ses successeurs.

Chilpéric et ses contemporains essayèrent de faire revivre le système de l'administration centrale sur les anciennes bases. Une légende nous dit que la veuve de Sigebert, la célèbre et malheureuse Brunehaut, refit les grands chemins qui, en plusieurs pays, portent encore son nom et sont appelés chaussées de Brunehaut. Mais, ce n'est là qu'une tradition. Le grand roi Dagobert réunit dans ses mains le commandement sur la plus grande partie des Gaules. Il révisa la loi salique, la loi des Bavarois, etc., etc. On trouve dans la seconde de ces lois une disposition analogue à celle dont nous avons parlé, et par laquelle le préteur défendait d'embarrasser la voie publique.

Pépin le Bref, Charlemagne, Louis le Pieux, Charles le Gros, ont laissé plus de textes que les Mérovingiens sur la matière des routes, des ponts et des chaussées. Il est dit dans les Capitulaires que la dépense doit être faite par tout le monde, s'agissant de choses communes (*res communes*), expression employée par les Capitulaires, d'après les lois romaines.

Il fallait suffire aux constructions nouvelles comme aux restaurations. Les souverains exerçaient leur action au moyen de délégués, errant dans les provinces. Ces fonctionnaires sont appelés *missi dominici discurrentes* par les lois et les historiens. Ils voyageaient chacun séparément, marchant avec une escorte guerrière. Chaque délégué était un valeureux champion, digne par son courage et sa force de tenter les plus dangereuses aventures. Ils suivaient les routes, inspectaient leur état, celui des ponts et même jetaient leurs regards sur les autres voies publiques, car ils devaient en rendre compte à l'empereur. Arrivés à leur destination, ils montraient aux seigneurs du lieu l'expédition (*Brevis*) de l'édit qui les avait investis de pleins pouvoirs. Ils publiaient les bans, qui convoquaient les populations à se rendre au lieu où ils allaient tenir leurs assises. Grands et petits venaient à ces foires ; celui qui manquait de s'y rendre était puni d'une amende, que les chevaliers errants savaient faire payer. Ils ordonnaient tous les travaux utiles et réglaient, d'après les anciennes coutumes, la part contributive de tous et de chacun. Ils publiaient la liste des ouvrages à faire et le rôle des impôts qui y devaient être affectés (Cap. de l'an 849), en annonçant où les travaux devaient être entrepris et le mode de paiement de la dépense (an 829). Ils s'entendaient avec l'évêque et le comte pour nommer les préposés à mettre à la tête de l'opération (même Capitulaire). Ils fixaient aussi les taxes à percevoir, les corvées qui devaient être faites (an 819). Tous les serfs devaient cette corvée, même ceux des ecclésiastiques (an 854). Enfin, comme nous l'avons dit, les envoyés des Carlovingiens faisaient des travaux neufs, aussi bien qu'ils réparaient les anciens (année 830).

4

Les seigneurs, qui s'étaient rendus absolument héréditaires, les villes municipales, qui invoquaient leurs anciens priviléges, faisaient obstacle aux améliorations demandées par les *missi dominici*, commissaires délégués, auxquels on n'obéissait que quand on ne pouvait pas faire autrement.

CHAPITRE IV

DE HUGUES CAPET A 1789.

NOTIONS GÉNÉRALES.

La tentative des Carlovingiens pour restaurer le pouvoir de l'autorité centrale n'eut pas de longs effets, et quand les empereurs eurent porté le siège de leur puissance de l'autre côté du Rhin, les nobles, ducs, comtes ou vicomtes du pays de France résolurent de rompre de nouveau avec l'empire d'Allemagne. Ils s'unirent entre eux et aussi avec le pape et les évêques. Ainsi fut faite la révolution de 987, qui plaça sur le trône Hugues Capet, duc de France et comte de Paris. Cette révolution avait encore, comme celle de l'an 408, un caractère fédéraliste. Les Pairs de France, qui s'intitulaient rois dans leurs États et qui ne voulaient pas de supérieurs, n'auraient pas toléré qu'on leur envoyât des commissaires extraordinaires pour les faire obéir.

Ainsi les premiers Capétiens, souverains de par le suffrage de leurs égaux, n'avaient de pouvoir réel que dans leurs domaines particuliers. Louis VI, Louis VII, Philippe-Auguste eurent fort à faire pour se faire respecter, en leur qualité de rois. Leur prétention à diriger les affaires générales se brisait contre les résistances des seigneurs ou des magistrats municipaux, qui tous invoquaient leur possession immémoriale et leurs anciens titres.

Cette lutte des privilégiés contre le Gouvernement a duré jusqu'en 1789. Il ne fallut pas moins qu'une révolution accomplie au nom de la nation tout entière, pour que l'on comprît que les intérêts généraux devaient être respectés et servis par les particuliers, fussent-ils ducs ou princes.

Les Capétiens furent secondés dans leurs entreprises par les hommes de loi, qui commençaient à étudier la législation de Constantinople et essayaient de donner aux rois le pouvoir absolu, qu'avaient possédé les empereurs. Mais, souvent les rois, par faiblesse de caractère ou nécessité, s'écartèrent de leur but. Ainsi, le premier acte connu, en notre matière des travaux publics, est la concession d'un privilège.

Louis le Gros était en guerre avec l'Empire et l'Angleterre. Il appela à lui les seigneurs français et les milices communales. Le roi, pour bien montrer qu'il n'entendait être que le premier entre les pairs et non un dominateur, alla prendre à Saint-Denis l'oriflamme qui était le drapeau des comtes du Vexin. En recevant cette bannière de l'abbé de Saint-Denis, il gratifia celui-ci de la justice et de la voirie depuis la Seine jusqu'à Aubervilliers. Cela se passait en 1024. Suivons :

Philippe-Auguste, dans des lettres-patentes, qu'on appelle *charta pacis,* accord entre lui et l'évêque de Paris, établit que toute la justice sur le chemin royal et le chemin public, dans toute l'étendue du domaine de l'évêque, appartient au roi ; la justice sur les autres chemins appartient à l'évêque, à l'exception du rapt et du meurtre, dont le roi retient la connaissance.

Les établissements de saint Louis, qui sont, comme on le sait, de 1270, portaient que, les gentilshommes ayant droit de voirie, pendraient les larrons qui seraient dans leurs terres, sauf les cas où il était d'usage de les faire juger par leur seigneur.

En 1272, les officiers du roi et les religieux de Saint-Germain des Prés étant en contestation sur leurs droits respectifs en matière de justice et de voirie, des lettres-patentes confirmèrent les prétentions des religieux.

En 1280, Philippe le Hardi consentit à régler l'étendue des droits de voirie appartenant au prieur de Saint-Éloi.

Une ordonnance de Philippe le Bel, en date du mois d'août 1291, accorda aux magistrats de la ville de Grenade, auprès de Toulouse, le droit et leur imposa la charge de surveiller et réparer les routes et les ponts, même de construire de nouveaux ponts sur la Garonne et sur la Save. Ils devaient y employer le produit des amendes.

Des privilèges analogues furent accordés, en 1345, à la ville de Saint-Geniès et, en 1356, à Villefranche du Périgord.

Comme réciprocité des droits des seigneurs, le Parlement, depuis le milieu du XIII° siècle, mettait les voyageurs sous leur sauvegarde. Ainsi, quand un voyageur était tué sur un grand chemin, le seigneur du lieu était responsable; il l'était même, quand le voyageur avait été simplement détroussé. Mais, si le méfait avait été commis la nuit, le seigneur ne devait aucune indemnité. Ces points de droit ont été admis et la jurisprudence les a appliqués jusqu'en 1789.

Nous avons dit que les rois avaient voulu reprendre l'habitude, que leurs prédécesseurs avaient eue, d'envoyer des commissaires dans les provinces.

Nous en trouvons une preuve, précisément à propos des routes et des ponts. Deux ordonnances de juillet 1358 mentionnent, en effet, l'existence de ces commissaires généraux, envoyés d'abord pour veiller à la perception des impôts accordés par les États du Languedoc, mais à qui l'on avait confié le soin des ponts et chaussées. Il est décidé, dans ces ordonnances, que de pareils commissaires ne seront plus envoyés.

Cependant on contestait toujours sur le point de savoir qui aurait les droits de voirie ? Bouteillier avait dit qu'ils appartenaient au souverain sur les grands chemins, et cela, ajoutait-il, lors même qu'ils traversent et quoiqu'ils passent *ens et parmi* la terre d'un haut-justicier.

Les partisans de cette opinion prétendaient s'appuyer sur une ordonnance de Philippe-Auguste, en vertu de laquelle le prévôt de Paris avait le droit de voirie sur tout le territoire français. Ils invoquaient de plus un arrêt de 1290, qui avait attribué au roi la voirie du comté d'Anjou, comté qui n'était pas encore à lui, dit le royaliste Pithou, dans son commentaire de l'article 130 de la coutume de Troyes.

La question avait une grande importance. Les voyers levaient les péages et faisaient faire les corvées. Ils disposaient de ces ressources à leur gré. De plus ils jugeaient les coupables arrêtés sur les chemins et profitaient des amendes et des confiscations. Ils tenaient naturellement à ces avantages et ne voulaient point les céder au roi. Certains jurisconsultes, parmi ceux-mêmes qui étaient disposés à favoriser le pouvoir royal, comprenant quelle était la cause de la résistance, avaient formulé cet adage : *Voirie et Justice* n'ont rien de commun. Mais, cela ne suffisait point pour rassurer les hauts-justiciers ; ils continuèrent une guerre, qui s'est perpétuée jusqu'après la réunion des États généraux de 1789.

Nous trouverons, sans sortir de Paris, des exemples de cette résistance. Depuis longtemps nos rois avaient essayé de faire reconnaître leur autorité dans la capitale. Une ordonnance du 1er mars 1388 chargea le prévôt de Paris de faire réparer les ponts, passages et chemins notables et anciens en dehors de la ville. Ce magistrat ne parvint point à se faire obéir.

Le roi Charles VI ayant perdu la raison, le Dauphin de France fut régent du royaume. Comme les Armagnacs et les Bourguignons étaient campés en face les uns des autres, toujours prêts à en venir aux mains,le Gouvernement songea à s'appuyer sur la nation.Il pouvait, pour cela, convoquer les États généraux ; c'était le meilleur moyen de connaître l'opinion publique. Mais les conseillers du régent n'osèrent pas employer ce remède. Ils réunirent une assemblée des notables, dont les vœux aboutirent cependant à une des meilleures ordonnances qui aient été faites. Elle porte la date du 25 mai 1413. Les fauteurs de privilèges l'ont appelée *l'Ordonnance Cabochienne*, croyant ainsi la flétrir. Cette épithète ne suffit pas pour en amoindrir la valeur; cette dénomination renferme un éloge pour les Cabochiens, auteurs d'un acte législatif des plus remarquables. L'Ordonnance fut lue en partie devant le Parlement assemblé,le vendredi 24 mai 1413, jour où le roi y tint son lit-de-justice. Puis les temps devinrent meilleurs pour les seigneurs, plus mauvais pour le peuple. Le 5 septembre de cette même année 1413, le roi tint un nouveau lit-de-justice, dans lequel il fit déchirer l'ordonnance du 25 mai.

Divers articles de cette grande et belle ordonnance se rapportent à notre matière, à laquelle ce détail historique n'est donc point étranger.

Par exemple, l'article 17 énonçait que des châteaux, forteresses, maisons, halles, fours, moulins, étangs, ponts, ports, passages, et autres édifices étaient en péril et menaçaient de tomber en ruines. En conséquence, le roi se faisait à lui-même défense de, pendant trois ans, donner à qui que ce soit « aucuns deniers « ou autres choses qui nous viendront et écherront à cause des « reliefs, rachats, quints, deniers, forfaitures, épaves, biens vacants, amortissements, légitimations, nobilisations, manumis- « sions, amendes, régales, ni autres aventures ou confiscations « quelconques qui nous appartiennent et nous puissent survenir « et échoir durant ledit temps. »

L'article 244 abolissait les péages établis sur le Rhône, la Loire et la Seine, quand ils n'étaient pas fondés sur des titres suffisants.

L'article 245 était plus spécial encore à la matière des travaux publics. Il y était reconnu que les seigneurs et autres avaient, au temps passé, levé et fait lever, en leurs terres et seigneuries, plusieurs acquits, péages, et travers à titre onéreux et à charge de *retenir et soutenir* les ponts, ports, chemins et chaussées, dont ils ne faisaient rien, levant toujours lesdits acquits, péages et travers. En conséquence, il était ordonné que, si les réparations nécessaires n'étaient pas faites dans l'année, les juges et officiers du roi percevraient les droits que se faisaient accorder les seigneurs, pour en appliquer les produits à l'entretien des travaux publics. Nous remarquerons, à propos de ces droits, que notre ordonnance, après les avoir énumérés à peu près tous, leur donne le nom de *truages*.

La même loi contient des dispositions sur les trésoriers et généraux des finances. Nous aurons occasion de parler de ces fonctionnaires.

Après que le roi, dans son lit-de-justice, eût fait déchirer cette ordonnance, on retomba dans le chaos d'où l'on venait d'essayer de sortir. Les seigneurs ecclésiastiques et laïques continuèrent à lutter contre les édits royaux. Quand la résistance ne se montrait pas en armes, elle se manifestait par des contestations devant les tribunaux. Nos anciens recueils citent un certain nombre de ces procès et rappellent, par exemple, celui qui fut plaidé en 1556, et où l'adversaire des officiers du roi était l'évêque de Paris. Les débats furent solennels ; le Parlement les écouta religieusement. L'avocat du roi ayant pris ses conclusions, on délibéra, mais on n'osa pas statuer. L'affaire fut renvoyée au grand Conseil, c'est-à-dire au Conseil du roi ; nous dirions aujourd'hui au Conseil d'État.

Les choses étaient arrivées à ce point que le roi, lui-même, n'osait plus soutenir ses prétentions. Ainsi, quand, en décembre 1607, un édit statua sur la voirie des rues, les droits des hauts-justiciers, prétendant à la voirie dans les rues de Paris, furent réservés.

Il en résulta, par exemple, que les officiers du Châtelet devaient seuls donner des alignements pour les encoignures des maisons, tandis que le centre des constructions était réglé par les tréso- riers de France. De là, conflits sans nombre entre les autorités, et souffrances pour les propriétaires, broyés entre les dents de l'étau qui les enserrait.

Lorsqu'en 1674, le roi eût créé un Présidial qui devait, avec le Châtelet, dont il était le complément, connaître en première ins- tance de toutes les affaires, le prévôt de Paris, chef du présidial, prétendit exercer les droits de justice et de voirie sur les rues et chemins sur lesquels l'ancien Châtelet avait juridiction. Mais ce tribunal, quoique émanant de la puissance royale, résista. Il y eût procès, et le Châtelet, gardant ses attributions, maintint son droit sur les rues que l'usage avait soumises à son autorité. Le droit de voirie lui resta.

. Henri IV avait bien essayé de soumettre les récalcitrants, en nommant le duc de Sully grand-voyer de France. Mais force lui fut de ne pas insister, et la charge de grand-voyer disparut avec celui qui l'avait reçue. Il serait injuste de ne pas rappeler que c'est une ordonnance du 16 décembre 1607, due à Sully, qui a rappelé les règles de la matière des alignements et de tout ce qui concerne les obligations des riverains de la voie publique.

Nous n'en avons pas fini avec les tiraillements qui gênaient l'action de l'autorité. On avait toujours trouvé le moyen d'incul- quer aux gens que les fonctions étaient des propriétés, et qu'ils n'étaient pas simplement préposés à un service. Le mal prit des proportions considérables, surtout au temps où l'on vendit les offices. Si, avant cette époque, les officiers du roi avaient plaidé sur les prérogatives de leurs charges, ce fut bien pis quand ils purent s'en dire propriétaires en vertu d'un brevet acheté et payé ; chacun prétendait empiéter sur autrui, parce qu'au bout d'une juridiction se trouvaient des émoluments. François Ier avait vendu toutes les fonctions publiques. Celles des ingénieurs avaient été vénales comme les autres. L'abbé de Pontoise, qui n'était pas ecclésiastique, avait acheté l'office d'ingénieur en chef de la généralité de Paris. Il employait les curés des paroisses comme des ingénieurs ordinaires. Ces curés ne connaissaient rien aux travaux publics, ils étaient absolument incapables de remplir le mandat que leur donnait l'abbé. Cependant, la nécessité de lui rendre le prix de sa charge fit qu'on n'osait pas toucher à sa situation ; son office ne fut supprimé que sous Louis XV, époque à laquelle on lui remboursa son prix d'acquisition.

CHAPITRE V

—

—

§ Ier. — DES OFFICIERS DU ROI CHARGÉS DE LA DIRECTION DES
TRAVAUX PUBLICS.

Nous arrivons à parler du personnel, qui s'est occupé de la direction des travaux publics que faisait le roi.

Les écrivains, qui ont traité de notre matière, prétendent que la direction des ouvrages, dans le commencement de la Monarchie, avait appartenu au grand trésorier de France chargé de la recette et de l'emploi des fonds. Il n'y eut, d'abord, qu'un seul fonctionnaire ayant ce titre. C'était, dit-on, l'un des quatre grands officiers de la couronne créés après la suppression de l'office de maire du palais. Ces grands dignitaires étaient : le connétable, le chancelier, le grand trésorier, le grand maître du palais. Cette origine est peut-être bien indiquée ; nous n'oserions cependant l'affirmer, car les Romains connaissaient les mots « trésor » et « trésorier ».

Il y avait certainement un grand trésorier, en 1316 ; une ordonnance de ce temps-là le mentionne. Plus tard, la fonction fut sinon abolie, du moins transformée, et nous avons eu un grand nombre d'agents, auxquels on a donné les noms de trésoriers de France, de receveurs généraux, de généraux des finances ; même on disait : généraux ou trésoriers des finances.

Le grand trésorier fut remplacé par le surintendant ou ministre des finances, dignitaire qui a porté différents noms. Les trésoriers de France furent, alors, des fonctionnaires soumis à l'autorité de l'Administration centrale. Les États-généraux du pays de langue d'oil, réunis après la captivité du roi Jean, avaient voulu que les receveurs généraux, nommés par eux, fussent leurs représentants. Pour éviter les empiétements de la cour, on avait décidé que les impôts seraient répartis entre les habitants par des personnes élues à cet effet. Aussi, les contrées où cette organisation fut reçue prirent le nom de pays d'élection. Mais, la surveillance des États-généraux, l'action des agents de la représentation nationale étaient insupportables pour la cour. On négligea donc de réunir les représentants de la nation, et le roi nomma les trésoriers de France, les généraux des finances, les receveurs généraux et les élus. M. Vignon a voulu mettre de l'ordre dans la succession des ordonnances sur ce sujet, nous pensons qu'il a été trop affirmatif.

Trésoriers généraux, généraux des finances, receveurs généraux étaient répartis de manière à ce que leur action s'exerçât sur des divisions de la France, auxquelles on donnait le nom de Généralités.

Si ces Trésoriers n'intervinrent pas, aussitôt après leur établissement, dans la matière des travaux publics, ils devinrent la partie la plus active de l'Administration chargée de ce service, après que Louis XII, en 1508, leur eût commis le soin des impôts levés pour l'entretien des routes, en leur commandant d'employer ces deniers à la réparation des routes, ponts et chaussées. En 1551, les Généralités furent portées au nombre de seize ; il y en eut dix-sept en 1567. Chacune fut soumise à un délégué du roi, appelé intendant, sous les ordres duquel on plaça les trésoriers ou généraux des finances. D'abord les trésoriers avaient été distingués des généraux. Chacune de ces fonctions avait eu des attributions spéciales, que nous ne pouvons pas bien distinguer. Puis, avec le temps, on n'avait pas fait de différence entre les unes et les autres. Leur nombre avait varié. Il était de dix par généralité, en décembre 1598;

un édit les réduisit à deux. L'augmentation avait été causée, disait-on, par le besoin de composer un tribunal capable de statuer sur les difficultés en matière d'impôts. Ce prétexte servit, après 1598, à la reconstitution de ces corps nombreux, auxquels on donnait le nom de bureaux des finances.

Le dernier état de choses est celui qui fut réglé en 1769. Il y eut alors trente-deux Généralités ou provinces et trente-deux intendants, à savoir : quatre pour les pays d'états, vingt pour les pays d'élection, et huit pour les pays étrangers. On sait que ces appellations étaient maintenues à raison des différents modes de décréter les impôts dans les divisions du royaume. Les généraux des finances n'avaient pas conservé la direction des travaux publics ; elle était passée aux intendants. Mais les généraux des finances avaient le soin de recueillir les taxes et de répartir les corvées. Ils intervenaient, encore, dans les adjudications et formaient le bureau des finances, qui jugeait les difficultés que soulevaient l'assiette des impôts et l'exécution des travaux publics. Leurs décisions n'étaient pas en dernier ressort ; l'appel était jugé par le conseil du roi.

Outre les intendants dont nous avons parlé, il y en avait deux qui étaient chargés des levées et turcies de la Loire et de l'Allier. Ils avaient un budget séparé et ils étaient aidés par des ingénieurs spéciaux avec lesquels ils essayaient de parer aux inondations ; puis, en cas de malheur, d'exécuter les réparations nécessitées par le ravage des eaux.

Enfin, il y avait encore une organisation particulière pour les pays d'États. Les Intendants de ces régions, soumis au contrôle des délégués des États, avaient sous leurs ordres des ingénieurs, étrangers au corps royal des ingénieurs des ponts et chaussées.

Le cardinal de Richelieu avait réglé, par un édit de mai 1633, la compétence des intendants. Il avait fait de ces fonctionnaires, conseillers du roi, intendants et généraux des finances, les présidents des bureaux des finances, juridiction qui avait dans ses attributions tout ce qui concernait la voirie.

Malgré la précision des ordonnances qui avaient réglé ces affaires, les seigneurs et les juges royaux maintenaient leurs prétentions sur les travaux publics. Le désordre était toujours l'état normal de l'Administration, et l'action de l'autorité centrale ne s'exerçait réellement que sur ce qui appartenait au domaine du roi. Il faut entendre par là les dépendances des anciennes possessions de Hugues Capet, celles qui avaient été jointes au domaine par des traités ou autrement ; elle s'étendait aussi sur les voies publiques exécutées par les représentants de la royauté.

Nous pensons qu'il est impossible de suivre exactement la marche de la transformation des offices et des fonctions publiques. Nous avons, par exemple, vu disparaître le grand trésorier de France, qui fut remplacé par le surintendant ou par le contrôleur des finances. Nous rencontrons sur notre chemin, au XVIIIe siècle, un trésorier du roi ; son office fut supprimé. En 1784, Calonne vendit cette charge 600,000 livres. Outre les trésoriers de France, il y avait eu des trésoriers des ponts et chaussées. On les supprima, en 1779 ; puis on revendit leurs charges à un seul fonctionnaire, qui les paya 840,000 livres et prit le titre de trésorier général des ponts et chaussées, turcies, levées, canaux et navigation des rivières, barrages et pavés de Paris.

Ainsi allait le train des affaires générales, les privilèges faisant obstacle à toutes les mesures d'intérêt public. Car les changements dans les fonctions n'étaient le plus souvent qu'un moyen employé par les ministres pour faire de l'argent.

On voit, par cet exposé rapide, les difficultés contre lesquelles l'ancienne Administration se heurtait sans cesse. Entre temps, nous aurions pu donner des détails sur les préposés des bâtiments royaux. Un édit de 1608 avait réglé comment serait tenue la comptabilité de ces constructions ; on ne l'exécuta point. Le surintendant des bâtiments ne voulut pas s'y soumettre. C'était un fonctionnaire d'un ordre élevé ; ses décisions étaient une loi. Sa puissance était grande, car il n'était point astreint, lorsqu'il faisait un travail, à employer les ouvriers dépendant des corporations, maîtrises et jurandes. Quand il le jugeait bon, il faisait défendre aux particuliers de bâtir, pour ne point faire monter le salaire des ouvriers. On répéta cette prohibition, par exemple, en 1660, lorsqu'on travaillait à joindre le Louvre aux Tuileries.

Le dernier surintendant des bâtiments a été Louvois; après lui, la charge ne fut plus donnée. On accorda quelques-unes de ses attributions d'abord à Colbert de Villacerf, puis à Hardouin de Mansart (dont le nom est ainsi orthographié dans l'édit de mai 1708). Mais, en cette année 1708, le roi supprima la charge de surintendant, ce qui était donner une satisfaction à l'opinion publique, très-hostile alors au luxe de Louis XIV.

La vénalité des offices avait ses tristes effets dans la matière des bâtiments, comme elle les avait à l'occasion des routes.

Les contestations entre les propriétaires des charges vénales causaient des difficultés de tous les jours. C'est pourquoi les titulaires s'efforçaient de diminuer leurs procès, en réunissant un grand nombre de fonctions dans leurs mains. Les inspecteurs des bâtiments, par exemple, furent supprimés en novembre 1710. Il est probable que leurs fonctions furent réunies à celles des architectes, qui avaient payé la charge des inspecteurs, puisque c'était une propriété.

Enfin, nous terminerons ce qui regarde ces travaux, en rappelant qu'un édit de décembre 1783 rétablit la charge de trésorier général des bâtiments du roi.

Il y avait toujours eu une rivalité entre les architectes ou autres fonctionnaires chargés des bâtiments du roi et les ingénieurs. Ces derniers aimaient et aiment encore à raconter que Mansart avait établi sur l'Allier, à Moulins, un pont, qui fut emporté par les eaux. Ce fait ne prouve pas l'impéritie de Mansart, à laquelle il nous répugne de croire. Si l'on jugeait de la capacité des hommes par un fait isolé, il n'y en aurait guère qui seraient dignes de leurs emplois. Beaucoup d'ouvrages de nos ingénieurs ont eu le sort du pont de Moulins, sans que l'on ait mis en doute · leur savoir ou leur aptitude.

§ II. — QUI POUVAIT FAIRE DES TRAVAUX PUBLICS ?

L'affaiblissement de l'Administration avait augmenté les prétentions des seigneurs. Et, puisque, d'après eux, ils étaient les maîtres absolus dans leurs domaines, ils étaient à la fois les propriétaires des châteaux, des routes et des rivières.

Cependant les lois romaines avaient autrefois rangé ces choses dans le domaine public, mais c'était précisément contre le domaine public et le trésor impérial que s'était opérée la séparation des Gaules d'avec l'Empire romain.

Donc, dans les temps qui ont précédé le xvie siècle, on trouve un assez grand nombre d'actes pour lesquels les seigneurs ont concédé à quelques particuliers le droit de faire certains travaux publics.

Les concessionnaires se soumettaient, d'ailleurs, aux obligations ordinaires au cas de concession. Ils devaient, par exemple, indemniser les propriétaires dont ils occupaient le terrain. S'il s'agissait de canaux, ils pouvaient être obligés d'acheter les terres riveraines avec le sol sur lequel on établissait les travaux. Les seigneurs, qui avaient permis le travail, avaient aussi réglé le montant des péages que les concessionnaires pourraient exiger ; ils avaient encore spécifié que les concessionnaires entretiendraient les ouvrages, et, s'il s'agissait de cours d'eau, qu'ils veilleraient à a sécurité de la navigation.

Enfin, les seigneurs se croyaient si bien maîtres de tout le domaine public, qu'ils concédaient parfois à des particuliers le droit de faire des prises aux cours d'eau flottables ou navigables.

En ce temps-là, les seigneurs fortifiaient leurs châteaux comme ils l'entendaient, et, comme l'attestent les auteurs, ils accordaient à des châtelains, d'un rang au-dessous du leur, le droit de faire aussi des fortifications.

Mais, les rois de France prétendaient toujours qu'eux seuls avaient la propriété des choses du domaine public, et que, les propriétés seigneuriales étant tenues à foi et hommage, nul ne pouvait y élever des fortifications sans leur aveu. Louis XIII, usant de ces droits, ordonna, comme nous l'avons indiqué, la démolition de toutes les forteresses situées dans l'intérieur de la France.

Nous avons exposé comment les rois avaient revendiqué la police des routes et autres ouvrages publics ; nous y avons remarqué à quelles résistances la prérogative royale avait eu affaire, nous n'y reviendrons pas. Disons, pourtant, que partout où le roi avait pu imposer son autorité, il n'avait pas manqué de le faire.

Puis, il avait créé de nouveaux ouvrages. Il avait établi des forteresses, des ponts, des chemins, des canaux ; creusé des rivières, façonné des ports. Tous ces travaux, auxquels il faut joindre ceux qui étaient nécessaires pour l'exploitation des mines et des forêts, avaient donné lieu à des mesures législatives nombreuses et importantes. On avait eu non-seulement à prévoir comment seraient projetés, exécutés et conservés les ouvrages, il avait encore été nécessaire de créer une administration capable de répondre à toutes les exigences.

Les particuliers n'eurent plus, depuis le XVIe siècle, alors que le domaine du roi eut été déclaré inaliénable, le droit d'établir des travaux publics. Au contraire, ils furent réservés à l'autorité compétente. C'était le roi seul, pour les pays qui n'avaient pas d'États provinciaux. Dans ceux qui avaient conservé cette représentation, les États ordonnaient les travaux. Lorsqu'un travail, tel que le canal de Languedoc, intéressait le pays tout entier, le roi l'ordonnait, les États étaient conviés à y concourir et à supporter une partie de la dépense.

Quant aux villes, aux paroisses ou communautés, d'habitants, elles restèrent chargées de tout ce qui les concernait exclusivement.

Dès 1358, cependant, il leur avait été interdit de faire des fortifications.

Les chemins vicinaux et les autres voies de communication qui n'étaient pas classés dans les grandes routes, étaient faits et entretenus par les soins des localités qu'ils traversaient. Les corvées ou prestations en nature étaient le moyen de faire et entretenir les chemins.

Par conséquent, la règle, s'il est possible d'en établir une, aurait été que, si chaque seigneur, chaque communauté d'habitants pouvait exécuter tous les travaux d'utilité publique propres à la circonscription soumise à leur autorité, le roi faisait ou faisait faire sur toute la France les travaux qu'il lui convenait d'ordonner.

CHAPITRE V.

—

DES TRAVAUX D'UTILITÉ PUBLIQUE.

§ Ier. — LES ROUTES.

Nous avons expliqué comment les routes avaient été, chez les Romains, classées sous différentes appellations. Nous avons dit que la largeur des voies publiques avait varié et que les mots *voies publiques* comprenaient même les chemins vicinaux. Au temps des Mérovingiens, nous trouvons encore les voies publiques, les voies vicinales et les sentiers, *viæ publicæ, viæ convicinales et sentinæ*. Rien n'indique que ces appellations se rapportent à des voies nouvellement classées. Il semble, au contraire, que la tradition se continuait, parce qu'elle dérivait de la nature des choses. Lorsque nous avons eu à présenter le tableau général de l'Administration, nous avons fait remarquer que les routes soumises à l'autorité Royale étaient surtout celles qui étaient créées avec les fonds du trésor du roi ; car les anciennes étaient toutes ou presque toutes devenues des propriétés seigneuriales.

L'Empire romain ne nous a pas laissé beaucoup de documents sur le nombre et la nomenclature des routes. Cependant il nous reste une carte routière, et, de plus, un indicateur de voies publiques. La carte était probablement une de celles que l'on délivrait aux généraux en chef. On appelle celle que nous avons : carte de Peutinger, parce qu'un savant allemand de ce nom l'a possédée. L'indicateur des routes porte le nom d'Itinéraire d'Antonin, parce qu'on le suppose rédigé sous cet empereur. Ces documents ne sauraient satisfaire ceux qui veulent tout connaître. Au xive siècle de notre ère, Bouteillier, dans le livre qu'il appela *la Somme rurale*, et dont nous avons déjà parlé, divisait les voies en privées et publiques ; ces dernières étaient dites par lui *notoires* ou *communes*. « Les privées sont, dit-il, celles qui ne sont « pas communes à tous. » Puis, passant aux voies publiques, il y range les carrières « chemin si commun que tous y peuvent aller « à pied ou à cheval, à char ou à charrette sans défense ni con- « tredit, et ne si peut ni doit mettre défense, ponts ni planches et « doit avoir dix pieds de large du moins. » Continuant ses explications, notre auteur y ajoute que *travers* est un chemin qui traverse d'un pays à un autre, et est commun à tous. « Et doit savoir « dit-il, qu'en France au roi appartiennent les *travers* à garder ou « à maintenir. Si doit ce travers contenir de large, comme les « plus coutumiers le disent, jusqu'à vingt ou vingt-deux pieds. »

Ensuite, il traite du chemin royal, qui doit avoir quarante-deux pieds de large et qui appartient au roi.

Bouteillier rappelle les conditions dans lesquelles ces chemins doivent être maintenus. Il enseigne que l'on ne peut diminuer leur largeur, et que toute entreprise est punie d'une amende de soixante sous, comme elle l'était par les lois des Carlovingiens, des Mérovingiens et probablement de l'Empire romain.

On a pu comprendre, d'après ce que nous avons écrit précédemment, que nos rois n'avaient jamais pu faire reconnaître leur pouvoir sur toutes les routes, néanmoins, ils y étendaient peu à peu leur juridiction et ses effets. Ainsi, nous trouvons dans d'anciennes Coutumes, que les seigneurs châtelains *avaient connaissance* des grands chemins en leurs châtellenies. (Coutume du Perche, rédaction de l'année 1505). Dans les rédactions postérieures, ces droits sont limités et réduits, comme on peut le voir en comparant la première rédaction de cette Coutume du Perche, que nous avons citée, avec la seconde, qui fut faite en 1558.

Nous laisserons de côté tout ce qui concerne les tendances de la royauté et la résistance des seigneurs, pour supposer que toutes les routes royales étaient soumises à l'autorité de l'Administration. c'est-à-dire aux trésoriers des finances et aux ingénieurs placés sous leurs ordres.

Elles n'étaient plus, comme sous l'Empire romain, desservies par des relais, établis de distance en distance et disposés de façon que les chevaux ne fussent pas tués par de trop longues courses. Nombre des bornes avaient été brisées par les riverains, qui en avaient volé les morceaux ; le reste avait été détruit par les corps d'armées qui avaient voulu cacher la direction de ces voies à leurs ennemis. Les hangards destinés à abriter les voyageurs pendant une halte, les bâtiments pour recevoir des troupes pendant un séjour, n'existaient plus. Le fédéralisme avait passé sur cette Administration comme sur les autres et tout avait disparu et tout était à refaire.

Aussi est-ce avec grand étonnement que nous avons vu, dans l'ouvrage de M. Vignon, une nomenclature des routes qui existaient au milieu du XVIᵉ siècle, au dire d'un Guide du voyageur en France, pour l'appeler par un nom usité, écrit et imprimé par Charles Estienne. Ce qui nous intéressait particulièrement, et ce qui aurait dû intéresser M. Vignon, était de savoir qu'elles étaient celles des routes qu'il mentionne, qui étaient encore réellement praticables ; quelles étaient possédées par les seigneurs et quelles étaient soumises à l'action de la royauté et de ses agents. La nomenclature, dont nous parlons, n'ayant rien d'officiel et ne pouvant nous donner des renseignements précis nous ne nous y arrêterons pas. Nous passerons aussi le tableau dressé par M. Vignon d'après une carte des postes, gravée en 1632 par le sieur N. Sanson d'Abbeville. Rien n'y marque avec certitude sur quelles routes le roi prétendait exercer ses droits de souveraineté.

M. Vignon a dressé un troisième tableau des routes de l'ancien régime d'après un état mis par Piganiol de la Force, au commencement de son ouvrage, intitulé *Nouvelle Description de la France*. C'est encore une œuvre individuelle qui n'a pas d'autorité.

Mais, à la suite du mouvement des esprits, qui a marqué la fin du règne de Louis XIV, le Gouvernement crut devoir affirmer ses droits sur les routes qu'il disait soumises à son autorité. La liste générale en fut donnée dans l'Almanach royal de 1706. Trois routes avaient été omises ; l'Almanach royal de 1707 les fit entrer dans le tableau. Nous leur donnerons les numéros 22 bis, 52 bis et 54 bis, en les intercalant dans le tableau de 1706 que nous reproduisons :

1° De Lyon à Paris par Montargis, la Charité, Nevers, Moulins, Roanne, Tarare;

2° De Lyon à Marseille ;

3° De Marseille à Toulon ;

4° D'Aix à Toulouse ;

5° D'Aix à Nice ;

6° De Lyon à Genève ;

7° De Lyon au Pont-de-Beauvoisin et à Grenoble ;

8° De Bourgoin à Grenoble ;

9° Autre route de Paris à Lyon par Dijon, Auxerre, Noyers, Montbard, Val-de-Suzon, etc.

10° De Lyon à Limoges passant par Clermont ;

11° De Paris à Bourges par la Charité ;

12° De Paris en Auvergne par Moulins ;

13° Du Pont-Saint-Esprit à Montpellier et à Narbonne ;

14° De Narbonne à Perpignan et à Montlouis ;

15° De Toulouse à Montlouis jusqu'à Carcassonne ;

16° De Paris à Toulouse par Orléans, Châteauroux, Limoges, Brive et Montauban ;

17° De Toulouse à Narbonne ;

18° De Bordeaux à Toulouse ;

19° De Bordeaux à Limoges ;

20° De Limoges à Tulle, de là à Aurillac et à Clermont ;

21° De Paris à Bordeaux par Orléans, Blois, Amboise, Poitiers Châteauneuf, Barbezieux, Cubsac ;

22° De Bordeaux à Bayonne ;

22 bis De Bayonne à Madrid ;

23° De Lesperon à Orthez ;

24° De Paris à La Rochelle par Poitiers ;

25° De Paris à Tours et à Nantes par Amboise ;

26° De Paris à Angers par Chartres ;

27 De Paris à Besançon par Dijon ;

28° De Belfort à Besançon ;

29° De Paris à Langres par Strasbourg ;

30° Traverse de Langres à Dijon ;

31° De Langres à Belfort ;

32° De Paris à Strasbourg par Châlons et Metz ;

33° De Châlons à Saint-Dizier ;

34° Communication de Saint-Dizier à Langres ;

35° De Saint-Dizier à Toul ;

36° De Châlons à Verdun ;

37° Postes de communication de Verdun à Longwy ;

38° De Verdun à Metz ;

39° De Verdun à Sarrelouis ;

40° De Metz à Thionville ;

41° De Metz à Nancy ;

42° De Metz à Saverne ;

43° De Saverne à Strasbourg ;

44° De Saverne à Landaw ;

45° De Haguenau à Strasbourg ;

46° De fort Louis à Strasbourg ;

47° De Strasbourg à Belfort ;

48° Autre par Huningue ;

49° De Paris à Sedan ;

50° Communication de Reims à Châlons ;

51° Communication de Reims à Laon ;

52° De Laon à Sedan ;

52 *bis* De Verdun à Sedan ;

53° De Verdun à Soissons ;

54° De Paris à Lille par Péronne ;

54 *bis* Communication de Roye à Amiens ;

55° Communication d'Amiens à Montdidier ;

56° De Péronne à Valenciennes ;

57° De Paris au Quesnoy par Senlis ;

58° Postes de communication en Flandre, Hainaut et Artois ;
routes variées ;

59° De Paris à Dunkerque par Amiens et Calais ;

60° De Paris à Rouen ;

61° De Rouen à Dieppe ;

62° De Rouen au Hâvre ;

63° De Rouen à Valognes par Caen ;

64° De Caen à Pontorson ;

65° Autre de Caen à Pontorson ;

66° De Rouen à Alençon ;

67° Communication de Séez à Pont-sur-Méram ;

68° De Rouen à l'Aigle ;

69° De Paris à Rennes par Alençon.

L'administration des Ponts et chaussées, qui était alors l'objet des soins qui seront continués sans relâche jusqu'à l'organisation de 1750, savait, avec les nomenclatures de 1706-1707, sur quoi porterait son action.

Nous avons laissé entrevoir et, quand nous en serons à traiter spécialement des ingénieurs, nous l'expliquerons, que l'administration des Ponts et chaussées a été refaite complétement par Louis XIV et surtout par Louis XV. Sous ce dernier règne, les soins à donner aux routes excitèrent le zèle des personnes placées à la tête de ce service. On songea à en faire le plan avec celui des localités environnantes, sur une largeur de 600 toises de côté, avec les objets curieux qui pouvaient être vus de la voie publique. Certaines de ces cartes portent la date de 1733 ; il y en eut de 1739, un grand nombre est de 1743 ; c'est à cette dernière époque que Trudaine fut appelé à prendre la direction du service des Ingénieurs. Il trouva qu'on avait établi une sorte d'école d'application des ponts et chaussées ; ceux qui y étaient admis portaient le nom d'élèves géographes. Nous verrons comment cette école a subi la transformation qui l'a faite l'École des ponts et chaussées, grâce aux bons soins de Perronnet. Cet habile ingénieur continua à faire dresser les cartes des routes. Un arrêt de la Chambre des comptes, en date du 25 juin 1748, faillit entraver cette entreprise, parce que le *nouvel établissement* ne paraissait autorisé par aucunes lettres-patentes enregistrées ; cependant les lettres du Roi furent expédiées, et l'opération se continua à ce point, qu'elle peut être dite avoir été terminée. En effet, M. Vignon nous apprend que, pendant qu'il était ingénieur en chef, directeur au Ministère des travaux du Dépôt des cartes, plans et archives, il a trouvé dans les greniers 2,584 cartes ou plans qui étaient le résultat de ces travaux. Sur ce total, il y avait 396 dessins d'ouvrages d'art, le surplus était des cartes de routes ; le tout a été classé par généralités et a été relié par volumes oblongs, qui sont déposés au Ministère des travaux publics. Toutes les cartes ne nous sont pas parvenues, mais ce que nous avons fait supposer que le reste a existé. Un volume de ces cartes se trouve dans la bibliothèque des Ponts et chaussées. On lui a donné le titre d'Itinéraire de l'Orléanais. Enfin, un autre volume, parfaitement relié, avait été offert au roi vers la fin de l'année 1761.

En cherchant bien, on trouverait partout des indications qui, réunies, finiraient par présenter un tableau assez satisfaisant sur l'ancien régime ; cependant nous pensons qu'il y aurait de la puérilité à trop fouiller cette matière à cause de la diversité que l'on rencontrerait dans les coutumes sur la largeur des routes et les droits que le roi et les seigneurs pouvaient prétendre. Et, pour demeurer dans les ordonnances royales, nous avons à signaler les dispositions de l'Ordonnance de 1669 sur les Eaux et Forêts. Les Maîtres des forêts avaient toujours eu le droit de régler les conditions dans lesquelles on pouvait établir des routes dans les forêts. Dans les premières ordonnances de la troisième race et dans l'édit de 1583 sur les Eaux et Forêts, nous trouvons la preuve de cette ancienne juridiction. Elle fut confirmée par la célèbre ordonnance de 1669. La largeur des routes qui traversent les forêts y fut déterminée à 72 pieds. Il y était dit qu'elles seraient bordées de fossés de 6 pieds de profondeur et que, de chaque côté, les bois seraient essartés, les broussailles détruites jusqu'à 60 pieds à partir du bord extérieur des fossés des routes. Quant aux chemins qui bordent les rivières, ils furent de deux sortes : ils étaient destinés à servir à hâler les bateaux, et on les appelait Chemins de halage, et ils avaient 24 pieds de large. Le sentier, placé de l'autre côté de la rivière, n'était que de 10 pieds ; une ordonnance du mois de décembre 1672, encore en vigueur en cette matière comme celle de 1669, fixa à 4 pieds la largeur du chemin qui devait être laissé pour le flottage des bois.

Un arrêt du Conseil d'Artois, en date du 1er juin 1660, fixa à 44 pieds la largeur des chemins royaux ; celle des chemins vicomtiers à 32 ; des chemins de terroir à 8 ; celle des sentiers à 4.

Nous pourrions citer d'autres actes officiels sur cette matière, mais nous avons hâte d'en finir avec ces questions et nous terminerons par le dernier des documents qui nous a été légué par l'ancienne monarchie, c'est un arrêt du Conseil en date du 16 février 1776, qui classa les routes et en détermina la largeur. Nous croyons devoir le reproduire en entier : « Article 1ᵉʳ. Toutes « les routes construites à l'avenir, par ordre du Roi, pour servir « de communication entre les provinces, et les villes ou bourgs, « seront distinguées en quatre classes ou ordres différents; — La « première classe comprendra les grandes routes qui traversent « la totalité du royaume ou qui conduisent de la capitale dans les « principales villes, ports ou entrepôts de commerce; — La deu- « xième, les routes par lesquelles les provinces et les principales « villes du royaume communiquent entre elles, ou qui conduisent « de Paris à des villes considérables, mais moins importantes que « celles désignées ci-dessus ; — La troisième, celles qui ont pour « objet la communication entre les villes principales d'une même « province ou de provinces voisines. —Enfin, les chemins particu- « liers destinés à la communication des petites villes ou bourgs « seront rangés dans la quatrième. — Article 2. Les grandes routes « du premier ordre seront désormais ouvertes sur la largeur de « 42 pieds; les routes du deuxième ordre seront fixées à la « largeur de 36 pieds ; celles du troisième ordre à 30 pieds ; « et à l'égard des chemins particuliers, leur largeur sera de « 24 pieds. — Article 3. Ne seront pas compris dans les largeurs « ci-dessus spécifiées, les fossés ni les empatements des talus ou « glacis. — Article 4. Sa Majesté se réserve et à son Conseil de « déterminer sur le compte qui lui sera rendu de l'importance des « différentes routes dans quelle classe chacune de ces routes doit « être rangée, et quelle doit en être la largeur en conséquence « des règles ci-dessus prescrites. — Article 5. Entend néanmoins « Sa Majesté que l'article 3 du titre des chemins royaux de l'or- « donnance des Eaux et Forêts, qui pour la sûreté des voyageurs, « a prescrit une ouverture de 60 pieds pour les chemins dirigés à

« travers les bois, continue à être exécuté selon sa forme et sa
« teneur.—Article 6. Entend pareillement Sa Majesté que, dans les
« pays de montagnes et dans les endroits où la construction des
« chemins présente des difficultés extraordinaires et entraîne des
« dépenses très-fortes, la largeur des chemins puisse être moindre
« que celle ci-dessus prescrite, en prenant d'ailleurs les précau-
« tions nécessaires pour prévenir tous les accidents, et sera, dans
« ce cas, ladite largeur fixée d'après le compte-rendu au Conseil
« par les sous-intendants de ce que les circonstances locales pour-
« ront exiger. —.Article 7. La grande affluence des voitures aux
« abords de la capitale et de quelques autres villes d'un grand
« commerce pouvant occasionner divers embarras ou accidents
« qu'il serait difficile de prévenir si l'on ne donnait aux routes
« que la largeur ci-dessus fixée de 42 pieds, Sa Majesté se réserve
« d'augmenter cette largeur aux abords des dites villes par des
« arrêts particuliers, après en avoir fait constater la nécessité,
« sans néanmoins que ladite largeur puisse être, en aucun cas,
« portée au delà de 60 pieds. — Article 8. Seront lesdites routes
« bordées de fossés, dans les cas seulement où lesdits fossés
« auront été jugés être nécessaires pour les garantir de l'empiète-
« ment des riverains ou pour l'écoulement des eaux ; et les mo-
« tifs qui doivent déterminer à en ordonner l'ouverture seront
« énoncés dans les projets des différentes parties de routes
« envoyés au Conseil pour être approuvés. — Article 9. Les bords
« des routes seront plantés d'arbres propres au terrain, dans les
« cas où ladite plantation sera jugée convenable eu égard à la
« situation et disposition des dites routes ; et il sera pareillement
« fait mention, dans les projets envoyés au Conseil pour chaque
« partie de route, des motifs qui doivent déterminer à ordonner
« que les dites plantations aient ou n'aient pas lieu. — Article 10.
« Il ne sera fait, quant à présent, aucun changement aux routes
« précédemment construites et terminées, encore que la largeur

« en excédât celle ci-dessus fixée ; suspendant à cet égard Sa
« Majesté l'effet du présent arrêt, sauf à pourvoir par la suite et
« d'après le compte qu'elle se sera fait rendre, aux réductions
« qu'elle pourra juger convenable d'ordonner. — Article 11. Sera,
« au surplus, l'arrêt du 3 mai 1720 exécuté selon sa forme et te-
« neur, en tout ce à quoi il n'a point été dérogé par le présent
« arrêt. »

Nous avons déjà marqué comment on prévoyait les usurpations
sur le sol des routes et comment on les réprimait ; nous avons rappelé que cette contravention avait été prévue par les lois romaines,
par celles de Clotaire et par les capitulaires des Carlovingiens. Nous
pourrions ajouter que Guillaume de Normandie inséra ces dispositions dans les lois qu'il fit pour l'Angleterre.

Ainsi, de par les lois du droit des gens, si nous osons nous
exprimer ainsi, il était ordonné de respecter le sol des voies
publiques, et cela s'appliquait aussi bien aux voies vicinales ou
provinciales, qu'aux routes ou chemins royaux.

Les riverains, tenus de respecter la largeur des voies publiques,
ont toujours été dans l'obligation de ne faire aucun travail le long
des routes, sans avoir demandé un alignement, c'est-à-dire le tracé
des ouvrages qu'ils voulaient établir au long des voies publiques.
Les auteurs, qui ont écrit sur le droit administratif, répètent les
uns après les autres que la défense de bâtir au long de ces
voies se trouve pour la première fois dans l'édit de décembre
1607, sur les attributions du grand voyer, et ils font honneur à
Sully d'avoir établi cette règle précieuse qui a été, depuis lors, la
protection de toutes les voies de communication. Nous ferons
observer, d'abord, que l'édit de 1607, était spécial à Paris et à ses
environs ; qu'il n'a jamais, dans l'ancien régime, été considéré
comme statuant sur tous les chemins royaux. En second lieu, des
édits antérieurs semblent indiquer que la matière des alignements
avait déjà été réservée à l'Administration ; enfin des édits posté-

rieurs à 1607 ont répété les prohibitions qui y avaient été mises. Les admirateurs de certaines figures historiques aiment à tout reporter vers le héros de leur imagination. Dans notre sujet, par exemple, nous trouvons des gens passionnés pour Sully, et d'autres qui sont enthousiastes pour Colbert. Ces écrivains rattachent à leurs idoles le souvenir et l'origine de tout ce qui s'est fait de bien. Par exemple, c'est Sully qui, le premier, dit-on, aurait fait planter les ormeaux qui bordent le chemin, etc. Or, en 1522, déjà, ordre avait été donné de faire ces plantations. François Ier n'aurait point eu cette exigence, si les précédents ne l'y avaient autorisé. Le 19 janvier 1552, Henri II donna, sur ces plantations, des lettres-patentes, qui furent publiées au Châtelet de Paris le 20 février suivant et le 22 dans les lieux et places publiques, pour ordonner de planter des ormes le long des chemins, afin de se procurer des bois pour l'artillerie. Henri III confirma ces précédents dans l'article 345 de l'ordonnance de 1579, dite de Blois. Les habitants de la Corrèze se rappellent que, plus tard, le frère de l'abbé Dubois a orné leurs routes de plantations, dont les sujets sont encore vivants et admirés.

Un arrêt du Conseil du Roi, du 17 juin 1721, confirmatif de deux arrêts précédents, du 26 mai 1705 et du 3 mai 1720, imposa aux entrepreneurs des ponts et chaussées chargés de nouveaux ouvrages ou de réparation du pavé dans les grands chemins, de tracer les routes en suivant le plus droit alignement que faire se pourrait, et chargea les riverains de l'entretien des fossés, chacun en droit soi, à peine d'y être contraints. Il fût interdit même à tous seigneurs, sous prétexte de droits de justice, de troubler les entrepreneurs, soit en pleine campagne, soit dans les bourgs ou villages. Il fut défendu, par cet acte, aux propriétaires de faire des fouilles et de planter des haies ou des arbres à moins de 6 pieds de distance des fossés séparant les chemins de leurs héritages, et à 5 toises du pavé, le long duquel il n'y aurait pas encore de fossés. Les trésoriers de France dans la généralité de Paris, les commissaires départis dans les autres, avaient le droit de faire citer les contrevenants à comparaître devant eux et, sur le vu de l'assignation, de prononcer sur-le-champ une amende, de rendre telles ordonnances que de raison, le tout exécutoire par provision.

Entre autres prescriptions sur les routes, une déclaration du Roi, du 14 novembre 1724, permit d'atteler aux voitures à quatre roues tel nombre de chevaux que le voudraient les particuliers ; il réglementa, au contraire, le nombre de ceux qui pourraient être attelés aux voitures à deux roues.

Louis XIV, sur la fin de son règne, Louis XV et Louis XVI ont fait exécuter une grande quantité de routes. Les étrangers admiraient ces travaux ; cependant, ils remarquaient que si l'on donnait des soins à ces ouvrages, on semblait négliger ceux qui ne se rapportaient qu'aux chemins vicinaux.

Quoiqu'il en soit, le progrès s'accentuait à mesure que l'on comprenait de mieux en mieux la nécessité de centraliser les forces de la nation.

§ II. — DES COURS D'EAU.

La division des eaux en publiques et privées avait été faite par les Romains ; elle fut conservée par notre ancienne législation.

« Les grosses rivières sont au Roy, » dit Bouteillier en sa Somme rurale.

« Par le droit commun du royaume, disait son annotateur Cha-« rondas, tous fleuves navigables sont réputés être du domaine du « Roi à cause de sa couronne.» Les seigneurs n'admettaient pas cette prétention. Les raisons, pour lesquelles les rois et les seigneurs se disputaient la propriété des cours d'eau, étaient encore les revenus que l'on tirait des péages perçus sur les bateliers. Nous avons vu que ces péages existaient dès la plus haute antiquité et que, sur les observations du Sénat, Néron, qui voulait les abolir, les avait maintenus. Il en advint, après la séparation des Gaules avec l'Empire, comme des péages sur les routes. Les anciens fonctionnaires continuèrent à les percevoir et en laissèrent la propriété à leurs descendants. Les rois s'inclinèrent devant les anciens titres, et respectèrent les droits de tout possesseur qui justifiait d'une perception centenaire par lui et les siens. Des Ordonnances de 1318, 1319, des 5 décembre 1363, 4 décembre 1367, 11 juillet 1371, 20 juin 1374, etc., etc., défendirent d'établir de nouvelles taxes et abolirent celles que les seigneurs avaient ajoutées aux anciennes.

Il fut dit, enfin, que celui qui avait le bénéfice devait avoir la charge des réparations nécessaires pour avoir une bonne navigation.

Cependant les Rois prirent et conservèrent le droit de faire des ouvrages sur les grands cours d'eau, même quand les travaux nuisaient aux usines des seigneurs ou détournaient les bateliers de la rivière qu'ils suivaient ordinairement, changement de routes absolument prohibé dans toutes autres circonstances.

Pourtant les premiers canaux dont on mentionne la construction dans notre pays, après ceux qui avaient été laissés par les Romains, ont été entrepris par des particuliers, qui avaient obtenu des seigneurs des eaux le droit de les établir. Les conditions de ces travaux étaient réglées par l'acte de concession. C'était, d'abord, l'obligation d'acquérir les terrains nécessaires, et même les terres riveraines (canal de la Têt, année 1027; canal du Lot, 1219; etc.). C'était ensuite le règlement des droits de péage qui, avant tout prélèvement, devaient être employés à l'entretien et à la conservation du canal ou de la navigation de la rivière canalisée ; c'était, enfin, l'obligation de veiller à la sûreté des navigateurs voyageant pendant le jour.

Philippe-Auguste a fait canaliser la Bièvre ; d'autres rois ont construit différents canaux. Mais, ils ne suivaient pas toujours avec une énergique volonté le plan auquel ils semblaient devoir être fidèles, celui de concentrer dans leurs mains le domaine public et la police générale.

Ainsi, comme les Seigneurs, ils aliénaient les cours d'eau au profit des particuliers. Le roi avait, en 1348, donné la rivière d'Ourcq aux religieux de Bourg-Fontaine.

Lors donc que nos rois se prirent à faire ouvrir des canaux, ils les adjugèrent à celui qui en offrait le plus d'argent, ce que faisaient encore les Seigneurs et même les États provinciaux. Ce sont les États de Provence qui, sous Henri II, cédèrent à l'ingénieur Alexandre de Craponne le droit de faire un canal à travers la plaine de la Crau. Cet ingénieur avait encore conçu le projet d'unir les deux mers, en faisant communiquer l'Aude avec la Garonne.

On commença, sous Henri IV, le canal de Briare, qui joint la Loire à la Seine, premier tronçon d'un canal qui aurait, depuis le Hâvre jusqu'à la Méditerranée, relié les mers qui baignent nos côtes.

Sous Louis XIII, les travaux des ponts prirent une grande importance. On fit aussi quelques travaux pour continuer la construction du canal de Briare.

Le canal du Midi fut, en 1666, adjugé, au fameux Riquet. Cette entreprise financière n'aurait pas été conduite à bonne fin, si Louis XIV n'était pas souvent venu en aide au célèbre adjudicataire.

Le duc d'Orléans, sous le même règne, entreprit les canaux d'Orléans et du Loing, que Louis XV et Louis XVI virent continuer. Ils y ajoutèrent de nouveaux canaux ; on peut en voir le détail dans le volume de Delalande, sur *les Canaux*.

Mais, les écrivains ont mis trop d'enthousiasme à célébrer ces

6

ouvrages. Ils n'ont pas su qu'ils étaient en général des spéculations, qu'ils avaient été soumissionnés au rabais, comme l'ont été
ou comme devraient l'avoir été nos voies ferrées. Il y a tel des
anciens, dont on exalte la participation à la création d'un canal,
qui mérite tout juste les éloges que nous accordons au financier adjudicataire d'un chemin de fer, qui a ruiné ses actionnaires. Un jour, nous écrirons l'histoire d'un canal, pour montrer
ce qu'étaient ces entreprises d'autrefois.

Remarquons que nos rois ne tenaient pas la main à conserver
leurs droits. Louis XIV, comme les autres, en donnant des concessions, abdiquait une part de l'autorité qui doit appartenir à l'Administration. Ainsi les concessionnaires, outre le droit de percevoir
des péages, recevaient les droits seigneuriaux et étaient autorisés
à créer des juges et des tribunaux.

Dans tous les temps, les inondations des grands fleuves avaient
attiré l'attention des Gouvernements. Les ingénieurs, qui s'occupaient des ponts et chaussées, ont été aussi anciens que ceux
qu'on employait sur les routes ; tous portaient d'ailleurs le même
titre. Ceux qui avaient spécialement le soin des rives ne sont pas
de création plus récente. Ils étaient chargés des *turcies* et *levées*,
travaux établis afin d'empêcher un trop grand ravage des eaux.
Nous avons parlé déjà de la situation des ingénieurs qui étaient
préposés à ces ouvrages.

Si, maintenant, on désire connaître les textes sur ces matières
il faut recourir au Recueil des ordonnances du Louvre et aux
édits de date postérieure. Les actes sur les eaux et forêts, notamment l'Ordonnance de 1583, celle de 1669, devront être consultées;
nous en avons déjà parlé.

Nous avons rappelé quelles lois les Carlovingiens avaient rendues
pour maintenir les ponts en bon état. Après eux, le mal fut à son
comble. Les dégâts étaient fréquents dans un temps où les
guerres de province à province, de ville à ville, de village à vil-

lage étaient constantes. Tout chef militaire qui se voyait menacé, se croyait en droit de couper les ponts pour se mettre à couvert. Les lois lui ordonnaient bien de les réparer ensuite, mais il n'en prenait pas la peine. La grande dissémination des forces sociales ne permettait point de remédier au mal ; les ouvriers et les hommes capables manquaient. C'est pour cela que, vers la fin du xii° siècle, il se forma des associations qui, moit é laïques, moitié religieuses, entreprirent de restaurer ou de bâtir des ponts. Les frères pontifes, les maîtres du Pont, qu'il faille les confondre ou les distinguer, ont tenu leur place dans ce monde. Ils ont disparu au xive siècle ; on les a accusés d'hérésie, avec les francs-maçons, comme les Templiers et les Hospitaliers, qui avaient été les protecteurs de ces confréries.

Les rois, impuissants pour modifier les choses anciennes, entendaient au moins régler ce qui était nouveau. Ils défendaient de faire de nouveaux canaux ou de canaliser les rivières, sans qu'on eut pris leur autorisation. Comme protecteurs de la santé publique, ils prétendaient empêcher les seigneurs d'établir des étangs sans leur permission. Il en était de même des forêts en garennes.

Les mots rivières, forêts, garennes, étangs, comportaient, dans notre ancien droit, toute une série d'idées. Nos vieux auteurs désignaient par là des endroits gardés pour y conserver le poisson, le gibier, les bois et les récoltes, et aussi le droit du seigneur de punir qui violait sa propriété. En tenant compte de cette synonymie, on ne sera pas embarrassé dans la lecture des textes et l'on comprendra pourquoi les Eaux et les Forêts ont été la matière des mêmes Ordonnances ; et aussi pourquoi ces mots sont encore accolés l'un à l'autre dans notre législation moderne.

§ III. — DES MINES.

Les mines peuvent être rattachées à la matière des travaux publics, car, depuis les temps les plus reculés, jusqu'à ce jour, les Gouvernements en ont revendiqué soit la propriété, soit un droit à une part du rendement des mines, minières ou carrières, en même temps que le droit d'en surveiller l'exploitation.

Il est impossible de préciser à quel moment on commença l'exploitation des mines. Des fragments de bijoux trouvés dans les habitations lacustres, qu'on présume antérieures au déluge de Noé, ne laissent pas de doute sur l'antiquité de l'extraction des métaux du sein de la terre. Toutes les traditions, tous les auteurs sont unanimes pour attester l'ancienneté du travail des métaux, c'est-à-dire de l'emploi des minéraux. La Bible attribue l'invention de la métallurgie à Tubalcaïn, qui est antérieur à Noé ; Abraham s'est servi de monnaie en Égypte et quand Éliézer partit pour aller chercher Rébecca, la plus belle des filles des pasteurs, pour la ramener à Isaac, il avait emporté des bracelets d'or et des pendants d'oreille. Les œuvres d'Homère et d'Hésiode sont d'accord avec les traditions des Juifs sur l'ancienneté de l'art de travailler les métaux.

Diodore de Sicile raconte que les rois d'Égypte s'étaient approprié le revenu des mines. Osymandias est, dans les peintures qui ornent son tombeau, représenté en posture de suppliant, offrant aux Dieux le revenu qu'il a tiré de cette source de richesses. Dans Eschyle, le Titan Prométhée, couché sur le Caucase, raconte aux nymphes de l'Océan que la jalousie dont Jupiter le poursuit est due aux bienfaits dont il a comblé les hommes en leur enseignant les arts et les sciences, et il mentionne dans ses découvertes la production des métaux.

Les Athéniens exploitaient les mines de leurs colonies ; Thémistocle s'enrichit dans des opérations de ce genre ; Miltiade fit de même.

Dès l'antiquité la plus reculée, on divisa les richesses souterraines en trois classes. C'était : 1° les mines proprement dites, contenant les métaux, surtout les métaux précieux ; 2° les minières où gisent les houilles, les marnes et les schistes ; 3° les carrières de pierres et de cailloux, carrières que l'on exploite généralement à ciel ouvert.

Nous avons peu de dispositions des lois romaines sur les mines. C'était une affaire soumise aux réglementations du Sénat, avant comme après l'Empire. Les magistrats n'avaient pas, en général, qualité pour statuer sur ces matières, expressément réservées à la compétence des sénateurs assemblés. Il paraît, du reste, que les mines étaient tantôt du domaine public, tantôt propriété privée.

Quelles étaient les mines publiques ? L'énumération que nous en avons n'est pas suffisante pour autoriser une généralisation, mais en tenant compte des antécédents et des lois postérieures, il faut penser que les droits réclamés par l'État étaient partout relatifs aux métaux précieux. Ainsi, nous savons que Tibère s'était réservé la propriété de certaines mines d'or.

L'État exploitait ses mines par lui-même ou par des fermiers généraux, qui formaient pour cela des sociétés en commandite, dont les parts ou actions étaient distribuées aux associés. Si l'État exploitait lui-même, il employait des ouvriers spéciaux. La plupart étaient les condamnés à la peine des travaux des mines, (*damnati ad metalla*), serfs de la peine, qui transmettaient à leurs enfants leur malheureuse condition comme une tache originelle. Bref, les exploitations souterraines donnaient au moins lieu au paiement d'une redevance représentant le droit de l'État, même les chercheurs de métaux précieux devaient au trésor public le quart de l'or et de l'argent qu'ils ramassaient dans les rivières.

Si les Gaulois, d'après les commentaires de César, ont connu, avant l'invasion, l'art d'arracher les métaux du sein de la terre, nous ne savons pas comment les choses se passaient. Mais, après la conquête, les lois romaines furent imposées à notre pays. De là la malheureuse condition des ouvriers métallurgistes, par exemple des Gagats de Saint-Étienne.

La tradition romaine survécut encore ici à l'affranchissement de la France du joug de Constantinople. Un historien nous raconte que Dagobert prélevait un droit sur les mines. Charlemagne prétendit aussi avoir sur elles un droit de souveraineté, un droit régalien. Un arrêt du Parlement, de 1295, attribua au Roi la propriété des mines d'or. On suppose qu'il en aurait pu être décidé de même des mines d'argent. Malgré ces prétentions, au XIVᵉ siècle, les Seigneurs, qui, depuis la révolte des Gaules contre l'Empire, s'étaient substitués partout à l'empereur, revendiquaient la propriété des mines sans aucune distinction entre elles. Cependant, si les rois ne contestèrent pas les prétentions des seigneurs, ils en élevèrent de supérieures tant sur le produit que sur l'ouverture des mines elles-mêmes. C'est ainsi qu'en 1413, l'Ordonnance dite Cabochiennne, décida que le dixième des mines appartiendrait au Roi. Jusqu'à Henri II, il fut loisible, à qui le voulait, d'exploiter les mines à la charge de donner au Roi le dixième de ce qu'on en retirerait.

En septembre 1548, le sieur de Roberval obtint le privilège de chercher des mines partout où il le voudrait. Ce Roberval était un grand faiseur. On le trouve mêlé à toutes les grandes spéculations et, par exemple, aux affaires financières, créées sous le nom de Compagnies, pour aller planter le drapeau français en Amérique. Il n'enrichit pas ses actionnaires, mais il eut une grande importance dans son siècle, (celle des chenilles qui dévorent les feuilles au printemps). Après un insuccès des tentatives de Roberval comme concessionnaire des mines, on en revint aux anciennes règles. Un édit du 26 mai 1563 décida à nouveau que le roi aurait un dixième sur le revenu de toutes les mines.

En 1601, Henri IV confirma les droits du grand-maître des mines, et maintint le droit du Roi à la Perception d'un dixième. Il était dit, dans l'Ordonnance, qui fut rendue à cette date, que nul ne pouvait exploiter une mine sans en avoir obtenu la concession.

En mai 1635, on créa deux offices de contrôleurs-généraux des mines. Cependant, le 16 mai 1698, les propriétaires des terrains sous lesquels se trouvaient les gisements de houille à Mons furent autorisés à exploiter les houillères existant dans leurs domaines, sans avoir à solliciter de concession.

Le duc de Bourbon fut, en 1722, nommé grand-maître et surintendant des mines en France. Un Édit du mois de février de la même année 1722 autorisait la formation d'une compagnie, à laquelle on concédait pour une durée de trente ans toutes les mines du royaume, et que l'on affranchissait de l'obligation de payer le dixième. C'était une tentative du genre de celle de Roberval : elle échoua de même.

Sous le ministère du cardinal Fleury, l'on créa l'École des mines. La date de cette création varie dans nos livres ; les uns la placent en 1744, comme MM. Dalloz, dans leur *Traité des Mines*, les autres en 1750, époque indiquée par MM. Dalloz eux-mêmes, dans leur étude sur les Travaux publics ; la véritable date est 1747.

Enfin, le 19 mars 1783, un arrêt du Conseil, réorganisant ce qui existait déjà, créa une École des mines ayant deux professeurs chargés de faire par semaine, du 1er novembre au 1er juin, chacun trois leçons de trois heures. Le cours des études devait être de trois ans, après lequel temps les élèves, qui, dans deux examens subis chaque année, s'étaient montrés capables, obtenaient le titre et le brevet de sous-ingénieur des mines. Il était dit que les places d'inspecteurs ou sous-inspecteurs ne pourraient plus, après cette réorganisation de l'École, être données qu'à des sous-ingénieurs.

La charge de grand-maître et surintendant des mines fut supprimée en 1741. On donna alors leurs attributions aux intendants du commerce.

Mais là, comme pour la voirie, il y avait lutte entre le Roi et les seigneurs. Ces derniers contestaient les droits du roi, et s'appuyaient sur les Coutumes, sur la possession ou sur des titres. C'est pourquoi les auteurs les plus accrédités posent les droits du Roi à la propriété des mines d'or, comme étant une prétention contestable, et ils enseignent que le Roi a toujours le dixième de ce qui sera extrait des autres mines.

Cependant, du commencement à la fin, en ce temps comme aujourd'hui, il y avait eu des conflits entre les propriétaires des terrains et les concessionnaires. Le dernier état de l'ancienne jurisprudence a été fixé le 29 septembre 1786. Un arrêt du Conseil du Roi porta que les procès entre ces plaideurs seraient jugés par ce Conseil en appel et par les intendants en première instance.

CHAPITRE VII

—

—

Fouiller la terre pour en arracher les matériaux destinés aux ouvrages d'utilité publique, redresser le cours des rivières, faire des canaux, bâtir les murs des forteresses, tailler les bois, les réunir pour en faire des charpentes, faire des voûtes pleines ou sur des arches, construire des ponts, jeter des masses dans la mer, afin d'établir des lieux de refuge pour la navigation, tout cela comporte une série de connaissances difficiles à acquérir.

A quelle époque faut-il remonter pour trouver des hommes faisant métier de s'adonner à la pratique de ces travaux? Nul n'oserait répondre à cette question, tant il faudrait aller loin dans l'antiquité. Malgré tous les progrès des sciences, nous ignorons encore comment on s'y prenait pour transporter les énormes pierres employées dans les constructions dites cyclopéennes ou encore pour les dolmens et les menhirs. Les hommes qui ont aujourd'hui une cinquantaine d'années se rappellent avec quel enthousiasme nos savants européens, si fiers de leur supériorité sur le reste du monde, ont salué les opérations qui ont abouti à conduire, d'Égypte à Paris, l'obélisque de la place de la Concorde. Les Égyptiens avaient taillé ce bloc de porphyre, l'avaient porté où l'on devait le mettre, à côté de géants pareils qui y étaient en grand nombre. De même parlerions-nous des colosses de Thèbes, de Saïs, de Memphis et autres lieux célèbres. Les hommes qui ont recreusé le lac Mœris savaient tout ce que comportait leur entreprise. Ils l'avaient tentée pour obvier à la fois à l'abondance des eaux et à une trop grande sécheresse. Ce qu'ils ont fait était si bien que nul depuis eux n'aurait pu mieux réussir. Voyez maintenant ces masses, auxquelles on a donné le nom de Pyramides ? leur poids est tel que tous les matériaux devaient sembler trop faibles pour le porter. Cependant les constructeurs ont tout mesuré, la résistance du sol, la cohésion à donner aux fondations, les proportions que devaient avoir leurs édifices. Leurs efforts ont été couronnés de succès ; des siècles ont passé sur des siècles, sans que les œuvres aient été entamées autrement que par des mains impies ; le temps seul aurait été impuissant à y causer des troubles.

La nécessité de connaître les sciences utiles aux travaux publics se fit sentir d'une autre manière. Pendant que certains élevaient des forteresses pour se défendre, d'autres créaient des engins pour attaquer les cités et les châteaux forts. Les Romains ont su de bonne heure construire des machines pour accabler leurs ennemis. Ils avaient toute une artillerie et ils s'en servaient en rase campagne, aussi bien que derrière des retranchements. Antoine étant parvenu à entourer l'armée de Catilina, l'accabla sous une grêle de projectiles lancés par ses machines. César avait toutes sortes d'engins et, quand il en fallait de nouveaux, il avait des hommes pour en faire. Un puissant équipage de ponts suivait ses armées. Il dompta le Rhin en trois semaines. Trajan, qui paraît avoir été mieux outillé, mit moins de temps à passer le Danube. Puis, l'art de la guerre prenant des développements de plus en plus considérables, on fit des mines et des contre-mines, on dressa bastions contre bastions, on opposa fossés contre fossés, et chaque parti se servit à son tour de l'art d'inonder les terres, pour s'en faire des moyens d'attaque ou de défense. Les connaissances nécessaires pour ces opérations avaient donc été réunies; on enseigne qu'elles avaient été d'abord réservées aux collèges sacerdotaux qui les conservaient et les transmettaient d'âge en âge aux initiés. Cette tradition est d'accord avec la vraisemblance.

Cependant ceux qui bâtissaient des forteresses ou savaient les attaquer ont toujours eu une grande réputation. Ils étaient habituellement aidés par des hommes élevés dans la pratique de leur art. Le Tasse fait construire par un Génois les machines que l'on employa au siège de Jérusalem. Il enseigne que cet ingénieur avait cent hommes sous ses ordres.

La multiplicité des travaux publics avait probablement conduit les anciens à diviser en catégories ceux qui en avaient la direction. Nous n'avons pas la prétention de reconstituer ce passé ; les éléments nous manqueraient. Chez nous, on donne le nom d'ingénieur aux directeurs des travaux qui ne se bornent pas à faire des bâtiments. Ces derniers sont dits : architectes. On appelle ingénieurs, les chefs de l'exploitation et du contrôle des mines ; les directeurs des travaux de nos routes et de nos fortifications ; ceux qui s'occupent de nos ports militaires ou de commerce, ou de nos constructions navales. Tous les anciens élèves de l'École polytechnique revendiquent le titre d'ingénieurs. Les anciens élèves de l'École centrale des arts et manufactures le réclament aussi et se font gloire de pouvoir l'ajouter à leur nom.

Le mot *Ingenium*, intelligence, a servi à désigner, chez les Romains et dans la basse latinité, les œuvres faites avec art, et en particulier, on a appelé *engins* les machines employées à la guerre pour lancer des projectiles, battre les murailles des assiégés ou détruire les ouvrages des assiégeants. Le mot *engeigner* a voulu dire surprendre par artifice :

« Tel, comme dit Merlin, cuide engeigner autrui.
« Qui souvent s'engeigne soi-même. »

Ducange voit des ingénieurs ou fabricants d'engins dans cette phrase de Pline le Jeune : *Nulla provincia est quæ non peritos et ingeniosos homines habeat.*

Le mot *ingenium* se trouve dans Tertullien, avec la signification que nous lui avons donnée.

Celui d'*ingénieur* a été long à se former ; on trouve *ingeniarii,* ou bien *magister ingeniorum ,* ou bien encore *ingeniator,* la première forme dans les comptes de 1334, la seconde dans ceux de 1336.

Les anciens poètes français, l'auteur du roman de Garin, ont dit enguignerres ; Philippe de Mouske, qui a écrit, au XIIIᵉ siècle, une chronique rimée, nous dit en un passage :

> « Le sire des Engeigneurs,
> « Commandere des minéours. »

Ce chef des ingénieurs se nommait Amauris. Il fut tué d'une pierre lancée par les Albigeois à l'aide d'une machine qui projetait sept pierres d'un coup, et, à ce propos, Philippe de Mouskes déplore la mort de « l'engignerre, le vaillant omme ».

Joinville nous raconte que Jocelyn de Conaut était « maistre engigneur ».

Les ingénieurs nous apparaissent, dès le début, unis entre eux d'une amitié fraternelle. Faut-il à cause de cela les rattacher aux corporations religieuses qui se sont formées à une certaine époque sous le nom de frères pontifes ou de maistres du pont, et qui s'en allaient bâtissant des ponts, des écluses, ou autres ouvrages destinés à utiliser les cours d'eau ? Nous ne le croyons pas. Nous ne les chercherons pas non plus dans les associations de francs-maçons, auxquelles nous devons la plupart des cathédrales des XIIᵉ et XIIIᵉ siècles. Peut-être y mettons-nous trop de timidité, car, s'ils sont les successeurs des anciens initiés, ils ont, pour prédécesseurs, toutes les corporations où le savoir et le mysticisme ont été réunis.

Les ingénieurs militaires ont-ils été d'abord distincts des ingénieurs des ponts et chaussées ? Cette question n'a point été traitée sérieusement par les historiens. Elle nous semble complexe. En effet, le grand-maître des arbalétriers, et plus tard le grand-maître de l'artillerie, qui lui succéda, ont toujours eu des hommes capables de diriger l'attaque ou la défense des fortifications. Mais d'autre part, pour ce qui est des ingénieurs chargés de construire les places de guerre, ils étaient, comme les ingénieurs des ponts et chaussées, sous les ordres des intendants des provinces. M. Augoyat cite, à ce propos, la commission qui fut donnée à Ferry, nommé, en 1671, ingénieur des fortifications des places de Picardie et qui lui « ordonne de se transporter en chacune d'icelles, « suivant les ordres qu'il en recevra du sieur de Barillon, inten- « dant de justice, police et finances en Picardie, auquel Sa Majesté « en a donné la direction ».

Après la suppression de la charge de grand maître de l'artillerie, il y eut encore probablement des ingénieurs attachés au service des armées, toutefois nous répétons qu'il est absolument impossible de faire une histoire suivie d'une institution qui n'était pas très-probablement soumise à une réglementation précise. Aussi MM. Allent et Augoyat se sont-ils bornés, sur les premiers siècles de notre monarchie, à nous donner, dans leurs Histoires du Génie, des anecdotes biographiques ou des récits de siéges.

Vauban constate qu'il n'y avait autrefois rien de plus rare en France que des ingénieurs ; il ajoute que Louis XIV en a mis sur pied et entretenu un grand nombre, deux cent quatre-vingt, affirment les historiens de ce Roi.

On peut dire, en effet, que c'est de ce règne que date la véritable organisation du corps du Génie. On la perfectionna sous Louis XV, mais Louis XVI la gâta, en déclarant que nul ne pourrait devenir ingénieur à moins d'avoir fait ses preuves de noblesse. Nous reviendrons sur cette question, en parlant de ce qui fut fait après l'année 1715.

Nous ne retiendrons ici que ce fait, à savoir que les intendants de justice avaient la direction des fortifications et qu'il arrivait même que certaines contrées, en dehors de leur Généralité, leur étaient soumises, comme formant d'autres directions. Donc, avant la fin du règne de Louis XIV, la France était partagée, au point de vue du Génie militaire, en circonscriptions que l'on appelait des directions des fortifications.

Déjà une certaine hiérarchie existait entre les ingénieurs employés à ce service. Les ordres partaient en général de Paris, et Vauban qui avait commencé à établir une chaîne de forteresses pour défendre, contre les incursions de l'ennemi, nos provinces ouvertes, exigeait de ses subordonnés qu'ils fissent le plan en relief des places où ils étaient employés.

Quant aux ingénieurs des ponts et chaussées, j'ai lu que l'on trouvait cette dénomination dans une ordonnance de Charles V. Le fait est possible, quoiqu'il m'ait échappé dans l'étude que j'ai faite de ce règne. Les mots «.ponts et chaussées » sont anciens et se présentent unis dans d'anciens documents législatifs, tout le monde en convient ; mais nous n'oserions pas dire qu'il fut joint à telle époque plutôt qu'à telle autre, avec le titre d'ingénieur.

Les charges d'ingénieurs des ponts et chaussées furent vénales, à partir de François Ier. Néanmoins, on était tenu de subir un examen, avant d'être reçu dans ce corps. Il n'est pas dit que cet examen ait été bien difficile. Or, pendant que les charges se vendaient, les ingénieurs continuaient à former une corporation, au-dessus de laquelle planait l'Administration centrale, bien qu'ils fussent toujours sous les ordres des bureaux des finances et des intendants des provinces.

En mai 1645, un édit porta *rétablissement* de trois conseillers du Roi, grand voyer et surintendant généraux des ponts et chaussées. En mars 1703, un autre Édit créa des controleurs des ponts et chaussées et un trésorier receveur en chaque généralité du royaume.

C'était l'époque où les travaux publics avaient pris un développement considérable. Alors Vauban suivait avec persévérance l'organisation du Génie militaire, achevant son système pour défendre la France et faisant, comme nous l'avons dit, exécuter le modèle en relief de toutes nos places de guerre et lever les cartes des pays frontières, de manière que l'on pût suivre, de Paris, tous les travaux, toutes les opérations militaires.

Or, en 1697, le Roi voulant donner une solide instruction au duc de Bourgogne, pour les besoins du royaume, adressa aux Intendants un mémoire contenant des questions sur toutes les affaires qui pouvaient intéresser le chef du Gouvernement, on y lisait :

« Sa dite Majesté sera bien aise d'être informée de toutes les
« rivières navigables et non navigables, quoique Sa Majesté ait
« déjà ordonné la suppression de tous les péages qui diminuaient
« considérablement l'avantage que la navigation des rivières
« doit mutuellement produire, néanmoins elle désire que lesdits
« commissaires s'appliquent soigneusement à reconnaître tous les
« empêchements que la navigation des rivières doit mutuellement
« produire, et les moyens que l'on peut pratiquer pour ôter les
« empêchements et donner partout la facilité du commerce et
« du transport des marchandises, tant au dedans qu'au dehors
« du royaume.

« A l'égard des rivières non navigables, Sa dite Majesté veut
« que lesdits commissaires en fassent eux-mêmes la visite, assistés
« d'experts et gens à ce connaissants, et qu'ils dressent leurs
« procès-verbaux de tous les moyens que l'on peut pratiquer pour
« les rendre navigables, de la dépense qui serait à faire pour cela,
« des dédommagements qu'il y aurait à donner, quels pays en
« tireraient avantages et si on ne pourrait pas imposer tout ou

« partie de la dépense sur les pays qui en tireraient avantages ?
« de plus, Sa Majesté, désirant que lesdits commissaires visitent
« en chacune province, les chemins, ponts, ports et ouvrages
« publics, qui ont été entièrement abandonnés, qu'ils en fassent
« faire des procès-verbaux par des gens intelligents et économes,
« afin qu'ensuite Sa Majesté en puisse ordonner les réparations et
« pourvoir aux fonds nécessaires à cet effet, suivant le besoin
« et la nécessité du public ; même si les commissaires estiment
« que pour la facilité du commerce et du transport des marchan-
« dises il soit nécessaire de faire quelques nouveaux travaux, Sa
« Majesté trouve bon et désire qu'ils en fassent faire des procès-
« verbaux et estimation. »

Les mémoires des intendants ne répondirent point à l'attente
du Roi, du moins le résumé qu'en a fait Boulainvilliers dans l'ouvrage qui a pour titre ÉTAT DE LA FRANCE, est à peu près nul,
en ce qui touche les chemins, et il est, en même temps, très-laco-
nique sur les rivières, donnant à peine les choses les plus importantes et les possibilités connues de tous. L'ouvrage de Boulainvilliers n'étant qu'un extrait, il y aurait témérité à avancer que
les lacunes sont toutes imputables aux intendants.

En 1710, le ministre Desmarest fit commettre onze architectes
avec le titre d'inspecteurs des ponts et chaussées. Ils avaient le
droit d'instrumenter dans toute la France. Ils avaient avec eux
vingt-deux ingénieurs, d'après le nombre des généralités qui leur
étaient soumises.

Le long despotisme de Louis XIV avait lassé tout le monde ; le
désir de la liberté était devenu une passion. Le régent voulut
satisfaire l'opinion, et pour y réussir, il institua, outre le Conseil
de régence, ses Conseils particuliers, pour traiter de toutes les
affaires. Le Conseil du dedans, que nous appellerions maintenant
Conseil de l'intérieur, eut dans ses attributions : « Les ponts
« et chaussées, turcies et levées, et pavés de Paris, suivant

« les fonds qui en seront faits, par le Conseil des finances. »
Le marquis de Beringhem en fut chargé.

Le Conseil de guerre donna lieu à un règlement, dans lequel le marquis d'Asfeld eut : « le détail de tout ce qui concerne les for-« tifications, à l'exception des marchés, des fonds et des comptes; « le département des directions, ingénieurs, inspecteurs et autres « officiers employés sur les travaux du Roi. La direction des plans « en relief et de la construction des plans. »

Le Conseil de la marine reçut dans ses attributions « la cons-« truction, l'entretien et la réparation des bâtiments des arse-« naux, les quais, formes, bassins, écluses pour nettoyer les ports, « jetées faites ou à faire pour l'entrée et la conservation des « ports, batteries faites ou à faire pour la défense des ports et des « rades, l'entretien des corps de garde dans les capitaineries « garde-côtes. »

Le Conseil des finances vit ses attributions partagées entre les conseillers. De Baudry eut, entre autres soins, celui des ponts et chaussées, turcies et levées, barrage et pavé de Paris, en ce qui est des finances.

Nous avons vu ce qui fut la conséquence immédiate de cette organisation pour les ingénieurs des ponts et chaussées, dont nous allons suivre maintenant la marche progressive.

En 1721, on créa un inspecteur général, un premier ingénieur, et trois inspecteurs des ponts et chaussées de France, avec un ingénieur en chef dans chaque généralité. Les deux premiers officiers de ce corps en avaient la direction; les trois inspecteurs furent chargés de la Généralité de Paris. En 1722, on leur adjoignit un quatrième officier de leur rang, parce que l'on venait de racheter la charge d'ingénieur que possédait l'abbé de Pontoise. Lecler du Brillet, contemporain des réformes opérées par le régent en notre matière, nous a laissé le tableau suivant de l'organisation qu'il avait sous les yeux en 1738 :

7

« Un directeur général, ordinairement choisi parmi les sei-
« gneurs de la Cour ou dans le Conseil du Roi, est chargé de
« prendre connaissance de tout ce qu'il convient de faire, soit
« pour construire à neuf, soit pour réparer; il a sous ses ordres
« un inspecteur général, quatre inspecteurs particuliers, un pre-
« mier ingénieur et vingt-trois autres ingénieurs provinciaux, qui
« ont chacun une Généralité par département dans les pays
« d'élection. Ces officiers, dont l'intelligence et l'intégrité doivent
« être connus, sont établis par des arrêts du Conseil pour visiter
« les départements, pour examiner ce qu'il convient de faire,
« pour projeter les ouvrages et en rendre compte au directeur
« général. Ce premier officier reçoit tous les états et mémoires
« sur cette partie, de quelque endroit qu'ils viennent. Après les
« avoir assemblés, il voit les travaux qui sont nécessaires, et sur
« son rapport Sa Majesté ordonne ceux qu'elle veut faire chaque
« année ; en conséquence le directeur général charge les ingé-
« nieurs de faire les devis et marchés sur lesquels on procède aux
« adjudications au rabais. Elles se font à Paris par les trésoriers
« de France ; et dans les provinces par l'intendant. Les adjudica-
« tions faites, les ingénieurs veillent avec soin aux ouvrages dont
« les entrepreneurs sont chargés, afin qu'ils soient construits et
« entretenus avec toute la fidélité et la solidité possibles. Par des-
« sus cela, le directeur général envoie les inspecteurs avec des
« instructions particulières pour parcourir le royaume et faire
« une espèce de contrôle de tous ses ouvrages, afin que le Roi et
« le public soient bien servis. MM. les ingénieurs, départis dans
« les provinces, veillent aussi sur le tout, suivant le pouvoir qui
« leur est attribué, personne n'ignore combien ils se distinguent
« en cette partie. » (*Traité de la police*, t. IV.)

Au temps où l'on écrivait les lignes qui précèdent la littérature
scientifique s'enrichissait d'ouvrages importants, dans lesquels on
développait tout ce qu'il était nécessaire d'apprendre pour conce-

voir, préparer et exécuter les travaux publics, civils ou militaires
Bélidor, par exemple, a publié sur ces sujets des livres considérables, que l'on consulte encore. Il y appliquait la théorie aux ouvrages des fortifications, comme à ceux des ponts, des routes et
des bâtiments civils.

Les meilleurs esprits se demandaient s'il n'y avait pas à faire,
pour les travaux publics en général, quelque chose qui fut capable
de conserver et développer la science nécessaire à tout ce qui y
était relatif.

Trudaine, ancien intendant, fut appelé, en 1743, à prendre la direction des ponts et chaussées. Il y trouva un bureau de dessinateurs géographes, créé pour faire dresser les plans des routes. On
y recevait les jeunes gens qui aspiraient au grade d'ingénieur.
Trudaine songea à donner à ce bureau une organisation sérieuse,
capable d'avoir une durée et de rendre des services réels. Il proposa au Conseil du Roi la création d'une École des ponts et chaussées. Un homme d'un mérite hors ligne, Perronet, auquel plus
tard l'Assemblée constituante accorda le traitement énorme pour
l'époque de 22,600 livres, fut désigné, en 1747, pour être directeur
de la nouvelle École. Un arrêt du Conseil du Roi, de juillet-août 1750,
enregistré à la Chambre des comptes, réorganisa le corps des
ingénieurs des ponts et chaussées. Il établit, pour ce service, un
architecte, premier ingénieur, quatre inspecteurs généraux, un
directeur du bureau des géographes et dessinateurs des plans des
grandes routes et chemins du royaume, ayant la garde et le dépôt
desdits plans, des cartes et des mémoires qui y étaient relatifs ;
ensemble vingt-cinq ingénieurs des ponts et chaussées. Ces vingt-
cinq ingénieurs devaient servir, à l'avenir, indistinctement, dans
toutes les provinces ou généralités du royaume, où il serait nécessaire de les employer, en tel nombre qu'il conviendrait pour le
bien du service, suivant les différentes natures et l'éloignement
des travaux qui seraient ordonnés dans chacune desdites pro-

vinces ou généralités ; ils devaient y avoir la conduite et inspection desdits ouvrages, et en délivrer les certificats et procès-verbaux de réception ; le tout suivant les ordres et instructions qui leur seraient donnés par le contrôleur des finances.

Cet arrêt est loin de nous donner le tableau réel de la situation, telle que nous la présente Duclos.

« Les projets des ponts du premier ordre sont, dit-il, dévolus
« au premier ingénieur ; ceux de la seconde classe aux inspecteurs
« généraux, et ceux de la troisième aux ingénieurs des provinces ;
« ce qui est réglé par le prix des ouvrages. Il y a un ingénieur
« en chef dans chaque généralité, quelquefois deux et plus quand
« elles sont trop vastes, comme Paris et Grenoble; chaque ingénieur
« est aidé par plusieurs sous-inspecteurs destinés à remplir les
« places de chef qui viennent à vaquer. On leur donne même
« quelquefois le titre d'ingénieur, quoiqu'ils n'aient pas encore
« de département. Mais, ces cas sont rares et n'arrivent qu'en fa-
« veur de quelques sujets distingués par leur mérite et par l'an-
« cienneté de leurs services. Outre les sous-inspecteurs, on em-
« ploie dans les départements autant de sous-ingénieurs que
« le nombre et l'étendue des ateliers en demandent, et enfin
« des élèves qui, après avoir fait preuve de capacité sur la
« théorie sont employés sur les travaux pour s'instruire dans la
« pratique. »

Duclos raconte qu'il y avait, entre les membres de ce corps, une sorte de discipline telle que les inférieurs étaient rappelés à l'observation de leurs devoirs s'ils s'en écartaient, mais qu'ils étaient certains aussi d'être protégés contre les abus de pouvoir de leurs chefs. En ce temps, néanmoins, le marquis de Mirabeau, père de l'orateur, publiait *l'Ami des hommes*, où il déplorait la pratique du corps des ingénieurs et leur fraternité, qu'il dénonçait comme conduisant au désordre. L'expérience, plus forte que la théorie, a prouvé que la pratique était bonne.

L'organisation du corps des ingénieurs s'était complétée par la création, en 1750, d'établissements précieux. A ce moment, il y avait, à Paris, une École des mines et une École des ponts et chaussées ; une École du génie et de l'artillerie était établie à Mézières. Quoi qu'il en soit des modifications apportées aux règles en vigueur à cette époque, on doit tenir qu'elles n'ont pas changé sensiblement ce qui existait.

Ce qu'il importe de remarquer, c'est que les roturiers, comme les nobles, étaient admis à l'École des ponts et chaussées, après des examens, dont on accusait la sévérité. L'examinateur choisi par Trudaine était Camus. Il consulta les ingénieurs en chef sur ce qu'il y avait à répondre à cette accusation de trop de rigueur. On lui répondit qu'elle était salutaire et les choses restèrent comme elles étaient. Camus a écrit quelque part, qu'à égalité de mérite, les nobles devaient être préférés ; mais cette préférence avait peu d'effets et les ponts et chaussées continuèrent à se peupler de roturiers travailleurs.

Nous reporterons à cette époque l'origine de ce que l'on nomme aujourd'hui le Conseil des ponts et chaussées. Trudaine réunissait, tous les dimanches, à sa table, les chefs du corps, à savoir : le premier ingénieur, les inspecteurs généraux, quelques trésoriers de France, les ingénieurs présents à Paris et le mathématicien Camus. Ces réunions étaient des fêtes. On n'y travaillait pas toujours, mais on y traitait toutes les questions qui intéressaient les ponts et chaussées et aussi les ingénieurs. C'est dans ces assemblées que l'on jugeait le mérite des élèves et que l'on statuait sur leur avenir.

LE GÉNIE MILITAIRE.

Les notions que nous avons rappelées, en parlant des ingénieurs des ponts et chaussées ont montré que si l'on peut, avec Pline le Jeune, penser qu'il y avait, chez les Romains, des ingénieurs civils, il y en avait certainement pour l'art militaire. C'est pourquoi nous les retrouvons dans notre histoire, au début de la monarchie. Amaury, le sire des ingénieurs, vivait sous Louis VIII ; Jocelyn de Conaut, maître ingénieur, vivait à l'époque de saint Louis. Ce roi supprima la charge de maître des ingénieurs et en donna la fonction au grand-maître des arbalétriers. Si nous faisions une Histoire des ordres militaires nous suivrions les transformations de la charge du grand-maître des arbalétriers, mais ce serait ici un hors-d'œuvre. MM. Allent et Augoyat ont largement écrit sur l'histoire du génie militaire ; ils n'ont pas su remonter au commencement et ils ont négligé de nous indiquer comment le grand-maître des arbalétriers, devenu grand-maître de l'artillerie, a continué à être le chef du Génie. Les amateurs des biographies trouveront, dans les ouvrages de ces auteurs, des renseignements sur les principaux ingénieurs militaires qui se sont succédé depuis Charles VI jusqu'à nos jours ; ils y chercheraient vainement comment on devenait ingénieur et comment ceux qui avaient mérité ce titre réunissaient autour d'eux des hommes capables de les seconder. Dans un temps rapproché du nôtre, en 1655, Vauban fut ingénieur militaire. Il devait son savoir à la direction qu'il avait reçue d'un ingénieur appelé le chevalier de Clerville, celui qui avait fait le devis du canal des deux mers, exécuté par le financier Riquet.

Les soins que Vauban avait donnés aux fortifications, avaient éclairé Louis XIV sur l'importance du corps du Génie militaire. Les sujets, qui désiraient en faire partie, devaient subir des examens. Leur carrière pouvait être belle : Vauban, simple gentilhomme de village, s'était élevé aux plus hauts grades ; on sait qu'il mourut maréchal de France. En 1715, celui que le régent avait mis à la tête de la direction générale des fortifications était presque un roturier, c'était le marquis d'Asfeld, petit-fils d'un marchand de soie. Ce directeur général n'avait pas de supérieur ; il travaillait avec le chef de l'État. Au-dessous de lui, il y avait trois emplois hiérarchiques ; les directeurs des fortifications, les ingénieurs en chef et les ingénieurs ordinaires ou subalternes, dont les ingénieurs en chef disposaient comme ils l'entendaient. Au-dessous des subalternes se trouvaient des inspecteurs des casernes ; ces employés ne faisaient pas partie, à proprement parler, du Génie militaire.

Vauban nous apprend qu'il y avait, de son temps, une autre organisation qui persista, car on la retrouve après lui, mais il ne nous en donne pas une bonne relation. Il dit que, pendant les sièges, les ingénieurs étaient divisés en brigades, commandées par des brigadiers et des sous-brigadiers. Cette manière de disposer le service existait en 1719. Elle se retrouve plus tard, et nous voyons que, les ingénieurs, étant des officiers, étaient soumis à des chefs ayant le rang de ceux qui étaient alors dits : « Brigadiers », et que nous désignons sous le titre de généraux de brigade.

Nous avons dit qu'il est très-difficile de distinguer, avant 1715, où sont les ingénieurs civils et où sont les ingénieurs militaires. Ils avaient été tous, en temps de paix, placés sous les ordres des intendants ; ils y étaient encore en 1716. Le marquis d'Asfeld dispensa les ingénieurs militaires de suivre ces anciennes règles. Il ne paraît pas que l'on ait tenu grand compte de sa décision. Nous retrouvons qu'après lui, les ingénieurs étaient encore soumis aux intendants et nous avouons ne pas avoir compris le cri de joie que pousse M. Augoyat, en signalant la lettre par laquelle le marquis d'Asfeld avait affranchi le Génie militaire de la dépendance des intendants. Exécuter les ordres d'un directeur général, sous la surveillance d'un intendant, n'est point être plus esclave que de les exécuter sous les ordres d'un ingénieur en chef. La difficulté de reconnaître où est la séparation des civils et des militaires, après le marquis d'Asfeld, nous poursuit encore, car l'ingénieur en chef du canal du Midi était soumis, en 1729, au directeur général des fortifications; en 1723, nous trouvons des ingénieurs militaires faisant des travaux sur les routes, et nous avons remarqué que Perronnet, qui fut, en 1747, chargé de l'École des ponts et chaussées, avait été ingénieur militaire, sous les ordres de l'intendant d'Alençon.

En 1733, le corps de ces ingénieurs était composé de vingt directeurs, cent huit ingénieurs en chef et cent cinquante-sept ingénieurs ordinaires.

Nous touchons au moment de la création de l'École de Mézières. Cette école eut probablement pour origine des faits analogues à ceux qui avaient amené l'établissement de l'École des ponts et chaussées. Elle avait été précédée par des écoles d'artillerie, mais les sujets qui sortaient de ces écoles ne répondaient pas à l'attente du Gouvernement.

Des volontaires furent réunis à Mézières en 1748, pour y recevoir des leçons sur l'art des fortifications; en juin 1749, on commença l'organisation de l'École, qui fut définitivement établie en 1750, par la volonté persistante de ses fondateurs. Elle n'eut point tout d'abord des lettres royales; elle conquit son rang, le fit reconnaître presque aussitôt et l'a justement gardé.

L'enseignement y fut donné sur la théorie et la pratique. La tradition rapporte que des cours spéciaux formaient des praticiens. M. Augoyat semble le nier dans son *Histoire du Génie*, mais ses hésitations ne sont pas appuyées de faits. Au contraire, il est avéré que les leçons scientifiques se donnaient dans les pièces situées au premier, et que l'art de joindre les bois ou de couper les pierres était enseigné dans les salles du bas où les élèves ingénieurs étaient aidés par leurs chefs, par des *appareilleurs* et des *gâcheurs*. Les appareilleurs et les gâcheurs existaient donc et, comme Monge n'a jamais été élève avant d'être professeur, Arago a pu croire qu'il avait été un de ceux à qui l'on donnait l'un ou l'autre de ces noms. Arago s'est trompé, dit M. Augoyat ; c'est possible et vraisemblable.

Nous avons vu, avec la *Jérusalem délivrée*, que les ingénieurs militaires avaient eu sous leurs ordres des hommes habitués à exécuter leurs travaux. Nous savons qu'au 30 décembre 1717, les compagnies de mineurs étaient au nombre de quatre, ayant un effectif de trente hommes chacune et de cinq officiers : un capitaine, un premier et un second lieutenant et deux sous-lieutenants.

C'était peu de monde, mais on doit y ajouter les compagnies d'artilleurs, auxquelles on donnait le nom de compagnies de sapeurs.

Il peut être intéressant, pour les militaires, de savoir que les écoles du Génie et de l'Artillerie ont été tantôt réunies, tantôt séparées. La réunion est un fait maintenant accepté et que l'on ne conteste pas, mais, dans le début, la réunion avait donné lieu aux critiques les plus amères. La concentration des élèves avait amené des suppressions d'emplois et par conséquent suscité des réflexions injustes autant qu'intéressées.

Lorsque nous avons marqué l'obscurité de la naissance de l'illustre Vauban et du marquis d'Asfeld, nous n'avons certainement pas voulu rabaisser ces personnages. Bélidor, le premier des grands professeurs des aspirants à se faire recevoir dans le Génie ; Perronnet qui, ingénieur militaire, fut le véritable créateur des ponts et chaussées ; Camus, qui examinait les candidats ; Monge, qui a réduit en théorèmes la géométrie descriptive, étaient des roturiers, auxquels la noblesse n'a personne à comparer. On se plaît à le proclamer pour Perronnet, parce que cet ingénieur eut la faiblesse de consentir à recevoir des titres de noblesse avec un blason, qu'on lui imposa.

Les courtisans avaient vu d'un mauvais œil les faveurs que les souverains avaient accordées à des roturiers tels que Fabert, de Luynes, Concini, Lesdiguières ; à des hommes de noblesse douteuse comme d'Asfeld, Vauban, Armand Duplessis, cardinal de Richelieu. Ils avaient obtenu, en 1750, que tout officier, ayant trente ans de service ou décoré de la croix de Saint-Louis, fût considéré comme noble. Ils ne se contentèrent pas de cela, ils firent, qu'en réorganisant l'armée, on déclara, le 25 mars 1776, que, pour être officier, il fallait être noble. Les ingénieurs en fonctions firent observer qu'ils avaient rang dans l'armée ; que des soldats étaient sous leurs ordres. En conséquence un édit du 31 décembre 1776 porta que nul ne serait admis à l'école de Mézières, s'il n'avait fait ses preuves de noblesse.

Cet édit apparut au moment où l'École était à son plus haut point ; elle en reçut un tel coup qu'elle semble en porter encore la peine ; car, si l'on se plaît à rendre hommage au savoir des officiers du génie et d'artillerie, on se demande où sont les pareils de ceux dont nous avons cité les noms dans le cours de notre travail ?

L'Ordonnance du 31 décembre 1776 ayant été, en cette partie, le dernier acte de l'ancien régime, nous croyons utile de nous y arrêter un instant. Le corps du Génie y fut porté à 329 officiers, dont 13 étaient directeurs. Les autres, en paix et en guerre, étaient répartis en 21 brigades ; chaque brigade était composée d'un chef de brigade, d'un sous-brigadier, d'un major, de quatre capitaines en premier, de cinq capitaines en second et de trois lieutenants en premier. A chaque direction, étaient de plus attachés par extraordinaire, un ingénieur géographe et un sous-ingénieur.

On établit dans chaque direction, un Conseil d'administration, composé du Directeur et de tous les officiers supérieurs des brigades, qui se trouveraient le plus à portée du lieu de sa résidence. Ce conseil était présidé par le commandant de la province, s'il était présent ; les officiers généraux, répartis dans la province, y avaient séance; s'ils étaient absents, le commandant de la place où résidait le Directeur y était toujours appelé. Ce conseil devait toujours se réunir chez le Directeur. C'est dans l'article 8 du titre premier de cette Ordonnance que se trouve l'origine du comité des fortifications. Il y était dit qu'outre les Conseils établis dans les provinces, le Roi ferait assembler tous les ans, chez le secrétaire d'Etat ayant le département de la guerre, tel nombre d'officiers généraux ou autres qu'il jugerait convenable pour comparer le résultat des divers conseils d'administration du corps du Génie et pour statuer sur tout ce qui était relatif aux fortifications.

Le corps du Génie commençait aux élèves reçus après un examen public, subi en présence de l'examinateur nommé par le Roi, des officiers et des élèves de l'école pour s'élever de là au plus haut grade, celui de Directeur des fortifications.

Nous ne voulons pas suivre, pas à pas, le détail de l'ordonnance, de 1776, cependant il faut remarquer qu'elle a répété ou créé certains préceptes qui ont été maintenus et sont encore en vigueur.

Ainsi, rien n'est changé à ce qui fut alors ordonné sur la conservation des plans et des archives ; sur les visites que les commandants des provinces, généraux de division doivent faire des fortifications dans leurs circonscriptions ; sur les précautions à prendre à la mort d'un officier du génie, relativement aux plans ou pièces qu'il pouvait détenir ; il était ordonné de mettre les scellés immédiatement après sa mort. On avait aussi réglé la manière de s'entendre pour les travaux entre officiers du génie ; et quand les travaux intéressaient les civils, avec les ponts et chaussées, et même en certains cas avec la marine.

Et, puisque nous avons indiqué que les bases alors posées ou rétablies sont demeurées, nous donnerons quelques détails.

D'après notre Ordonnance, les places de guerre devaient avoir un dépôt de papiers, parmi lesquels était un plan de la place collé sur toile et désigné par le nom technique de plan directeur.

L'officier du corps employé en chef dans chaque place devait avoir un grand livre *in-folio*, coté et paraphé à toutes les pages, sur lequel on devait inscrire, jour par jour, les plans et profils relatifs aux toisés et attachements généraux de toute espèce d'ouvrages ; il devait avoir un second livre, sur lequel on copiait l'état des ouvrages ordonnés pour l'année courante. Audit état étaient joints les plans et profils, devis, conditions et marchés desdits ouvrages.

Lorsqu'un officier supérieur avait à faire un ouvrage, il devait se faire accompagner et aider par les officiers inférieurs. Il leur expliquait les raisons de la construction de ces ouvrages et leur utilité pour la défense.

Les projets devaient être approuvés, en premier lieu, par les chefs militaires de la province ; ils étaient ensuite adressés au ministère de la guerre, qui les renvoyait à l'intendant de la Généralité, afin que celui-ci les fit mettre à exécution.

Les formalités exigées par cette Ordonnance de 1776 le sont encore aujourd'hui.

Les projets avaient dû arriver complets au Ministère avec les devis. Ils repartaient ensuite parfaitement étudiés, puis on devait faire des publications, apposer des placards, appeler en un mot le public à venir soumissionner les travaux.

Comme en notre temps, tout le monde n'étant pas admis à se présenter, il fallait, pour devenir entrepreneur, être capable et d'un art qui fit présumer sa connaissance des travaux à exécuter. Enfin l'adjudication avait lieu au rabais, par les soins de l'autorité administrative. C'est après cette adjudication que les ouvrages étaient tracés par l'officier supérieur, en présence des officiers inférieurs, à qui il expliquait le but que l'on s'était proposé, en les ordonnant. Cela fait, les plans et devis étaient livrés à ceux qui étaient chargés de l'exécution.

Cette Ordonnance contenait une prescription que le corps du Génie n'a pas suivie rigoureusement, qui a été tardivement acceptée par les ponts et chaussées; elle portait que l'on devait prendre et enregistrer jour par jour, sur un carnet signé de l'officier et de l'entrepreneur, les attachements des travaux (art. 51). Elle souhaitait que tous les officiers du Génie de la province fussent tenus de se réunir en commission chez celui qui était le plus élevé en grade, tous les ans avant le 1er septembre. Le 1er octobre, les commandants de districts devaient se rassembler à la résidence du Directeur et lui rendre compte de leurs services. Ce compte-rendu était fait publiquement ; il en était dressé procès-verbal.

Puis le directeur se rendait au Conseil d'administration, et exposait, dans sa première assemblée, les travaux les plus nécessaires à faire dans son district.

Les plans étaient discutés ; le procès-verbal de la séance devait enregistrer toutes les opinions. Les directeurs du Génie, les chefs de brigade et autres officiers du corps, communiquaient aussi, lors de sa visite, à l'officier général commandant dans la province ou à celui qui commandait la division, si ce dernier y était autorisé, les projets et estimations de l'année suivante. Cet officier général devait examiner ces projets, faire à leur occasion toutes les observations qu'il jugeait utiles ; puis, il adressait le tout au secrétaire d'État de la guerre.

Lorsque les devis avaient été approuvés, il y avait lieu à procéder à l'adjudication et à la confection des ouvrages.

DES AUTRES INGÉNIEURS.

Les ingénieurs des Colonies. — Les ingénieurs des colonies étaient des officiers appartenant au corps du Génie militaire.

Les ingénieurs géographes. — Les ingénieurs militaires n'étaient pas assez nombreux pour tous les besoins. Ils négligeaient les plans et les cartes, sans se rappeler combien leur application à ces matières avaient relevé leur importance. Une Ordonnance, du 26 février 1777, attacha à chaque direction des frontières un ingénieur et un sous-ingénieur géographes. Quand ces ingénieurs appartenaient au corps du Génie, ils ajoutaient à leur titre d'ingénieurs celui de géographes militaires du roi. Ces ingénieurs géographes furent placés sous les ordres de M. de Vault, directeur du dépôt de la guerre.

Le Gouvernement avait encore vingt ingénieurs géographes, qui sous les ordres du Ministre des affaires étrangères, s'occupaient de la topographie des frontières.

Les ingénieurs de la Marine. — L'édit de 1715 sur les conseils avait réglé comment on devait séparer les attributions de la Guerre et celle de la Marine. Après que les Conseils eurent été supprimés, il y eût nécessité de revenir sur ce sujet pour établir quels seraient les droits de chaque Ministère.

En 1750, le Ministre de la marine, ayant créé sept ingénieurs ordinaires et huit sous-ingénieurs limita leurs fonctions aux constructions civiles. Mais, il est impossible de suivre les vicissitudes de cette institution. En effet, les travaux des ports de commerce avaient été confiés au Génie militaire. Ils avaient été, en 1743, réunis au département de la marine, et cependant étaient restés confiés aux ingénieurs militaires. A partir de 1761, ces travaux furent faits par les ingénieurs des ponts et chaussées. Cette révolution avait été motivée par la pénurie des ressources affectées au service de la Marine. Elle donna lieu à un accord entre le ministre de la Guerre, le ministre de la Marine et le contrôleur des Finances.

L'administration centrale des ponts et chaussées n'était point chargée des ports des pays d'États, puisque ces contrées avaient leurs ingénieurs spéciaux. Elle n'avait donc que les ports de commerce des pays d'élection ; encore ne les avait-elle pas tous. Les ports militaires et d'autres encore restèrent dans les mains des officiers du génie.

Mais, à côté des travaux nécessaires dans les ports, il y a des réparations, des constructions à faire pour le compte spécial de la marine. Ces objets comprennent depuis les arsenaux jusqu'au moindre clou, à la moindre cheville qui puisse entrer dans un vaisseau. Le ministre de la Marine, voyant les bons effets produits par l'École des ponts et chaussées, établit, en 1765, une École spéciale pour y recruter les officiers du Génie de la Marine, auxquels on donna une organisation et que l'on appela des ingénieurs constructeurs.

En 1774 et en 1776, les ingénieurs constructeurs virent modifier leurs attributions et le rang auquel ils pouvaient prétendre : cependant ils sont restés jusqu'en 1789.

Les ingénieurs des pays d'États. — Les pays d'États avaient, depuis Philippe VI et le Roi Jean, conservé le soin de leurs travaux publics ; c'était justice, puisqu'ils en payaient la dépense. Ils avaient leurs ingénieurs des ponts et chaussées, distincts de ceux du Roi. Il a été constaté qu'après l'établissement de l'École dirigée par Perronnet, les ingénieurs des pays d'États n'étaient pas aussi capables que ceux qui avaient suivi les cours professés à Paris. — Les pays d'États établirent, à leur tour, une École pour recruter le personnel de leurs ingénieurs. Malgré cette création, on n'arriva point à produire quelque chose qui fut digne de rivaliser sérieusement avec le corps des ponts et chaussées. Néanmoins, la séparation entre les ingénieurs divers persista jusqu'au moment de la réorganisation, qui a été faite par l'Assemblée constituante.

Les ingénieurs des Mines. — Ces ingénieurs existaient depuis longtemps, mais le recrutement du corps laissait à désirer. Il paraît que l'École des mines a des origines qui remontent à 1747; mais il n'est pas intéressant de s'y reporter. Le 19 mars 1783, on recréa cette École. Le Roi faisait un fonds pour y entretenir douze élèves. Les cours de l'École devaient être de trois ans; après l'examen de sortie, les élèves recevaient le brevet de sous-ingénieurs et étaient seuls appelés à concourir pour les places d'inspecteurs ou de sous-inspecteurs des mines. (Voy. *suprà*, p. 61.)

CHAPITRE VIII

DE L'EXÉCUTION DES TRAVAUX PUBLICS.

§ Iᵉʳ. — LES EMPRISES DE TERRAINS.

Nous avons remarqué, avec les plus anciennes lois romaines, que les propriétaires, dont les terrains étaient occupés par des travaux publics, devaient être indemnisés par les entrepreneurs. Cette condition leur fût imposée en France, comme elle l'avait été à Rome. Ainsi, nous lisons dans une Ordonnance de Philippe le Bel, datée de 1303, que les acquisitions devaient être justifiées par la nécessité, ou, comme nous disons maintenant, par l'utilité publique, et que les propriétés devaient être payées à juste prix : *possessores possessionum quas pro ecclesiis aut domibus ecclesiarum de novo fundandis aut ampliandis infra villas non ad superfluitatem sed ad conveniantem necessitatem acquiri continget ad eas, dimittendas pro justo pretio debent.*

En 1470, des lettres-patentes, enregistrées le 2 septembre 1480, autorisèrent le maire et les échevins d'Amiens à prendre, pour les fortifications de la ville, tous les terrains qui leur conviendraient, « moyennant raisonnable indemnité en argent comptant. »

On peut consulter, à cet égard, divers arrêts mentionnés par Louet, lettre A § 6.

8

L'évaluation des sommes dues était faite, en dernier lieu, par le bureau des finances de la Généralité, après une expertise qui devait nécessairement tourner contre le propriétaire. Il paraît, d'ailleurs, qu'on avait grand peine à aboutir à un règlement, et qu'après la décision du bureau, il était excessivement difficile d'arriver à se faire payer. Notons, encore, que la décision n'était pas en dernier ressort et que l'on pouvait la déférer au Conseil du Roi, ce que ne manquaient pas de faire les entrepreneurs, s'ils avaient quelque raison de retarder le paiement. L'expertise pour l'évaluation des indemnités était faite par l'ingénieur qui avait réglé le devis des travaux et, si ses évaluations étaient contestées, par trois experts, nommés d'office par l'intendant de la Généralité, de telle sorte que l'Administration, c'est-à-dire le débiteur, était juge et partie.

Les propriétaires voisins des lieux où se faisaient les travaux publics ont, de tout temps, été soumis à la servitude légale de voir occuper leurs terrains par les entrepreneurs, qui s'en emparaient pour y faire des dépôts, des passages et même pour y prendre des matériaux. Cette espèce de servitude a soulevé, soulève et soulèvera toujours des plaintes.

Des actes en grand nombre ont consacré le droit des entrepreneurs à faire des occupations temporaires, celui des propriétaires à être indemnisés. La clause était insérée dans les baux passés avec les entrepreneurs. Elle était répétée partout. Il y a sur ce point, par exemple, des arrêts du Conseil du Roi du 3 octobre 1667, du 3 décembre 1672, du 22 juin 1706. Le plus célèbre, pour nous, est celui du 7 septembre 1755, notre seule règle jusqu'en 1868. Cet arrêt rappelle ceux que nous venons de citer. Il porte :

« ART. 1er. — Les entrepreneurs du pavé de Paris, ainsi que ceux « des autres ouvrages ordonnés pour les ponts et chaussées du « royaume, turcies et levées des rivières de Loire, Cher et Allier « et autres y affluentes, pourront prendre la pierre, le grès, le

« sable et autres matériaux, pour l'exécution des ouvrages dont
« ils sont adjudicataires, dans tous les lieux qui leur seront indi-
« qués par les devis et adjudications desdits ouvrages, sans
« néanmoins qu'ils puissent les prendre dans les lieux qui seront
« fermés de murs, ou autre clôture équivalente, suivant les usages
« du pays. Fait Sa Majesté défense aux seigneurs ou proprié-
« taires desdits lieux non clos, de leur apporter aucun trouble
« ni empêchement, sous quelque prétexte que ce puisse être, à
« peine de toute perte, dépens, dommages-intérêts, même d'a-
« mende ; et de telle autre condamnation qu'il appartiendra, selon
« l'exigence des cas, sauf néanmoins auxdits seigneurs et pro-
« priétaires à se pourvoir contre les dits entrepreneurs pour leur
« dédommagement, ainsi qu'il sera réglé ci-après : Dans les cas
« où les matériaux indiqués par les devis, ne seront pas jugés
« convenables ou suffisants, les inspecteurs généraux ou ingé-
« nieurs pourront en indiquer à prendre dans d'autres lieux ;
« mais lesdites indications seront données par écrit et signées
« desdits inspecteurs ou ingénieurs. Veut Sa Majesté que les en-
« trepreneurs ne puissent faire aucun autre usage des matériaux
« qu'ils auront extraits des terres appartenant aux particuliers,
« que de les employer dans les ouvrages dont ils sont adjudica-
« taires, à peine de tous dommages-intérêts envers les proprié-
« taires, et même de punition exemplaire.

« ART. 2. — Lesdits inspecteurs généraux et ingénieurs indique-
« ront, autant qu'ils le pourront, pour prendre les dits matériaux,
« les lieux où leur extraction causera le moins de dommages ; ils
« s'abstiendront, autant que faire se pourrait, d'en faire prendre
« dans les bois ; et dans les cas où l'on ne pourrait s'en dispenser
« sans augmenter considérablement le prix des ouvrages, veut
« Sa Majesté que les entrepreneurs ne puissent mettre des ouvriers
« dans les bois appartenant à Sa Majesté, ou aux gens de main
« morte, même dans les lisières et aux abords des forêts et dis-

« tances prohibées par les règlements, sans en avoir pris la per-
« mission des Grands-maîtres des Eaux et forêts, ou des officiers
« des maîtrises par eux commis, qui constateront les lieux
« où il sera permis auxdits entrepreneurs de faire travailler, et
« la manière dont se fera l'extraction desdits matériaux, comme
« aussi les chemins par lesquels ils les voitureront: voulant Sa
« Majesté que, dans les cas où les dits officiers auraient quelque
« représentation à faire, pour la conservation desdits bois, ils en
« adressent sans retardement leur mémoire au sieur Contrôleur
« général des finances, pour y être statué par Sa Majesté ; et ne
« pourront, en aucun cas, les dits officiers exiger des dits entrepre-
« neurs aucuns frais ni vacations pour raison des visites et per-
« missions ci-dessus ordonnées.

Art. 3. — Les propriétaires de terrains, sur lesquels les dits
« matériaux auront été pris, seront pleinement et entièrement
« dédommagés de tout le préjudice qu'ils auront pu en souffrir,
« tant par la fouille pour l'extraction desdits matériaux, que par
« les dégâts auxquels l'enlèvement aura pu donner lieu. Sera payé
« ledit dédommagement auxdits propriétaires, par les entrepre-
« neurs, suivant l'estimation qui en sera faite par l'ingénieur qui
« aura fait le devis des ouvrages ; et, en cas que lesdits proprié-
« taires ne voulussent pas s'en rapporter à la dite estimation, il
« sera ordonné un rapport de trois nouveaux experts nommés
« d'office, dont les dits propriétaires seront tenus d'avancer les
« frais. Veut Sa Majesté que les entrepreneurs rejettent en outre
« à leurs frais et dépens, dans les fouilles et ouvertures qu'ils au-
« ront faites, les terres et décombres qui en seront provenus. »

Cet arrêt avait un 4° article, dont nous parlerons bientôt.

Quant aux trois premiers, nous avons cru devoir les donner en
entier, parce qu'ils résument cette matière en reconnaissant les
droits des entrepreneurs et ceux des propriétaires, sauf règlement
par la juridiction administrative, en cas de difficulté.

Mais, tous ces arrêts étaient sans effet, parce qu'il n'y avait pas moyen pour les propriétaires d'arriver à se faire payer.

§ II. — DES ENTREPRENEURS DE TRAVAUX PUBLICS.

Nous avons mentionné déjà, d'après le témoignage de Cicéron et le texte de la loi municipale que César fit pour les villes de l'Italie, et d'après le corps du droit civil romain, que les travaux publics étaient exécutés à Rome par des adjudicataires, qui prenaient le titre de *redemptores*. — Le nom a changé, mais les adjudications sont restées.

Des historiens ont prétendu que Colbert avait inventé l'adjudication des travaux publics. Nos lecteurs sont déjà fixés sur la valeur de cette assertion; ils savent d'où nous vient la pratique de mettre les travaux aux enchères et ils ont compris qu'elle a dû se perpétuer chez nous. Une Ordonnance de 1535, déjà citée, répétait qu'il fallait donner les travaux aux entrepreneurs qui en seraient chargés, après *adjudication au rabais*.

L'illusion des auteurs, dont nous avons mentionné l'opinion, peut être basée sur ce fait que Colbert n'a pas été accusé de concussion, tandis que ses prédécesseurs Fouquet, Mazarin, Particelli, Richelieu, de Luynes, Sully, avaient fait des fortunes immenses, en prenant des intérêts dans les adjudications.

La règle que les travaux publics devaient être mis en adjudication était si absolue, que l'on ne s'en dispensait pas, lors même que les travaux publics étaient donnés à des concessionnaires, à qui le Roi accordait par faveur spéciale de grands ouvrages à exécuter, parce qu'il voulait les enrichir.

Autrefois, au jour indiqué par des affiches et des publications, s'il s'agissait de travaux civils, le bureau des finances était réuni, sous la présidence de l'intendant de la Généralité. Le Procureur général du Parlement, dans le ressort duquel le travail devait être fait, était présent ou était représenté par l'un de ses substituts. Alors l'Intendant faisait connaître les noms des entrepreneurs qui étaient admis à enchérir. L'huissier allumait un premier feu et criait le prix de l'estimation, en indiquant les personnes présentes et autorisées à proposer leurs rabais. Les entrepreneurs baissaient, les uns après les autres, le prix auquel ils voudraient faire les travaux, et, quand trois feux s'étaient éteints, depuis la dernière enchère, l'adjudication était prononcée en faveur de qui avait demandé le moindre prix. C'était la simple constatation de la dernière offre. Si le Procureur général ou son substitut ne trouvaient pas le rabais assez fort, ils réclamaient une nouvelle mise aux enchères, qui avait lieu huit jours après la première ; puis il pouvait en être demandé une troisième. Enfin, lorsque le Procureur général ne s'opposait plus, le procès-verbal était adressé au ministre. Si ce haut dignitaire suivait les errements reçus, il vendait son approbation et s'associait à toutes les malfaçons des adjudicataires. Si, par hasard, les ingénieurs se trouvaient capables de remplir leurs fonctions et avaient la volonté de le faire, ils étaient pris dans cet engrenage et ne pouvaient guère en sortir, sans y laisser leur honneur ou leur position.

Les entrepreneurs de grands travaux étaient autorisés à mettre leur affaire en société. Ainsi le canal de Briare fut divisé en vingt-huit parts ou actions. Ces sociétés étaient dites des compagnies comme les Sociétés anonymes ; mais, les adjudicataires étant tenus de rester en nom, les sociétés dont nous parlons doivent être classées dans les sociétés en commandite par actions. Les actionnaires ne dérogeaient point à la noblesse par le fait d'une participation à une pareille entreprise.

L'ouvrage était, après son achèvement, l'objet d'une réception solennelle. Elle était faite par des fonctionnaires haut placés. C'était, si le travail intéressait diverses Généralités, un commissaire du Roi. S'il s'agissait d'un travail propre à une Généralité, la récep-

tion était faite par l'intendant. Dans le cas où il s'agissait de travaux militaires, ils étaient adjugés par le gouverneur de la province,
ou, à son défaut, par le directeur des fortifications; puis ils étaient
suivis et acceptés par le corps du Génie.

Mais, les adjudications furent modifiées dans leur forme. Les ingénieurs en vinrent à choisir leurs entrepreneurs. Ils donnaient
pour raison qu'ils avaient besoin d'hommes de confiance. En conséquence, ils éliminaient tous les prétendants autres que celui à qui
ils voulaient confier le travail. Ce dernier faisait arriver quelques
enchérisseurs fictifs, dont les offres étaient inacceptables. Il était
donc forcément l'entrepreneur des travaux.

Pour que le public ne fût pas scandalisé par ces pratiques, on
introduisit le déplorable usage des soumissions cachetées, et le
soupçon de vénalité fut une tache imprimée sur toute l'Administration.

Les ouvrages d'une certaine importance étaient mis aux enchères à Paris, devant le Conseil du Roi, en présence du Procureur
général, et les choses se faisaient identiquement comme devant le
bureau des finances de la moindre Généralité.

Nous remarquerons que les baux, on appelait ainsi les marchés
passés avec des entrepreneurs, contenaient tous des règles à peu
près pareilles sur l'adjudication, la confection, la réception et le
paiement des travaux. Nous disons à dessein, *à peu près pareilles,*
parce qu'elles n'étaient pas toujours toutes exprimées, et parce que
souvent leur rédaction n'était pas identique. Cependant nous indi-
querons ces conditions d'après l'arrêt du Conseil du 4 juin 1668,
qui régla comment on devait faire l'adjudication des travaux des
turcies et levées.

L'article premier voulait que les entrepreneurs fussent de la pro-
fession requise pour la nature de l'ouvrage dont ils se rendaient
adjudicataires. — L'article second obligeait les entrepreneurs à
employer à la confection des ouvrages des matériaux de la qualité

et condition portées par les baux et devis. — Le troisième leur défendait de céder leur entreprise par portion à leurs ouvriers, ou de traiter avec eux à forfait ou à la toise. — Le quatrième ordonnait aux entrepreneurs de travailler aux endroits les plus pressés qui leur seraient indiqués par les intendants ou contrôleurs. — Le cinquième leur accordait le droit de s'emparer par préférence de tous les matériaux dont ils auraient besoin. — Le sixième leur donnait la faculté de faire des fouilles sur les terrains qu'ils jugeaient propres à leur fournir des matériaux et à y ouvrir des carrières, sauf à payer des indemnités aux propriétaires. — Le septième portait que le dernier quartier du prix ne serait payé qu'après réception des travaux.

Nous aurions pu chercher, dans les baux eux-mêmes, toutes les clauses et conditions, mais nous pensons que le résumé qui précède est suffisant, surtout pour qui voudra le rattacher à ce que nous avons déjà dit et à ce que nous dirons, quand nous parlerons du cahier général des charges, qui a été fait sous le premier Empire, par M. Molé, directeur général des ponts-et-chaussées.

On mettait, sous l'ancienne Monarchie, comme sous les Romains, en adjudication les travaux que les particuliers avaient à exécuter et qu'ils refusaient de faire. Ainsi, sous Henri IV, un arrêt du Conseil, d'août 1609, attendu que le duc de Montmorency et l'abbé de Saint-Denis négligeaient de réparer les chemins de leurs seigneuries, ordonna de saisir les péages auxquels prétendaient ces nobles seigneurs et d'en faire adjuger la perception au rabais, à la charge par les adjudicataires de faire les réparations.

Les entrepreneurs avaient des privilèges particuliers. Ainsi ils avaient le droit de faire travailler qui bon leur semblait pour tout ce dont ils avaient besoin. Ils n'étaient pas obligés de se servir des membres des corporations ou jurandes.

Ils étaient ordinairement dispensés de tous les péages ; leurs baux en faisaient mention. L'article 4 de l'arrêt du Conseil du

7 septembre 1755 généralisa ce fait, en décidant qu'ils seraient exempts de ces droits.

Les entrepreneurs des bâtiments du Roi, et nous croyons qu'il en était ainsi de tous les autres entrepreneurs de travaux publics, devaient, en vertu d'un arrêt du Conseil du 27 mars 1683, toucher les sommes qui leur étaient dues, nonobstant toutes oppositions. On n'admettait à saisir ces deniers que les créanciers à raison de fournitures de matériaux pour les ouvrages, ou ceux qui avaient nourri les ouvriers. Les difficultés sur ces oppositions étaient ré-glées par le Surintendant des bâtiments du Roi.

Lorsque les entreprises étaient de bâtiments ou autres ouvrages de ce genre, ceux qui les avaient eues étaient garants pendant quinze ans de leurs travaux. La réception des ouvrages ne faisait point cesser la garantie. Les vices dans les matériaux ou dans la construction pouvaient être recherchés pendant ce délai de quinze années.

Si l'adjudication avait eu lieu pour une route, le bail se rappor-tait évidemment à une construction, à une réparation ou à un en-tretien. La garantie de quinze ans avait lieu pour les deux pre-miers cas, à l'égard de l'entretien, l'entrepreneur était tenu de le bien faire pendant la durée de son bail. Les conditions en avaient été fixées, après 1609, par les cahiers des charges dressés par le Conseil du Roi pour les adjudications ; une nouvelle rédaction fut faite en février 1730 ; on y mentionna les obligations des adjudi-cataires.

Les entrepreneurs étaient payés par les trésoriers provinciaux des Ponts et chaussées, en vertu d'ordonnances des Intendants, expé-diées en conséquence des certificats de réception des ingénieurs. Ces ordonnances devaient porter si elles étaient données à compte ou pour solde.

Les sommes afférentes aux travaux d'une année ne devaient, d'ailleurs, pas être portées sur une autre, et aucun ouvrage ne devait être fait que s'il avait été préalablement ordonné. Ces règles fort anciennes, qui ont été conservées dans notre pratique moderne, sont consignées dans nombre d'actes et notamment dans un arrêt du Conseil d'État, du 11 mars 1727.

Un arrêt de la Chambre des comptes, du 25 juin 1748, ordonna : 1° de donner, dans tous les comptes, la copie des devis des ouvrages et celle des baux ou adjudications ; 2° d'y porter le remploi ou la cession des matériaux précédemment employés ; 3° de ne pas comprendre dans les devis et dans les adjudications des charges étrangères aux ouvrages et, par exemple, les appointements du personnel des ponts et chaussées ; 4° d'y comprendre, au contraire, les indemnités à payer par les adjudicataires pour expropriation ou dommages, sauf au cas où les indemnités ne seraient pas portées dans le devis, à en faire les fonds sur le trésor du Roi ; 5° de donner, dans les certificats de réception des ouvrages, le détail entier desdits ouvrages et fournitures, en les déclarant conformes aux devis.

Ces préludes aux règles, maintenant admises, sur la Comptabilité sont loin d'équivaloir à ce qui est prescrit, mais, telles qu'elles sont, elles méritent d'être signalées.

§ III. — COMMENT ON SUBVENAIT AUX DÉPENSES NÉCESSITÉES PAR LES TRAVAUX PUBLICS.

Ici revient le dédale des prétentions. Les travaux publics, appartenant à l'État, ou aux provinces, ou aux municipalités, ou même aux particuliers, donnaient lieu à tant d'impôts divers que l'on ne saurait en dire le nombre. Mais les prétentions de la royauté à étendre ses droits sur toutes les dépendances du domaine conduisirent peu à peu l'Administration centrale, à essayer de créer des règles uniformes pour toute la France. C'était, d'abord, une utopie, car les rois n'avaient pas d'autorité hors de leurs do-

maines, où ils étaient seigneurs au même titre que les autres l'é-
taient dans leurs seigneuries. Les voyageurs ne gagnaient rien à
cette absence de centralisation ; ils devaient toutes les taxes lé-
guées par l'Empire romain à une fiscalité fort oppressive. Mais,
peu à peu, les Rois firent sentir leur pouvoir et firent le compte des
droits que les seigneurs avaient autrefois perçus et leur défendirent
d'y rien ajouter, ce qui fût enfin admis par une règle incontestable.
Ainsi, on toléra les usages, quand ils avaient cent ans de durée ou
quand ils étaient fondés en titre. Il fût dit qu'en ce cas les péages
seraient aux seigneurs, à la condition qu'ils en emploieraient le
produit à la réparation et à l'entretien des routes, des ponts et des
rivières.

Parmi les moyens de réparer les ouvrages était la corvée.
Chaque seigneur se servait, dans ses possessions, de ce moyen
d'après les anciennes coutumes, le Roi de France comme
les autres. Le temps et les usurpations ayant détruit beaucoup de
routes, les Rois voulurent en établir des nouvelles, dont ils faisaient
les frais, comme l'attestent des lettres-patentes du 22 juillet 1315.
Ils cherchèrent à tirer de ces routes des sommes capables de suffire à l'entretien et à leur réparation, mais, si les péages étaient insuffisants, on créait des impôts spécialement affectés à cet emploi.
L'un d'eux a été connu sous le nom d'impôt de la boëte. Il était
perçu sur les marchands de métaux, quand ils allaient à un hôtel
des monnaies pour y faire monnayer l'or et l'argent qu'ils possé-
daient. Nous avons, à cet égard, des Ordonnances en nombre ; nous
renverrons à celle qui porte la date du 14 octobre 1346. Il y est
constaté que les Rois, sur l'importunité de leurs courtisans, leur
donnaient ce qui se trouvait dans la boëte. Cette Ordonnance de
1346 déclarait que ce fait ne se renouvellerait pas.

Les péages avaient un grand nombre de noms. On les appelait *barrages*, quand ils étaient perçus auprès de barrières placées sur les chemins ; *chausséages*, s'ils devaient être appliqués à

la restauration des chaussées. Les *travers* étaient tous les droits perçus, que l'on suivit directement les grandes routes, ou que l'on s'en écartât pour éviter de passer aux endroits où les taxes étaient exigibles. Nous avons eu occasion de remarquer que, dans certains lieux, ces droits étaient aussi appelés *truages*. Sans revenir sur ce que nous avons dit, quand nous avons parlé dés embarras de l'ancien régime, on nous permettra de rappeler que hauts et moyens justiciers plaidaient sans cesse pour faire déclarer que les péages étaient leur propriété ; les bas justiciers réclamaient, d'autre part, les droits perçus sur les chemins vicinaux et on contestait leurs prétentions. Cette situation fut de plus en plus difficile à débrouiller, lorsque les délégués du Gouvernement arrivèrent pour s'emparer de ces droits et faire réparer les routes, ou tout au moins veiller à ce que les fonds ne fussent pas distraits de leur destination.

Entre temps, on avait recours à des souscriptions particulières pour avoir de l'argent, ou bien encore le Roi augmentait certaines contributions, qu'il promettait d'employer spécialement à tels ou tels travaux.

Nous croyons devoir donner quelques exemples des moyens qui furent employés. Au mois d'août 1291, Philippe le Bel voulut que le bailli et les consuls de la ville de Grenade, en Languedoc, appliquassent le produit des amendes à la réparation des routes et des ponts.

Une Ordonnance, de septembre 1535, rappela les devoirs de ceux qui levaient les droits de péage, et flétrit l'abus que l'on faisait des deniers perçus. En conséquence, les baillis, sénéchaux et autres ressortissant de la cour du Parlement, étaient tenus de veiller à ce que cet argent fut employé à sa destination.

En 1551, on décida que l'excédant des fonds, destinés à payer les Tribunaux institués sous le nom de Présidiaux, serait employé à l'entretien des ponts et chaussées.

Une Ordonnance, du 18 juillet 1576, déclara que nul ne serait exempt de payer les taxes imposées pour subvenir à la dépense des routes etc., dont le soin appartenait à la ville d'Orléans.

L'article 282 de l'Ordonnance de mai 1579, connue sous le nom d'ordonnance de Blois, abolit tous les péages nouvellement intro- duits et chargea ceux à qui des droits pareils appartenaient d'entretenir les ponts, chemins et passages. On leur commanda, en outre, d'afficher le prix des droits exigibles.

Louis XIV, par un édit du 31 janvier 1663, fit revivre les anciens règlements sur les péages. Il y ordonna à tous propriétaires ou possesseurs de ces droits (reconnus fondés à les percevoir) de les inscrire en grosses lettres bien lisibles, sur un tableau d'airain ou de fer-blanc, qu'ils devaient afficher aux lieux où la levée de ces droits devait se faire, à telle hauteur et endroit qu'ils pussent être lus par les marchands, voituriers et passants. Suivait une ré- glementation, dont nous ne noterons que ceci : si les marchands ou autres ne trouvaient pas les tableaux exposés, ils passaient sans rien payer. Lorsqu'une difficulté s'engageait entre eux et les pro- priétaires ou fermiers des péages, ils passaient ; on ne pouvait pas les arrêter. Mais le péager avait le droit de les suivre jusqu'à la ville voisine, et, alors, il y faisait telles poursuites qu'il avisait.

Cet édit était applicable à tous les péages, anciens ou nouveaux, appuyés sur un titre ou sur la coutume, qu'ils fussent levés pour le roi, pour un seigneur ou pour un simple concessionnaire.

Le Roi subvenait donc à peu près seul aux dépenses des ponts et chaussées pour les nouveaux ouvrages. Il en était de même pour ceux des anciens qui n'étaient pas la propriété de quelque seigneur. Il arrivait souvent que les fonds destinés aux travaux étaient détournés pour quelque autre destination, voire même, comme nous l'avons dit à propos de l'impôt de la boëte, pour être donnés à quelque particulier. Il n'y avait donc rien de stable dans le service.

Tout à coup, et alors que les meilleurs esprits demandaient partout la suppression de la corvée féodale, une instruction, datée du 13 juin 1738, émanant du Contrôleur général des finances, ordonna d'employer la corvée pour réparer et entretenir les grands chemins du royaume. Les ingénieurs, ayant sous la main les moyens d'exécution pour leurs entreprises, se mirent immédiatement à l'œuvre.

Mais, cet impôt établi sur le pauvre, qui en comprenait toute l'injustice, ne produisit pas ce qu'on en attendait. On n'a, d'ailleurs, jamais pu rien faire de bien en soumettant les gens à un travail forcé. Ces vérités frappèrent les économistes. L'un d'eux, le célèbre Turgot, fut nommé intendant de la généralité de Limoges. Il y trouva des voies de communication dans l'état le plus pitoyable. Son attention ainsi appelée sur cet objet, il résolut de porter remède au mal. En conséquence, il remplaça la corvée par un impôt en argent, dont il fit la répartition sur les propriétés soumises à l'impôt dit du vingtième. Cette méthode produisit de bons résultats ; c'est pourquoi Turgot, devenu ministre, abolit la corvée par toute la France. L'édit est de février 1776. Six mois après, la corvée était rétablie. L'édit de Turgot, sa suppression, avaient soulevé une polémique ardente. Les propriétaires criaient à la spoliation, les hommes sérieux, parmi lesquels furent Necker et Condorcet, répondirent. Necker voulait, en 1781, abolir à nouveau la corvée ; il en fut empêché. A son tour, le ministre Calonne reprit la question, et c'est ainsi que l'on arriva à 1787. Un édit, du 22 juin de cette année, prononça l'abolition définitive d'un impôt en nature, devenu trop impopulaire pour être maintenu plus longtemps.

La corvée étant abolie, l'État se chargea de l'entretien des routes et des autres travaux publics. Le budget général devait désormais fournir les fonds nécessaires.

Les ouvrages militaires étaient anciennement entretenus et réparés aux frais des populations, d'après des usages qui remontaient à la création de ces châteaux ou forteresses, c'est-à-dire pour beaucoup à l'invasion des Romains dans les Gaules.

Souvent nos Rois ont accordé à ceux qui en étaient propriétaires le droit d'augmenter d'anciennes redevances, d'en établir de nouvelles ou même d'employer à cet usage les revenus des trésors publics.

Lorsque Louis XIII eut entrepris de terrasser la Féodalité déjà considérablement diminuée par ses prédécesseurs, il fit la guerre aux châteaux en portant le fer et le feu sur ceux qui résistaient, puis en ordonnant la démolition des autres. Il alla plus loin et défendit à ses officiers de jamais rien réclamer des populations pour entretenir les châteaux royaux, et fit la même défense aux seigneuries (art. 205, 206 de l'ordonnance de janvier 1629 connue sous le nom de Code Michaud). Les successeurs de Louis XIII tinrent, autant qu'il fut possible, la main à l'exécution de cette Ordonnance, en cette partie.

A la veille de 1789, il n'y avait plus guère d'autres forteresses que celles qui étaient aux mains du Roi ou des apanagistes.

Chacun les entretenait à ses frais, comme s'il se fut agi de propriétés ordinaires ; car, pour le Roi, il n'y avait pas encore séparation de son budget particulier d'avec celui de l'État.

Parmi les moyens dont on s'est servi pour l'exécution des travaux publics se trouve l'emploi des troupes. Les travaux gigantesques des légions sont connus ; nous savons que Henri IV a fait travailler six mille soldats à commencer les terrassements du canal de Briare ; que Louis XIV a fait, par le même moyen, exécuter les travaux qui ont amené l'Eure à Versailles ; que Riquet pour le canal du Languedoc, le duc d'Orléans pour ses canaux, ont employé un certain nombre de soldats. Les troupes ont toujours été chargées des travaux des ports. Les tentatives d'Henri IV et de Louis XIV ont été très-critiquées. Il y avait à cela une raison qui n'existe plus. Dans ce passé, les soldats étaient la propriété de leurs capitaines ou de leurs colonels ; de sorte que c'était abuser de leur bien que d'en tirer profit, sans en payer le prix. Mais, ces plaintes des intéressés n'ont pas persuadé tout le monde. Les cahiers des États généraux demandaient que les troupes fussent employées aux travaux publics. On peut dire que les raisonnements faits contre cet emploi sont sans valeur. Le principal était, sous l'ancien régime, que les officiers étant tous nobles ne pouvaient être tenus de déroger et de se livrer à la pratique des arts et de diriger des travaux. Cette sottise ne mérite pas de réponse. La seconde était que l'emploi des troupes ne serait pas une économie, parce que si elles travaillaient loin des villes et des casernes, on serait obligé de les faire camper, ce qui coûterait très-cher. Comme si, en pareil cas, l'entrepreneur n'était pas obligé de faire des baraquements pour y loger son personnel : car, que l'on s'y prenne comme on voudra, il faut toujours des abris pour les ouvriers. La dernière raison était que la subordination pouvait avoir à souffrir de cet emploi des troupes ; c'est le contraire qui est vrai.

Les hommes se déshonorent par la paresse, se dégradent par l'oisiveté ; ils se grandissent par le travail. La subordination a tout à gagner à ce que le soldat s'habitue à voir que celui dont il reçoit des ordres est son supérieur en instruction, comme il l'est par son grade. Enfin il est incontestable que l'emploi des troupes donnerait une économie considérable.

Quoiqu'il en soit, les fonds employés par les divers services des ponts et chaussées étaient, en 1789, de 10 millions 6,000 livres, payés par le trésor royal. Il fallait ajouter à cette somme : premièrement 13 millions représentant l'impôt qui avait été mis pour remplacer la corvée, et, de plus, les droits levés dans différentes provinces pour les canaux, les ponts, les ports maritimes, les pépinières ou pour payer les indemnités. Disons encore que les dépenses des pays d'États ne figuraient pas dans ces chiffres.

CONCLUSION.

L'exposé qui précède donne fidèlement le reflet de ce que fut l'ancien Régime. On a vu, dans les derniers paragraphes, les choses qui avaient été bien faites. Mais, on n'a point oublié l'épouvantable chaos, dans lequel ces bonnes choses se trouvaient, sinon perdues, du moins trop engagées. Tout le monde voyait le mal et chacun cherchait à y porter remède.

Plusieurs des cahiers de doléances aux États généraux continrent des réclamations contre les manières de procéder, suivies avant 1789. Beaucoup de ces cahiers demandaient que les propriétaires fussent indemnisés, quand on les dépossédait pour incorporer leurs terrains dans les ouvrages publics. Ces réclamations montrent que l'on prenait les propriétés dont on avait besoin, sans se croire tenu d'en payer le prix.

On ajoutait qu'il fallait changer la manière de faire, en ce qui touchait la création et l'entretien des travaux. En général, on émettait le vœu que ces objets fussent confiés aux Administrations locales.

Certains cahiers s'en prenaient au Corps des ingénieurs et allaient jusqu'à en demander la suppression, en même temps que celle de l'École des Ponts et chaussées. D'autres réclamaient, au contraire, la conservation de cette école. Beaucoup voulaient que les troupes fussent employées aux travaux publics. Tous, ou à peu près, blâmaient la répartition des impôts établis pour les ponts, les routes et autres moyens de communication. On peut dire qu'il y avait unanimité sur ce qui était indiqué comme mauvais, dans le mode usité pour faire l'argent nécessaire aux ouvrages d'intérêt général.

Il y avait des plaintes contre la juridiction des Trésoriers de France, c'est-à-dire contre le droit que l'Administration s'était arrogé de juger, elle qui était partie, les difficultés relatives aux travaux publics. Le vœu tendant à la suppression de cette juridiction était prématuré, à un moment où les procès n'avaient pas de fin.

L'Assemblée constituante s'est trouvée en face de ces problèmes ; elle les a tous résolus avec autant de sagesse que d'énergie. Son œuvre a été justement vantée.

Elle a conservé la Juridiction administrative, parce qu'elle n'a pu faire autrement. Tout le monde l'a reconnu.

Mais, l'édifice de la procédure byzantine a été détruit. L'autorité judiciaire statue, aujourd'hui, avec autant de rapidité, avec plus de garanties, que ne le font les tribunaux administratifs. Il faut voir s'il convient que l'Administration reste juge et partie.

Le grand bienfait de notre législation est la suppression des privilèges. La loi est la même pour tous. Nul ne peut se faire un droit de sa naissance ou de sa fortune.

Ceux qui n'ont pas regardé le livre de l'Histoire ne comprennent pas ce qu'on leur dit, quand on leur parle de la grandeur de ce principe : l'Égalité devant la loi.

Les lecteurs de notre travail auront aperçu un des côtés de la question, et cette vue les réconciliera avec les temps modernes, s'ils ont eu quelques plaintes à élever contre des règles qui leur ont paru gênantes. Qu'ils se souviennent de ceci, que le droit, l'éternelle justice, ne varie pas. Rendre à chacun ce qui lui appartient est le but cherché. Le législateur a le devoir de réaliser cet idéal, mais le législateur peut s'égarer. Le véritable moyen de le guider, c'est de planter le jalon qui marque le point de départ, de signaler la route, de suivre l'alignement.

Tel est l'esprit dans lequel nous avons écrit ces pages, espérant qu'elles auraient quelque utilité.

CHAPITRE IX

—

L'ancien monde était un édifice de préjugés, échafaudés les uns sur les autres. La nuit enthousiaste du 4 août 1789 y mit le feu ; le lendemain 5, au matin, tout était consumé.

La population entière applaudit à cette destruction, puis attendit.

Il fallait tout refaire, en prenant pour base la population, le territoire, les droits et les devoirs des citoyens. Telle fut la grande tâche à laquelle l'Assemblée nationale était conviée : « La terre « était vaine et vague, les ténèbres couvraient la face de l'abîme, « mais l'esprit de Dieu était porté sur les eaux. Dieu dit : que la « lumière soit, et la lumière fut. »

Les esprits étaient dans le chaos de ténèbres épaisses. Notre Assemblée constituante se mit à l'œuvre et tout fut à sa place.

Les droits de la société furent établis ; il en découle celui de maintenir l'unité nationale et de faire tout ce que comporte cette idée. De là les lois générales sur les travaux exécutés dans l'intérêt de tous. Notre communauté est formée par la réunion des intérêts particuliers, par conséquent il fallut commencer par dire où, quand, et comment on leur donnerait satisfaction et pourquoi l'on serait quelquefois autorisé à les sacrifier, sauf à leur accorder une compensation.

La sûreté, la liberté des citoyens furent assurées, et, conséquence nécessaire, on garantit la propriété des biens. La constitution établit la règle de l'inviolabilité des propriétés ou la juste et préalable indemnité, en échange de celles dont la nécessité publique, légalement constatée, exigerait le sacrifice.

Cette disposition mettait en présence, l'un de l'autre, le droit de l'État et celui des citoyens. La nécessité publique pouvait entraîner le sacrifice d'une propriété privée ; mais, pour que ce sacrifice fût exigé, il fallait constater légalement sa nécessité et puis accorder une juste et préalable indemnité. Qui donc pouvait statuer sur ces questions ? Évidemment le législateur seul avait le droit de dire quels, étaient les cas où la propriété pourrait être enlevée à un particulier, et le pouvoir exécutif était là comme toujours chargé de donner suite aux décisions rendues, en laissant à l'autorité judiciaire à fixer le montant de l'indemnité.

§ Ier. — ORGANISATION DE L'ADMINISTRATION.

Il est important de faire remarquer les diverses manières dont on a successivement organisé nos administrations. Plus d'une loi, déjà acceptée, a dû subir des modifications suivant que telles ou telles ont été les attributions et la composition des administrations diverses.

La nature des choses imposait à l'Assemblée le devoir d'établir une autorité centrale, dont les pouvoirs s'étendraient sur toute la France ; puis de donner des administrateurs particuliers à chacune des circonscriptions territoriales, dont la réunion formait une unité.

Ainsi, le pouvoir exécutif s'exerçant sur la généralité fut confié à un chef, qui avait le titre de Roi et dont les droits et la fonction étaient transmissibles héréditairement.

Une telle situation exigeait que le Roi demeurât en dehors des luttes des partis et fût irresponsable. L'Assemblée constituante reconnut ces vérités, c'est pourquoi elle obligea le chef du pouvoir exécutif à faire contresigner ses actes par un fonctionnaire qui en assumait la responsabilité. Un ordre émanant du Roi n'était valable qu'après avoir été signé par un Ministre secrétaire d'État, mandataire du chef du pouvoir exécutif. Le roi avait le droit de choisir ceux à qui il voulait accorder sa confiance.

L'Assemblée se réserva seulement de fixer le nombre des Ministres et d'en déterminer les attributions. Six lui parurent un nombre assez considérable. Ils formaient le Conseil du Roi et pouvaient être déclarés responsables.

Il devait y avoir un Ministre de la justice, un Ministre de l'intérieur, un Ministre des affaires étrangères, un quatrième pour les finances, un cinquième pour la guerre, un sixième pour la marine.

Le Ministre de l'intérieur reçut dans ses attributions, les mines, minières et carrières, les ponts et chaussées et autres travaux publics ; la conservation de la navigation et du flottage sur les rivières et du halage sur les bords ; la direction des objets relatifs aux bâtiments et aux édifices publics, aux hôpitaux, établissements et ateliers de charité, et à la répression de la mendicité et du vagabondage.

Le Ministre de la guerre eut la surveillance et la direction de l'artillerie, du génie, des fortifications, des places de guerre et des officiers qui y commanderaient.

Le Ministre de la marine fut chargé de l'administration des ports, arsenaux, approvisionnements et magasins de la marine, et dépôts des condamnés aux travaux publics, employés dans les ports de France ; de la direction des armements, constructions, réparations, et entretien des vaisseaux et bâtiments de mer ; de la surveillance et du développement des progrès de l'agriculture dans les colonies ; etc., etc.

Mais les attributions des différents Ministres ont été souvent l'occasion de difficultés entre eux. Ainsi, les places de guerre et les fortifications étant dans le département du Ministre de la guerre, l'Assemblée dut s'occuper de fixer les limites précises où s'arrêterait le pouvoir de ce Ministre et où commencerait celui du Ministre de l'intérieur (Loi des 8-10 juillet 1791).

Il y a eu, à diverses époques, des règlements à cet égard.

Nous aurons, dans le cours de cette étude, à signaler encore des actes portant sur les attributions du Ministre de la marine en conflit avec les Ministres de l'intérieur et de la guerre.

Des Administrations locales. — Une loi provisoire posa les bases de la division de la France, au point de vue de l'administration. Le territoire fut partagé en départements ; les départements, en districts ; les districts, en cantons ; les cantons, en communes.

La commune était le dernier terme, l'unité d'où tout convergeait vers l'ensemble.

Trente-six membres composaient l'administration du département, auxquels on en ajoutait un trente-septième, portant le titre de procureur général syndic. Tous devaient être élus, puis se réunir en assemblée, que l'on appelait Assemblée administrative supérieure ou administration du département. Ils élisaient un président, après quoi ils choisissaient huit d'entre eux pour former une réunion moins nombreuse, à laquelle on donnait le nom de Directoire du département.

L'Assemblée administrative supérieure devait, chaque année, avoir une session de six semaines ou plus pour fixer les règles de chaque partie de l'administration, ordonner les travaux et recevoir les comptes de la gestion du Directoire. Cette assemblée était dite permanente. C'était une mauvaise expression, qui aurait dû être réservée pour le Directoire, qui était toujours en activité pour l'expédition des affaires.

L'administration de district était formée de huit membres et d'un procureur syndic. On lui donnait le nom d'administration de District ou d'administration inférieure. Elle désignait quatre de ses membres pour former le Directoire du district. Les fonctions de cette administration étaient de préparer les demandes à faire et les matières à soumettre à l'administration supérieure pour l'intérêt du district ; de disposer les moyens d'exécution et de recevoir les comptes de la gestion de son directoire. Elle était dite permanente, bien que son assemblée ne pût dépasser quinze jours. Le Directoire, qui était toujours en activité, avait le soin, sous l'autorité de l'administration du département et de son directoire, de l'exécution des résolutions de l'assemblée de district. Il ne pouvait d'ailleurs faire exécuter, dans son ressort, aucun arrêté du conseil de district en matière d'administration générale, avant l'approbation de l'administration du département.

Les procureurs généraux syndics et les procureurs-syndics avaient séance aux assemblées générales des administrations auxquelles ils étaient attachés. Aucun rapport ne pouvait être lu sans qu'ils en eussent reçu communication ; aucune délibération ne pouvait être prise sans qu'ils eussent été entendus. Ils ne votaient pas dans les assemblées générales ; mais ils avaient voix consultative dans les directoires. Ils étaient chargés de la suite de toutes les affaires.

La Commune ou Municipalité était administrée par un corps composé d'un certain nombre de membres, qui ne pouvaient être au-dessous de trois et plus de vingt et un, y compris le maire. Il y avait, dans chaque commune, un procureur de la commune, et ce procureur avait un substitut, partout où la population dépassait dix milles âmes.

Le procureur de la commune était chargé de défendre les intérêts et de suivre les affaires de la communauté.

Le conseil municipal devait se réunir au moins une fois par mois ; il devait commencer par arrêter les comptes du bureau, lorsqu'il y avait lieu.

Le bureau, élu par le Conseil et formé du tiers de ses membres, était chargé de tous les soins de l'exécution et borné à la simple régie. Dans les municipalités réduites à trois membres, l'exécution était confiée au maire seul.

Car chaque commune avait un maire, qui devait être élu à la pluralité des voix.

Enfin, il y avait, dans chaque commune, un Conseil général, formé du Conseil municipal et de notables, élus en nombre double des membres du Conseil.

Il faudra bien remarquer ce qui devra être soumis par les lois nouvelles au Conseil général de la commune, au Conseil municipal ou au bureau; comme aussi ce qui pourra être fait par le maire seul.

Nous dirons de même qu'il faudra bien se garder de confondre les attributions de l'administration du département et celles du directoire. Nous nous astreindrons à éviter les confusions, dans la suite de notre travail, où nous nous efforcerons de n'employer que des expressions techniques.

§ II. — ATTRIBUTIONS DES ADMINISTRATIONS SUR LA MATIÈRE DES TRAVAUX PUBLICS.

Il fut dit que, parmi les objets propres au pouvoir municipal, se trouvait la direction et l'exécution des travaux de la communauté. Le Conseil général de la Commune devait toujours être convoqué pour délibérer, pour savoir s'il y avait lieu d'en entreprendre. Leur direction et leur exécution devaient avoir lieu sous la surveillance et l'inspection des assemblées administratives.

Enfin, les travaux d'utilité générale étaient réservés à l'Administration supérieure, qui pouvait en confier la surveillance aux municipalités.

On décida que le Directoire de département aurait soin des hôpitaux, des presbytères, etc., etc. ; qu'il serait chargé de ce qui concerne la conservation des propriétés publiques, des rivières, forêts, chemins et autres choses communes ; enfin qu'il aurait la direction des travaux pour la confection des routes et autres ouvrages publics autorisés dans le département. Les directoires des districts étaient appelés à aider l'administration départementale (Loi des 22 décembre 1789-janvier 1790).

On eut à prévoir le cas où une rivière ferait la limite de deux arrondissements ou de deux départements. La surveillance en fut remise aux deux administrations (Loi des 26 février 4 mars 1790).

On avait compris qu'il pouvait y avoir certaines exceptions aux règles qui appelaient les administrations des départements à surveiller les travaux publics. Ainsi on décida que les travaux de la Marine seraient exécutés sans opposition sous la surveillance du Ministre (Loi du 14 janvier 1790) ; que les travaux de la ville de Paris seraient contrôlés par le département du Domaine (Loi des 21 mai-27 juin 1790).

Et, comme on pouvait avoir des doutes sur les objets soumis à l'autorité, à la police, à la surveillance de l'administration, il fut dit que les chemins publics, les rues et les places et les cours d'eau sont du domaine public (Loi des 22 novembre-1er décembre 1790).

C'est dans les trois premiers articles de la loi que nous venons de citer que l'on trouve des arguments pour dire que toutes les rivières appartiennent à la nation.

Nous ne voulons pas faire de discussion à ce propos, mais il est bien d'autres textes sur la matière et notamment l'article 538 du Code civil, aux termes duquel les rivières navigables et flottables sont seules du domaine public.

Une loi des 30 juin-2 juillet 1790 ordonna aux administrations départementales de dresser le tableau des routes de leurs départements respectifs et de désigner l'état dans lequel elles se trouvaient.

Une autre, des 26 juillet-15 août 1790, répéta que les justices seigneuriales étaient abolies et que nul ne pouvait prétendre avoir la propriété des droits de voirie ou de justice sur les chemins publics.

Les administrations de district furent appelées à donner leur avis sur les mesures à ordonner pour empêcher, tant de la part des communautés d'habitants que des particuliers, toutes dégradations des arbres dont la conservation intéresse le public et sur les arbres qui pouvaient être abattus (Loi du 15 août 1790).

Les administrations de département, sur l'avis des districts, devaient proposer au Corps législatif les mesures nécessaires pour empêcher ces dégradations.

Les administrations locales eurent aussi à s'occuper des mines. Les demandes en concessions durent être affichées au domicile du demandeur, ainsi que dans toutes les municipalités que la concession intéresse (Loi du 28 juillet 1791).

Le directoire de district donnait son avis, et c'est le directoire de département qui accordait les concessions, sauf l'approbation du Roi (Même loi).

Le directoire de district donnait son avis sur la concession, sur la nécessité de permettre à des étrangers à la concession d'extraire des minerais pour les grandes routes et les autres travaux publics (Même loi).

Le nombre des officiers de port et de ceux préposés aux visites devait être réglé sur la demande des villes par les départements.

Les officiers municipaux, dans les villes où il n'y avait pas de tribunal de commerce, nommaient les officiers de port. Dans les villes où il y avait un de ces tribunaux, c'est lui qui les nommait.

Les officiers municipaux assistaient au concours des aspirants à la place de jaugeur (Loi du 13 août 1791).

Le directoire de district et le directoire de département furent appelés à régler l'indemnité due par les concessionnaires des canaux aux propriétaires dépossédés (Loi du 22 août 1791).

De même, encore, les autorités eurent une action sur le régime des eaux. L'Assemblée rédigea une instruction détaillée sur les fonctions des autorités administratives. Elle leur recommanda d'indiquer les moyens de maintenir le libre cours des eaux pour éviter les inondations, de s'occuper des mines et elle leur promit une loi sur les marais (Instruction des 12-20 août 1790).

Enfin, l'Assemblée eut à poser les règles générales sur la compétence des diverses administrations. Il ne faut pas confondre ce qui concerne les travaux avec la surveillance qui les protège contre les dégradations. Cette dernière affaire tient à ce que l'on appelle la police ou le gouvernement. Les Ministres peuvent statuer à cet égard pour toute la France, les administrations départementales pour leur territoire et l'autorité municipale pour la commune (Loi des 16-24 août 1790).

Les anciennes administrations avaient été maintenues provisoirement dans leurs fonctions ; elles y avaient gardé leurs attributions et leur compétence. La nouvelle organisation prenant des forces et se faisant obéir, il y avait lieu de supprimer les restes du passé. Toutefois les corps administratifs antérieurs aux États généraux continuèrent à se réunir, sous le prétexte que l'on n'avait pas encore remplacé leur juridiction.

On supprima la Juridiction des Eaux et forêts et celle des Bureaux des finances. L'on attribua la grande Voirie et d'autres objets encore à l'administration départementale (Loi des 7-11 septembre 1790).

Nous avions déjà la division des travaux en travaux d'utilité générale et travaux d'utilité publique locale ; la désignation des autorités chargées d'ordonner les ouvrages, d'en surveiller l'exécution et l'entretien ; la certitude que les dégradations seraient punies ; nous venons de montrer par qui les difficultés nées à l'occasion des travaux pouvaient être jugées. Toutes les règles générales étaient créées, il ne reste plus qu'à en faire l'application, comme aussi à parler des agents qui seraient chargés de préparer les projets et suivre l'exécution des travaux. Nous allons donc diviser notre matière, afin de donner avec un peu d'ordre les explications qui nous semblent utiles.

§ III. — DES INGÉNIEURS.

Fallait-il avoir un personnel chargé de s'occuper spécialement des travaux publics ? Cette question était posée par certains des cahiers adressés aux États généraux. Plusieurs bailliages avaient condamné les ingénieurs des Ponts et chaussées en même temps que les Bureaux des finances.

Nous nous rendrons compte de la question, en nous reportant aux faits. — Les trois choses confiées aux Ponts et chaussées étaient les routes, les canaux et les ports de commerce. — Les ingénieurs s'étaient, à l'occasion de leurs attributions, vus en contact avec des administrateurs et des magistrats, gens haut placés dans le monde, mais pour la plupart étrangers à la science des mathématiques. Les ingénieurs s'étaient montrés fiers de leur supériorité en cette matière et on leur avait reproché un orgueil que ne justifiaient pas les antécédents. Descartes, Newton, Leibnitz n'avaient pas eu besoin des leçons de l'École des ponts et chaussées pour être des créateurs dans leur science. Il en était de même de nos grands mathématiciens : de Mairan, d'Alembert, Fourier, Lagrange, Laplace, Delambre. Ainsi la famille Bernouilly avait donné des maîtres qui n'avaient pas été surpassés. Sans doute Bélidor et Perronnet avaient été d'illustres professeurs formés par les ponts et chaussées ; mais ils ne valaient pas mieux que Bezout et Monge, qui, appelés du dehors, avaient apporté leur concours à l'instruction des ingénieurs. Par conséquent on pouvait, disait-on, se passer d'entretenir des écoles, dont la supériorité n'était pas suffisamment attestée. Outre ces graves observations, sur lesquelles nos modernes feront sagement de porter leurs méditations, on ajoutait que les hommes chargés des ponts et chaussées coûtaient très-cher ; qu'ils créaient des entraves inutiles à la confection des travaux publics ; qu'ils formaient une corporation dans laquelle ils n'admettaient pas volontiers d'autres que leurs protégés.

Les ingénieurs n'apportent point d'entraves à la confection des travaux. Les formalités qu'ils sont obligés de suivre ont pour but de faire connaître les plans que l'on a proposés et les moyens de les amener à bonne exécution. Les vérifications multiples auxquelles on soumettait les projets étaient nécessitées par le désir des administrateurs de n'entreprendre que des travaux utiles et bien étudiés.

Quant au prix que coûtent les ponts et chaussées, c'est une chose relative. Pour apprécier cette dépense, il faut se rendre compte des frais qu'évitent les précautions bien prises pour ne rien laisser au hasard et pour éviter des réfections coûteuses.

Mais il est vrai que les ingénieurs avaient formé une corporation, dont il semblait nécessaire d'ouvrir les rangs.

Tels sont les griefs et les réponses. La défense des ingénieurs avait été présentée par l'un d'eux, de la Millière, dont le travail, très-intéressant, a été imprimé à l'Imprimerie nationale.

C'est au moment où cette polémique était vivement engagée que l'Assemblée constituante fut saisie d'un projet de loi sur la reconstitution du corps des ingénieurs. Lebrun le présenta le 13 octobre 1790 ; la discussion en fut commencée le 4 novembre. Plusieurs orateurs persistèrent à demander la suppression du corps des ingénieurs. Mirabeau, qui voyait juste dans les questions pratiques, en fit décider la conservation. Mais les attaques dirigées contre le projet de Lebrun avaient fait réfléchir ce législateur ; il le retira et en présenta un second, qui fut discuté les 11, 16, 28 et 31 décembre. La loi adoptée a été promulguée le 19 janvier 1791.

Le corps des ingénieurs des Ponts et chaussées était réorganisé. Il se recrutait par des sujets sortis d'une École spéciale, où ils étaient soixante, divisés en trois classes. Les élèves étaient nommés au concours et recevaient une indemnité. Le corps des ingénieurs était composé d'un premier ingénieur nommé par le Roi, de huit inspecteurs généraux, d'un premier commis assisté des commis nécessaires, des ingénieurs en chef, et enfin des ingénieurs. Chaque département avait un ingénieur, qu'il payait. Le premier ingénieur, les inspecteurs généraux, les ingénieurs en chef, inspecteurs des départements, et les ingénieurs présents à Paris devaient se réunir sous le nom d'Assemblée des ponts et chaussées. Pendant les sessions législatives, cette assemblée se tenait sous les yeux du comité de l'Assemblée nationale chargé des ponts et chaussées et toutes les fois que ce comité le désirait.

L'assemblée des ponts et chaussées était chargée de l'examen de tous les projets généraux de routes dans les différents départements, ainsi que des projets des ouvrages d'art en dépendant, de ceux des canaux d'irrigation, de construction, d'entretien et de réparation des ports de commerce.

Quand il s'agissait de routes et communications sur la frontière ou d'ouvrages à faire dans les ports où la Marine militaire est reçue, les projets devaient être discutés dans une assemblée mixte, composée de commissaires de l'Assemblée des ponts et chaussées et de commissaires du Corps du génie.

La loi réglait ensuite la distribution du service : L'École des ponts et chaussées devait être dirigée par le premier ingénieur, ayant un inspecteur sous ses ordres. L'enseignement devait être donné par les meilleurs élèves, désignés après un concours.

La loi sur l'organisation du Corps des ingénieurs des Ponts et chaussées fut bientôt modifiée. Nous devons louer le zèle que l'on apportait à s'occuper de cette institution. L'Assemblée constituante prouvait, par sa persistance et ses décisions, à quel point elle était reconnaissante des services rendus. C'est elle qui récompensa J.-R. Péronnet, en lui accordant le traitement, relativement considérable, de 22,600 livres, pour lui témoigner le respect de la Nation envers celui qui avait, depuis cinquante-quatre ans, dirigé l'École des ponts et chaussées.

Bientôt après elle décida qu'il y aurait désormais un ingénieur en chef par chaque département et autant d'ingénieurs ordinaires que les départements en demanderaient (Loi des 6-18 août 1791).

Cette loi conservait l'usage où l'on était d'avoir une Assemblée générale des Ponts et chaussées. Cette Assemblée changera de nom et deviendra le Conseil supérieur des Ponts et chaussées, que nous retrouverons; contentons-nous de remarquer, quant à présent, que le Ministre de l'intérieur devait la présider ou se faire représenter dans cette fonction par un délégué (Loi du 7 septembre 1791).

Une Instruction du 17 avril 1791 expliqua quel serait le service des Ponts et chaussées. C'est un document précieux. Il y était d'abord donné une analyse de la loi que nous venons de citer, puis on y indiquait les objets généraux qui concernaient les ingénieurs et on spécifiait quels fonds seraient appliqués aux travaux publics ; enfin il y était traité des projets des ouvrages.

L'administration des Ponts et chaussées était confiée au Ministre de l'intérieur, qui pouvait se faire remplacer par un préposé. Cette dernière disposition était indispensable parce que le Ministre de l'intérieur était un homme politique et qu'il fallait un ingénieur pour décider les questions relatives aux travaux publics. En même temps que l'on prenait cette résolution, on statuait à nouveau sur l'Assemblée générale des ponts et chaussées (Loi des 6-18 août 1791).

Le Génie militaire. — Le génie militaire fut nécessairement l'objet de l'attention de l'Assemblée constituante. Une loi, des 24-31 octobre 1790, réorganisa ce Corps. Elle décida qu'il y aurait quatre inspecteurs généraux des fortifications : deux ayant le grade de lieutenants-généraux, deux celui de maréchaux de camp. Il devait y avoir vingt colonels directeurs des fortifications, quarante lieutenants-colonels, cent quatre-vingts capitaines, soixante lieutenants, dix élèves sous-lieutenants.

Une loi, des 2-15 décembre 1790, réorganisa l'Artillerie et fit un seul corps des bombardiers, des sapeurs et des mineurs.

Elle retransféra de Bapaume à Châlons-sur-Marne l'École d'Artillerie.

Une loi, des mêmes jours, accorda au Ministère de la guerre une somme de 4 millions, affectés aux travaux et aux approvisionnements les plus pressés de nos places de guerre.

Une troisième loi, de la même date, statua sur l'avancement dans l'arme du Génie. On compta comme années de service pour la retraite, les trois ans d'études préliminaires à l'admission dans le Corps du Génie ; mais il fut reçu que les services ne seraient comptés qu'à partir de l'âge de quinze ans.

Une loi, des 9-18 juin 1790, avait ordonné que son Comité militaire présenterait à l'Assemblée nationale un état de toutes les villes fortifiées, citadelles, forts, châteaux et autres fortifications, avec son opinion motivée sur l'utilité ou l'inutilité de ces différentes places.

Une loi, du 10 juillet 1791, rendue sur le rapport de Bureaux de Pusy, statua sur la conservation et le classement des places de guerre et postes militaires, la police des fortifications et autres objets importants.

Cette loi créa le Comité des fortifications formé d'officiers du génie qui devaient s'assembler tous les ans près du Ministre de la guerre, du 1er janvier au 1er avril, pour s'occuper des projets généraux et particuliers des différentes places de guerre, de la répartition des fonds qui y seraient affectés, de l'École du Génie, des progrès de l'art des fortifications, ou de tels autres objets de théorie ou de pratique militaire que le Ministre jugerait à propos de lui donner à examiner.

Elle ordonna de former un dépôt de tous les mémoires, plans, cartes et autres objets provenant des travaux du Corps du Génie, relatifs aux places de guerre et établissements militaires, ou à la défense des frontières. Ce dépôt, sous le nom d'*archives des fortifications*, devait être dirigé par un colonel du génie, secondé d'un ou deux officiers *au plus*. Le directeur et ses adjoints avaient, en outre, la garde des plans en relief.

A la suite de l'émigration, à laquelle prirent part certains officiers du génie, une loi, des 15-23 septembre 1791, ouvrit des concours pour peupler l'École de cette arme. Le nombre des élèves à admettre devait être de vingt, mais le chiffre était variable et devait être fixé de manière à ce que le corps fût maintenu à trois cents officiers.

La loi, des 28 septembre - 13 novembre 1791, décida que les élèves seraient interrogés, outre les matières ordinaires, sur les principes de la Constitution.

Les Ingénieurs-géographes. — Il y avait eu des Ingénieurs-géographes, distincts des Ingénieurs militaires et des Ingénieurs des ponts et chaussées. Ces Ingénieurs-géographes avaient aidé le célèbre Cassini à dresser la carte de France, si complète que la carte de notre État-major, appelée carte du Dépôt de la guerre, exécutée sous les ordres du général Pelet de la Lozère, et qui est une des gloires de l'Administration moderne, n'aurait peut-être pas été faite, s'il n'y avait pas eu ce précédent. Mais l'organisation nouvelle permettait de se passer d'un Corps spécial de géographes militaires ; on supprima celui qui existait. (Loi des 17 août, 6 octobre 1791.)

10

§ IV. — DES TRAVAUX PUBLICS. — GÉNÉRALITÉS.

Nous avons déjà donné, sur ces matières, des explications, sur lesquelles on nous pardonnera de revenir : elles sont faciles à résumer. Les projets devaient être faits après la demande des Municipalités, des Districts ou des Départements ; les particuliers étaient, eux-mêmes, autorisés à en faire sous leur responsabilité, sauf à exécuter leurs projets avec leurs ressources et à leurs risques. Ces projets devaient surtout venir de l'initiative des ingénieurs des Ponts et chaussées. Lorsqu'ils avaient été préparés, ils étaient soumis aux administrations locales et, en dernier lieu, au Ministre de l'intérieur, qui devait les faire examiner par l'Assemblée des Ponts et chaussées. Quand ils avaient été approuvés, ils étaient renvoyés aux Directoires de département pour être exécutés.

Les travaux étaient alors mis en adjudication au rabais.

Les entrepreneurs devaient exécuter les ouvrages sous la surveillance des ingénieurs, des Municipalités, des Directoires de districts et des Directoires de département.

Les travaux achevés, la réception en était faite par les ingénieurs, assistés des délégués des administrations.

Les entrepreneurs en étaient garants, pendant quinze ans, après les avoir établis, s'il s'agissait de travaux neufs ou de reconstructions.

Le prix en était payé par les receveurs des contributions.

Tout se faisait avec les précautions imposées par l'expérience des siècles. Les entrepreneurs étaient soumis à un cautionnement; leurs matériaux étaient vérifiés à mesure qu'ils arrivaient ; les ouvriers étaient comptés ; les opérations de chaque jour étaient enregistrées sur des feuilles d'attachements contradictoirement tenues.

Quand il y avait lieu à se pourvoir de matériaux, les entrepreneurs étaient autorisés à prendre sur les terrains désignés par les ingénieurs, avec l'approbation du Directoire de département ; ils devaient en avertir à l'avance les propriétaires.

Les difficultés qui pouvaient s'élever sur l'exécution du cahier des charges, ou avec les propriétaires, étaient jugées administrativement.

Le système était complet, et il y avait un ensemble de règles auquel il ne manquait rien.

ROUTES ET CHEMINS.

Les lois faites par l'Assemblée constituante sur les voies de communication sont assez multipliées. Elles mirent cette matière sous la surveillance du Département. (Loi des 15-28 mars 1790.)

Elles séparèrent ce qui regardait la grande et la petite voirie. (Loi du 7 septembre 1790.)

La grande voirie comprenait les grandes routes même quand elles passaient dans les villes, bourgs et villages. (Loi des 7-14 octobre 1790.) Ce principe est resté fixe.

Les municipalités eurent le soin des chemins nécessaires à la communication des paroisses. (Loi des 28 sept.-6 octobre 1791.)

Mais le département était chargé d'ordonner l'amélioration des chemins et d'en déterminer la largeur. (Même loi.)

Les communes étaient autorisées à créer, pour ces objets, une imposition ou contribution au marc le franc de la contribution foncière. (Même loi.)

DES COURS D'EAUX NATURELS OU ARTIFICIELS.

Les administrations de départements furent chargées de la conservation des rivières et de la direction et confection des travaux pour les canaux. (Loi du 22 décembre 1789, *sect.* III, *art.* 2.)

La municipalité de Paris, fut seule chargée du soin de faire exécuter les règlements et d'ordonner toutes les mesures de police sur la rivière de Seine, les ports, rivages, berges et abreuvoirs dans Paris. (Loi des 21-29 septembre 1791.)

Les assemblées administratives devaient veiller à ce qui concernait le libre cours des eaux. (Instruction des 12-20 août 1790.)

Nous passerons les lois accessoires, pour en parler cependant bientôt ; mais nous ferons remarquer que, dans celle qui détermina l'étendue du domaine public, notre Assemblée constituante parut indiquer que tous les cours d'eaux, toutes les rivières, en faisaient partie (Loi des 22 novembre-1er décembre 1790).

Cependant la loi connue sous le nom de Code rural sembla réserver aux riverains la propriété des cours d'eau qui n'étaient ni navigables ni flottables. En conséquence, les riverains eurent le droit de faire des prises d'eau sur les petites rivières, à la condition de ne détourner ni embarrasser le cours. Personne ne pouvait, d'autre part, inonder les terres de son voisin ou lui transmettre les eaux d'une manière nuisible ; enfin notre Code rural défendait aux propriétaires des usines ou moulins de nuire aux propriétés d'autrui ou aux chemins. (Loi des 28 septembre-6 octobre 1791.)

En supprimant les péages sur les routes, on avait supprimé ceux qui étaient perçus sur les cours d'eau. (Loi des 15-28 mars 1790.)

Mais les droits de péage continuèrent à être perçus sur les canaux, parce que ces redevances étaient le prix du passage des bateaux sur une propriété particulière (Même loi).

Les canaux étant considérés comme des propriétés privées furent soumis à la contribution foncière (Loi des 21-25 février 1791).

Nous n'entreprendrons point de raconter, dans cet essai, tout ce qui a été fait par l'Assemblée contituante ; mais nous citerons un exemple pour y indiquer les charges que l'on imposait aux concessionnaires des canaux. Ils étaient tenus d'acquérir les propriétés qu'ils devaient occuper ; l'estimation en devait être faite par experts, nommés de gré à gré, ou par le Directoire de district. S'il arrivait des difficultés à cet égard, elles devaient être tranchées par le Directoire de département.

L'indemnité devait être préalable à la prise de possession.

Des péages étaient accordés à la compagnie (Loi du 22 août 1791).

TRAVAUX DES PLACES DE GUERRE ET DES FORTIFICATIONS.

L'Assemblée nationale constituante fit, sur les places de guerre et les postes militaires, une loi dont nous avons déjà parlé. Elle porte la date des 24 mai, 25, 27, 30 juin, 4, 5 et 8 juillet 1791.

Les titres IV et VI sont consacrés, le premier aux bâtiments et établissements militaires, le second à l'administration des travaux. Nous retiendrons du titre IV, que :

Tous les établissements et logements militaires, ainsi que leurs ameublements et ustensiles ; tous les terrains et emplacements militaires, esplanades, manèges, polygones dont l'État était légitimement propriétaire, furent déclarés propriétés nationales, et confiés au Ministre de la guerre pour en assurer la conservation et l'entretien.

Le titre VI renferme toute la procédure à suivre pour faire confectionner les travaux militaires.

Mais, avant d'entrer dans le détail de ce qui y était indiqué, nous résumerons la seconde partie de ce titre VI, addition du projet primitif, dans laquelle on avait mis une nouvelle série d'articles. Cette *suite* du titre VI avait pour rubrique : *Comité des fortifications*. Ce Comité devait être formé d'officiers du génie désignés et appelés par le Ministre de la guerre, et être toujours composé de deux inspecteurs généraux et trois directeurs des fortifications, auxquels on pouvait adjoindre tels officiers généraux supérieurs ou autres du Corps du génie que le Ministre jugerait nécessaires. Il se réunissait, tous les ans, du 1er janvier au 1er avril, auprès du Ministre de la guerre.

Le plus ancien des inspecteurs appelés en était le président. Cet officier général devait prendre les ordres du Ministre sur les objets à proposer à la délibération des membres.

Ces objets pouvaient être les projets généraux et particuliers des différentes places de guerre, la répartition des fonds qui y étaient affectés, l'instruction de l'École du génie, les progrès et la perfection des différentes branches de l'art des fortifications, ou tels autres objets de théorie ou de pratique militaire que le Ministre jugerait à propos de donner à discuter au comité.

On avait alors, comme nous l'avons dit, recréé, sous le nom d'*Archives des fortifications*, le dépôt de tous les mémoires, plans, cartes et autres objets provenant des travaux du Corps du génie relatifs aux places de guerre et aux établissements militaires. Ce dépôt devait être dirigé par un lieutenant-colonel du génie, sous le titre de directeur, secondé par un ou deux officiers, au plus, du même corps. Ces officiers étaient aussi chargés des plans en relief.

Le Comité des fortifications, ayant sous les yeux le tableau de l'état des choses, avait toutes facilités pour apprécier les projets et les sanctionner, s'il y avait lieu.

Les fonds destinés aux travaux militaires devaient être, désormais, fournis en entier par la partie du trésor public affectée au département de la guerre. Les départements et les villes furent déchargés de toute contribution à cet égard. — Le Ministre était chargé de la répartition des fonds entre les places et les forts. C'est en conséquence de ce département que les travaux pouvaient être entrepris.

Lors donc que le Comité avait approuvé les projets et que le Ministre les avait sanctionnés, ils étaient adressés au commissaire des guerres pour qu'il pût les faire mettre en adjudication au rabais. Cette adjudication ne devait jamais être passée en masse, mais elle devait comprendre le détail des prix affectés à chaque nature d'ouvrage et de matériaux à employer.

Le Ministre adressait au commissaire des guerres : 1° l'ordre de procéder à l'adjudication ; — 2° un état par aperçu des travaux à exécuter pendant la durée du marché ; — 3° les devis et conditions, qui avaient été fournis par les agents militaires préposés à cet effet.

L'adjudication devait être faite au chef-lieu du département, du district ou de la commune, suivant qu'ils intéressaient telle ou telle circonscription. Le commissaire des guerres informait des ordres qu'il avait reçus celle des Administrations que le travail intéressait, et la requérait de procéder, dans un délai fixé d'accord, à l'adjudication. — Le commissaire des guerres faisait alors poser des affiches, signées de lui, dans la place et les lieux circonvoisins ; il y indiquait l'objet de l'adjudication, la teneur du devis et les conditions du marché, ainsi que le jour et le lieu où il devait être passé, de manière que les particuliers fussent informés à temps et pussent se mettre en état de concourir à l'adjudication, si bon leur semblait.

Tous les prétendants pouvaient obtenir du commissaire des guerres communication des devis et conditions du marché ainsi que tous les renseignements dont ils avaient besoin. Les administrations étaient tenues de faire les mêmes communications.

Enfin, le jour de l'adjudication étant arrivé, le Directoire du département, du district ou de la commune, se réunissait, au lieu ordinaire de ses assemblées, avec le commissaire des guerres.

L'adjudication devait se faire publiquement, d'après les modes anciennement usités, en attendant ce qui serait ordonné plus tard.

Se présentait qui voulait et les enchères étaient ouvertes. Les enchérisseurs aux meilleures conditions n'étaient pas déclarés adjudicataires, s'ils ne justifiaient pas de leur solvabilité ou s'ils ne donnaient pas caution.

La loi ne parlait pas de l'approbation des conditions par une autorité quelconque.

Les frais de publication et d'affiches étaient payés par l'adjudicataire.

Quand l'entrepreneur avait fait les justifications que la loi lui demandait, il pouvait commencer ses opérations, qu'il exécutait sous la surveillance des agents militaires. Ceux-ci en faisaient les toisés particuliers à mesure des progrès des ouvrages, en présence des entrepreneurs ou de leurs commis ayant pouvoir. Les toisés étaient signés par les entrepreneurs ou leurs commis et certifiés par les agents militaires chargés de la direction des travaux.

Les agents militaires des places frontières étendaient leur surveillance sur les places de l'intérieur, où ils pouvaient être détachés pour diriger des travaux; on pouvait aussi confier cette direction à des agents civils spéciaux, appelés conservateurs.

Les entrepreneurs et leurs préposés étaient tenus d'obéir aux agents militaires, dans tout ce qui concernait l'exécution des travaux. De là cette règle que le Ministre de la guerre est juge en dernier ressort de toutes les difficultés relatives aux travaux. C'est ce qui s'observe encore. Mais, en cas de prétentions pécuniaires ou de toutes autres plaintes, si l'agent militaire n'avait pas pu concilier les parties, il y avait lieu de se pourvoir devant les *tribunaux civils*.

Les agents civils employés aux travaux étaient, pour la police, subordonnés aux agents militaires; si les griefs contre ces agents civils donnaient lieu à leur arrestation, ils devaient être renvoyés devant les tribunaux ordinaires.

Il résulte de tout cela que les entrepreneurs étaient tenus de se conformer aux conditions des devis et marchés, aux mesures, aux formes, aux distributions et emplacements d'ateliers, aux dépôts des matériaux, et autres dispositions qui pouvaient leur être prescrites par les agents militaires chargés de la direction des travaux.

Les entrepreneurs étaient chargés de se procurer des ouvriers ; mais, s'il s'agissait de travaux indispensables, exigeant la plus grande célérité, après que les troupes en garnison avaient fourni toutes les ressources qu'on en pouvait attendre, les corps administratifs étaient requis, par les agents militaires, d'employer tous les moyens légalement praticables pour procurer les ouvriers nécessaires à l'exécution des travaux. Dans un cas pareil, le salaire des ouvriers était fixé par les corps administratifs.

Les ouvriers travaillant, les toisés étant régulièrement pris, on arrivait au bout de la campagne, c'est-à-dire de la saison du travail de l'année. Alors les agents militaires qui avaient fait les toisés particuliers les réunissaient en un seul toisé général, en présence de l'entrepreneur, des agents militaires ayant eu la direction des travaux. Ce toisé général devait être signé par l'entrepreneur, certifié par les agents et visé par ceux d'entre eux qui avaient inspecté les travaux.

C'est seulement sur le vu de ce toisé général que les entrepreneurs pouvaient être payés. Leur créance n'était exigible que trois mois après la signature de cet écrit.

Cependant le Ministre pouvait, sur les certificats des agents militaires, autoriser des paiements partiels au fur et à mesure de l'avancement des travaux.

Enfin les ouvriers devaient être payés toutes les semaines, quand ils étaient à la journée ; toutes les trois semaines, d'après les toisés particuliers, dans les autres cas. Il n'était fait aucune retenue sur leur salaire, excepté celle qui pouvait être faite au cas où les ouvriers étaient des soldats.

L'entretien ou la construction de nouveaux travaux ayant été précisés, il en fut de même des limites de l'action du Ministre de la guerre, de celle des autres autorités, du mode d'adjudication et de confection des travaux.

On peut dire que les décisions de l'Assemblée constituante n'ont pas été améliorées ; car on avait tout prévu, même les droits des propriétaires résultant de la prise de leurs terrains et les servitudes militaires. (Loi des 8-10 juillet 1791.)

PORTS ET TRAVAUX MARITIMES.

A propos des attributions diverses des Ministères, nous avons signalé ce qui concernait la matière des travaux publics du ressort du Ministre de la marine.

L'Assemblée constituante fit moins à cet égard que pour les travaux civils ou pour les travaux militaires proprement dits. Le service de la Marine semble ne pas avoir eu, dès ce temps-là, la sévère organisation qu'il possède.

Il avait été dit, dès le 14 janvier 1790, que tous marchés, conclus au nom du Roi, dans les ports et arsenaux, devaient être exécutés, sans opposition quelconque, sous la responsabilité du Ministre de la marine.

Il fut décidé ensuite que tout ouvrage de réparation, radoub ou entretien exécuté dans les arsenaux, serait fait à la journée ; que la main-d'œuvre des ouvrages neufs continuerait d'être adjugée à prix fixe ; à conditions égales, les ouvriers avaient un droit de préférence. (Loi des 7-14 octobre 1790.)

Ce que nous venons de dire était pour les ouvrages destinés aux ouvrages de la mer.

Quant aux travaux des ports et aux attributions du Ministre de la marine sur ceux qui étaient militaires, les choses furent laissées comme elles étaient. Les règles qui avaient été établies pour les travaux publics en général et pour les travaux militaires en particulier semblaient suffisantes pour être appliquées à tous les services.

MINES.

L'Assemblée nationale se demanda ce qu'étaient les mines et les richesses souterraines.

On décida d'abord que tout ce qui concernait cette matière serait dans les attributions du Ministère de l'intérieur. (Loi des 27 avril 25 mai 1791.) Puis il y eut, à cette occasion, de grandes discussions. Enfin on soutint que les richesses souterraines appartenaient aux propriétaires de la surface ou au moins au premier occupant. Le rapporteur de la loi que nous allons citer, Regnault d'Épercy, et Mirabeau répondirent, en faisant observer que la propriété garantie par l'État était celle qui était connue ; que, dès lors, le maître d'un terrain ne pouvait se dire le propriétaire des matières enfouies à une grande profondeur. Et, quant au premier occupant, son droit cessait après qu'il avait exploité la partie de minerai que le hasard lui avait fait découvrir. Ils ajoutaient qu'il y avait là des situations dont il importait de tenir compte, mais qui n'avaient rien d'absolu.

En conséquence, il fut décidé que les mines et les minières, tant métalliques que non métalliques, ainsi que les bitumes, charbons de terre ou de pierres et pyrites, étaient à la disposition de la Nation.

Cependant les propriétaires pouvaient, sans y avoir été autorisés, exploiter à ciel ouvert, jusqu'à une profondeur de cent pieds, les mines qui se trouvaient dans leur terrain.

Il ne fut rien innové à l'égard des sables, craies, argiles, marnes, pierres à bâtir, marbres, ardoises, pierres à chaux et à plâtre, tourbes et autres substances, autres que celles que nous avons déjà nommées.

Les propriétaires continuèrent à être libres de les exploiter, sans être tenus de demander une autorisation.

La concession d'exploiter les mines ne pouvait être refusée au propriétaire qui la demandait. Elle était donnée après des enquêtes, par l'Autorité administrative. Ces enquêtes étaient toujours indispensables ; elles l'étaient surtout quand les demandeurs en concession n'étaient pas les propriétaires du sol. (Loi du 28 juillet 1791.)

On fit une troisième classe des richesses minérales, pour ce qui concerne les minerais de fer. Il y eut, à cet égard, des règles toutes spéciales s'agissant d'une chose de première nécessité pour la Nation. D'ailleurs on ne fit que répéter les règles déjà reçues.

On décida que les condamnés aux fers pourraient être employés aux mines. (Code pénal de 1791.)

MARAIS.

Les seigneurs avaient eu, dans l'ancien Régime, la prétention d'être propriétaires des marais. L'Ordonnance de 1669 leur avait accordé le droit de demander le tiers des marais des communes, quand celles-ci les avaient reçus d'eux à titre gratuit, si les deux autres tiers suffisaient à l'usage des habitants. On appelait ce droit des seigneurs du nom de *droit de triage*. L'Assemblée constituante supprima la faculté de demander le triage. Elle révoqua les édits, lettres-patentes, arrêts du Conseil et jugements, rendus depuis trente ans, quand ils avaient autorisé le triage hors des cas prévus par l'Ordonnance de 1669. (Loi du 15 mars 1790.) Cette loi ne préjugeait rien sur la propriété des marais (Loi des 15-16 mai 1790.)

Les communes furent mises en demeure de s'occuper des marais. Elles reçurent ordre d'envoyer dans les trois mois, du 5 janvier 1791, au Directoire de leur district, un état raisonné des marais ou terres inondées de leurs circonscriptions. Le Directoire de district devait, dans le mois de la réception, faire parvenir cet état avec ses observations au Directoire de département. On devait y faire connaître les noms des propriétaires, la situation et l'étendue des terrains, les causes de leur submersion, etc., etc. Le Directoire du département prenait toutes les mesures pour donner la plus grande publicité aux mémoires et observations, puis concédait les travaux de desséchement, réglait les droits des propriétaires, ceux des entrepreneurs et enfin de l'administration.

Nous n'avons point à entrer ici dans le détail de la procédure suivie, nous noterons seulement que, si les propriétaires refusaient de faire le desséchement, le Directoire du département le mettait en adjudication, à la charge par l'entrepreneur de payer à l'avance aux propriétaires l'indemnité fixée par ce Directoire. (Loi des 26 décembre 1790-5 janvier 1791.)

COMPÉTENCE EN MATIÈRE DE TRAVAUX PUBLICS.

On avait vu les abus de l'ancien Régime, alors que les Parlements se mêlaient de tout, pour substituer leur volonté à celle de l'administration. L'Assemblée constituante, qui avait eu, elle-même, à vaincre des résistances considérables, déclara qu'il était défendu aux tribunaux, à peine de forfaiture, de s'immiscer dans les matières administratives. Par réciprocité, elle reconnut l'indépendance du pouvoir judiciaire, à qui elle confia le soin de statuer sur tout ce qui concernait la sûreté des personnes et la libre disposition des propriétés.

Elle appliqua ces principes avec énergie. Les administrations départementales reçurent cependant le droit de trancher certaines difficultés, survenues à propos de contestations dans lesquelles il fallait apprécier les marchés passés avec les entrepreneurs, et on leur confia aussi le soin de régler les indemnités dues aux propriétaires pour occupation temporaire ou définitive de leurs terrains ; mais cette dérogation aux principes était nécessitée par les circonstances.

On vivait alors sous l'empire de l'Ordonnance de 1667 sur la procédure civile. Les procès étaient longs, les délais pour se pourvoir n'avaient pas de fin.

Tout cela comportait des retards inconciliables avec la rapidité que l'on doit apporter dans les travaux publics. La loi des 7-11 septembre 1790, qui a créé la juridiction administrative, a donc eu pour but principal, en supprimant les anciennes juridictions, d'en établir de nouvelles.

En conséquence, les entrepreneurs de travaux publics furent tenus de se pourvoir sur les difficultés qui pourraient s'élever en interprétation ou dans l'exécution des charges de leurs marchés, d'abord par voie de conciliation, devant le Directoire du district ; et, dans le cas où l'affaire ne pouvait être conciliée, elle devait être portée au Directoire de département, qui décidait en dernier ressort, après avoir vu l'avis du Directoire de district.

De même les demandes en indemnités dues aux particuliers, à raison de terrains pris ou fouillés, pour la confection des chemins, canaux ou autres ouvrages publics, devaient être portées en conciliation devant les Directoires de district, et pour être jugées devant le Directoire de département, chargé de les arbitrer en dernier ressort, conformément à l'estimation du juge-de-paix et de ses suppléants, magistrats alors électifs.

Si les particuliers se plaignaient du fait des entrepreneurs et non de celui de l'administration, ils devaient porter leur demande en conciliation devant la Municipalité du lieu du dommage, et leur demande en condamnation devant le Directoire de district, qui statuait en dernier ressort.

L'Assemblée constituante renvoya aux tribunaux ordinaires l'appréciation des faits qualifiés crimes, délits ou contraventions.

Ainsi, elle conserva à l'Administration ce qui concernait l'appréciation du dommage causé aux travaux, mais l'application des peines fut toujours maintenue aux tribunaux, suivant leur compétence, à raison des faits incriminés.

Le tribunal de police municipale de la Seine fut chargé de punir les contraventions commises sur la rivière et les bords de la Seine. (Loi des 21-29 septembre 1791.)

Mais, la juridiction spéciale du Ministre de la guerre sur les travaux militaires restait souveraine.

INDEMNITÉS DUES AUX PROPRIÉTAIRES.

La Déclaration des droits de l'homme avait dit que la propriété était sacrée et que nul ne pouvait en être dépouillé, si ce n'est pour cause d'utilité publique et moyennant une juste et préalable indemnité.

Pour que l'indemnité fût juste, il fallait qu'elle fût appréciée par des hommes compétents. Il fut décidé que, pour les indemnités réclamées à l'occasion d'occupations temporaires, fouilles de terrains et extraction de matériaux, l'estimation de l'indemnité serait faite par les juges-de-paix et leurs assesseurs, puis portée en conciliation devant le Directoire du district. De là, si les parties ne s'arrangeaient pas, l'affaire allait au directoire de département qui la jugeait en dernier ressort. (Loi des 7-11 septembre 1790.)

Si le préjudice ne provenait pas du fait de l'administration, mais de celui des entrepreneurs, la conciliation se faisait devant la municipalité, le jugement en dernier ressort était prononcé par le directoire de district. (Même loi.)

Lorsqu'il s'agissait d'englober dans les travaux une propriété, on suivait une autre marche. Par exemple pour le desséchement des marais, la propriété était estimée par deux experts, l'un désigné par les propriétaires, l'autre par le Directoire de district, chargé d'évaluer l'indemnité.

En cas d'opposition à l'évaluation, le Directoire de département la fixait en dernier ressort. (Loi des 26 décembre 1790-5 janvier 1791.)

Quand il s'agissait de canaux concédés, l'indemnité était fixée comme pour les fouilles des terrains. (Loi du 22 août 1791.)

Pour ce qui était des mines, le règlement des prétentions des propriétaires était de la compétence des juges-de-paix et des tribunaux de district, suivant les règles ordinaires. (Loi du 28 juillet 1791.)

Le Code rural défendit aux entrepreneurs de faire des fouilles sur le terrain d'autrui sans en avoir prévenu les propriétaires. (Loi des 28 septembre-6 octobre 1791.)

FONDS DESTINÉS AUX TRAVAUX PUBLICS.

L'Assemblée constituante défendit aux assemblées de département de voter des impôts. Mais elle fut moins sévère avec les communes, à qui elle permit de voter une somme additionnelle à la contribution foncière destinée aux chemins.

On fut donc obligé de prendre sur le budget général les sommes nécessaires aux travaux publics, même ceux que nous appelons départementaux. C'était faire peser sur certains départements de lourdes charges pour des choses dont ils ne profiteraient guère. Le système actuel est peut-être plus équitable.

La même Assemblée, ayant aboli les péages sur les routes et les rivières, fut obligée de voter des fonds pour ce qui concernait les travaux à y faire.

On permit à des particuliers de faire des travaux, canaux, ponts, etc., etc., à condition qu'un péage leur serait concédé.

Il y a, dans ces concessions nouvelles, quelque chose de contraire au principe qui avait fait abolir les péages, car si l'on trouve juste que les chemins soient livrés gratis au public, il n'est pas bon de laisser créer des voies où l'on ne passera pas sans payer.

Telle a été l'œuvre de nos constituants, en ce qui touche les travaux publics.

Ils avaient commencé par faire table rase ; puis, dégagés de tous les préjugés, de tous les encombrements, ils ont soigneusement mesuré le terrain sur lequel ils allaient édifier. Ils ont pris leurs matériaux partout où ils les ont trouvés et n'ont jamais rejeté, par mauvaise humeur, ce qui pouvait être utile. Ils ont employé les débris de l'ancien Régime, en même temps qu'ils taillaient les assises de leurs monuments dans un granit impérissable.

Si, maintenant, nous comparons les lois de cette Assemblée avec ce qui se faisait antérieurement, nous serons frappés de la dissemblance qu'il y a entre les nouveaux décrets et les ordonnances de l'ancien Régime. Il n'y a plus de redondances de style, de ces considérations vagues, sous lesquelles se cachaient la pauvreté de la pensée, la nullité des réformes. En procédant utilement avec une sage méthode, l'Assemblée ne donnait pas le ton à ses futurs historiens. Ainsi les livres classiques ne parlent-ils guère des lois faites entre 1789 et 1791 ; ils ne les ont pas vues et n'ont assisté qu'aux drames, dont le public a été témoin. Ils réservent leurs louanges pour Sully, Richelieu, Colbert ou même Louvois, qui tous ont eu le soin de se vanter. Nous n'entendons nier le mérite de personne, mais aucune œuvre législative ne soutient la comparaison avec celle dont nous venons de donner une espèce de table sommaire.

L'Assemblée constituante savait, pour l'avoir appris de Bacon, que la clarté est la première dignité du style du législateur ; elle a parlé avec précision, sans surcharger ses lois de mots inutiles ou de détails oiseux. Puis, quand son œuvre était faite, elle ne croyait pas encore avoir achevé sa tâche. Elle prenait la peine de rédiger des commentaires explicatifs, afin d'être bien comprise par tous les esprits même les plus médiocres.

Nous avons mentionné, par exemple, la belle instruction du 17 avril 1791 sur le service des Ponts et chaussées, nous aurions pu en mentionner bien d'autres et particulièrement celle des 17-20 août de la même année, sur les fonctions des assemblées administratives et la loi en forme d'instruction sur les matières criminelles. Nous aurions été autorisé à rappeler ces magnifiques documents, parce que la matière des travaux publics s'y trouve au moins mentionnée.

En résumé l'Assemblée s'était placée au-dessus de tout et elle dominait l'administration, en faisant du pouvoir exécutif, ce qu'il doit être, le serviteur des intérêts généraux.

Agissant avec cette grandeur de vues, nos constituants donnaient des ordres exprimés simplement. Ils n'ont jamais reculé devant le travail. Ils n'ont pas essayé de coudre des pièces sur des pièces ; ils ont fait des ouvrages complets, afin que l'on ne fût pas obligé de s'égarer dans les recueils des actes législatifs. Leurs codes sont des chefs-d'œuvre de rédaction, comme l'ont été ceux du Directoire, de la fin de la Restauration et du Gouvernement de Juillet.

L'Assemblée législative, la Convention ont trouvé le champ préparé, la plupart des réformes établies. Aussi nous donneront-elles peu de documents sur les travaux publics. Elles n'avaient point à reprendre l'édifice, à en creuser les fondements, et elles savaient respecter ce qui était bien fait.

Au surplus, ces grandes époques de notre Histoire ne sont pas assez profondément fouillées ; jusqu'à présent on n'a exploré que la surface. Les historiens se plaisent à raconter les catastrophes, comme les poëtes aiment à parler des orages.

CHAPITRE X

—

L'ASSEMBLÉE LÉGISLATIVE.

L'Assemblée constituante se sépara, le 30 septembre 1791. Elle avait décidé que ses membres ne seraient pas rééligibles pour la nouvelle assemblée qui devait prendre le nom d'Assemblée législative. Celle-ci entra en fonctions le 1ᵉʳ octobre ; elle devait se borner à appliquer la Constitution, aux termes de laquelle le pouvoir exécutif était confié à un Roi héréditaire, assisté de fonctionnaires de son choix appelés ministres. Les Ministres réunis en Conseil dirigeaient les affaires, chacun d'eux suivait celles qui dépendaient de son département. — Il n'y eut rien de changé, en ce qui touche les travaux publics.

La naissance de l'Assemblée législative était contemporaine de troubles, souvent accompagnés de meurtres. Le soin de maintenir l'ordre, la nécessité d'arrêter les conspirations de l'aristocratie, furent l'occupation d'alors. Faut-il le dire ? Les membres de la Législative ne valaient pas leurs devanciers. Les meilleurs d'entre eux étaient d'habiles rhéteurs. Ils succédaient à des philosophes, au-dessous desquels ils demeurèrent autant que les paroles restent au-dessous des actes. Peut-être aussi cette infériorité nous paraît-elle si considérable, parce que tout ayant été réglé par la Constituante, il ne restait pas de grandes choses à faire pour la Législative.

On sait que le Roi fut suspendu de ses fonctions le 10 août 1792. L'Assemblée ne crut pas devoir s'emparer du pouvoir exécutif, mais elle destitua les Ministres en exercice et en nomma de nouveaux, sans modifier autrement leurs attributions. Les Ministres, réunis en Conseil, formaient le pouvoir exécutif provisoire, chacun continuait à administrer les faits qui dépendaient de son département.

L'Assemblée législative emportée par les événements n'eut pas le temps de beaucoup s'occuper des travaux publics. Cependant nous remarquerons qu'elle demanda l'état de ceux qui étaient commencés (Loi du 7 mars 1792), qu'elle régla ce qui concerne l'hôtel des Invalides (30 avril-16 mai, même année), les routes (22 avril-16 mai), le casernement des troupes (3 mai), les digues et canaux des îles et territoires maritimes (3-21 septembre), les phares et leur établissement (15-20 septembre, même année 1792).

Les élèves de l'ancienne École des ponts et chaussées et ceux des anciennes Écoles de Bretagne et de Languedoc furent admis jusqu'au nombre de soixante dans la nouvelle École des ponts et chaussées. On décida que, s'ils étaient plus de soixante, les élèves de l'ancienne École de Paris seraient préférés ; que s'ils étaient moins, les surnuméraires de la même École, et subsidiairement ceux qui étaient dits des aspirants, seraient, après examen, admis à remplir les places vacantes. (Loi du 1er juillet 1792).

Entre temps, l'Assemblée décréta de grands travaux publics, notamment pour la navigation intérieure.

Elle ne modifia point les règles administratives posées par l'Assemblée constituante et, si elle crut devoir rappeler aux administrations locales qu'elles étaient chargées de veiller à la conservation des phares, amers, tours et balises (loi du 15 septembre 1792), elle le fit à cause des événements politiques et non pour créer des règles nouvelles.

Il y eut peu de chose dans le service du Génie militaire, que l'émigration désorganisait. L'Assemblée voulait enlever l'École de Mézières, ville imbue de préjugés aristocratiques. Cette mesure ne fut, comme nous le verrons, accomplie que par la Convention. En attendant et afin d'obvier aux vides causés par l'émigration, — qui était une véritable désertion, au terrible moment où l'on était, — l'Assemblée supprima les ingénieurs géographes militaires, qui furent incorporés dans le Génie.

LE TÉLÉGRAPHE.

Parmi les travaux publics exécutés de notre temps sont ceux qui permettent de transmettre les nouvelles à de grandes distances. Les appareils destinés à ces communications sont appelés télégraphes. Les anciens ont pratiqué l'art de transmettre ainsi des renseignements. D'abord on l'a employé pendant la nuit, à l'aide de feux allumés sur les hauteurs ; puis on combina les mouvements des fanaux et l'on put écrire tout ce que l'on voulait annoncer. Polybe nous a conservé la description de ce système, qui, dit-on, avait été enseigné aux Romains par les Carthaginois. Il y en eut d'analogues sur toutes les parties du monde connu. Sous les premiers empereurs, au moins à l'époque de Tibère, on employa des signaux visibles le jour. C'étaient de longues pièces de bois placées sur les tours des villes ou des châteaux. On les élevait ou on les abaissait, et leur position indiquait ce que l'on voulait faire connaître. La colonne Trajane porte l'image d'un de ces postes télégraphiques ; plusieurs de nos villes ont des ruines de postes semblables. Mais les signaux de nuit étaient peu de chose ;

ceux de jour étaient moins encore, car ils n'étaient pas visibles à longue distance. Il fallait que les progrès de l'optique vinssent augmenter la portée de la vue, pour que l'on pût faire des signaux visibles de loin. Sitôt que l'on eut des télescopes, on se mit à l'œuvre; notre ancienne Académie des sciences a cherché comme les autres corps savants. Enfin, le 22 mars 1792, un neveu du célèbre abbé Chappe, membre de l'Académie des sciences, fut introduit à la barre de l'Assemblée législative et offrit l'hommage d'une invention qu'il avait faite avec son frère, pour correspondre par des signaux. L'invention consistait surtout dans la manière de placer les appareils sur des lieux élevés et dans le vocabulaire que les signaux devaient représenter. L'Assemblée ordonna que des essais seraient faits ; ils furent satisfaisants. En conséquence on décréta l'établissement de lignes télégraphiques allant de Paris à Lille et à diverses places de la frontière du Nord.

CHAPITRE XI

—

Nous n'avons point à raconter ici la journée du 10 août 1792, à la suite de laquelle une nouvelle Assemblée fut convoquée sous le nom de Convention nationale.

La Convention, à peine réunie, proclama la République. Puis elle se trouva en face d'un Gouvernement qui voulait non exécuter les ordres de la représentation, mais imposer les siens. Ces prétentions reviendront tant que les Ministres pourront être pris dans le sein des assemblées délibérantes. La Convention défendit ses droits en constituant le Comité de salut public, qui eut ordre de surveiller tous les services et tous les fonctionnaires.

La lutte du Ministère et du Comité de salut public fut terrible. Le Ministère tomba et, avec lui, la faction des Girondins. L'ancienne organisation fut cependant maintenue. Une loi du 19 vendémiaire de l'an II plaça sous la surveillance du Comité de salut public le Conseil exécutif provisoire, les Ministres, les généraux, les corps constitués. Une autre loi, du 14 frimaire suivant, confirma cette subordination du Ministère.

La Convention ne s'en tint pas là. Elle craignait toujours les tentatives que pourrait faire un pouvoir exécutif placé en dehors d'elle-même. En conséquence, par une loi du 12 germinal de l'an II, elle supprima le pouvoir exécutif provisoire, qui existait alors et les six Ministres qui le composaient, remplaçant le Ministère par douze Commissions, composées chacune de deux membres et d'un adjoint nommés par elle, sur la présentation du Comité de salut public. — L'adjoint faisait, dans la commission, les fonctions de secrétaire et de garde des archives. Les douze Commissions correspondaient directement avec le Comité de salut public. Elles lui étaient subordonnées ; elles lui rendaient compte de la série et des motifs de leurs opérations respectives. — Le Comité annulait ou modifiait celles de ces opérations qu'il trouvait contraires aux lois ou à l'intérêt public. — Il hâtait l'expédition des affaires et fixait les lignes qui devaient borner les attributions de chacune. — Chaque commission était tenue de remettre, jour par jour, au Comité de salut public : 1° l'état de situation sommaire de son département ; 2° la dénonciation des abus et difficultés d'exécution qui se seraient rencontrés ; 3° ses vues sur les réformes, le perfectionnement et la célérité des mesures d'ordre public.

Les Commissions étaient indépendantes les unes des autres ; mais les membres de chaque Commission étaient solidairement responsables pour leurs actes illégaux et pour leur négligence. Ces Commissions devaient, sans délai, organiser leurs bureaux. Une d'elles était chargée des travaux publics. Elle avait : la construction des ponts et chaussées ; — le système général des routes et canaux de la République ; — le travail des ports et défenses des côtes ; — les fortifications et travaux défensifs de la frontière ; — les monuments et édifices nationaux, civils et militaires.

Le 19 thermidor de l'an II, un décret ordonna que, dans chaque maison des Commissions exécutives, il fût dressé et affiché un tableau imprimé des travaux dont on s'y occupait. Le tableau dressé en l'an III, pour les travaux publics, nous a été conservé. C'est un document précieux à retenir, nous allons le reproduire :

« COMMISSION DES TRAVAUX PUBLICS (1). — *Commissaires*, Lecamus, Rondelet. — *Adjoint*, Dupin.

SECRÉTARIAT.

Chef, NÉVEU. — Affaires générales de la commission et de ses agences ; ouverture des dépêches, leur enregistrement, leur distribution dans les divisions et bureaux ; les comptes journaliers du travail de la commission ; l'expédition des passe-ports, leur enregistrement ; la légalisation des certificats et brevets ; les archives.

1re DIVISION. — *Communications*.

Chef, MAGOL. — *Routes :* grandes routes, routes secondaires ; ponts fixes, ponts mouvants, volants ; aqueducs. — *Navigation :* canaux ; rivières ; ports maritimes, rades ; desséchements ; machines et ouvrages hydrauliques.

2e DIVISION. — *Bâtiments*.

Chef, POIDEVIN. — *Monuments :* temples; cirques; lycées ; places publiques ; jardins nationaux ; théâtres ; amphithéâtres; arcs de triomphe ; fontaines publiques. — *Établissements nationaux :* d'instruction (écoles, bibliothèques) ; de secours (hôpitaux, hospices); de justice (tribunaux) ; de police (prisons, maisons d'arrêt); d'approvisionnements (greniers, halles et marchés) ; des administrations (communes, districts, départements, commissions). — *Logement des troupes de terre et de mer :* casernes ; pavillons; corps de garde, guérites ; salles et champs d'exercice ; manèges ; abreuvoirs ; hôpitaux ; prisons ; puits ; citernes ; pompes ; blindages et abris. — *Approvisionnements de guerre de terre et de mer :* — boulangeries; magasins (des vivres, des fourrages, d'habillements, d'effets, fournitures et ustensiles ; blindages et abris).

1. Maison ci-devant Bourbon.

3ᵉ DIVISION. — *Fortifications.*

Chef, HONORÉ. — *Places et postes militaires :* ouvrages défensifs jusqu'à 500 toises de l'enceinte ; mines et contre-mines ; communications ; canaux, étangs, flaques, digues, bâtardeaux, écluses, manœuvres utiles à la défense; lignes de retranchements, permanents ; plans et reliefs des places et postes militaires. — *Défense des côtes maritimes :* batteries, forts ; redoutes, tours, châteaux, fourneaux à réverbères; lignes, retranchements permanents ; vigies, signaux de côtes; communications par terre et par eau pour le service militaire de la côte et des îles adjacentes.

Comptabilité.

Chef, BASTIEN. — Ordonnances de fonds pour toute espèce d'agents. — Reddition de comptes par toute espèce d'agents.

Levé et formation des plans.

Dépôt général des cartes et plans relatifs aux travaux publics.
Chefs, PRONY, SGRANZIN, MORLET. .

Bureau

de réception et de répartition des cartes et plans et de la correspondance y relative.

(Ce bureau est placé provisoirement Maison d'Harcourt, rue de l'Université n° 334.)
Chef, ABLANCOURT.

Nota. Il a été établi, par décret du 7 vendémiaire an II, une École centrale des travaux publics, dont le citoyen Lamblardie est le chef. »

Cette affiche nous apprend que l'on avait eu, à ce moment, la pensée de centraliser tout ce qui concerne les travaux publics, sans distinction entre leur nature. Il est peut-être à regretter que l'on n'ait pas suivi cette méthode, car la dispersion des attributions

en cette matière occasionne souvent des difficultés presque insurmontables.

Après le coup d'État de thermidor, on eut à reconstituer les
comités de la Convention. Une loi du 7 fructidor de l'an II décida
qu'ils seraient au nombre de seize, parmi lesquels était le Comité
des travaux publics. L'article 13 de la loi déterminait ses attributions ; il porte, cet article : « La surveillance de la construction
« des ponts et chaussées ; du système général des routes, rivières
« et canaux de la République ; des monuments et édifices na-
« tionaux civils ; de l'exploitation des carrières, et du dépôt des
« cartes et plans relatifs aux travaux ou monuments civils. — Il
« propose des lois relatives à ces objets, et prend, en se con-
« formant à celles qui sont rendues, les mesures d'exécution qui
« leur appartiennent. — Il surveille aussi les travaux des ports,
« la défense des côtes, les fortifications, les travaux défensifs de
« la frontière, les mines et les bâtiments militaires : mais il ne
« peut à cet égard prendre aucun arrêté, sous prétexte de mesures
« exécutives, et son attribution se borne à la dénomination des
« abus, et à la proposition des lois qui y sont relatives. »

L'ÉCOLE POLYTECHNIQUE.

La Convention, ayant centralisé le service des travaux publics
et compris le lien commun qui unissait cette partie des services,
s'occupa des Écoles où devaient être formés des ingénieurs.
Elle en assura le recrutement, en ordonnant, comme nous l'avons
vu dans l'affiche de la Commission, qu'il fût créé une *École* dite
des travaux publics, où seraient reçus quatre cents élèves destinés
à peupler les Écoles des Ponts et chaussées, du Génie et de l'Artillerie. Fourcroy a eu l'honneur de présenter le rapport sur la
loi qui fut votée le 7 vendémiaire de l'an III. Bientôt on changea
le nom de cette École en celui d'*École polytechnique*, qui lui fut

donné par une loi du 15 fructidor de l'an III et qu'elle a toujours conservé.

La Convention n'a jamais cessé de porter son attention sur les Écoles. Elle s'en occupa jusqu'à son dernier jour. Ainsi, le 30 vendémiaire de l'an IV, elle réglait comment les élèves de l'École polytechnique seraient placés dans les Écoles spéciales.

Les changements,que les événements avaient apportés dans l'organisation administrative,'nécessitèrent des dispositions nouvelles sur la manière de faire et d'entretenir les travaux publics en général. Ils furent mis à la charge de la nation ou des administrations locales, d'après des règles fixes, qui n'ont point été sensiblement modifiées.

Tous les grands chemins, ponts et levées, devaient être faits et entretenus par le trésor public. Les chemins vicinaux devaient être aux frais des administrés, sauf au cas où ils devenaient nécessaires aux services publics ; l'armée devait être employée aux travaux d'utilité générale. Les réparations devaient être faites dans un bref délai. Les ingénieurs en chef devaient présenter leurs projets dans les deux décades qui suivaient la proclamation de la loi que nous analysons. Cette loi statuait sur les devoirs des diverses administrations, les adjudications des travaux et les obligations des entrepreneurs. (Loi des 16-20 frimaire an II.)

On régla comment se ferait la répartition des fonds pour les travaux publics. (Loi des 4-10 pluviôse de l'an II.)

Les réclamations des ouvriers contre les entrepreneurs firent rétablir le privilège que les lois anciennes avaient créé, et que l'Assemblée constituante avait aboli. Ce privilège des ouvriers a été maintenu et existe encore. (Loi des 26-28 pluviôse de l'an II.)

LE GÉNIE MILITAIRE.

Ce corps a souvent été l'objet de mesures édictées par la Convention. Ainsi le nombre des élèves de l'École de Mézières fut porté à trente par une loi du 1er février 1793.

L'émigration d'un certain nombre d'officiers avait justifié cette augmentation de dix sur le chiffre antérieurement fixé. Mais les cadres étaient encore dégarnis et il fallait les remplir. Une loi du 21 février de la même année autorisa le Ministre de la guerre à compléter le Génie militaire, soit par des ingénieurs des Ponts et chaussées, soit par des ingénieurs-géographes, soit, en cas d'insuffisance, par des citoyens dont les fonctions étaient les plus analogues à celles du Corps du Génie. Ces derniers devaient, tout d'abord, se soumettre à un examen sur la théorie et la pratique. Enfin, dans les places de guerre, où le nombre des officiers était insuffisant pour le service, le Ministre pouvait, sur la présentation des chefs du Génie, nommer des adjoints assez nombreux pour que le service fût assuré.

Une loi du 24 pluviôse de l'an III ordonna le transfèrement de l'École du Génie à Metz. Elle autorisa les élèves de l'École des Ponts et chaussées à passer, après examen, dans le Génie militaire.

Le 14 germinal de la même année, le Comité de salut public créa une compagnie d'Aérostiers, chargés de la manœuvre des ballons employés par les armées ; c'était une addition au service du Génie.

Il est une autre institution, qui doit être mentionnée à propos du Génie militaire.

Un décret des 13-18 prairial de l'an II ordonna de créer, dans la plaine des Sablons, une École militaire, à laquelle on donna le nom d'*École de Mars*.

L'enseignement comprenait l'art militaire et l'administration. La première partie donnait aux élèves une solide instruction sur la fortification des places.

Mais on avait mêlé la politique à cette affaire ; c'est pourquoi l'École n'eut pas de durée. Elle fut dissoute par une loi du 2 brumaire de l'an III.

Le vide qui s'était élargi dans le corps du Génie avait donné lieu à l'admission d'un grand nombre d'élèves dans l'École d'application de Metz. Grâce à cette mesure, les cadres furent bientôt reconstitués. On les trouva, cependant, trop étroits pour l'emploi que l'on faisait de l'arme. C'est pourquoi le nombre des officiers fut élevé à quatre cents, le 12 frimaire de l'an III, et à quatre cent trente-sept par la loi du 14 ventôse de la même année. Cette loi fixa à vingt le chiffre des élèves qui seraient admis, chaque année, à l'école de Metz. Il devait y avoir sept inspecteurs généraux, dont trois étaient généraux de division ; les autres étaient généraux de brigade. Il devait y avoir trente directeurs chefs de brigade, soixante sous-directeurs chefs de bataillon.

Il devait être formé, à Paris, un Comité central des fortifications, composé d'inspecteurs généraux et des officiers que le Comité de salut public se réservait d'y appeler.

Un arrêté du Comité de salut public du 4 floréal de l'an III réorganisa les brigades d'officiers du Génie.

La translation de l'École du Génie à Metz eut, enfin, lieu en l'an IV, après une loi du 30 vendémiaire de cette année. Cette loi n'admit à être élèves que ceux qui auraient fait trois ans d'études à l'École polytechnique ; et, encore, ces élèves devaient subir un examen avant d'être reçus.

Nous passerons un certain nombre de dispositions, peu utiles dans un travail comme le nôtre, pour arriver à une instruction relative aux fonctions principales des inspecteurs, directeurs et sous-directeurs des fortifications pour l'an III. Les inspecteurs étaient astreints à rester dans le ressort de leur inspection, du 20 avril au 23 octobre, où ils visitaient les places de première et de deuxième classe. Ils n'étaient point obligés à visiter toutes les places de troisième classe.

Les directeurs devaient adresser, dans les premiers jours de brumaire, les projets des sous-directeurs et des chefs des places et postes compris dans leur direction. Ils joignaient à chacun de ces projets leurs observations écrites sur des feuilles séparées. D'ailleurs, ces projets leur étaient adressés à l'avance, et, dans les derniers jours de fructidor, les sous-directeurs se transportaient au chef-lieu de la direction, pour en discuter l'ensemble et les détails.

Nous avons une instruction très-précieuse, qui fut adressée le 16 pluviôse de l'an III par Petiet, commissaire ordonnateur en chef de l'armée des côtes de Brest, aux commissaires des guerres employés à l'armée des côtes de Brest et dans la troisième division militaire. Elle embrassait tout le détail du service des commissaires des guerres et avait un chapitre spécial sur les TRAVAUX PUBLICS.

Mais, comme elle n'est que l'explication de la loi que nous avons analysée, nous nous dispenserons de la donner.

LES MINES.

Les mines avaient été, comme nous l'avons dit, l'objet de l'attention de l'Assemblée constituante, qui avait statué sur cette matière, par la loi des 12-28 juillet 1791. L'Assemblée législative avait fait peu de chose à cet égard, quoiqu'elle ait eu à s'en occuper pour décider quel serait le traitement des élèves de l'École des mines et celui des ingénieurs (loi des 24-27 janvier 1792).

La Convention fit plus. Elle dispensa les ouvriers attachés aux mines de fer du service militaire. (Loi du 24 avril 1793) ;

Défendit de comprendre dans le partage des biens communaux les terrains qui renfermaient des richesses minérales (loi du 10 juin 1793) ;

Créa une agence des mines (Arrêté du 13 messidor de l'an II) ;

Statua sur l'état des inspecteurs, ingénieurs et des élèves des mines (Arrêté du 18 messidor de l'an II) ;

Établit une maison d'instruction sous l'inspection de l'agence des mines (Arrêté du 24 messidor de l'an II) ;

Mit les inspecteurs et ingénieurs à la disposition de l'agence des mines (Arrêté du 12 fructidor de l'an II) ;

Régla ce qui concernait l'administration des mines (Loi du 25 ventôse de l'an III).

LA TÉLÉGRAPHIE.

La Convention eut d'abord à protéger par ses décrets le télégraphe établi par les frères Chappe. Elle prescrivit des mesures pour sa conservation (Décret du 2 juillet 1793).

Le service télégraphique avait été organisé jusqu'à notre frontière du Nord. Le 30 thermidor de l'an II, Barrère monta à la tribune pour y lire une dépêche télégraphique, annonçant la reprise du Quesnoy. La nouvelle, dit l'orateur, était arrivée à Paris, une heure après l'entrée des troupes dans la place.

Le 9 frimaire de l'an III (30 nov. 1794), Carnot lut à la Convention une dépêche annonçant la reddition de Condé. L'Assemblée décréta que l'armée du Nord continuait à bien mériter de la Patrie et ordonna que son décret serait transmis par le télégraphe. Le soir, une dépêche annonçait réception du décret. Ces événements furent acclamés par un enthousiasme indicible.

CHAPITRE XII

—

LE DIRECTOIRE.

ORGANISATION ADMINISTRATIVE. — FINANCES.

La Constitution nouvelle, comme celle de 1793, établissait des Ministres. Mais, le pouvoir était confié à un Conseil composé de cinq Directeurs responsables ; les Ministres furent de simples chefs de service ; il n'y eut plus de raison d'avoir un Ministère. La nouvelle organisation eut pour effet de dissoudre les commissions exécutives, qui avaient été créées par la Convention. Les travaux publics ne furent plus centralisés ; ils restèrent, pour la plus grande partie, dans les attributions du Ministre de l'intérieur, sous les ordres duquel se trouvèrent les Ponts et chaussées, et les bâtiments civils en général. Les Ministres de la guerre et de la marine reprirent leurs attributions pour les places et les ports militaires. Cette dispersion existe encore, au grand dommage de l'unité et de la rapidité d'action.

Les administrations départementales furent peu modifiées ; les Directoires de département furent conservés. On mit, auprès de chacun d'eux, un fonctionnaire, auquel on donna le nom de Commissaire du Gouvernement. Il devait être âgé de vingt-cinq ans et

12

domicilié, depuis un an au moins dans le département où il était placé. Ses fonctions étaient surtout de requérir l'application des lois.

Le District fut supprimé.

Au-dessous du département étaient des administrations dites municipales. Il y en avait au moins une par canton, car chaque ville ayant cinq mille habitants en avait une pour elle seule.

Le Canton était l'unité réelle, la Municipalité proprement dite. Son administration était dirigée par les représentants des anciennes communes. Ces derniers étaient réduits au nombre de deux : un agent municipal et un adjoint. La réunion des officiers communaux formait la Municipalité. S'il y avait plusieurs Municipalités dans un même canton, elles se réunissaient pour délibérer sur les intérêts qui leur étaient communs. Il y avait auprès de chacune un Commissaire du Gouvernement, dont le devoir était, comme celui du Directoire de département, de requérir l'exécution des lois.

Les affaires des communes proprement dites étaient confiées à l'agent municipal et à son adjoint. Le Conseil municipal des communes était supprimé.

Telle fut l'organisation créée par la Constitution de l'an III de la République française. Elle était utile en ce que la réunion des communes au canton permettait de concentrer assez de ressources, pour qu'il fût possible d'entreprendre et mener à fin ce qui convenait à la vie d'une agglomération d'habitants.

Le Directoire eut une lourde tâche. Les historiens, injustes pour ce Gouvernement, n'ont pas voulu s'enquérir de ce qu'il avait à faire. Ils ont ramassé, dans les journaux et les pamphlets, les accusations qui lui étaient intentées et n'ont guère essayé de voir si ces attaques reposaient sur des vérités. Ainsi le Directoire, gouvernement de liberté, a été accablé sous des sarcasmes redits et augmentés par le Consulat, l'Empire et les Gouvernements postérieurs, sans que l'on se soit enquis du point de savoir si cela était fondé.

Or, les bases mêmes de notre organisation sociale ont été établies sur les fondements où elles reposent entre l'an III et l'an VIII. Prenons pour exemple notre système financier. Il y avait là un grand et terrible problème à résoudre, surtout en face de la Déclaration des droits de l'homme et du citoyen, mise en tête de la Constitution de 1791, et portant que chacun devait contribuer aux charges publiques dans la proportion de ses facultés. Il fallait, d'autant plus, tenir compte de cette déclaration qu'elle était répétée par la Constitution de l'an III. Le nouveau Gouvernement semblait paralysé par ces axiomes, mais les dépenses croissaient ; la nécessité d'y pourvoir devenait de plus en plus urgente. On se trouvait en présence des égalitaires qui, sous le nom de niveleurs, refusaient absolument à l'État le droit de prélever le moindre impôt sur le pauvre, à moins qu'on ne fît un partage de tous les biens. Les *physiocrates*, disciples d'une école à la tête de laquelle on peut placer Vauban, pour son livre de *la Dime royale,* voulaient que les impôts fussent pris sur le revenu de la terre, seule source de la richesse, disaient-ils.

Ainsi les théoriciens, s'appuyant sur la Constitution, s'opposaient à toute mesure efficace ; et, cependant, il était indispensable de créer les ressources nécessaires à nos services. Les renseignements fournis au Directoire prouvèrent que l'idée de Vauban n'était pas praticable et qu'on n'en retirerait rien d'utile. Fallait-il imposer les travailleurs ? Oui, répondait-on dans une autre école. Il n'y a pas d'autre richesse que le travail. On prêtait cette théorie au célèbre Adam Smith, dont le livre sur l'économie politique (*la Richesse des Nations*) commençait à être étudié chez nous.

Le Directoire essaya de trouver les choses imposables. Il les classa, après les avoir trouvées, et organisa le système de nos impôts directs et indirects. Les lois qu'il fit à cette occasion sont les modèles, sur lesquels on a travaillé depuis. Et l'on peut dire que leur système avait été si puissamment relié, si savamment combiné, que l'Empire, la Restauration, le Gouvernement de juillet, ont quelquefois essayé d'y toucher, mais qu'ils n'y ont porté la main qu'en tremblant. On peut ne pas approuver les résolutions qui furent adoptées; on est forcé de convenir que jamais on n'avait fait des lois plus claires et mieux coordonnées.

DES INGÉNIEURS.

Les changements apportés dans l'Organisation administrative modifièrent les rapports que les agents des Ponts et chaussées devaient avoir avec les magistrats locaux. Il n'était pas besoin d'une loi pour indiquer les points de détail, quoiqu'une loi du 30 vendémiaire de l'an IV eût conservé l'École des Ponts et chaussées. On pourvut au reste par une instruction ministérielle du 26 floréal de la même année. Cette instruction statua sur quelques points importants relatifs à l'organisation de l'Ecole, à l'enseignement qui devait y être donné, aux différents concours qui seraient ouverts entre les élèves. Il y était dit que les plus instruits seraient envoyés, sous le nom de contrôleurs, sur les travaux de la République.

Cette instruction nous apprend ce que sont les conducteurs, agents placés par l'ingénieur en chef sous les ordres des ingénieurs ordinaires. Les ingénieurs ordinaires présentaient les sujets qu'ils jugeaient dignes de devenir conducteurs, l'ingénieur en chef les examinait, les acceptait ou les refusait et avait même le droit de les destituer.

Les ingénieurs ordinaires étaient chargés de relever les plans et profils des projets sous les ordres des ingénieurs en chef. Ils y joignaient tous les renseignements de détail. De plus, ils étaient tenus de rédiger eux-mêmes les devis des réparations et d'entretien des routes.

Leurs fonctions principales consistaient à diriger et surveiller l'exécution des travaux ; à faire au moins une fois par mois des tournées sur les lieux de leur service, à dresser l'état de l'avancement des travaux, proposer le paiement des à-compte, faire la réception des petits ouvrages.

Ils se réunissaient, tous les ans, à la fin de la campagne, au chef-lieu de département pour s'occuper, avec l'ingénieur en chef, de la rédaction des états de situation et des projets à faire ou exécuter pendant la campagne suivante.

Tout ce qui était fait par les ingénieurs ordinaires était examiné par l'ingénieur en chef sous les ordres duquel ils étaient placés. Celui-ci était chargé de la formation des projets, de l'ordre de la comptabilité courante et de la surveillance de ce qui concernait les travaux. Chaque ingénieur en chef avait sous ses ordres des employés de bureau, qui étaient au moins au nombre de deux, un dessinateur et un employé aux écritures. Il remettait les projets à l'administration départementale, qui les faisait parvenir au Ministère.

L'administration départementale ne pouvait entreprendre que les travaux approuvés par le Ministre.

Les adjudications de travaux ne pouvaient être faites que par l'administration départementale, l'ingénieur en chef devait toujours y être présent.

Les Assemblées des Ponts et chaussées étaient maintenues.

Les inspecteurs généraux des Ponts et chaussées devaient être répartis sur le territoire, qui était divisé en huit inspections. Ils se rendaient sur les travaux, où ils convoquaient les ingénieurs en chef et les ingénieurs ordinaires ; ils inspectaient aussi les bureaux des ingénieurs en chef.

En un mot, tout le service était réorganisé.

Le Directoire traita ces questions avec le plus grand soin. C'est le gouvernement qui a établi les bases du système que nous avons encore ; il est en vigueur, sous les modifications que la politique et le temps ont apportées.

DES FONDS POUR LES TRAVAUX.

Les dépenses furent ainsi réparties : les dépenses générales, supportées par tous les Français, payées par le trésor public ; les dépenses départementales supportées par tous les contribuables d'un département, à l'aide de *sous* additionnels qui, dans aucun cas, ne pouvaient excéder le cinquième des contributions générales ; les dépenses communales, à la charge des seuls membres de la commune ; les dépenses municipales supportées par les contribuables des municipalités qui, on se le rappelle, étaient de deux classes. Il fut dit que les dépenses générales à la charge de l'État comprendraient les frais de la confection, de réparation et d'entretien des grandes routes, de la navigation intérieure, et de l'entretien et de la réparation des ports, des primes et encouragements à l'Agriculture, au Commerce et aux Arts, de la Bibliothèque nationale, du Muséum, du Jardin des Plantes, des hôtels des monnaies, de la régie, des poudres et salpêtres, des manufactures nationales, des sourds-muets, des aveugles-travailleurs, des enfants abandonnés ou enfants de la patrie, des constructions, grosses réparations et frais de premier établissement des édifices consacrés à un service public et des prisons, et des autres dépenses qui intéressent l'universalité des citoyens de la République.

Les dépenses communales furent, en ce qui touche : l'entretien du pavé, pour les parties qui ne sont pas grande route ; de la voirie et des chemins vicinaux dans l'étendue de la commune ; de l'entretien des horloges, des fontaines, halles et autres édifices publics si la commune en possède ; de l'entretien des fossés, aqueducs et ponts en usage et d'une utilité particulière à la commune, et qui, de leur nature, ne faisaient pas partie des objets compris dans les dépenses générales des travaux publics, etc., etc.

Et les dépenses des Municipalités formant à elles seules un canton étaient celles de toutes les communes.

Il y avait une petite différence pour les Municipalités formées de plusieurs communes. Ces dernières étaient tenues à faire certaines dépenses, par exemple, pour les écoles primaires.

Les dépenses départementales comprenaient, entre autres, celles des tribunaux, des administrations centrales, des écoles et des bibliothèques, muséums, cabinets de physique et d'histoire naturelle et jardins botaniques en dépendant ; de l'entretien et réparation des édifices publics servant à ces établissements et des prisons (Loi du 11 frimaire de l'an VII).

Les contributions furent dites directes ou indirectes. Parmi les contributions directes étaient celles qui étaient payées par tous les immeubles, sous le nom de contribution foncière ou impôt foncier. Cet impôt devait frapper tous les immeubles susceptibles de donner un revenu. On en excepta les rues, les places publiques, servant aux foires et marchés, les grandes routes, les rivières, les chemins publics vicinaux (Loi du 3 frimaire de l'an VII).

On établit un impôt d'un dixième sur les voitures publiques (Loi du 9 vendémiaire de l'an VI).

On rétablit les péages sur les grandes routes, afin de créer des fonds pour leur entretien, réparation et confection ainsi que pour leur administration (Loi du 24 fructidor de l'an V).

On rétablit les péages sur les canaux, afin d'avoir de l'argent pour réparer leurs écluses etc., etc. (Loi du 21 vendémiaire — du 27 nivôse de l'an V ; arrêté des 5 et 9 brumaire de l'an VI).

Le droit de passe fut réglementé (Loi générale sur les dépenses ordinaires et extraordinaires du 9 vendémiaire de l'an VI).

La loi du 9 vendémiaire de l'an VI sur les droits de passe sur les autres routes n'était pas assez précise, elle fut expliquée et complétée (Loi du 3 nivôse de l'an VI).

Les équipages d'artillerie, voyageant avec feuille de route, furent dispensés de payer le droit de passer sur les routes (Arrêté du 13 vendémiaire de l'an VII).

Les voitures voyageant pour le service de l'État en furent aussi toutes exceptées (Arrêté du 9 brumaire de l'an VII).

Et, comme cet impôt soulevait sans cesse des difficultés, le Directoire fut autorisé à prendre des arrêtés pour les réglementer (Loi du 21 floréal de l'an VI).

Il statua sur les voitures qui seraient exemptes des péages sur les routes (Arrêté du 21 floréal de l'an VI).

Les voitures portant des objets destinés à la fabrication des sels ou eaux salines furent affranchies d'une partie des droits de passe (Arrêté du 9 prairial de l'an VII).

Les perceptions à faire sur les cours d'eau causèrent aussi de grandes difficultés, qui furent tranchées par des lois ou par des arrêtés. En effet la plupart des arrêtés sur la police des eaux et la mise en adjudication des bacs et des bateaux ont porté des réglementations sur les droits à percevoir. Nombre de ces actes contiennent le tarif des sommes exigibles.

Enfin, l'État expropria tous les prétendant droit à posséder ces bacs, bateaux, etc., etc. On ordonna qu'il serait fait déclaration des bacs existants, qui devaient être rachetés et payés d'après l'estimation faite par deux experts, auxquels, en cas de désaccord, un troisième était adjoint par l'administration du département. Sitôt l'estimation faite, les préposés de la régie devaient prendre possession des objets désignés dans le procès-verbal d'expertise. Alors les bacs étaient administrés en régie provisoire, jusqu'au moment où ils étaient mis en ferme. (Loi du 6 frimaire de l'an VII.)

DES ROUTES.

Les lois antérieures étaient suffisantes ; il fallait seulement veiller à leur exécution. Le nouveau Gouvernement s'y porta avec une sérieuse attention et une grande vigilance.

Les administrations départementales n'avaient point obéi aux ordres antérieurs qui leur avaient prescrit de fournir l'état de leurs routes et de leurs chemins ; on leur rappela ces obligations et on leur enjoignit d'y satisfaire (Arrêté du Directoire du 23 messidor de l'an IV).

Il fut permis aux citoyens et aux associations d'ouvrir, sous l'autorisation du Corps législatif, des voies de communication autres que des routes et d'y percevoir des péages (Loi du 9 vendémiaire de l'an VI).

On fixa la largeur des rues de Paris. Celles qui étaient le prolongement des routes de première classe devaient avoir douze mètres, celles qui étaient le prolongement des routes de seconde classe dix mètres de large. (Arrêté du 13 germinal de l'an V.)

DES COURS D'EAU.

Le Directoire voulait que le Gouvernement eût seul le soin des dépendances du domaine public ; c'est pourquoi l'on pensa à racheter les actions du canal du Languedoc ou des deux mers (Loi du 23 vendémiaire de l'an IV).

L'on fixa définitivement la largeur des chemins de halage à vingt-quatre pieds, le long des rivières navigables ; la largeur du marchepied le long des rivières flottables à quatre pieds. (Arrêté du Gouvernement du 13 nivôse de l'an V.)

On prit des mesures pour faire démolir les ouvrages établis sans autorisation sur les cours d'eau, et pour vérifier si les précautions exigées pour les ouvrages anciens étaient observées (Instruction du Ministre de l'intérieur du 24 pluviôse de l'an V).

Le 9 ventôse de l'an VI un arrêté du Directoire exécutif décida qu'un arrêté du Directoire du département de l'Aube, statuant sur une usine à établir sur un cours d'eau, ne recevrait d'autorisation qu'après avoir été sanctionné par le Ministre.

En effet les entreprises sur les cours d'eau s'étaient, paraît-il, considérablement multipliées. En conséquence, il fut ordonné aux administrations départementales d'avoir à nommer dans le délai d'un mois un ingénieur et deux propriétaires pour vérifier, dans les deux mois, les usines, les moulins et autres travaux établis sur les fleuves et rivières navigables et autres cours d'eau. Sur le vu de l'état qui serait dressé, l'administration départementale devait enjoindre aux propriétaires qui n'auraient pas justifié d'un droit, d'avoir à détruire les ouvrages par eux indûment établis. (Arrêté du 19 ventôse de l'an VI.)

L'arrêté du 19 ventôse de l'an VI fut expliqué longuement (Circulaire du Ministre de l'intérieur, du 21 germinal de l'an VI).

Il fut ordonné à toute personne qui voudrait établir un pont, une chaussée permanente ou mobile, une écluse ou usine, un bâtardeau, un moulin, une digue ou autre obstacle quelconque sur un cours d'eau d'en faire la demande à l'administration centrale du département. Celle-ci devait renvoyer les pièces à l'administration municipale du canton, pour qu'elles fussent affichées pendant vingt jours, avec invitation aux citoyens de fournir leurs observations. L'administration municipale — après cette enquête, et après s'être renseignée auprès des propriétaires riverains et des propriétaires des usines inférieures et supérieures, auprès des ingénieurs et de l'inspecteur de la navigation, — donnait son avis et retournait les demandes, enquêtes, etc., etc., à l'administration centrale du département qui, prenait l'avis de l'ingénieur en chef et statuait, en ordonnant toujours de surseoir à l'exécution des travaux jusqu'à l'intervention de la sanction du Directoire.

L'autorisation accordée par le département devait contenir :

1° L'obligation expresse aux ingénieurs de surveiller immédiatement l'exécution des travaux indiqués au plans et devis ;

2° Celle au concessionnaire de faire à ses frais, après les travaux achevés, constater leur état par un rapport de l'ingénieur, dont une expédition devait être déposée aux archives de l'Administration centrale, et l'autre adressée au Ministre de l'intérieur ;

3° D'insérer la clause expresse que, dans aucun temps, ni sous aucun prétexte, il ne pourrait être prétendu indemnité de chômage, ni dédommagements par les concessionnaires ou ceux qui les représenteraient, par suite des dispositions que le Gouvernement trouverait convenable de faire pour l'avantage de la navigation, du commerce ou de l'industrie, sur les cours d'eau où seraient situés les établissements. (Instruction du Ministre de l'intérieur du 19 thermidor de l'an VI.)

Le Ministre de l'intérieur s'adressa, à la fois, aux administrations centrales des départements et aux ingénieurs en chef pour leur demander pourquoi l'on n'avait pas obéi en envoyant au Ministère les procès-verbaux des visites qui avaient dû être faites, en conformité des ordres précédemment donnés, notamment par l'arrêté du 19 ventôse de l'an VI (Circulaire du 9 pluviôse de l'an VII).

Il statua sur la police des eaux par une instruction importante sur les bacs, bateaux, agrès, magasins, et sur les droits qui y étaient perçus (13 pluviôse de l'an VII).

- PROJETS.

Le Ministre était François de Neufchâteau, qui avait pris à cœur de faire du bien. Il a donné une grande impulsion au progrès des arts et des manufactures ; il a inauguré l'ère des Expositions des produits de l'industrie. En même temps il s'intéressait aux travaux publics. Les arrêtés du Gouvernement, les circulaires émanant de ses prédécesseurs avaient appelé son attention sur la navigation intérieure. Il forma douze commissions chargées de se réunir et d'étudier les moyens d'établir un système de canaux pour joindre tous nos cours d'eau et couvrir la France d'un réseau de voies navigables. Il demandait par quels moyens on joindrait le Rhin au Rhône,

Le Rhin à la Meurthe,

La Moselle à la Meurthe et à la Saône,

La Meuse à l'Aisne,

L'Oise à la Sambre et à l'Escaut,

La Seine à la Meuse, par l'Oise et la Sambre ; à l'Escaut par un canal de Paris à Cambrai ; et à la Manche, par un canal de Paris à Dieppe,

La Charente et la Dordogne à la Loire,

La Garonne à l'Adour,

La Loire au Rhin, par le canal du Centre, formant communication de la Loire à la Saône, et par la jonction projetée du Doubs, qui se jette dans la Saône, avec l'Ill, qui se jette dans le Rhin.

Les douze commissions étaient invitées à s'occuper sur place des moyens de faire participer toutes les autres rivières, dont on indiquait l'emploi, à cette magnifique conception. (Instruction du 23 fructidor de l'an VII.)

Ce projet fut tiré d'abord à trois cent mille exemplaires, mais ce fut insuffisant. Il fallut le réimprimer, ce qu'on fit en y ajoutant encore quelques indications oubliées. (Circulaire du 22 nivôse de l'an VII.)

Le département de Saône-et-Loire fit alors un règlement sur la police du canal du Centre, dans lequel il résuma toutes les dispositions des lois sur les canaux pour les appliquer à son sujet. En même temps il détermina le tarif des droits de navigation. Cet acte, qui a été approuvé par l'Administration supérieure, est resté classique dans la matière. (3 pluviôse de l'an VII.)

MINES.

Le Directoire exécuta les lois rendues précédemment et dont nous avons donné l'analyse. Il fut dit seulement, comme rappel des règles que l'on oubliait, que tous transports, cessions, ventes ou autres actes translatifs de propriété des droits relatifs aux concessions de mines, devaient être soumis aux Administrations centrales de département, puis à l'approbation du Gouvernement. (Arrêté du 3 nivôse de l'an VI.)

MARAIS.

Une seule disposition nouvelle : Les propriétaires de marais desséchés furent autorisés à se réunir pour l'entretien de leurs desséchements et pour délibérer sur leurs intérêts. Ils devaient prévenir l'administration municipale de canton, et l'administration du département du jour et de l'heure de leurs assemblées : un commissaire du département venait y assister. (Loi du 4 pluviôse de l'an VI.)

COMPÉTENCE ADMINISTRATIVE.

Les lois précédentes furent conservées, mais il fut enjoint d'insérer dans tous les traités ou marchés passés par les administrations une clause par laquelle les entrepreneurs se soumettaient à la juridiction administrative pour l'interprétation ou l'exécution des traités ou marchés. (Circulaire du Ministre de l'intérieur du 6 frimaire de l'an VI.)

LA TÉLÉGRAPHIE.

Le Directoire donna de grands soins à la télégraphie. Il continua la ligne du Nord et construisit celle de Strasbourg, qui fut bientôt étendue jusqu'à Huningue. Il fit la ligne de Paris à Brest avec ramification sur Saint-Brieuc; enfin il décréta l'établissement de la ligne du Midi.

TRAVAUX MILITAIRES.

Le Ministère de la guerre fut partagé en cinq divisions. La troisième comprenait l'artillerie, le génie, les fortifications, les mouvements et détails particuliers aux deux armes.

Un règlement du 22 germinal de l'an IV statua sur l'administration et l'entretien des bâtiments militaires. Il y était dit que tous les travaux relatifs à ces bâtiments seraient dirigés par les officiers du génie, non-seulement dans les places et postes de guerre, mais encore dans *toutes* les autres communes. On excepta de cette généralité les arsenaux, fonderies et manufactures d'armes, qui restèrent sous la direction des officiers d'artillerie. — Le Ministre de la guerre était d'ailleurs autorisé à faire suppléer les officiers du génie par des ingénieurs civils.

LES ÉCOLES.

École polytechnique. — En floréal de l'an V, intervint un arrêté du Directoire exécutif sur l'École polytechnique et les examens de sortie. Les élèves devaient déclarer, en entrant à l'École, à quelle partie du service public ils se préparaient. Ils devaient suivre l'enseignement pendant deux ans et subir, à la fin de la seconde année, un examen, à la suite duquel ils étaient admis dans une école d'application.

École du Génie. — Un arrêté du Directoire, du 4 floréal de l'an V, réglementa à nouveau ce qui était relatif à cette École. Ses dispositions n'ont guère modifié ce qui se faisait antérieurement; par conséquent nous n'avons point à en tenir compte.

LE GÉNIE MILITAIRE.

Cette arme avait conservé son ancienne organisation. Le nombre des officiers était, sur le papier, de 450 ; mais, en l'an VII, il n'y en avait que 421. On avait conservé l'habitude d'avoir des adjoints au Génie militaire. Ils étaient alors au nombre de 211, y compris les officiers, auxquels on donnait le nom d'ingénieurs géographes. Bernadotte, habile administrateur, parce qu'il avait été avocat, essaya, étant devenu Ministre de la guerre, de mettre l'ordre dans le service du Génie. Il compléta le nombre des directeurs et leur donna des injonctions précises sur tout ce qu'ils avaient à faire. C'est ainsi qu'il avait prescrit de rebâtir les fortifications de Manheim. Les officiers du Génie n'ayant pas obéi furent déférés aux tribunaux.

Enfin, comme, malgré les nombreuses ordonnances de l'ancien Régime et la loi sur les places de guerre de 1791, il n'y avait aucune unité dans les cahiers des charges et la surveillance, l'exécution, la réception des travaux, un devis modèle, imprimé en l'an VII, dans lequel on avait répété toutes les anciennes dispositions, fut adressé à toutes les directions du génie.

Le Génie militaire aux colonies. — Par un arrêté du 21 messidor de l'an V, les officiers du génie, employés dans les colonies, furent placés sous les ordres du Ministre de la marine. Un dépôt des cartes et plans des localités soumises à ce Ministre fut établi au siège de son administration.

Les Aéronautes. — Ce corps fut supprimé en l'an VII, avec l'École qui avait été créée à Meudon, pour instruire la compagnie d'aéronautes. Le service des aérostats fut donné au Génie.

nieurs, fut chargée d'examiner et discuter les projets, devis et détails des travaux dans le rayon des places fortes. L'empereur se réservait de statuer sur ces affaires. (Décret du 20 février 1810.)

Les travaux d'entretien et de réparation des ponts dormants et des ponts-levis, établis pour la défense des places et situés sur des canaux de défense ou des fossés d'inondation, dans les parties de routes qui traversent les fortifications et désignés au décret du 4 août 1811 sous le nom de ponts militaires, furent mis à la charge du Ministère de la Guerre, pour être exécutés par les officiers du génie.

Les ponts dormants et les ponts-levis établis sur des rivières ou canaux de navigation, pour la continuation de la route, et non pour la défense d'une place et situés sur des parties de routes traversant des fortifications, furent mis à la charge des ponts et chaussées dont les ingénieurs devaient diriger les travaux.

Les ingénieurs civils et militaires devaient s'entendre pour diviser les travaux entre eux ; leurs opérations devaient être approuvées par le Ministre de la Guerre et le Ministre de l'Intérieur. Décret du 31 janvier 1813.)

Les guerres incessantes auxquelles nous avions été conduits n'avaient point permis de remplir le vœu de la France, pour l'application de l'armée aux travaux publics. Cependant il y avait des condamnés militaires que l'on utilisa en les employant à quelques ouvrages. (Arrêté du Gouvernement, du 19 vendémiaire de l'an XII.)

Ils furent remis au Ministre de l'intérieur, puis placés sous les ordres des ingénieurs des ponts et chaussées pour être entretenus par le département de l'intérieur. (Circulaires du Ministre de la Guerre du 15 mai 1807 ; du Directeur général des Ponts et chaussées du 29 mai 1807 ; Décret du 18 juin 1809.)

MINISTRE DE LA MARINE.

Le service des constructions nécessaires pour la marine de l'État a été l'objet de mesures importantes. On établit un Conseil des constructions navales près et sous l'autorité du Ministre. Ce conseil s'occupait de toutes les constructions et spécialement de celles des vaisseaux et autres bâtiments destinés à la navigation, mais il avait le soin des bâtiments, des ports, des fortifications. Le chef du Génie militaire et tous les ingénieurs de ce Corps présents à Paris reçurent le droit d'assister aux séances du Conseil des constructions navales avec voix représentatrices. (Décret du 29 mars 1811 publié le 29 mars 1831.)

COMPÉTENCE.

Les appels dirigés contre les arrêtés du Conseil de préfecture, les recours contre les décisions des Ministres étant du ressort du Conseil d'Etat, nous devons noter, dans ce travail, le décret du 22 juillet 1806, portant règlement de la procédure devant cette juridiction.

Le recours n'a pas d'effet suspensif ; il doit être fait dans les trois mois et signé par un avocat à la Cour de cassation et au Conseil d'État. Ce règlement est toujours en vigueur ; mais son analyse exigerait des développements considérables, qui seraient ici hors de propos, c'est pourquoi nous nous bornons à ce que nous venons de dire.

Le Conseil d'État fut déclaré compétent pour connaître du contentieux relatif aux services des Ministères et aux Palais impériaux. (Décret du 11 juin 1806.)

On n'avait jamais bien défini ce qui concernait la compétence des Tribunaux administratifs. Les parties et même les administrations diverses semblaient leur accorder le pouvoir de statuer sur tout.

Mais, on s'aperçut qu'il fallait écarter les actes de commandement, qui ne pouvaient pas plus être contestés devant la juridiction administrative que devant les Tribunaux civils.

Le Conseil d'État fut d'avis qu'il n'avait point à statuer sur une demande de suppression d'un chemin communal. L'affaire est de la compétence du Préfet, sauf recours au Ministre de l'intérieur. C'est après l'arrêté ministériel qu'il peut y avoir lieu à un recours au Conseil d'État, si cet arrêté blesse des droits acquis. (Avis du Conseil d'État, du 8 novembre 1813.)

La séparation de la Juridiction en civile et en administrative causait toujours des difficultés sur les Questions de compétence. En effet, les Conseils de préfecture connaissaient des contraventions de voirie et de tout ce qui gênait les travaux publics ; or l'on venait de rappeler dans le Code d'Instruction criminelle que le Tribunal de répression pouvait connaître de l'action en dommages-intérêts formée par la partie lésée.

On se demanda si le Conseil de préfecture, chargé de condamner les contrevenants, pouvait être saisi d'une demande tendant à la réparation du préjudice causé. Il fut décidé que l'action civile serait de la compétence des Tribunaux ordinaires. (Avis du Conseil d'État du 23 décembre 1809.)

Il sembla dès lors que le Conseil de préfecture ne pouvait pas allouer de dommages-intérêts, pas plus qu'il ne pouvait prononcer de peines corporelles.

Les décisions d'un Tribunal de ce genre étaient réputées de simples avis, en quelque sorte. Tout en était exceptionnel, à ce point que l'on se demandait comment on devait s'y prendre pour les mettre à exécution, quand elles prononçaient des amendes. Le Ministre de l'Intérieur régla la manière de faire les recouvrements en ces termes :

« Le recouvrement de ces amendes et frais ne doit pas avoir
« lieu par poursuite d'huissiers. La loi du 29 floréal an X dit tex-
« tuellement que les arrêtés des conseils seront exécutés sans
« visa ni mandement des Tribunaux, nonobstant et sauf tout re-
« cours; que les individus condamnés seront contraints, comme il
« est ordonné pour le recouvrement des contributions par l'envoi
« de garnisaires et saisie de meubles en vertu desdits arrêtés, qui
« seront exécutoires et emporteront hypothèques. »

On changea le mode de recouvrement des amendes de grande
voirie, il fut dit qu'il serait fait par les préposés de l'enregistrement
et des domaines, qui en verseraient le montant, sous déduction de
leur remise à la caisse du receveur général. (Décret, du 29 août
1813.)

Les préposés aux droits réunis et aux octrois reçurent le droit
de constater concurremment avec ceux qui en étaient chargés
les contraventions de grande voirie. (Décret, du 18 août
1810.)

Les procès-verbaux constatant ces contraventions devaient être,
par ceux qui les avaient dressés, affirmés devant le juge–de–paix.
(Même Décret.)

Ils faisaient foi jusqu'à inscription de faux. Ce privilège fut
étendu à tous les procès–verbaux dressés pour constater les contraventions de grande voirie.

Les procédures pour l'affirmation des procès-verbaux, le jugement des contraventions, le recouvrement et l'attribution des
amendes furent déclarées pouvoir être les mêmes que pour les
routes, pour les canaux, les rivières navigables, les ports maritimes
de commerce et les travaux à la mer. (Décret du 10 avril 1812.)

Le sous-préfet eut le droit de prendre un arrêté pour ordonner
de briser les roues des voitures de roulage dont la circulation
était interdite par la loi. (Décret du 23 juin 1806, articles 2
et 3.)

Les maires reçurent le droit de statuer sur les contraventions en matière de police de roulage. Leurs décisions étaient rendues sommairement, sans frais, sans formalités; elles étaient exécutées provisoirement sauf recours au Conseil de préfecture. (Décret du 23 juin 1806, art. 38.)

Mais les Tribunaux ordinaires avaient aussi une compétence en ces matières. Nous aurions pu l'indiquer déjà en parlant des lois de répression. Mais ce que nous en dirons ici suffira pour renouer la chaîne historique. On continua à punir les coupables, suivant la nature de leurs méfaits. Certaines dégradations furent mises au rang des crimes de la juridiction de la Cour d'assises, par les articles 437 et 438 du Code pénal de 1810. D'autres furent rangées parmi les délits, par les articles 445, 446, 447 et 448 relatifs à l'abattage ou la mutilation des arbres plantés sur les routes, rues, chemins, places ou autres lieux publics. La peine portée fut celle de 20 jours à 6 mois de prison pour chaque arbre abattu ou mutilé de manière à ce que sa perte fût la conséquence de la mutilation, mais le total ne pouvait dépasser cinq années.

S'il y avait eu destruction de greffes, le minimum était de dix jours le maximum ne pouvant s'élever au delà de deux ans. (Art. 445, 446, 447, et 448). Ces faits étaient de la compétence des Tribunaux correctionnels.

Si les destructions ou mutilations avaient eu lieu sans la volonté de nuire, il n'y avait plus qu'une contravention passible d'une amende de 11 à 15 francs. (Art. 479, § 10.) — Alors le fait rentrait dans les attributions du juge de simple police.

Nous continuerons à donner l'analyse des règles posées par le Code pénal, en ce qui peut nous toucher. Et, comme elles sont encore en vigueur, nous en parlerons au présent.

L'article 471 § 4 punit d'une amende de 1 à 5 francs ceux qui auront embarrassé la voie publique en y déposant ou y laissant sans nécessité, des matériaux ou des choses quelconques qui empêchent ou diminuent la liberté ou la sûreté du passage ; ceux qui, en contravention avec les lois ou règlements, auront négligé d'éclairer les matériaux par eux déposés, ou les excavations par eux faites dans les rues et places.

L'article 475 § 3 punit d'amende depuis six francs jusqu'à dix francs, les rouliers, charretiers ou conducteurs de voitures qui auraient manqué aux réglements sur la conduite de leurs voitures.

Le § 4 atteint ceux qui ont contrevenu aux réglements sur la solidité des voitures publiques, leur poids, le mode de leur chargement, le nombre et la sûreté des voyageurs etc., etc., et ce qui a été ajouté en 1832, à savoir l'indication dans l'intérieur des voitures, des places qu'elles contiennent et du prix des places, l'indication à l'extérieur du nom du propriétaire.

Le § 12 punit ceux qui, le pouvant, ont refusé ou négligé de faire les travaux, le service, ou de prêter le secours dont ils auraient été requis, dans les circonstances d'accidents, etc.

L'article 476 ajoute que les rouliers, charretiers ou voituriers, qui auront commis les contraventions prévues par le § 4 de l'article précédent pourront être condamnés à un emprisonnement de trois jours.

L'article 479 § 2 punit d'une amende de 11 à 15 francs ceux qui auront occasionné la mort ou la blessure d'animaux appartenant à autrui par la rapidité, la mauvaise direction ou le chargement excessif de leurs voitures, bêtes de trait, de somme ou monture. Les mêmes peines sont portées si cette mort ou cette blessure proviennent de l'usage des armes à feu sans précaution ou par maladresse, ou par jet de pierres ou de corps durs (§ 3.).

Elles le sont également si ces mêmes accidents ont été occasionnés par la vétusté, la dégradation, le défaut de réparation ou d'entretien des maisons ou édifices ou par l'encombrement ou l'excavation, ou telles autres œuvres, dans ou près les rues, places ou voies publiques, sans les précautions ou signaux ordonnés ou d'usage (§ 4.).

Elles le sont encore contre ceux qui auront dégradé ou détérioré, de quelque manière que ce soit, les chemins publics ou usurpé leur largeur (§ 11.).

Ou ceux qui, sans y être dûment autorisés, auront enlevé des chemins publics les gazons, terres ou pierres, ou qui, dans les lieux appartenant aux communes, auront enlevé les terres ou matériaux, à moins qu'il n'existe un usage général qui l'autorise (§ 12.).

Les personnes qui, dans les circonstances relevées au § 3, auront occasionné la mort ou la blessure des animaux ou bestiaux appartenant à autrui, pourront être condamnées à un emprisonnement de cinq jours au plus. (Code pénal, art. 480.)

DES INGÉNIEURS DIVERS ; DES ÉCOLES ; DU PERSONNEL EN GÉNÉRAL.

Un des premiers soins de l'Empire fut de réorganiser ce qui concernait le personnel et le service des Ponts et chaussées. On prit toutes les lois, tous les décrets, tous les actes officiels, et l'on en fit un ensemble. La tradition rapporte que c'était une peine inutile, parce que ce qui existait déjà était très-bien compris et parce que l'on n'y changeait pas grand'chose. Quoiqu'il en soit nous devons rappeler les dispositions qui furent alors arrêtées. Il y a à cela un intérêt, ces règles ayant été suivies pendant un grand nombre d'années.

Le personnel était fixé à 537 *individus* (ainsi désignés), parmi lesquels on comptait cinq inspecteurs généraux, quinze inspecteurs divisionnaires, quinze aspirants et soixante élèves. Les ingénieurs en chef et les ingénieurs ordinaires étaient de première ou de seconde classe. Si un ingénieur en chef de première classe faisait des ouvrages pour lesquels on plaçait d'autres ingénieurs en chef sous ses ordres, il prenait le titre d'ingénieur directeur pendant la durée des travaux.

Nous ne donnerons point le détail du classement du service ; il suffira de rappeler que les Inspecteurs généraux avaient des attributions qui permettaient de leur confier la surveillance du corps sur toute l'étendue du territoire ; que les Inspecteurs divisionnaires et deux adjoints se partageaient la France, et qu'ils pouvaient être employés hors de leurs divisions.

Chaque département continuait à avoir son Ingénieur en chef. Le reste des Ingénieurs en chef pouvait être employé au service extraordinaire pour la navigation, les canaux, les ports de commerce, l'ouverture des routes, les projets de travaux imprévus.

Les fonctions des ingénieurs consistaient pour les Inspecteurs généraux, qui devaient résider à Paris, à former, avec cinq inspecteurs divisionnaires, appelés, alternativement avec eux, le Conseil général des Ponts et chaussées. Ce Conseil continuait à être chargé de l'examen des plans, projets, mémoires, comptabilité, tenus par les ingénieurs en chef, le contentieux relatif à l'établissement, règlement et police des usines à eau ; les questions sur le contentieux des routes, de la navigation, des ports maritimes et des autres affaires relatives aux ponts et chaussées, qui leur seraient renvoyées par le directeur général, président de cette assemblée, dont un ingénieur était secrétaire.

Il faut noter que, si certains renvois sont facultatifs, le Conseil général des ponts et chaussées devait *nécessairement* être consulté sur toutes les questions contentieuses.

De plus, les Inspecteurs généraux pouvaient être chargés, par le directeur général, de l'inspection ou la direction de certains travaux exécutés dans les départements.

Les Ingénieurs divisionnaires étaient chargés de l'inspection du personnel, des travaux, des livres et registres des ingénieurs en chef. Ils devaient examiner avec ces derniers et discuter avec eux les projets des travaux.

Les ingénieurs en chef avaient à préparer, avec l'aide des ingénieurs ordinaires, les projets des travaux à entreprendre dans leurs départements respectifs. Ils devaient, quand les projets étaient régularisés par les approbations nécessaires, s'entendre avec les Préfets pour les mettre en adjudication au rabais. Ils en surveillaient ensuite l'exécution ; enfin, ils vérifiaient le compte de tous les travaux et l'arrêtaient avec l'entrepreneur. Ils tenaient registre des recettes et des dépenses, en adressaient l'extrait, chaque trimestre, au directeur général, auquel ils devaient encore un état général, à la fin de l'année.

Les ingénieurs ordinaires devaient lever les plans, faire les projets que leur demandait l'ingénieur en chef. Ils discutaient avec lui l'utilité des projets. Puis, les projets étant approuvés et adjugés en leur présence ou celle de l'ingénieur en chef, suivant les cas, ils en faisaient le tracé, en surveillaient l'exécution et en tenaient la comptabilité. Ils mettaient l'ingénieur en chef au courant de leurs opérations ; enfin, ils étaient chargés de la réception des travaux et du règlement provisoire du compte des entrepreneurs.

Au surplus, on était entré dans des détails très-minutieux sur toutes les attributions, la police intérieure du corps, les règles sur la hiérarchie, l'avancement, les retraites et pensions, les conducteurs des ponts et chaussées, l'école, l'administration générale.

On réglait en même temps la situation des ingénieurs employés aux travaux de la marine militaire, des départements, des communes ou des autres administrations, et l'on s'occupait de ce qui devait être fait pour ceux que les Tribunaux choisissaient comme experts. (Décret du 7 fructidor de l'an XII.)

Les soixante élèves des Ponts et chaussées étaient pris parmi ceux de l'École polytechnique, qui, après avoir achevé leurs études, étaient choisis par l'administration de cette École.

Les élèves sortant de l'École des ponts et chaussées, jugés dignes d'être placés, recevaient le titre d'aspirants. (Même Décret.)

On donna une position officielle aux aides dont les ingénieurs avaient l'habitude de se servir pour la préparation et la surveillance des travaux. On continua à les appeler du nom, qu'ils avaient déjà, de conducteurs des ponts et chaussées. Un conducteur devait être attaché à chaque ingénieur, mais chaque ingénieur en avait un plus grand nombre, si les travaux d'art qu'il faisait exécuter l'exigeaient.

L'École des ponts et chaussées, établie en 1747 et réorganisée par la loi de 1791, devait être dirigée par un inspecteur général, sous la surveillance du directeur général. Cet inspecteur général, directeur de l'école, était en même temps garde des plans, projets et modèles servant à l'instruction des élèves. Il avait sous lui un inspecteur ayant le grade d'ingénieur en chef.

L'enseignement devait durer trois ans, il était donné par trois professeurs ayant le grade d'ingénieur en chef.

Le directeur, l'inspecteur, les trois professeurs et deux inspecteurs généraux désignés formaient le Conseil de l'École, qui se réunissait une fois par mois pour statuer sur toutes les affaires intéressant l'enseignement et le personnel. (Même Décret.)

Les élèves de l'École polytechnique avaient été formés en bataillon. Les élèves des Ponts et chaussées devinrent la cinquième compagnie de ce bataillon. Ils devaient être casernés à l'École polytechnique et être toujours revêtus de leur uniforme.

La discipline était sévère ; son maintien était confié à des officiers. Les peines disciplinaires étaient fixées. Une disposition de cette époque a eu une funeste influence sur le corps des ingénieurs. Il était dit que les élèves, dans l'intervalle qui sépare les leçons, ne pourraient se permettre de lectures ou d'occupations étrangères à ce qui leur aurait été prescrit. Quoique les élèves de l'École des ponts et chaussées soient maintenant affranchis de l'obligation du casernement, cette règle de ne voir que les matières enseignées ou autorisées menace de les mettre en dehors des faits de la vie sociale. S'ils y obéissaient, ils pourraient être dans une situation d'éducation et d'instruction inférieure à celle de certains rivaux, dont l'initiative n'a pas été violemment arrêtée. (Voir un second Décret du 7 fructidor de l'an XII.)

Il était depuis longtemps d'usage d'employer des piqueurs pour surveiller les chantiers.

On désignait sous ce nom, qu'ils portent encore, des chefs d'ouvriers qui dirigeaient un certain nombre de travailleurs. On les mit sous la direction des conducteurs, dont ils étaient les auxiliaires pour la conduite des ateliers, les constatations à y faire, et on leur donna même le droit de constater les contraventions. (Même Décret.)

Puis il fut défendu d'en employer dans le service extraordinaire des Ponts et chaussées.

On pouvait en avoir pour le service extraordinaire dans les départements où l'on faisait des travaux d'art, tels que ponts, écluses, etc., etc.

Ils devaient être pris dans la classe des ouvriers les plus actifs et les plus intelligents, à moins qu'il n'y eut là des conducteurs des ponts et chaussées réformés pour cause de suppression d'emplois. Ces conducteurs devaient être préférés. (Circulaire du Directeur général du 19 décembre 1806.).

L'on attacha neuf auditeurs du Conseil d'État auprès de la direction générale des ponts et chaussées, et l'on créa une fonction nouvelle, dont le titulaire fut appelé le Magistrat du Rhin. (Décret du 27 octobre 1808.)

Le directeur général demanda que les ingénieurs en chef se fissent remettre, tous les ans, par les ingénieurs ordinaires, les aspirants et les élèves, une notice sur les principaux objets dont chacun se serait occupé. Cette notice devrait être visée par l'ingénieur en chef et transmise par lui. (Circulaire du 18 juin 1809.)

Nous avons parlé de la solidarité qui unissait les membres du corps des ponts et chaussées. C'était depuis longtemps un usage, que leur chef fût averti des projets de mariage des ingénieurs. Le directeur général demanda que l'on voulût bien reprendre cette habitude. (Circulaire du 20 avril 1809.)

Les ingénieurs ordinaires durent se procurer un cheval pour leurs tournées. Plusieurs d'entre eux négligèrent de se soumettre à cette obligation ; elle leur a été plusieurs fois rappelée. (Circulaire du Directeur général des Ponts et chaussées du 16 mars 1809.)

L'on recommanda aux ingénieurs de se conformer aux circulaires qui ordonnaient de faire parvenir au Ministère les projets de travaux pour lesquels on demanderait des fonds au Gouvernement. (Circ. d'avril 1811.)

Un service aussi compliqué que celui des Ponts et chaussées nécessite toujours quelques réglementations. Ainsi nous rappellerons qu'il fut ordonné aux ingénieurs de toutes les classes de joindre à tout envoi de pièces un bordereau séparé de ce qu'ils adressaient. Le même jour, par une autre circulaire, on leur ordonnait de ne traiter qu'un seul objet dans une lettre. (Deux Circulaires du 8 juin 1808.)

Le Directeur général des Ponts et chaussées exigea qu'un exemplaire des plans et devis des travaux lui fût envoyé pour le dépôt central de l'administration. (Circulaire du 20 juin 1808.)

Il fut recommandé aux ingénieurs en chef d'avoir toujours leurs portefeuilles garnis de projets de travaux, et de les faire parvenir à la direction générale sitôt qu'ils seraient achevés. En effet ils arrivaient tous à la fois au ministère et ne pouvaient être examinés que successivement, ce qui retardait l'approbation de certains d'entre eux et faisait que les travaux n'étaient pas mis en adjudication aussitôt que cela était désirable. (Circulaire du 10 juin 1809.)

L'Empereur voulut que le directeur général lui adressât à l'avenir, tous les mois, le compte-rendu de l'état où se trouvaient les grands travaux. Il dicta, lui-même, le modèle du tableau qu'on devait lui soumettre. Le directeur général transmit ce tableau aux ingénieurs en chef, en leur demandant de lui en adresser un pareil, le 15 de chaque mois, pour les travaux du mois précédent. Il devait être en sept colonnes et présenter :

1° Les travaux dont il s'agissait ;

2° Le nombre des ouvriers employés aux travaux d'art et à la terrasse ;

3° Les sommes dépensées pendant le mois ;

4° Celles dépensées dans le mois précédent ;

5° Les sommes affectées pour l'année 18.. ;

6° Le restant à dépenser sur les fonds de l'exercice ;

7° Les observations. (Circulaire du 31 juillet 1808.)

Malgré la clarté de la précédente circulaire, le directeur général crut utile d'en donner une explication. (Circulaire du 27 septembre 1808.)

Le plan approuvé des travaux était, après l'achèvement des ouvrages, adressé au directeur général. L'ingénieur en chef se concertait à cet égard avec le préfet. (Circulaire du Directeur général des Ponts et chaussées du 10 novembre 1808.)

Par une nouvelle mesure il fut dit que les projets nouveaux de travaux publics seraient copiés à la direction des ponts et chaussées, sitôt après après avoir été approuvés et avant d'être renvoyés. On assurait ainsi la formation d'un dépôt central. (Circulaire du Directeur général des Ponts et chaussées de juin 1811.)

Ingénieurs des Mines. — L'École des Mines fut maintenue. Beaucoup de bons esprits s'étonnent depuis longtemps de voir conserver cette École au lieu de la voir fondue dans celle des Ponts et chaussées. On se demande s'il est bien raisonnable de séparer les élèves de ces deux écoles, dont l'enseignement, pour être bon, doit être le même à un cours près, spécial aux ingénieurs des mines. La fusion ne saurait longtemps tarder.

L'Empire réorganisa le corps des ingénieurs des mines dont la hiérarchie comprenait : des inspecteurs généraux, des inspecteurs divisionnaires, des ingénieurs ordinaires, des aspirants et des élèves. Ces derniers étaient pris, comme par le passé, parmi les élèves de l'École polytechnique.

Cependant, en 1810, époque où la France était considérablement agrandie, le Ministre de l'Intérieur fut autorisé à prendre quatre élèves dans les départements nouvellement réunis à l'Empire, sans que ces quatre élèves fussent obligés de justifier d'un temps d'études à l'École polytechnique. (Décret du 18 novembre 1810.)

L'École polytechnique. — Nous trouvons un décret sur le trousseau et l'uniforme de l'École polytechnique.(Décret du 22 fructidor de l'an XIII). Comme les règles relatives à cette École n'ont guère varié, nous ne mentionnerons plus les actes qui la concernent. Nous savons qu'elle est la pépinière destinée à fournir les ingénieurs des différents services, cela nous suffit. Ajoutons cependant que la tradition de la confraternité des ingénieurs s'étendait déjà sur les élèves de l'École polytechnique, qui sont de par leur entrée à l'École adoptés par leurs devanciers, comme des camarades bien-aimés dont la carrière doit être favorisée.

Les règlements sur l'âge, sur les conditions d'admission, sur les études, ont subi parfois des modifications.

Certains faits ont aussi souvent donné lieu au licenciement de l'École, mais sa réorganisation a toujours été faite dans le plus bref délai. Nous ne nous y arrêterons donc pas.

COMPTABILITÉ.

La *Comptabilité* des Ponts et chaussées avait été l'objet de dispositions du décret du 18 novembre 1810, sur la réorganisation du corps des ingénieurs des mines et de diverses circulaires, notamment de celles du 13 août et du 26 novembre 1810. La deuxième partie de l'instruction générale contenant les règles propres aux paiements fut bientôt préparée. Nous ne l'analyserons point ici, parce qu'au cours des explications que nous fournirons sur ce qui se fait maintenant, nous répéterions ce que nous aurions écrit. Il nous suffira de dire que l'instruction dont nous parlons s'appuyait sur tous les textes antérieurs, pour justifier ses décisions. Du reste, l'application de la loi de 1810 sur l'expropriation pour cause d'utilité publique avait nécessité des modifications à l'ancienne comptabilité. (Circulaire du Directeur général des Ponts et chaussées du 13 septembre 1811.)

TRAVAUX. — EXÉCUTION.

Les travaux étaient ou donnés en adjudication, ou exécutés par séries de prix, ou en régie, ou par économie. Dans les trois premiers cas, l'administration se substituait des entrepreneurs ; dans le dernier, ils étaient faits par des ouvriers ou des fournisseurs avec lesquels les ingénieurs traitaient directement. Il pouvait en être ainsi d'ailleurs pour les travaux en régie.

Il avait été défendu de faire des marchés par séries de prix ; mais cette prohibition avait été l'occasion de réclamations, surtout pour les travaux de défense contre la mer. On décida donc que l'on pourrait revenir à ce mode de marchés pour les menus entretiens ou pour les ouvrages ayant souffert par un coup de mer. (Circulaire du Directeur général des Ponts et chaussées du 4 mars 1812).

Les travaux à exécuter en régie, faute d'entrepreneurs, donnèrent lieu à une instruction détaillée, accompagnée de modèles des états à fournir pour la comptabilité. (Circulaire du Directeur général des Ponts et chaussées du 11 juin 1813.)

Le directeur général des Ponts et chaussées voyant que les cahiers des charges imposées aux entrepreneurs contenaient presque tous des règles communes, tandis que dans d'autres, certaines prescriptions étaient parfois oubliées ; voyant aussi que l'ordre dans lequel ces mêmes prescriptions étaient données n'était pas toujours le même, fit dresser un modèle qui dût être employé dans tous les travaux faits par l'administration des Ponts et chaussées.

Nous avons déjà expliqué comment les conditions principales étaient fixées dès la plus haute antiquité, puisque nous avons pu les apercevoir au temps de la République romaine, sous l'ancienne monarchie, et que nous les avons signalées à propos des travaux militaires, exécutés par le Génie. Il nous aurait été facile de les retrouver dans les différentes concessions accordées depuis 1789, mais il était important d'arriver à les coordonner. Ce travail d'ensemble fut fait en 1811 et adressé à toutes les administrations par une circulaire de M. Molé, Directeur général des Ponts et chaussées, datée de Lyon le 30 juillet de cette même année. Il importe d'en donner le texte :

« *Clauses et conditions générales imposées aux entrepreneurs.*

« ART. 1er. Nul ne sera admis à l'exécution des travaux, s'il n'a les qualités requises pour les entreprendre et en garantir le succès. A cet effet, chaque concurrent devra être porteur d'un certificat de capacité, délivré, soit par un inspecteur général ou divisionnaire, soit par un ingénieur en chef des ponts et chaussées, sous les ordres duquel il aurait été employé. Il devra être libre de toutes fonctions incompatibles avec celles d'entrepreneur, et il justifiera de sa solvabilité, en présentant bonne et valable caution, tant pour la sûreté des fonds qui lui seront délivrés, que pour la garantie de son marché, et même pour y être suppléé, en cas d'accidents ou d'insuffisance. — Le montant du cautionnement est fixé au vingtième du prix des ouvrages. Il sera fourni en immeubles et soumis à l'approbation du Préfet. — Le certificat de capacité ne sera pas nécessaire pour les entreprises d'ouvrages de terrasse et de chaussées d'empierrements ou de gravelages.

Art. 2. Les travaux seront confiés à l'entrepreneur qui fera les conditions les plus avantageuses au Gouvernement, à moins toutefois que, par des raisons particulières et dont il lui serait donné connaissance, l'intérêt du service n'exigeât que la soumission, en apparence la plus avantageuse, ne fût pas préférée. — Après avoir pris communication des plans, devis et détail estimatif, au secrétariat général de la Préfecture, ou dans les bureaux de l'ingénieur en chef, chaque entrepreneur fera ses offres de prix par écrit, sur papier timbré, et souscrira, ainsi que sa caution, l'obligation d'exécuter les travaux moyennant la somme par eux consentie. Les pièces justificatives prescrites par l'article précédent seront jointes à la soumission : le tout sera déposé, sous enveloppe cachetée, au secrétariat général du département. — Le Préfet, en Conseil de préfecture et assisté de l'ingénieur en chef, rompra les cachets, examinera les diverses soumissions, et acceptera celle qui sera jugée préférable, aux conditions et sous les restrictions ci-dessus énoncées.

Art. 3. L'acceptation ne sera définitive qu'après l'homologation qui en sera faite par M. le Directeur général des Ponts et chaussées, à qui aura été adressé le procès-verbal d'adjudication relatant toutes les soumissions et toutes les circonstances et réclamations qui auraient accompagné leur ouverture. — Si, d'après l'examen des pièces, il est ordonné par lui quelques légers changements relatifs soit à la rédaction du projet, soit à l'addition, omission ou modification de quelques articles du devis ou du détail, l'entrepreneur devra s'y conformer, et il lui sera fait état de la valeur de ces changements, soit en plus, soit en moins, au prorata des prix du détail rectifiés par ceux de l'adjudication, sans qu'il puisse, en cas de réduction, prétendre aucune indemnité à raison des prétendus bénéfices qu'il aurait pu faire sur les fournitures et la main-d'œuvre. — Néanmoins, lorsque ces changements dénatureront fortement le projet, en opérant sur le prix total une différence de plus d'un sixième en plus ou en moins, l'entrepreneur sera libre de retirer sa soumission. — Il ne pourra prétendre à des indemnités, dans le cas où l'adjudication ne serait pas approuvée.

Art. 4. Pour que les travaux ne soient pas abandonnés à des spéculateurs inconnus ou inhabiles, il ne sera pas admis de sous-traitants. Dans le cas où l'on viendrait à découvrir que cette clause a été éludée, l'adjudication pourra être résiliée et recommencée à la folle enchère de l'entrepreneur.

Art. 5. Pendant la durée entière de l'adjudication, l'entrepreneur ne pourra s'éloigner des travaux que pour affaires relatives à son marché, et après en avoir obtenu l'autorisation. Dans ce cas, il choisira et fera agréer un représentant capable de le remplacer, et auquel il aura donné pouvoir d'agir pour lui, et de faire les paiements aux ouvriers, de manière qu'aucune opération ne puisse être retardée ou suspendue pour raison de l'absence de l'entrepreneur.

Art. 6. A l'époque fixée par l'adjudication, l'entrepreneur mettra la main à l'œuvre; il entretiendra constamment un nombre suffisant d'ouvriers; il exécutera tous les ouvrages, en se conformant strictement aux plans, profils, tracés et instructions qui lui seront donnés par les ingénieurs ou leurs préposés. A cet effet, il lui sera préalablement délivré des expéditions en bonne forme, tant des plans, dessins et épures, que du devis, du détail estimatif et des principaux ordres de service.

Art. 7. Il se conformera, pendant le cours du travail, aux changements qui lui seront ordonnés, *par écrit*, et sous la responsabilité de l'ingénieur en chef, pour des motifs de convenance, d'utilité ou d'économie, et il lui en sera fait compte suivant les dispositions de l'article 3 ; mais il ne pourra, de lui-même, et sous aucun prétexte, apporter le plus léger changement au projet ou au devis.

ART. 8. Dans le cas d'adjudication en continuation d'ouvrage, si l'entrepreneur sortant juge à propos de garder à son compte les matériaux par lui approvisionnés et non soldés par le gouvernement, ainsi que ses propres outils et équipages, il sera tenu d'évacuer, dans le délai qui aura été fixé par le devis, tous les chantiers, magasins et emplacements publics. Si, au contraire, il a déclaré vouloir céder tout ou partie des objets ci-dessus, l'entrepreneur entrant sera tenu d'accepter les matériaux au prix de la nouvelle soumission, en supposant toutefois qu'on leur reconnût les qualités requises. Les outils et équipages seront payés de gré à gré ou à dire d'experts.

ART. 9. Lorsque le devis n'indiquera pas de carrières ou sablières appartenant à l'État, l'entrepreneur en ouvrira à ses frais, ou traitera de celles précédemment ouvertes par des particuliers, et alors il sera tenu de dédommager *préalablement* les propriétaires de gré à gré ou à dire d'experts, conformément aux lois et aux règlements sur cette matière, et il sera tenu de représenter, quand il en sera requis, le traité qu'il aura fait avec eux et leur quittance. Dans tous les cas, il paiera, sans recours contre le Gouvernement, tous les dommages que pourront occasionner la prise, le transport ou le dépôt des matériaux. Il en sera de même des dommages pour établissement de chantiers, chemins de service, et autres indemnités temporaires qui font partie des charges et faux frais de l'entreprise.

ART. 10. Quoique, dans les prix élémentaires de chaque sous-détail, on n'ait pas nominativement indiqué les divers objets de faux frais, l'entrepreneur sera tenu, indépendamment des indemnités désignées à l'article précédent, de fournir à ses frais, les magasins, équipages, voitures, ustensiles et outils de toute espèce, sauf les exceptions qui seront stipulées au devis. Seront également à sa charge, les frais de tracé d'ouvrages, les cordeaux, piquets et jalons, et généralement tout ce qui constitue les menues dépenses dont un entrepreneur n'est pas admis à compter.

ART. 11. Au moyen des prix consentis et approuvés, l'entrepreneur fera l'achat, fourniture, transport à pied d'œuvre, façon, pose et emploi de tous les matériaux. Il soldera tous les salaires et peines d'ouvriers, commis et autres agents dont il pourra avoir besoin pour assurer la bonne et solide exécution des ouvrages. Il ne pourra, sous aucun prétexte d'erreur ou omission dans la composition des prix de sous-détail, revenir sur ceux par lui consentis, attendu qu'il a dû s'en rendre préalablement un compte exact et qu'il est censé avoir refait et vérifié tous les calculs d'appréciation. Mais il pourra réclamer, s'il y a lieu, contre les erreurs de métrés ou de dimensions d'ouvrages.

ART. 12. Les matériaux proviendront des lieux indiqués au devis ; ils seront de la meilleure qualité, parfaitement travaillés et mis en œuvre conformément aux règles de l'art. On ne pourra les employer qu'après qu'ils auront été visités par l'ingénieur. En cas de surprise, mauvaise qualité ou malfaçon, ils seront rebutés et remplacés aux frais de l'entrepreneur.

ART. 13. Lorsque les ingénieurs présumeront qu'il existe des vices d'exécution, ils ordonneront, avant la réception finale, la démolition et la reconstruction des ouvrages présumés vicieux. Les dépenses résultant de cette vérification ne seront à la charge de l'adjudicataire que lorsque les vices de construction auront été constatés et reconnus.

ART. 14. En général, tous les matériaux seront des dimensions prescrites par le devis. Si cependant, pour des causes extraordinaires, l'entrepreneur leur donnait des dimensions plus fortes ou

plus faibles ; dans le premier cas, il ne pourra réclamer une plus
value : les métrages et pesées seront basés sur les dimensions du
devis, à moins que les excès de grosseur ne soient jugés nuisibles
ou difformes ; car, alors, les pièces seraient enlevées et remplacées à ses frais. Dans les cas de dimensions plus faibles, les frais
seront réduits en proportion, pourvu encore qu'il n'en résulte
rien de contraire au goût et à la solidité ; car alors, comme dans
les premiers cas, l'entrepreneur ferait remplacer les pièces à ses
frais, en se conformant aux dimensions indiquées.

Dans tous les cas, l'entrepreneur ne pourra employer aucune
pièce, ni aucune matière n'étant pas dans les dimensions ou du
poids prescrit par les devis, sans l'autorisation écrite de l'ingénieur.

ART. 15. Il pourra être accordé des à-comptes sur le prix des
matériaux approvisionnés, jusqu'à concurrence des quatre cinquièmes de leur valeur. On ne regardera comme approvisionnés
que les matériaux déposés sur l'atelier, et, dès ce moment, l'entrepreneur ne pourra les détourner pour tout autre service, sans
une autorisation par écrit.

ART. 16. Lorsqu'il se trouvera d'anciens ouvrages à démolir,
les matériaux seront déplacés avec attention, pour pouvoir être
réparés et remis en place, s'il y a lieu, avec les mêmes précautions que les matériaux neufs. Tout ce qui proviendra de ces sortes
de démolitions et qui ne sera pas de nature à être remis en œuvre
appartiendra à l'État, s'il n'en est autrement disposé par les conditions particulières du devis.

ART. 17. Toutes les fois que, par des motifs d'économie ou de
célérité, on croira devoir employer des matières neuves ou de démolition appartenant à l'État, l'entrepreneur ne sera payé que des
frais de main-d'œuvre et emploi, sans pouvoir répéter de dommages pour manque de gain sur les fournitures supprimées.

ART. 18. L'entrepreneur aura soin de ne choisir pour commis, maîtres et chefs d'ateliers, que des gens probes et intelligents, capables de l'aider et même de le remplacer au besoin dans la conduite et le métrage des travaux. Il choisira également les ouvriers les meilleurs et les plus expérimentés ; et, nonobstant, il répondra en son propre et privé nom, comme en celui de sa caution, des fraudes ou malfaçons que ses agents pourront occasionner sur les fournitures la qualité et l'emploi des matériaux, sous les peines indiquées article 12.

ART. 19. L'ingénieur aura le droit d'exiger le changement ou le renvoi des agents et ouvriers de l'entrepreneur pour cause d'insubordination, incapacité ou défaut de probité.

ART. 20. Les ouvriers, de quelque espèce qu'ils soient, seront toujours proportionnés en nombre à la quantité d'ouvrages à faire; et, pour que l'ingénieur soit à même de s'en assurer et de reconnaître les individus, il lui en sera remis périodiquement, et aux époques par lui fixées, une liste nominative.

ART. 21. Lorsqu'un ouvrage languira, faute de matériaux, ouvriers, etc., etc., et qu'il serait à craindre qu'il ne fût pas achevé aux époques prescrites, il pourra être procédé à une adjudication nouvelle, à la folle enchère de l'entrepreneur, ou par une régie provisoire dirigée par les ingénieurs, sans autre formalité que celle de la notification de l'ordre spécial du préfet, revêtu de l'approbation du directeur général. Dans ce cas, les excédants de prix seront prélevés sur les sommes qui pourront être dues à l'entrepreneur, sans préjudice des droits à exercer contre lui et sa caution en cas d'insuffisance.

ART. 22. Lorsqu'il sera jugé nécessaire de faire des parties d'ouvrages non prévues par le devis, les prix en seront réglés d'après ceux de l'adjudication, par assimilation aux ouvrages les plus analogues, à moins d'une impossibilité absolue, cas auquel les prix seraient réglés sur estimation, en prenant pour renseignement les prix de journée et de main-d'œuvre du pays. Lorsque ces travaux devront être de quelque importance, il en sera fait un avant-métré, que l'entrepreneur acceptera, tant pour le détail que pour le montant, par une soumission particulière qui sera présentée par le préfet à l'approbation du directeur général des ponts et chaussées.

ART. 23. S'il y a lieu de faire des épuisements qui n'auraient pas été mis par le devis à la charge de l'entrepreneur, les dépenses y relatives seront constatées par attachement et sur des contrôles tenus sous la surveillance de l'ingénieur. Elles seront acquittées régulièrement, par l'entrepreneur, à la fin de chaque semaine, aux conditions portées par l'article suivant.

ART. 24. Tous les paiements pour épuisements, ouvrages par attachement, indemnités et autres articles imputés sur la somme à valoir, seront remboursés à l'entrepreneur, avec un vingtième en sus pour le dédommager de ses avances de fonds. A cet effet il sera tenu de payer à vue les rôles ou états qui seront dressés pour le compte des travaux, et de les faire quittancer par les parties prenantes, avant de pouvoir en demander le remboursement. Un second vingtième lui sera alloué pour ceux desdits articles qui nécessiteront de sa part des outils, soins, frais de régie, fournitures et entretien de machines.

ART. 25. Sont exceptés des dispositions ci-dessus les paiements qu'on pourrait être obligé de faire par l'intermédiaire de l'entrepreneur pour simplifier ou régulariser les formes de la comptabilité, mais qui n'exigeraient réellement de lui aucune avance de fonds, et pour lesquels conséquemment il ne lui sera alloué aucune rétribution.

ART. 26. Il ne sera alloué à l'entrepreneur aucune indemnité à raison des pertes, avaries ou dommages occasionnés par négligence, imprévoyance, défaut de moyens ou fausses manœuvres. Sont exceptés les cas de force majeure légalement constatés, cas dans lesquels il ne sera pourtant rien alloué aux entrepreneurs sans l'approbation préalable du directeur général.

Art. 27. L'entrepreneur, soit par lui-même, soit par ses commis, visitera les travaux autant de fois et aussi souvent que cela sera nécessaire pour le bien du service. Il justifiera de ces visites et accompagnera les ingénieurs dans leurs tournées, toutes les fois qu'il en sera requis.

Art. 28. Il surveillera les propriétaires riverains et les cultivateurs qui se permettraient de labourer et de planter trop près des routes, canaux et autres propriétés nationales, ou qui détérioreraient les bornes, talus, fossés et plantations. Il avertira sur-le-champ les ingénieurs des contraventions qu'il apercevra à cet égard, comme aussi de celles qui pourront avoir lieu par des dépôts de bois ou de fumier, ou autres encombrements quelconques, ainsi que des anticipations qui seraient faites sur le domaine de la voie publique dans l'étendue de son entreprise. Il s'opposera aux constructions de murs de clôture ou de bâtiments, qui se feraient sans autorisation, le long des routes et canaux, ou dans les traverses des communes, et requerra, s'il est nécessaire, l'intervention des ingénieurs et des autorités locales.

Art. 29. L'entrepreneur exécutera ponctuellement tout ce que les ingénieurs lui commanderont pour l'exécution de son entreprise. A cet effet, l'ingénieur en chef fera tous les règlements nécessaires pour le bon ordre des travaux, ou pour l'interprétation du devis. Ces règlements seront visés par le Préfet, lorsqu'il aura été reconnu par lui qu'ils n'imposent pas de nouvelles charges à l'entrepreneur, et dès lors ils seront obligatoires.

Art. 30. S'il survient quelques difficultés, entre l'ingénieur ordinaire et l'entrepreneur, relativement à l'application des prix ou métrage, il en sera référé à l'ingénieur en chef, qui prononcera provisoirement, suivant les règles admises dans les ponts-et-chaussées, et sauf l'appel au Conseil de préfecture. Dans aucun cas l'entrepreneur ne pourra invoquer en sa faveur les us et coutumes, auxquels il est formellement dérogé par le présent article.

ART. 31. Toutes les dimensions d'ouvrages, tous les prix, salaires et dépenses seront calculés d'après le nouveau système des poids et mesures.

ART. 32. Les métrages, états de dépense, états de situation et certificats de réception, devront être communiqués à l'entrepreneur et acceptés par lui. En cas de refus, il déduira par écrit ses motifs, dans les dix jours qui suivront la présentation des dites pièces ; et, dans ce cas seulement, il sera dressé procès verbal de l'acte de présentation. Un plus long délai mettrait souvent dans l'impossibilité de rechercher et constater les causes d'erreurs qui auraient pu donner lieu à quelques réclamations. En conséquence il est expressément stipulé que l'entrepreneur ne sera jamais admis à élever de réclamations contre la rédaction des métrages, états de dépense, états de situation et certificats de réception, après le délai de dix jours, et que, passé ce délai, ces réceptions seront censées acceptées par lui, quand bien même il ne les aurait pas signées. Le procès-verbal de présentation devra toujours être joint à l'appui des pièces qui n'auront pas été acceptées.

ART. 33. Indépendamment de la communication des pièces énoncées dans l'article précédent, l'entrepreneur sera autorisé à s'en procurer des expéditions, qu'il pourra faire transcrire par ses propres commis, dans les bureaux de l'ingénieur en chef ou ceux de la Préfecture.

ART. 34. Les paiements d'à-compte pour ouvrages faits s'effectueront en raison de l'avancement des travaux, en vertu des mandats du Préfet, expédiés sur les certificats de l'ingénieur en chef, d'après les états fournis par l'ingénieur ordinaire jusqu'à concurrence des neuf dixièmes de la dépense, et déduction faite des à-comptes, qui auront pu être délivrés sur les approvisionnements avant leur emploi. Les paiements ne pouvant être faits qu'à fur et à mesure des ordonnances et des fonds disponibles, il ne sera jamais alloué d'indemnité, sous aucune dénomination, pour retard de paiement.

ART. 35. Le dernier dixième ne sera payé à l'entrepreneur qu'après l'expiration du délai fixé pour la garantie de ses ouvrages. Immédiatement après l'achèvement des travaux, il sera procédé à leur réception provisoire, et la réception définitive n'aura lieu qu'à l'expiration du délai de garantie : pendant ce délai, l'entrepreneur demeurera responsable de ses ouvrages et sera tenu de les entretenir, pourquoi l'Administration conserve tous ses droits sur ses biens et ceux de sa caution. Ce délai de garantie sera de trois mois après la réception pour les travaux d'entretien, et de six mois pour les constructions neuves de routes et canaux. Il sera d'un an ou deux ans, pour les ouvrages d'art, selon que cela aura été stipulé au devis. Après l'expiration du délai de garantie, l'entrepreneur sera naturellement déchargé de toutes ses obligations, s'il ne lui a pas été fait de significations contraires.

ART. 36. Dans le cas où le Gouvernement ordonnerait la cessation absolue ou l'ajournement indéfini des travaux adjugés, l'entrepreneur pourra requérir qu'il soit procédé de suite à la réception provisoire des ouvrages exécutés, et à leur réception définitive, après l'expiration du délai de garantie. Ce délai expiré, il sera, ainsi que sa caution, déchargé de toute garantie pour raison de son entreprise.

ART. 37. Si le dixième prescrit par les articles précédents est jugé devoir excéder la proportion suffisante pour la garantie de l'entreprise, il pourra être stipulé que ce dixième cessera de croître en raison des dépenses, lorsqu'il aura atteint la somme à laquelle le devis aura déterminé le *maximum* des avances à exiger sur le prix des travaux, pour sûreté des engagements de l'entrepreneur.

ART. 38. Toutes les réceptions d'ouvrages seront faites par l'ingénieur en présence de l'entrepreneur, ou lui dûment appelé par écrit; en cas d'absence, il en sera fait mention au procès-verbal.

ART. 39. Si, par une circonstance majeure imprévue, les prix subissaient tout-à-coup une augmentation notable, le marché pourra être résilié sur la demande qui en sera faite par l'entrepreneur; en cas de diminution, le marché pourra être résilié par l'Administration, à moins que l'entrepreneur n'accepte les modifications qui seront prescrites par le directeur général des ponts et chaussées. Et, dans le cas où, par des circonstances extraordinaires, et sans changer les charges et prix, il serait ordonné par le Gouvernement d'augmenter ou de diminuer la masse des travaux, l'entrepreneur sera tenu d'exécuter les nouveaux ordres, sans réclamation, à moins qu'il n'ait été autorisé d'avance à s'approvisionner de matériaux qui demeureraient sans emploi, et pourvu que les changements en plus ou en moins n'excèdent pas le sixième du montant de l'entreprise, auquel cas il pourra demander la résiliation du marché.

ART. 40. Dans le cas prévu par l'article 36, l'entrepreneur ne pourra répéter d'indemnités à raison des prétendus bénéfices qu'il aurait pu faire sur les travaux supprimés. Ceux des outils et ustensiles que l'entrepreneur ne voudra pas garder à son compte, seront acquis par le Gouvernement, au prix de l'estimation qui en sera faite de gré à gré, ou à dire d'experts, d'après la valeur première desdits outils et ustensiles, et déduction faite de leur degré d'usure, le tout au taux du commerce, et sans augmentation de dixième ou toute autre plus-value, sous prétexte de bénéfice présumé. Les matériaux approvisionnés et déposés sur les travaux, s'ils sont de bonne qualité, seront reçus par les ingénieurs et acquis par le Gouvernement, au prix de l'adjudication, y compris le dixième de bénéfice à l'entrepreneur.

Les matériaux non déposés sur les travaux resteront au compte de l'entrepreneur; mais il lui sera alloué en dédommagement, tant pour cet objet que pour toutes les autres réclamations qu'il pourrait faire, une somme qui sera déterminée par le directeur général des Ponts et chaussées, sur la proposition de l'ingénieur en chef et de l'avis du Préfet, mais qui, dans aucun cas ne pourra excéder le centième de ce qui restera à dépenser sur le montant de l'adjudication.

ART. 41. L'entrepreneur paiera comptant les frais relatifs à son adjudication, d'après l'état qui en sera arrêté par le directeur général des Ponts et chaussées : ces frais ne pourront jamais être que ceux d'affiches, de publications et de criées, ceux de timbre et d'expédition du devis et du procès-verbal d'adjudication, enfin le droit d'enregistrement, fixé à un franc par la loi du 7 germinal an VIII, l'arrêté du 15 brumaire an XII et le décret du 25 germinal an XIII.

ART. 42. Pour l'exécution des précédentes clauses générales, ainsi que des conditions particulières stipulées au devis, l'entrepreneur se soumet à être traité comme entrepreneur des travaux publics. En conséquence, toutes les contestations qui s'élèveront en interprétation du devis, ou relativement au mode d'exécution, seront portées par devant le Conseil de Préfecture, pour y être décidées administrativement, sur le rapport de l'ingénieur en chef, et sauf le recours au Gouvernement, s'il y a lieu. »

Continuant son projet d'unifier le service des travaux publics, l'Administration qui avait, depuis longtemps, des modèles de cahier des charges pour l'adjudication des droits de péage, rédigea deux modèles de devis, l'un pour la fourniture des matériaux pour l'entretien des routes ; le second pour l'adjudication des travaux relatifs à cet entretien (Circulaire du Directeur général des Ponts et chaussées, du 9 mai 1812).

Les adjudications devaient être faites par les sous-préfets, sauf approbation de l'Autorité supérieure ; mais, tous les points relatifs à ces devis avaient été déjà réglés, et, si l'on faisait des modèles uniques, c'était moins pour innover que pour assurer le service.

(SUITE DES TRAVAUX.) ENTREPRENEURS. — ADJUDICATIONS.

Nous avons vu que les adjudications se faisaient dans la forme administrative, avec le concours des ingénieurs en chef et, suivant les cas, des ingénieurs ordinaires. Les anciens règlements, modifiés comme le comportait l'Administration nouvelle continuaient à être observés. Nous en avons parlé en analysant le décret du 7 fructidor de l'an XII sur le service des ingénieurs. Le nouveau cahier des charges ne fit qu'appliquer les règles reçues.

Nous avons peu de choses à ajouter ; seulement nous ferons remarquer que l'on dérogea, justement, au très-mauvais usage que l'on suivait de cacher aux entrepreneurs le détail des devis. On fit observer que certains d'entre eux avaient toujours connaissance des détails et que cela les mettait dans une situation exceptionnellement supérieure à celle de leurs concurrents, ce qui était mal. En conséquence il fut prescrit de rédiger les devis de manière à donner une idée exacte de l'ensemble (deux Circulaires du Directeur général des Ponts et chaussées du 20 juin 1809).

On cessa, dès avant le cahier des charges de 1811, de demander des certificats de capacité aux entrepreneurs des terrasses ou des chaussées des routes (Circulaire du Directeur Général du 20 juin 1807).

La question du privilège des ouvriers et des droits des créanciers des entrepreneurs est une de celles qui reviennent le plus souvent dans la pratique. Nous avons expliqué comment la loi du 26 pluviôse de l'an II avait statué à cet égard. Des difficultés s'étant présentées, le payeur général des dépenses diverses crut devoir adresser aux autorités compétentes une circulaire pour rappeler la loi et l'expliquer. Nous croyons utile d'en donner un extrait :

« Les dispositions de ce décret sont très-claires. Elles divisent
« en deux classes les créanciers des entrepreneurs et adjudica-
« taires des travaux publics, dont celle qui se compose d'ouvriers
« et fournisseurs de matériaux et autres objets servant à la con-
« fection des travaux est privilégiée sur l'autre, qui comprend les
« créanciers particuliers pour tous autres objets de créances que
« ceux désignés en l'article 3 du dit décret.... L'entrepreneur ou
« adjudicataire de ces travaux n'est point un créancier du Gou-
« vernement, mais seulement son mandataire pour l'exécution.
« (Circulaire du 1er juillet 1806.)

Les lois, les décrets, les circulaires s'étaient multipliés depuis
1789 et leur explication offrait de grandes difficultés. M. de
Montalivet et M. Molé, qui ont été tous les deux directeurs généraux des Ponts et chaussées, s'efforcèrent de mettre de l'ordre dans
ce grand nombre de pièces. Nous avons déjà signalé ce qui fut
fait pour la comptabilité des travaux publics et le cahier général
des charges à imposer aux entrepreneurs.

On avisa pourtant les préfets et les ingénieurs en chef que ce
modèle du cahier des charges pouvait, suivant les cas, subir des
modifications, mais aucun changement ne pouvait être valable,
avant d'avoir été approuvé par le directeur général des Ponts et
chaussées (Circulaire du directeur général du 30 juillet 1811).

DES ROUTES.

Les routes étaient toujours la grande affaire des fonctionnaires
chargés des travaux publics. Il fut recommandé aux ingénieurs de
s'en occuper (Circulaire du Directeur général, du 20 juin 1807).

Une loi décida que celles qui n'étaient pas plantées d'arbres le
seraient (Loi des 9-19 ventôse de l'an XIII).

La taxe des routes était fort difficile à percevoir. Elle avait donné lieu à l'établissement de barrières où se trouvaient les préposés des fermiers pour faire payer ces redevances. Les plaintes sur les abus auxquels les voyageurs étaient exposés finirent par déterminer le législateur à abolir les péages établis pour l'entretien des routes. On créa, pour les remplacer, un impôt sur le sel. (Loi des 24 avril-4 mai 1806).

Les péages pour l'entretien des routes avaient été affermés, il fallut régler quand ils cesseraient d'être perçus. (Avis du Conseil d'État du 24 juin 1806.)

Il est arrivé que, malgré la loi et l'expiration des baux, la perception des taxes a continué. Cela a eu lieu sous l'Empire ; on comprend que l'on ait alors laissé passer cette irrégularité ; mais ce qu'il y a de plus singulier, c'est que, dans tout le temps de la Restauration et jusqu'en 1833, cette contribution a été demandée et perçue, au mépris de la loi de 1806, sans que personne ait réclamé.

La police du roulage avait à surveiller si le poids des voitures était en rapport avec la largeur des roues. Cette matière, réglementée par les lois du 29 floréal de l'an X, du 7 ventôse de l'an XII, le fut par des décrets du 4 prairial de l'an XIII et du 23 juin 1806.

Le Directeur général des Ponts et chaussées résuma tout ce qui concernait cette police, dans une circulaire du 15 juin 1807.

Il y avait des vérifications fort difficiles à faire, pour constater le poids des voitures. On établit un certain nombre de ponts à bascules, pour le pesage. Il y eut à cette occasion une foule de circulaires et d'iustructions ; l'envoi de ces ponts dans les départements eut lieu au commencement de l'an XIII ; il fut accompagné d'une instruction sur la manière de les employer. Cette instruction, à laquelle des gravures étaient jointes, entrait dans les plus grands détails sur la pose des machines et sur les diverses constructions qui pourraient être faites pour les installer. (Circulaire du Directeur général des Ponts et chaussées du 26 brumaire de l'an XIV.)

On avait expérimenté la différence que produisaient sur les routes les voitures à roues larges et les voitures à roues étroites; les expériences furent recommencées dans le département de la Seine-Inférieure, au mois d'avril 1807. Le résultat constaté par divers ingénieurs fut conforme aux précédents et montra que les roues étroites étaient mauvaises pour les routes. Le Directeur général porta les procès-verbaux des ingénieurs à la connaissance des préfets (27 septembre 1807).

Les routes furent classées en routes impériales et en routes départementales. Trois tableaux numérotés 1, 2 et 3, partageaient les routes impériales en trois classes. Les routes qui n'y étaient pas portées, devenaient par-là même routes départementales. (Décret du 16 décembre 1811.)

Les frais des routes des deux premières classes furent mis à la charge du Trésor; ceux des routes de la troisième furent pour une partie à la charge du Trésor et pour le reste à la charge des départements. Quant aux routes départementales, les frais en furent laissés aux départements, aux arrondissements et aux communes, suivant l'utilité que chacun en retirait.

Le Trésor devait, chaque année, employer vingt millions pour les routes, à savoir huit millions pour les routes de première classe, six millions pour la part de l'État dans la dépense des routes de seconde classe et six millions pour celles de troisième classe. Indépendamment de cette allocation, cinq millions devaient être affectés à la construction et à la reconstruction des routes.

Quant aux routes départementales, le Conseil général avait à indiquer : 1° celles qu'il croyait devoir être supprimées et rangées dans la classe des chemins vicinaux, ou ceux des chemins vicinaux qu'il jugeait devoir être élevés au rang de routes départementales; 2° celles des routes départementales qu'il serait le plus urgent de réparer ; 3° la situation des travaux qui seraient ordonnés et continueraient à être exécutés dans le département en vertu des lois précédentes, en y joignant le tableau des impositions extraordinaires y affectées et la portion pour laquelle le Trésor public devait y concourir ; 4° ses vues sur la plantation des routes. Cet avis du Conseil général devait être transmis hiérarchiquement au Ministre de l'intérieur, avec l'avis du Préfet et les observations de l'ingénieur.

Au 1er septembre, le Directeur général des Ponts et chaussées devait remettre au Ministre de l'intérieur l'état au vrai des routes départementales, en faisant connaître : 1° celles qui n'avaient besoin que d'un simple entretien, pour être viables en toutes saisons; 2° celles qui auraient besoin de réparations extraordinaires ; 3° les lacunes qu'elles présentaient ; 4° l'estimation par aperçu des dépenses qu'elles nécessiteraient pour être toutes mises à l'état de simple entretien.

Suivait le détail de la répartition des dépenses. Une commission nommée par le Préfet, qui en désignait le président et le secrétaire, était chargée d'assister aux adjudications et de surveiller l'exécution des travaux.

L'entretien des routes avait été précédemment donné à des entrepreneurs qui fournissaient les matériaux et les employaient.

Il fut dit qu'à l'avenir, les fournitures de matériaux seraient faites séparément et que les travaux seraient adjugés à des entrepreneurs qui, travaillant par eux-mêmes ou avec l'aide d'ouvriers, seraient chargés du soin d'entretenir une certaine portion de route appelée canton. Ces entrepreneurs furent appelés cantonniers. Un cantonnier ne pouvait être adjudicataire que d'un seul canton, excepté quand il était maître de poste. Dans ce dernier cas, il pouvait devenir l'entrepreneur de toutes les routes sur lesquelles marchaient ses chevaux. Il était aussi défendu à d'autres qu'à des maîtres de poste de pouvoir être adjudicataires à la fois de la fourniture des matériaux et des travaux d'entretien.

L'adjudication devait être faite sur un cahier des charges dressé par le Directeur général des Ponts et chaussées. Ce fonctionnaire devait approuver les adjudications. Au surplus les baux ne devaient pas comprendre certains travaux tels que la terrasse pour réparations, le curement et l'entretien des fossés des routes, qui devaient être faits par les riverains.

La fourniture des pavés pouvait comporter une durée de 6 ans; le bail des fournitures de cailloux, etc., était limité à trois ans ; aucun bail ne pouvait durer moins d'un an.

Le maître de poste, adjudicataire d'un canton, faisait connaître aux ingénieurs le maître ouvrier qui recevrait et exécuterait leurs ordres. Les cantonniers étaient chargés de tout ce qui concerne l'entretien ordinaire, même de replacer les pierres en bordure. Ils assistaient à la réception des matériaux, contre lesquels ils pouvaient formuler leurs plaintes pendant 24 heures.

Ils étaient chargés de rendre compte de tout ce qui se passait sur les routes ; ils devaient aide et secours aux voyageurs. Outre cette surveillance qui embrassait tous les faits commis sur les routes, ils dressaient les procès-verbaux des contraventions de grande voirie, concurremment avec les gendarmes, gardes-champêtres, conducteurs et autres agents appelés à la surveillance des routes. Ces autres agents étaient, quoique n'étant pas nommés dans le décret que nous analysons, les agents des contributions directes et des octrois. Tous pouvaient affirmer leurs procès-verbaux devant le maire. Ces procès-verbaux étaient ensuite adressés au sous-préfet, qui ordonnait au délinquant de réparer le dégât commis.

Les routes étaient d'ailleurs sous la surveillance des maires, des sous-préfets et des préfets.

Les maires visitaient et faisaient connaître le résultat de leurs inspections, mais n'avaient aucun ordre à donner.

Les sous-préfets faisaient quatre visites par an des routes de leur arrondissement et devaient se rendre sur les lieux toutes les fois qu'il y avait contradiction entre les rapports des maires et ceux des ingénieurs. Ils pouvaient prescrire aux ingénieurs de se trouver sur les lieux où ils se transportaient et ils avaient le droit de donner le même ordre aux maires et aux cantonniers. Ces visites faites, ils en adressaient le résultat aux Préfets, en rendant compte, canton par canton, de l'état des routes de leur arrondissement.

Les Préfets devaient, dans leur tournée annuelle, visiter toutes les routes de leur département et se rendre sur les points à l'occasion desquels il pouvait y avoir contradiction entre le sous-préfet et les ingénieurs. Le Préfet pouvait se faire accompagner par l'ingénieur en chef, les ingénieurs ordinaires et les sous-préfets.

Préfets et sous-préfets avaient le droit d'appeler devant eux les maîtres de poste et leur demander leurs dires sur l'entretien des routes dans le parcours de leurs relais.

Les maires et les maîtres de poste devaient, tous les mois, constater le bon état des routes et en donner au cantonnier certificat, sur le vu duquel celui-ci touchait son salaire. Le Préfet pouvait, d'ailleurs, avant de délivrer un mandat, faire vérifier l'état des routes.

L'ingénieur en chef du département devait faire une tournée par an, dans laquelle il inspectait toutes les routes de son service ; il devait de plus obéir aux réquisitions du Préfet, et aussi se transporter partout où besoin était, quand une dégradation importante lui était signalée.

Les ingénieurs ordinaires avaient chacun quatre tournées obligatoires sur les routes de leur arrondissement, sauf les cas de dégradation qui les appelaient et sauf les réquisitions des Préfets et des sous-préfets.

Les ingénieurs ordinaires surveillaient le travail des cantonniers, recevaient les matériaux et dressaient un procès-verbal de la réception, dans lequel ils devaient insérer les observations des maires et des cantonniers. Si ces observations donnaient lieu à quelque débat, le sous-préfet devait statuer, sauf recours au préfet, qui jugeait en Conseil de préfecture.

Ce même décret statuait sur le mode d'adjudication des travaux, et aussi il portait certaines pénalités contre les entrepreneurs.

Enfin, il avait de longues dispositions sur la plantation des routes. Une amende d'un franc par pied d'arbre que les riverains auraient négligé de planter s'ajoutait au remboursement de tous les frais de plantation.

Le recouvrement des amendes devait être fait comme celui des contributions directes.

Si les particuliers propriétaires riverains des routes négligeaient de faire les travaux d'entretien ou de curement des fossés, les ingénieurs pouvaient les opérer à leurs frais.

S'il s'élevait quelque contestation à ce propos, elle était jugée par le Préfet.

Le Conseil de préfecture était chargé de statuer sur les oppositions formées par les délinquants, nonobstant la réparation du dommage, et les amendes.

Un tiers des amendes était accordé à l'agent qui avait constaté la contravention, un second tiers à la commune où elle avait été commise, le troisième au Trésor qui devait l'affecter aux travaux des routes (Décret du 16 décembre 1811).

Le décret du 16 décembre 1811 fut interprété et expliqué, afin de bien faire comprendre : 1° aux maires, sous-préfets et Préfets, en quoi consistaient leurs attributions ; 2° aux ingénieurs ce qu'ils avaient à faire (Circulaires des Ponts-et-chaussées, du 30 juin 1812).

Les bornes des routes durent être placées de manière à indiquer la limite des départements et aussi celle des cantons (Circulaire du Directeur des Ponts et chaussées du 11 février 1813).

CHEMINS VICINAUX.

Si cette matière n'a point été l'objet de nombreuses mesures ordonnées par le Gouvernement, on trouve cependant dans certains actes de l'Empire que la question n'était pas absolument oubliée. Ainsi, dans une loi relative aux plantations à faire le long des routes, l'Administration publique était invitée à faire rechercher et reconnaître les anciennes limites des chemins vicinaux, afin de fixer leur largeur. Il fut défendu aux riverains de planter le long de ces chemins, même sur leurs propriétés, sans leur conserver la largeur fixée par l'autorité. Les contrevenants devaient être cités devant les Conseils de préfecture (Loi du 9 ventôse de l'an XIII).

DU RÉGIME DES EAUX.

La police des Cours d'eau était toujours dans les attributions du Ministre de l'Intérieur, sauf, bien entendu, les ports militaires, qui restaient dans les attributions du Ministre de la Marine, lequel devait s'entendre à cet égard, avec ses collègues de la Guerre et de l'Intérieur ; et sauf aussi ce qui concernait les cours d'eau traversant les places de guerre ou les frontières.

Nous avons déjà montré quelles étaient les attributions des

Ministres et des conseils divers, sur ces points importants ; nous n'y reviendrons pas.

Nous rappellerons cependant que le budget des canaux, rivières navigables, des routes et, en général, des grands travaux publics qui traversent les places de guerre, leur rayon ou la frontière dût être arrêté tous les ans dans un conseil d'administration, auquel étaient appelés le Ministre de l'Intérieur et celui de la Guerre, le premier inspecteur du Génie et le directeur général des Ponts et chaussées. Le Ministre de la Marine devait être aussi appelé à ce conseil, s'il s'agissait de travaux à faire sur les côtes. (Décret du 20 juin 1840.)

L'Empire nous a légué un certain nombre d'actes particuliers sur les eaux. Nous ne les analyserons pas, car ils n'offrent en général aucun intérêt extraordinaire. Il s'agissait le plus souvent de la concession de canaux de navigation, de la police de ceux qui existaient ou des travaux qu'il fallait y faire.— Nous ne relèverons de tout cela que ce qui doit rester comme règle.

Un décret du 22 janvier 1808, décida que les dispositions de l'article 7 du titre XXVIII de l'ordonnance de 1669, sur les Eaux et Forêts, étaient applicables à toutes les rivières navigables, que la navigation y fût anciennement ou nouvellement établie. En conséquence, les riverains furent tenus de laisser un chemin de halage, dont la largeur a pu être modérée par suite de circonstances dérivant notamment de clôtures de maisons ou d'autres travaux d'art. S'il s'agissait d'une rivière dont la navigation fût récemment établie, les propriétaires tenus de la servitude de halage avaient droit à une indemnité, dont le règlement devait avoir lieu conformément aux dispositions de la loi de 1807.

Un décret du 29 mai 1808 régla la police de la rivière de Sèvre. La propriété y fut plus maltraitée qu'elle ne l'eût été sous l'ancien Régime. Les prohibitions s'étendirent à tous les affluents de la rivière (art. 18.).

Nous remarquerons, pourtant, dans l'acte de concession une disposition précieuse à retenir, déjà ordonnée, mais non pratiquée pour les travaux militaires. L'entrepreneur des travaux de la Sèvre fut tenu d'avoir un livre coté et paraphé par l'ingénieur, sur lequel seraient inscrits, *jour par jour*, les noms des ouvriers employés ainsi que le lieu et nature des travaux faits et la dépense qu'ils auraient occasionnés. Ce carnet d'attachements était demandé, dans le cas dont nous nous occupons, pour avoir les bases de la répartition à faire sur les riverains du montant des dépenses.

Les contraventions étaient alors constatées par les agents de l'Administration, gardes des écluses, des étangs et rigoles, sous la surveillance des ingénieurs. Les procès-verbaux réguliers faisaient foi jusqu'à inscription de faux.

Les contraventions punies de la confiscation étaient jugées par la police correctionnelle ; les autres, comme en matière de grande voirie, en première instance par les sous-préfets, sauf recours (Décret sur la police des canaux du Loing et d'Orléans, du 22 février 1813).

Les droits de péages sur les cours d'eau furent toujours l'occasion de la surveillance de l'Administration. Nous noterons seulement pour mémoire, une circulaire du Directeur général des Ponts et chaussées, du 25 octobre 1808, relative à ces péages et aux adjudications à faire des sommes à percevoir. On refit aussi le modèle de cahier des charges, auquel tous les adjudicataires furent obligés de se soumettre (Cahier des charges du 18 avril 1811).

. Un sieur Loison avait obtenu l'autorisation de construire un moulin à Montaterre, département de l'Oise ; il fut accusé d'avoir abusé de la concession. Il fut dit que le Conseil d'État était seul compétent pour statuer sur la destruction des travaux, tandis que le Conseil de préfecture pouvait apprécier les contraventions commises par le concessionnaire (Cons. d'État, 12 novembre 1811).

On décida, de même, que la destruction d'une digue, établie sur une rivière, ne pouvait être ordonnée par un Préfet (Arrêt sanctionné par décret du 12 avril 1812).

La propriété des canaux fut l'objet d'une attention de l'Empereur. Il comprit que, les besoins du commerce croissant avec la population, les canaux pouvaient devenir des sources de revenus certains et progressifs. Il résolut d'en devenir propriétaire en son nom personnel. On commença par décider que certains canaux appartenant à l'État seraient vendus ; que les actions vendues pourraient être immobilisées et être affectées aux majorats (Décret du 21 mars 1810).

Nous n'avons point à suivre dans leurs détails les faits relatifs à l'exécution de ce système.

L'État céda ces canaux à l'Empereur, qui en distribua les actions, pour en doter la Légion d'honneur ou ses grands dignitaires.

FORÊTS.

Il fut enjoint aux ingénieurs en chef de se concerter avec les conservateurs ou inspecteurs forestiers pour savoir quelles étaient les voies de communication par terre et par eau qui, facilitant le transport et l'exploitation des bois, en augmenteraient le produit. Les ingénieurs en chef durent faire des projets, les adresser au Directeur général, qui se concerterait avec le Directeur général des forêts. Si les avantages étaient réels, quoiqu'ils n'excédassent pas évidemment les dépenses, il y avait lieu de proposer les travaux sur divers fonds : les forêts, les communes, les arrondissements, les départements devaient y concourir (Circulaire du Directeur général des Ponts-et-chaussées, du 28 juin 1808).

DUNES.

La plantation des dunes de sable qui bordent la mer en certains lieux de nos côtes fut l'objet de quelques mesures. Ce service était dans les attributions des Ponts et chaussées ; il dépend aujourd'hui de l'administration des Forêts (Circulaire du Directeur général des Ponts et chaussées, du 18 octobre 1808).

MARAIS.

Nous verrons plus bas que la législation des Marais fut entièrement remaniée (Loi du 16 septembre 1807). Nous ne mentionnerons ici qu'un point, c'est que les marais furent mis dans le service des Ponts et chaussées (Circulaire du Directeur général des Ponts et chaussées, du 5 juin 1811).

MINES.

La législation des mines fut entièrement refaite. Une loi intervint le 21 avril 1810 qui statua à nouveau sur toute la matière. C'est encore aujourd'hui à cette loi qu'il faut recourir pour savoir quelles sont les règles à suivre. Elle a 96 articles, répartis sous 10 titres. Elle classa les substances minérales ou fossiles renfermées dans le sein de la terre ou existantes à la surface sous les trois qualifications de *mines, minières* et *carrières* (Art. 1er).

Les mines sont, d'après cette loi : les amas souterrains qui sont connus pour contenir en filons, en couches, ou en amas, de l'or, de l'argent, du platine, du mercure, du plomb, du fer en filons ou couches, du cuivre, de l'étain, du zinc, de la calamine, du bismuth, du cobalt, de l'arsenic, du manganèse, de l'antimoine, du molybdène, de la plombagine ou autres matières métalliques du soufre, du charbon de terre ou de pierre, du bois fossile, des bitumes, de l'alun et des sulfates à base métallique (Art. 2).

Les minières comprennent les minerais de fer dits d'alluvion, les terres pyriteuses, propres à être converties en sulfate de fer, les terres alumineuses et les tourbes (Art. 3).

Les carrières renferment les ardoises, les grès, les pierres à bâtir et autres, les marbres, granits, pierres à chaux, pierres à plâtre, les pouzzolanes, le strass, les basaltes, les laves, les marnes, craies, sables, pierres à fusil, argile, kaolin, terres à foulon, terres à poteries, les substances terreuses et les cailloux de toute nature, les terres pyriteuses, regardées comme engrais, le tout exploité à ciel ouvert ou avec des galeries souterraines (Art. 4).

Les mines ne peuvent être exploitées qu'en vertu d'un acte de concession délibéré au Conseil d'État (Art. 5).

Les minières ne peuvent être exploitées sans permission.

Les carrières exploitées à ciel ouvert peuvent l'être sans permission ni concession.

Les richesses dont nous parlons sont placées sous la surveillance des ingénieurs des mines.

La concession de la mine en donne la propriété perpétuelle au concessionnaire, qui peut en disposer comme de ses autres biens sans pouvoir la vendre par lots ni la partager (Art. 7).

L'acte de concession doit régler les droits des propriétaires de la surface sur le produit des mines concédées (Art. 6).

L'étendue de la concession est déterminée par l'acte qui l'accorde ; elle est limitée par des points fixes, pris à la surface du sol (Art. 29).

Nous n'avons point à donner ici l'analyse complète de cette loi, qui ne se relie que d'une manière incidente à la matière des travaux publics. Telle qu'elle est, elle a suffi à nos besoins et tous les cas semblent avoir été prévus de manière à ce que les contestations soient facilement tranchées.

L'intervention du Conseil d'État, pour les concessions, pourrait être une garantie d'impartialité ; mais l'instruction se fait sur des mémoires ; il est à propos d'ordonner qu'en cas de concurrence, le débat soit public.

Nous n'insisterons pas sur les formalités à suivre pour obtenir des concessions ou des permissions.

D'ailleurs une instruction du Ministre de l'intérieur compléta les dispositions de la loi sur tout ce que l'administration pouvait exiger. Ce document important est un commentaire sérieux et en tout cas c'est un ordre pour les agents de l'administration. La plupart des indications qu'il donne sont encore en vigueur (Instruction du Ministre de l'intérieur du 3 août 1810).

Les concessionnaires des mines étaient chargés de deux sortes de redevances ; l'une fixe, sorte d'impôt pour le sol de la mine, l'autre proportionnelle aux minerais extraits. On détermina comment se feraient l'assiette et la perception de ces impôts ; les modèles des états à fournir furent envoyés dans les départements (Décret du 8 mai 1811).

Diverses circulaires du Directeur général des mines déterminèrent les obligations auxquelles l'administration supérieure entendait astreindre les concessionnaires pour l'exécution de la loi de 1810 et la régularisation du service (Circulaires des 17 août, 18 décembre 1812).

Il fut dit que, puisque les demandes en concession de mines devaient être affichées pendant quatre mois consécutifs, les préfets devaient rejeter les oppositions faites après ce délai, sauf à adresser ces oppositions au Ministre (Arrêté ministériel du 27 octobre 1812).

Il devait en être de même des demandes en concurrence, mais il ne pouvait y avoir lieu à les afficher comme les demandes principales (Circulaire du Ministre de l'intérieur du 3 novembre 1812).

Les demandeurs en concession d'une mine furent astreints à fournir trois plans de leur demande (Circulaire du Ministre de l'intérieur du 23 mars 1812).

Un décret régla la police des mines. Ce décret rappela et compléta, dans un premier titre, certaines prescriptions de la loi de 1810, puis le titre second édicta les mesures à prendre pour éviter les accidents ; le titre troisième indiqua ce qu'il y avait à faire en cas d'accidents arrivés. Ce titre troisième contient, malgré son intitulé, des dispositions sur les précautions que les propriétaires devaient observer. Ainsi c'est là qu'on a placé les dispositions par lesquelles il est ordonné aux propriétaires des mines d'avoir certains médicaments et d'entretenir un chirurgien. Le titre quatrième est relatif à la police du personnel ; la première section de ce titre fixa les obligations des ingénieurs, des propriétaires, et de leurs préposés ; la seconde est pour les obligations des ouvriers (Décret du 3 janvier 1813).

Ainsi on s'occupait de prévenir les accidents dans les mines et aussi de déterminer les moyens de porter secours aux victimes que les événements pouvaient atteindre. Une longue instruction fut rédigée par M. Salmade. Elle imposait entre autres choses aux exploitants d'avoir des boîtes de secours auprès de leurs mines, carrières ou usines, et les obligeait à avoir sur les mines un médecin toujours prêt à donner des soins éclairés (Circulaire du Directeur général des Mines du 17 février 1813).

Il fut statué sur les carrières, plâtrières, glaisières, sablonnières, marnières et crayères des départements de la Seine et de Seine-et-Oise. Le titre premier du règlement nouveau contenait les obligations et formalités à remplir par les exploitants, auxquels il était défendu d'ouvrir une carrière sans en avoir obtenu la permission. Le titre second fixait les peines encourues par ceux qui auraient violé le règlement (Décret du 22 mars 1813). Et, comme ce règlement parut insuffisant, on en fit un nouveau sur les carrières des pierres à bâtir dans les départements de la Seine et de Seine-et-Oise (Décret du 4 juillet 1813).

SUR LES TRAVAUX URBAINS.

L'article 52 de la loi du 16 septembre 1807 voulait qu'un plan des villes fût dressé, envoyé au Préfet et par lui transmis, avec son avis, au Ministre de l'intérieur, pour être arrêté par le Conseil d'État.

Cet article ne fut point observé ; c'est pourquoi le Conseil d'État émit l'avis que le Ministre de l'intérieur, avant de proposer à l'Empereur l'acquisition de terrains ou de maisons nécessaires à l'embellissement ou l'utilité d'une ville, fît précéder sa demande d'un plan d'alignement arrêté légalement ; on réclamait surtout que le plan de Paris fût immédiatement préparé (Avis du Conseil d'État du 3 septembre 1811).

Il fut dit que les maires des villes dont les plans n'étaient pas encore approuvés continueraient à donner, pour l'ouverture de nouvelles rues ou le raccordement des anciennes, des alignements pour lesquels ils devaient s'entendre avec les ingénieurs et qu'ils devaient soumettre à l'approbation des préfets (Décret du 27 juillet 1808).

Les casernes furent remises aux communes ; les ingénieurs des Ponts et chaussées furent chargés de ce qui concerne ces bâtiments, sauf pour les casernes des places de guerre, dont le Génie militaire continua à s'occuper (Décret du 23 avril 1810).

Cette affaire des casernes était très-difficile à réglementer. En effet, on voulait que le logement des troupes fût une charge locale, imposée aux habitants des villes qui n'étaient pas des places de guerre. Ces difficultés donnèrent lieu à un nouveau décret sur les droits et devoirs des communes et sur les attributions du gé-

nie militaire et des ingénieurs des Ponts et chaussées (Décret du
16 septembre 1811).

Le décret du 23 avril 1810 et celui du 16 septembre 1811 avaient
confié aux ingénieurs des Ponts et chaussées et aux architectes la
direction des travaux à faire dans les villes de l'Intérieur. Il résultait de ces dispositions qu'ingénieurs et architectes pouvaient être
appelés concurremment. Mais, comme on pouvait manquer d'architectes, bien qu'il n'y eût pas d'ingénieurs à qui ce surcroît de
travail pût être imposé, il fut dit que l'on devrait cependant demander le concours des Ponts et chaussées et l'on détermina ce
qui devrait être payé aux ingénieurs employés (Circulaire du
Directeur général des Ponts et chaussées, du 17 avril 1812).

Il fut ordonné aux ingénieurs et aux architectes de faire connaître, par une déclaration faite cinq jours à l'avance, les travaux qu'ils allaient commencer.

Les agents de la voirie devaient mander les entrepreneurs et
leur indiquer :

1° Le théâtre où les matériaux destinés à passer l'hiver devaient être renfermés ;

2° Celui où ils devaient être déposés, à l'ouverture de la campagne, les matériaux nécessaires pour cette campagne au fur et à
mesure de leur arrivée et du besoin.

De même on décida ce qui devait être fait pour les dépôts, auprès des carrières, des matériaux qui en étaient extraits (Arrêté
du Ministre de l'intérieur, du 13 octobre 1810).

Il fut dit que le Ministre de l'intérieur serait chargé de désigner
les endroits où devaient être placées les pierres destinées aux
grandes constructions qui s'exécutent dans Paris (Décret du
26 septembre 1810).

Un décret du 11 janvier 1808 ordonna que nul ne pourrait bâtir
autour de Paris sans en avoir reçu la permission. Les constructions ne pouvaient être faites plus près qu'à 50 toises des murs

d'enceinte. Les édifices situés à moins de 30 toises devaient être immédiatement démolis, sauf aux propriétaires à réclamer une indemnité réglée comme en matière d'expropriation pour cause d'utilité publique, ce qui voulait dire alors par le Conseil de préfecture.

PROPRIÉTÉS. — INDEMNITÉS.

(Loi du 16 septembre 1807.)

Il est un document de la plus haute importance pour ceux qui étudient la législation des travaux publics. C'est là loi de 1807, qui est intitulée : « Loi relative au desséchement des marais, etc. » La rédaction n'en est pas excellente ; on peut lui reprocher surtout d'avoir réuni, sous un titre trompeur, des matières étrangères les unes aux autres. Ses auteurs l'avaient si bien senti que les orateurs du Tribunat qui vinrent proposer la loi au Corps législatif s'étaient partagé le projet. Carion Nisas parla du desséchement des marais ; Challan exposa les raisons pour lesquelles il demandait l'adoption de la loi en ce qui touchait le surplus de ses dispositions, à savoir : les dépenses occasionnées par les travaux de navigation, de routes, ponts, rues, places, quais, digues, de salubrité ou tous autres du même genre.

La loi n'avait point une grande utilité au point de vue du desséchement des marais ; celle du 26 décembre 1790 était suffisante, mais la nouvelle avait pour but d'armer l'Administration de droits absolus pour dompter les résistances des propriétaires, quand on aurait besoin de leurs propriétés.

Le desséchement des marais, d'après les lois antérieures, pouvait être ordonné par l'administration départementale. On transporta ce droit au Gouvernement. Il fut dit que le desséchement pouvait être fait par l'administration, ou cédé à des cessionnaires si les propriétaires ne voulaient pas s'en charger.

La loi nouvelle avait des dispositions sur la conservation du résultat des travaux, et elle avait encore quelques autres règles, qui se trouvaient en général dans les cahiers des charges des précédents concessionnaires.

Mais il fut dit : pour les travaux de l'ouverture d'un canal de navigation, du perfectionnement de la navigation d'une rivière, de l'ouverture d'une grande route, de la construction d'un pont, que les départements ou les arrondissements seraient présumés devoir recueillir une amélioration de la valeur de leur territoire, qu'en conséquence on pourrait leur demander de contribuer jusqu'à concurrence de la moitié du prix des travaux, le Gouvernement payant le reste.

S'il s'agissait au contraire, de l'établissement ou du perfectionnement d'une petite navigation, d'un canal de flottage, de l'ouverture ou de l'entretien de routes d'un intérêt local et autres travaux pareils, le Gouvernement avait le droit de n'en rien payer du tout, la dépense devant être répartie d'après l'utilité présumée pour chacun, par les départements, les arrondissements et les communes et ce dans des proportions à déterminer pour chaque cas particulier.

On décidait encore que si, par suite des travaux que nous venons de mentionner l'ouverture de nouvelles rues, de la formation de nouvelles places, de la construction de quais ou de tous autres travaux publics généraux, départementaux ou communaux, ordonnés ou approuvés par le Gouvernement, des propriétés privées acquéraient une notable augmentation de valeur, ces propriétés pouvaient être chargées de payer une indemnité, qui pourrait s'élever jusqu'à la valeur de la moitié des avantages qu'elles obtiendraient et qui serait réglée par l'estimation d'une commission formée à cet effet.

Les frais de digues à la mer ou le long des rivières furent mis à la charge des propriétaires riverains qui en bénéficiaient, sauf le cas où l'État croirait juste d'intervenir et de payer une partie de la dépense.

De même, s'il y avait lieu d'ouvrir une route ou un canal de navigation dont l'objet serait de faciliter l'exploitation avec économie des forêts ou bois, mines ou minières, ou de leur fournir un débouché, la dépense totale pouvait être laissée à la charge des propriétés qui en profiteraient (Loi des 16-17 septembre 1807).

Le Gouvernement se fit donner, par cette loi, le droit de concéder les lais et relais de la mer, le droit d'endigage, les accrues, atterrissements et alluvions des fleuves, rivières et torrents, quant à ceux de ces objets qui forment propriété publique ou domaniale.

La partie de cette loi, qui est la plus intéressante pour nous, est celle qui se trouve dans le titre XI, intitulé : *Des indemnités aux propriétaires pour occupations de terrains.*

L'article 48 ordonne de payer les moulins ou usines qui seront supprimés par un travail, si le titre qui a permis de les établir ne soumet pas les propriétaires à voir démolir les usines quand l'utilité publique le requiert.

D'après l'article 49, les terrains nécessaires pour l'ouverture des canaux ou l'établissement d'un travail public devaient être payés après estimation par experts, sans augmentation de cette estimation.

Le propriétaire tenu de démolir sa maison pour cause de vétusté n'avait et n'a plus eu droit, s'il doit se retirer, qu'à la valeur du terrain qu'il délaissait (Art. 50).

Dans les villes, les alignements pour l'établissement de nouvelles rues, pour l'élargissement des anciennes qui ne font point partie d'une grande route, ou pour tout autre objet d'utilité publique, furent mis dans les attributions des maires, pourvu qu'ils fussent donnés conformément au plan dont les projets auraient été adressés aux Préfets, transmis avec leur avis au Ministre de l'Intérieur, et arrêtés en Conseil d'Etat. En cas de réclamations de tiers intéressés, il devait être statué de même au Conseil d'État (Art. 52).

Le propriétaire obligé de s'avancer sur la voie publique, pour se conformer aux alignements devait payer la valeur du terrain qui lui était cédé. Il était recommandé aux experts, dans la fixation de la valeur, d'avoir égard à toutes les circonstances (Art. 53).

Mais, pour ces estimations, il n'y a plus aujourd'hui d'expertises ; on a recours au jury d'expropriation : nous aurons à en reparler.

Cependant il était dit, dans la loi de 1807, que si le propriétaire ne voulait pas s'avancer et joindre la voie publique, il pouvait être contraint de céder sa propriété (Même art. 53).

La loi indiquait encore que, s'il y avait lieu, en même temps, de payer une indemnité à un propriétaire pour terrains occupés et à recevoir de lui une plus-value pour des avantages acquis à des propriétés restantes, il devait y avoir compensation jusqu'à concurrence et le surplus seulement, suivant les résultats, devait être payé au propriétaire ou acquitté par lui (Art. 54).

Nous montrerons plus tard que cette loi a été modifiée et que, revenant à une saine entente des règles sur la propriété, on a dit que la valeur intrinsèque de ce qui était, est ou sera occupé, doit toujours être payé à celui qui en est privé.

Il fut dit : que les terrains occupés pour la prise de matériaux pour une route ou autre construction pourraient être payés comme s'ils avaient été pris pour la route même (Art. 55) ;

Qu'il n'y aurait lieu à faire entrer les matériaux dans l'estima= tion que s'il s'agissait d'une carrière ouverte. Dans ce dernier cas, on devait les évaluer d'après le prix courant (Même article).

Les évaluations étaient faites par des experts ; pour la grande voirie, le préfet nommait celui du Gouvernement ou de l'administration, la partie désignait le sien. L'ingénieur en chef du département était tiers-expert de droit (Art. 56).

Pour les travaux des villes, un des experts était nommé par le maire, le second par le propriétaire, le troisième par le préfet (Même article).

Enfin quand le rapport des experts était dressé, il devait être soumis au contrôleur et au directeur des contributions, qui donnaient leur avis au Conseil de préfecture chargé de statuer ; le préfet pouvait toujours réclamer une nouvelle expertise (Même article).

Cette loi a fait plus de mal à l'Empire que n'en auraient produit cent défaites. Eh quoi ! la propriété était soumise au bon plaisir du Gouvernement, qui pouvait s'en emparer à sa volonté, en la payant quand il en aurait le loisir, au prix qu'il lui plairait de fixer, car il avait deux experts contre un ! Tous les propriétaires furent indignés ; une sourde irritation commença à fermenter dans les hautes classes. L'Empereur en fut averti et essaya de calmer les plaintes. Il comprit qu'il fallait ramener à lui les propriétaires, en les rassurant sur leurs intérêts. Il voulut qu'une loi nouvelle fut faite pour leur donner satisfaction, et pour que tous les doutes fussent dissipés, il dicta, à Schœnbrunn, où il se trouvait le 29 septembre 1809, une note qui est restée célèbre, mais dont les écrivains n'ont pas assez signalé le but. C'était un acte politique, dont l'effet ne fut pas aussi considérable qu'on le suppose. Le mobile qui l'inspirait était trop apparent.

« On doit d'abord, disait cette note, définir les formes qui cons-
« tatent l'utilité publique. Il faudrait que ce fût un sénatus-con-
« sulte, une loi ou un décret délibéré en Conseil d'État. S'il prend
« fantaisie à un préfet d'augmenter la préfecture, la prison ou
« l'hôpital, d'un jardin ou d'une aile, ce ne doit pas être une rai-
« son pour exproprier aucun citoyen, s'il n'y a d'ailleurs un dé-
« cret qui dise que cela est utile et qu'en conséquence les pro-
« priétaires seront tenus de faire la cession de leurs propriétés
« moyennant les formes voulues par les lois et les usages. —

« Ainsi le Conseil seul aurait le droit de déclarer les travaux qui
« seraient dans le cas de jouir de ce privilège.

« Cela une fois posé, le Préfet ferait connaître au propriétaire
« qu'il doit céder sa maison ou son champ. Celui-ci consentirait
« ou n'y consentirait pas.

« S'il y consentait et qu'on fût d'accord pour le prix, l'expro-
« priation aurait lieu par un acte en forme ordinaire passé par-
« devant notaire, ou si l'on veut, au secrétariat de la Préfecture, et
« signé par le concessionnaire. Cet acte, que l'on considère comme
« un acte ordinaire, serait justiciable des tribunaux, mais comme
« les tribunaux ne pourraient pas faire saisir le préfet par corps,
« ni dans ses biens, pour la non-exécution du contrat, il faudrait
« que, le cas échéant où le propriétaire ne serait pas payé, l'af-
« faire fût plaidée à l'audience ; que le procureur impérial fût in-
« terpellé de dire pourquoi le payement n'a pas été fait ; que celui-
« ci ayant demandé deux ou trois jours pour répondre, s'étant
« concerté dans l'intervalle avec le Préfet, et ayant répondu, les
« juges, au lieu d'ordonner la saisie du Préfet par corps ou dans
« ses biens, pussent conclure à ce que référé en fût fait au grand
« juge, Ministre de la justice, pour soumettre au chef du Gouverne-
« ment la légitime plainte de ses sujets, et que des mesures soient
« prises pour faire payer les sommes dues valablement par telle
« commune, tel département ou tel service public.

« Mais, si le propriétaire n'est pas d'accord, les causes de sa
« discordance peuvent venir de deux causes différentes :

« Ou il croit que ce n'est pas le cas d'utilité publique, et alors il
« déclare au Préfet qu'il ne nommera pas d'expert et qu'il ne cédera
« pas sa propriété ; le préfet doit l'appeler au tribunal de pre-
« mière instance, et sous trois jours, le propriétaire en personne,
« ou par fondé de pouvoir, doit répondre devant le juge et dire
« pourquoi il se refuse à céder sa propriété, et si le procureur
« impérial ne peut pas prouver qu'il y a un arrêt du conseil, qui

« constate le cas d'utilité publique, le juge doit déclarer qu'il n'y
« a pas lieu à l'expropriation du citoyen et le préfet ne peut pas-
« ser outre. Si, au contraire, le procureur impérial établit que la
« cession demandée est dans le cas d'utilité publique, le juge or-
« donne que l'individu ait à céder sa propriété, à nommer des ex-
« perts et à se mettre en règle par un contrat.

« La seconde raison de la discordance du propriétaire avec
« l'Administration peut être l'évaluation, mais alors les formes
« sont claires, et le juge prononçant sommairement, ordonne
« l'expropriation à telles conditions. Alors l'expropriation n'a
« plus lieu par consentement mutuel, ni par contrat, mais par
« sentence.

« Il semble que ce système marche bien, qu'il ne peut avoir
« aucun inconvénient, ou que du moins les praticiens peuvent
« mettre des restrictions pour que la marche de la procédure soit
« prompte.

« J'avoue que je ne m'accoutume pas à voir l'arbitraire se glis-
« ser partout et un si vaste État avoir des magistrats sans qu'on
« puisse leur adresser des plaintes. Je sais qu'on dira que cela
« entravera tout ; mais je sais que cela n'entravera rien et que
« cela empêchera d'énormes abus. Cela n'empêchera rien, parce
« que l'on peut fixer pour les délais de la procédure, une semaine
« et même trois jours, laps de temps fort raisonnable.

« Il restera une question à décider : Ne doit-on mettre la main
« au travail que la propriété ne soit payée ? Le Code civil le veut
« ainsi ; mais je pense que, par la sentence, si la cession était
« forcée, ou dans le contrat, si elle avait lieu de gré à gré, on
« pourrait toujours stipuler un premier payement, ne fût-il que de
« 500 francs, qui pourrait être réglé à un cinquième ou à un
« dixième de la valeur, que l'on considérerait comme une espèce
« d'arrhes et moyennant lequel possession serait prise par l'Admi-
« nistration.

« Voilà mes idées sur cette question plus importante que l'on
« ne veut le croire, puisqu'en s'accoutumant à jouer avec la pro-
« priété on la viole et qu'il en résulte des abus révoltants qui mé-
« contentent l'opinion publique. Moyennant ces précautions j'ar-
« rive à un premier principe, qui devrait être dans le Code de
« procédure, s'il n'est pas dans le Code civil : c'est qu'aucun ci-
« toyen ne peut être exproprié que par un acte judiciaire. On
« acquiert la propriété par testament, par donation et par achat ;
« tous ces actes sont des actes judiciaires. On ne doit la perdre
« que par une vente où par une sentence qui soient également des
« actes judiciaires.

« Enfin, il me semble que c'est une idée utile, dans le cas où les
« juges ne peuvent pas rendre justice, puisqu'ils ne peuvent pas
« faire saisir l'Administration, de leur attribuer du moins le droit
« de recommander leurs justiciables à l'Administration supé-
« rieure.

« Je désire que mon cousin l'archi-chancelier lise ce projet à la
« première séance du Conseil d'État, et que la section de législa-
« tion, à laquelle le comte Montalivet se réunira, soit chargée de
« me présenter un projet de règlement conforme à ces vues. »

Berlier apporta le projet demandé par l'Empereur à la séance du
Corps législatif 1er mars 1810 ; le rapport fut fait le 8 et le projet
fut voté. L'autorité judiciaire fut chargée de prononcer l'expropriation et de régler l'indemnité. Il fut dit, en outre, que le payement de l'indemnité ne pourrait être retardé plus de trois ans et
que, dans tous les cas, si elle n'était pas payée, les intérêts cour-
raient du jour de prise de possession. (Loi du 8 mars 1810.)

Il est de règle que les lois sur la procédure ont un effet rétro-
actif. En conséquence, certains propriétaires, touchés par des
travaux ordonnés directement ou implicitement par des décrets
antérieurs à la loi de mars 1810, demandèrent que cette loi leur
fût appliquée. Un décret décida, contrairement à toutes les règles

reçues, qu'ils demeureraient soumis à la loi de septembre 1807. (Décret du 18 août 1810.)

BATIMENTS CIVILS.

Le Conseil supérieur des bâtiments civils voulut aussi avoir un résumé des règles applicables à toutes les espèces. C'était une œuvre difficile. On commença par s'occuper du personnel. Le Ministre de l'intérieur arrêta, le 18 octobre 1808, le règlement qui devait être observé. Il était divisé en trois titres et avait vingt-trois articles. Le premier titre était consacré aux travaux ordinaires de réparations ou de construction partielles. Il est dit, à cette occasion, que les architectes *continueront* à recevoir un traitement annuel, et qu'ils auront une indemnité proportionnelle à l'étendue des travaux, quand ils seront de plus de 50,000 francs. Le titre second était relatif aux travaux extraordinaires. Le troisième était intitulé : Organisation des travaux publics, relativement aux monuments ou aux grands édifices.

Les deux premières parties de ce règlement ne font guère que statuer sur des questions d'honoraires. La troisième se borne à déterminer le nombre d'agents employés pour la direction et la surveillance des travaux, avec la nomenclature de leurs attributions.

Les autorisations ministérielles devaient être demandées pour les travaux à faire avec bâtiments servant aux cultes religieux, comme pour tous les autres bâtiments civils (Décret du 30 novembre 1809, art. 107 et suivants).

Les grandes occupations du temps rendant difficile la surveillance des affaires administratives, les architectes ou les directeurs de travaux ne se faisaient pas faute de modifier les plans arrêtés par le Conseil des bâtiments civils et approuvés par le Ministre.

Ils furent prévenus que les frais de ces changements seraient laissés à leur charge. (Circulaire du Ministre de l'Intérieur, du 18 juin 1812.)

Les Préfets furent avertis de s'occuper sérieusement des projets de travaux et de les éclairer par une saine critique, non-seulement au point de vue de la convenance des lieux qui auraient été choisis et des autres choses pareilles, mais encore au point de vue des plans et devis.

Les plans généraux devaient être dressés à une échelle de 5 millimètres par mètre, qui devait être de 10 millimètres pour les détails et de 20 millimètres,quand les détails devaient être présentés en plus grand. On devait, si la dépense dépassait 15,000 fr., donner, outre le plan général, des plans pour les divers étages, au moins deux coupes transversales, et des plans en élévation présentant les diverses façades. Quant aux devis, ils devaient donner le tableau exact et détaillé des divers travaux. Les Préfets devaient accompagner les plans et devis d'un cahier des charges, dont ils avaient la rédaction, car il n'y en avait pas encore de général. Enfin ils avaient à dire sur quels fonds les dépenses seraient faites.

C'est alors que l'on régla que les plans devraient indiquer par trois couleurs ce que l'on se proposait de faire : le noir désignant ce qui devait être conservé ; le jaune, ce qui devait être démoli ; le rouge, ce qui devait être reconstruit. On a conservé l'habitude de se servir des mêmes couleurs, dans le même but.

Les travaux étaient pour les formalités divisés en trois classes ; au-dessous de 2,000 fr., le Ministre les approuvait très-vite. Au-dessus de 2,000, mais en dessous de 15,000, il y fallait un peu plus de précaution. Ceux d'une valeur supérieure nécessitaient l'intervention du Conseil des bâtiments civils. (Circulaire du Ministre de l'Intérieur du 22 octobre 1812.)

Les ingénieurs ne purent être détournés de leurs occupations habituelles pour être employés aux bâtiments civils, sans y avoir été autorisés par le Ministre de l'intérieur. (Circulaire du Directeur général des Ponts et chaussées, du 15 mai 1813.)

Le Ministre rappela ses précédentes circulaires et y ajouta cette disposition : quand il s'agirait d'un établissement où la généralité des habitants aurait journellement affaire, on devait joindre aux pièces le plan de la ville, si déjà ce plan n'existait pas au Ministère (Circulaire du Ministre de l'Intérieur, du 28 juin 1813).

CHAPITRE XV

—

LA PREMIÈRE RESTAURATION ET LES CENT JOURS.

Les guerres incessantes de Napoléon Ier avaient entravé le progrès. L'industrie ne marche pas quand les hommes sont uniquement occupés du maniement des armes. La charrue, la lime, le marteau, la navette chôment, lorsque l'on passe le temps à apprendre l'exercice à feu et la manière de se ranger en bataille.

Puis, comme conséquence de la guerre, on avait eu les prohibitions sur l'exportation et l'importation des marchandises. Chez nous, où la presse était toute dans la main du Gouvernement, les plaintes ne se faisaient point entendre ; on sentait le mal, on n'en parlait pas, car les prisons d'État auraient reçu les téméraires assez osés pour soupirer trop haut. Il n'en était pas de même partout. Les écrivains anglais, les orateurs de ce pays nous ont légué le souvenir de la situation qui avait été faite aux populations. Nos grand-mères nous en ont aussi parlé. Elles nous ont raconté que, dans notre France, où le chanvre et le lin sont insuffisants à donner la toile dont notre corps a besoin, les cotonnades étaient à des prix fabuleux. Le sucre, cet aliment précieux de l'enfance, s'était vendu jusqu'à douze francs le kilogramme. Il n'y avait de place dans les feuilles publiques que pour les victoires de l'Empire, ces triomphes éphémères, préludes de la retraite de Moscou et de la bataille de Waterloo.

Le silence ne s'était établi que par la violence; on le rompit aussitôt que Napoléon ne fut plus là pour l'imposer par la contrainte. Après la restauration, M. Dambray, chancelier de la Chambre des pairs, fut chargé par Louis XVIII de faire, à cette chambre, le tableau de la situation du pays; il le présenta le 12 juillet 1814. On a dit alors que c'était une œuvre de parti écrite pour dénigrer l'Empire et faire valoir les Bourbons. Mais nous, nous en retranchons les choses oratoires et nous ne voyons que les chiffres. Il en ressort que le Gouvernement impérial pressurait les contribuables en promettant d'employer les recettes dans l'intérêt général, tandis que tout s'engloutissait dans des gouffres sans fond, où les vérifications étaient impossibles. Nous ne prendrons du rapport de M. Dambray que la partie relative aux travaux publics. L'orateur continuant son discours s'est exprimé en ces termes :

« Après ce tableau de l'Administration générale, les travaux publics doivent fixer notre attention. De grandes entreprises ont été formées, quelques-unes par des motifs de véritable utilité, beaucoup d'autres par ostentation ou dans des vues où n'entrait pour rien le bonheur de la France. Tandisque des routes magnifiques s'ouvraient sur nos frontières, les routes de l'intérieur étaient négligées ; et les chemins vicinaux abandonnés aux communes, qui n'avaient plus assez de fonds pour les entretenir en bon état, se sont fort détériorés. Les fonds spéciaux votés par les départements pour les travaux des routes ont été détournés de leurs usages ; 15,500,000 francs déposés à cet effet à la caisse d'amortissement en ont été détournés ; un arriéré de plus de 28 millions existe aux Ponts et chaussées, et cependant cette administration se trouvera chargée de tous les travaux extraordinaires qu'occasionneront les désastres de la dernière campagne.... »

Cet exposé était loin d'être complet ; il ne pourrait être exact qu'en fouillant à la Cour des comptes et dans les archives les livres de caisse de tous les receveurs de deniers publics. Cependant, en 1816, M. Corbière, chargé de faire un rapport général sur l'ensemble du budget, apporta son travail à la Chambre des députés le 9 mars. Il y disait :

« Beaucoup d'entre vous, Messieurs, n'ont pas été étrangers aux administrations départementales ; ils savent avec quelle cruelle industrie on était parvenu à augmenter progressivement les centimes affectés en apparence à leurs charges locales, tandis qu'on laissait souffrir de plus en plus cette partie du service.

« Pour arriver à ce but, il fallait soustraire entièrement à la surveillance des conseils généraux l'emploi des fonds alloués pour les besoins de leurs départements.

« Les préfets ne pouvaient se conformer aux allocations des conseils généraux, avant qu'elles eussent été approuvées par le Gouvernement, qui devait arrêter définitivement les budgets des départements. Or, ces arrêtés n'étaient envoyés que vers la fin de chaque exercice ; dans l'intervalle, les dépenses se faisaient sur des crédits provisoirement ouverts par le Ministre, sur les demandes particulières des préfets, et à ce moyen, les fonds se trouvèrent entièrement à la disposition du Gouvernement.

« L'approbation tardive qu'il donnait ensuite à l'état de proportion, n'était plus que dérisoire ; l'examen du compte du préfet n'avait plus d'objet ; on ne pouvait lui reprocher d'avoir ordonnancé les dépenses, sans consulter le budget que le Ministre ne lui avait pas renvoyé à temps. C'est ainsi qu'on réussit à ne conserver des administrations départementales, que deux réunions périodiques et de leurs budgets, que les centimes qu'ils servaient à lever.

« Quand les choses en furent à ce point, on eut recours à un autre piège. Les conseils généraux, dégoûtés de réclamations toujours sans réponse, comme sans succès, sentirent qu'ils n'avaient plus que le rôle passif d'allouer chaque année des centimes qu'ils pouvaient se borner à voter en masse, ou à répartir au hasard. Bien assurés d'avance de l'inutilité de leur travail, ils tâchaient au moins de ne pas augmenter un fardeau, dont leurs administrés supportaient le poids sans en retirer aucun avantage. — Ce fut alors qu'on imagina de nouveaux centimes, auxquels on donna le nom de facultatifs et qui devaient être laissés à la disposition exclusive des conseils généraux.

« On leur représenta avec plus de force qu'ils ne l'avaient fait eux-mêmes, les besoins de leurs départements : les cathédrales en ruines, les grandes routes impraticables et les communications interrompues. Les centimes facultatifs furent adoptés, dans le plus grand nombre des départements : dans ceux où l'exemple du passé avait excité la défiance, les préfets reçurent bientôt l'ordre de les lever. Ils devinrent ce qu'étaient devenus les centimes variables. Les besoins du culte et l'entretien des routes furent transportés, sur les budgets, du chapitre des dépenses variables à celui des dépenses facultatives, et leur inscription fut toujours également stérile. Le taux des contributions fut élevé ; ce fut là tout le résultat de la nouvelle invention ; c'était aussi le seul qu'on s'en fût promis.

« Il ne nous a pas paru inutile d'indiquer de pareils abus.

« Le moyen de les réparer se présente de lui-même, et tous les départements forment le même vœu. Il s'agit de rendre aux administrations locales une indépendance sagement tempérée et qu'elles n'auraient jamais dû perdre.

« Malgré la difficulté des circonstances, cette importante amélioration nous a paru praticable, sans inconvénient pour le Trésor, dont les besoins vous sont connus. »

Les nécessités du Trésor empêchèrent d'ailleurs, même après ce discours, qui en avertit le public, qu'on fit l'emploi de tous les centimes additionnels aux services départementaux. On leva 15 centimes 53 centièmes du principal des contributions foncière, mobilière et personnelle ; mais on n'en appliqua que 12 aux besoins des départements, à savoir, 24 millions sur 30 millions 960,491 fr.

On vient de voir quel avait été le legs que l'Empire nous avait fait, et cependant sa chute fit saigner de douleur tous les cœurs vraiment français.

Au mois de mars 1814, les hommes de 1789, qui s'étaient emparés du pouvoir pour empêcher l'amoindrissement du territoire et pour tenter de fonder un Gouvernement acceptable par la nation, formulèrent des vœux, qu'ils voulaient inscrire dans un pacte accepté par le Roi. Louis XVIII leur répondit bientôt, en *octroyant* la charte constitutionnelle dite de 1814. La charte *octroyée* fut mal accueillie par les patriotes. Ils se disaient que si le Roi avait eu le droit d'octroyer une constitution, il se croirait celui de la retirer. Au point de vue pratique, ils remarquaient que l'on avait beaucoup parlé de liberté, sans avoir cependant rien changé à l'ancienne organisation administrative.

Les émigrés, de qui l'on a pu dire qu'ils n'avaient rien appris et rien oublié, étaient revenus en France avec le désir d'y établir le despotisme de la volonté royale. Ils s'imaginaient qu'ils auraient ainsi reconstitué un temps dont ils avaient entendu parler, mais qu'ils ne voyaient qu'au travers d'un prisme menteur. Les Rois, même Louis XIV et Louis XV, n'ont jamais pu dompter toutes les résistances. Leurs efforts se brisaient contre les arrêts des Parlements, les délibérations des États provinciaux et les homélies de la partie du clergé qui refusait de s'associer aux Jésuites. Les émigrés disaient donc que la charte était la sanction des actes de la Révolution et qu'il fallait la déchirer, pour rendre à la noblesse et au clergé, avec leurs prérogatives, les biens qu'on avait confisqués en 1793.

En ce temps-là, les partis extrêmes semblaient seuls avoir le droit de parler. Le Roi aurait bien voulu pacifier les esprits, mais il aurait eu besoin d'un entourage d'hommes modérés. Or, ce parti n'existait pas encore. Il se formait dans l'ombre et manœuvrait avec habileté pour obtenir les sympathies de la droite et de la gauche, afin d'escalader les ministères. Mais Louis XVIII était embarrassé parce que ses prétendus amis étaient d'anciens émigrés. Une fois qu'il fut bien sûr de ne pouvoir plaire à tout le monde, son choix se porta sur ses compagnons d'exil. Les populations sentirent redoubler leurs défiances, surexcitées d'ailleurs par mille tracasseries et par des menaces de tous les jours. Une chose digne de remarque, c'est la grandeur des luttes de cette époque. Les sentiments dont on s'inspirait étaient l'amour de l'humanité, l'amour de la patrie. Jamais les conspirateurs n'ont trouvé un terrain aussi bien préparé pour leurs menées. Les masques dont ils se couvraient la face avaient tous une fière apparence : c'était d'abord la liberté avec ses allures énergiques, en second lieu le respect de l'ordre assuré par un souverain héréditaire ; enfin un troisième parti prenait la voix et les allures de la modération. Et, tandis que les chefs de la droite conspiraient d'avoir un Roi absolu, les anciens serviteurs de Napoléon Ier travaillaient au retour d'un maître capricieux et brutal, mais toujours généreux. Ces derniers avaient de puissants alliés dans la nation, qui avait à cœur de conserver les conquêtes de 1789, et aussi dans les détenteurs des biens des émigrés. Les soldats étaient avec les impérialistes. Ils se sentaient outragés par la cocarde qu'on leur avait imposée ; ils avaient tous l'ancienne dans la doublure de leur casque ou de leur schako, attendant avec impatience le moment de reprendre les couleurs de la République et de l'Empire, de fouler aux pieds le drapeau revenu avec l'ennemi.

Napoléon, du haut des rochers de l'île d'Elbe, suivait les mouvements de l'opinion publique. Lorsque le moment lui parut favorable, il quitta sa retraite. Le cœur, les forces de la France lui appartinrent et rien ne peint mieux sa marche depuis la Méditerranée jusqu'à Paris, que ce mot poétique : son aigle volait de clocher en clocher. L'Empereur prétendait revenir instruit par l'expérience et, pour le prouver, il proposa à l'acceptation du peuple un supplément à la constitution, qu'il appela *Acte additionnel aux constitutions de l'Empire.* C'était une pâle copie de la charte octroyée ; les hommes sérieux ne s'y trompèrent point. On reconnut que les théories absolutistes du premier consul n'avaient point changé pendant l'exil de l'Empereur à l'île d'Elbe. Les libéraux mécontents s'armèrent pourtant afin de le défendre contre l'Europe coalisée. Des gardes nationaux s'offrirent pour défendre les côtes et les villes frontières, pendant que Napoléon entraînait après lui tout ce que nous avions de soldats enrégimentés. On sait l'histoire de cette terrible bataille de Waterloo, qui termina l'aventure. La France y fut cruellement blessée, mais l'honneur a été sauf. L'Empereur malade ou vieilli ne sut pas diriger ses troupes ; nos soldats, qui connaissaient la valeur du dépôt dont ils étaient chargés, se firent tuer avec la résignation d'un désespoir concentré et énergique. Après la bataille, notre France fut *en proie aux ennemis.* Mutilée déjà en 1814, elle eut à subir de nouvelles amputations.

Les représentants ou députés des départements essayèrent d'obtenir quelques concessions du roi Louis XVIII ; celui-ci ne voulut rien faire. Il s'en tint à la charte octroyée, avec laquelle nous avons vécu jusqu'à la révolution de 1830.

La première Restauration date, dans l'Histoire, du 5 mars 1814 : le second Empire de Napoléon Ier, du 20 mars au 22 juin 1815, quoique la seconde Restauration n'ait été acceptée que le 8 juillet. Le second règne de Napoléon Ier a, dans l'Histoire, le nom de gouvernement des Cent jours.

Les changements qui furent faits à la législation des travaux publics, sous la première Restauration et le Gouvernement des

Cent jours, ne pouvaient être de grande importance. Le retour de Louis XVIII fit désigner sous le nom de royales les choses qui avaient été dites nationales sous la République, impériales sous le règne de Napoléon. Le retour de l'île d'Elbe leur rendit le nom d'impériales ; on les appela royales après Waterloo.

Il y eut des changements dans ce qui concernait les Écoles ; le personnel ne pouvait être aussi considérable que dans le temps où la France était d'une étendue double de celle qui lui était laissée. Des Ordonnances statuèrent aussi sur l'Hôtel des invalides et ses succursales. On prit encore quelques mesures sur les hôpitaux militaires.

La matière des travaux publics proprement dits ne nous donne presque rien. Cependant l'Administration s'occupa des routes pour faire quelques règlements sur le poids des voitures publiques (Ordonnance du 24 décembre 1814). En même temps, pour essayer de détruire le souvenir du passé, on prescrivit d'effacer, sur les bornes qui marquaient les distances, les emblèmes qui y avaient été posés. On fit remplacer les bonnets de la liberté et les aigles par des fleurs de lys (Circulaire du Directeur général des Ponts et chaussées, du 22 novembre 1814).

Le gouvernement de Louis XVIII avait rendu aux émigrés les biens qui leur avaient appartenu. Parmi ces biens se trouvaient les canaux du Midi, d'Orléans et de Loing, dont les anciens propriétaires reprirent possession. L'Administration déclara que le Ministre de l'Intérieur aurait, sur ces voies de navigation intérieure, les droits de surveillance qu'elle avait sur les autres. (Ordonnance du 20 novembre 1814.)

Les départements et les communes avaient été encouragés à se croire indépendants de l'autorité centrale. C'était une exagération dans les promesses, car il est de l'intérêt du pays que la protection du Gouvernement empêche les puissants d'opprimer les faibles. Les violences, auxquelles se livrèrent les partis dans quelques localités, démontraient l'utilité qu'il y a à ce que le respect des lois sur la Constitution soit assuré.

Des projets de restauration des anciens édifices religieux furent alors élaborés un peu partout. Les administrations diverses rivalisaient de zèle pour montrer leur attachement réel ou factice au nouvel ordre de choses. On dut calmer cette effervescence en rappelant que les plans, dessins et devis des bâtiments devaient être soumis au Ministre de l'Intérieur. (Circulaire du 20 août 1814.)

La direction générale des Mines fut séparée de celle des Ponts-et-chaussées, avec laquelle elle avait été réunie. Le nouveau Directeur général des mines tint à honneur de justifier la mesure qui avait créé ses fonctions. Il publia une instruction sur le service des ingénieurs des mines. Il leur recommandait de faire l'inventaire de tous les papiers de l'État que contenaient leurs bureaux, tels que lois, décrets, règlements, circulaires et instructions ; puis de les classer méthodiquement d'après les divisions admises par la loi de 1810. L'on indiquait aussi la manière de faire les dossiers relatifs à chaque exploitation.

Les ingénieurs étaient invités à tenir désormais deux registres d'ordre, un pour l'entrée des pièces, l'autre pour la sortie.

Le Directeur général prenait la peine d'indiquer la nature et le nombre des instruments que chaque ingénieur devait posséder.

Une recommandation plus importante était celle qui leur était faite de multiplier les conducteurs chargés de la surveillance des mines.

Il était à peine parlé des mines et minières exploitées par les particuliers.

Deux paragraphes de cette instruction étaient relatifs aux usines. Il y avait à ce sujet deux dispositions de la Loi de 1810, qui, dans ses articles 73 et 78, avait prescrit aux usiniers de se faire connaître. Puis on avait encore un Décret du 15 octobre de la même année qui, statuant sur les établissements dangereux, insalubres ou incommodes, avait formulé des règles sur leur création et leur surveillance.

Le Directeur général prescrivit donc aux ingénieurs de surveiller les usines en général. Il signala particulièrement les verreries, qui, dès longtemps et notamment depuis un arrêt du Conseil du Roi du 9 août 1723, étaient assimilées pour la réglementation aux fourneaux, forges et martinets.

Les autres parties de notre instruction n'étaient que la répétition d'anciennes circulaires (Instruction du Directeur général des mines, du 1er septembre 1814.)

Mentionnerons-nous que les ingénieurs furent gourmandés à propos des plans qu'ils dressaient. On leur reprochait de les copier sur la carte de l'Académie et on les invitait à les lever eux-mêmes (Circulaire du même directeur général, du 26 janvier 1815.)

Et, pour bien montrer que les plans fournis seraient bien leur œuvre, les ingénieurs devaient y marquer les lignes de leur triangulation (Même circulaire).

Le Directeur général des mines fit rendre une Ordonnance royale sur l'exploitation des carrières des départements de la Seine et de Seine-et-Oise ; c'était un souvenir plutôt qu'une réglementation nouvelle (Ordonnance du Roi, du 21 octobre 1814).

Ce bagage est assez faible, mais que le lecteur se rappelle que la durée de la période dont nous nous occupons a été courte et que les préoccupations politiques y étaient grandes. Il comprendra que l'on y a eu peu de temps à donner aux affaires vraiment utiles, c'est-à-dire aux affaires qui intéressent le développement du travail et du progrès de l'humanité.

CHAPITRE XVI

—

SECONDE RESTAURATION. — RÈGNE DE LOUIS XVIII.

La France humiliée, diminuée par le désastre de Waterloo, était frémissante. Le Gouvernement avait une tâche difficile ; il essaya de la remplir. Mais les partis continuèrent à se combattre. D'un côté, les hommes de l'extrême droite affectèrent de réclamer au nom du Roi l'anéantissement de toutes les réformes conquises; de l'autre, les hommes de la gauche, sentant que les principes de 1789 étaient menacés, firent une opposition systématique à la famille des Bourbons. L'histoire des premières années du règne de Louis XVIII présente un singulier spectacle. Le roi, les chefs du Gouvernement voulaient être les législateurs équitables, protecteurs des droits de tous ; ils se vouaient à ce rôle avec une entière bonne foi. Ils ne furent pas compris. Et, bien que les ministres de 1819, par exemple, aient été fermes dans leurs résolutions, énergiques dans leurs actes, on n'a jamais tenu compte de leur bonne volonté et de leurs efforts. Au lieu de remarquer leurs œuvres, pour en faire une saine appréciation, on s'attachait à en signaler les moindres défauts. Les royalistes reprochaient au cabinet de pactiser avec les révolutionnaires ; les libéraux lui faisaient un crime de pencher du côté des anciens émigrés. C'était un chœur de voix discordantes, se mettant à l'unisson pour lancer des invectives, dont les plus violentes se tiraient de ce que les ministres étaient ministres. Leurs fonctions étaient leur plus grand crime. On ne voyait que leurs dignités ; on ne se rendait pas compte du dévouement qu'il fallait avoir pour ne pas s'en dépouiller. L'histoire de ces hommes sera refaite un jour. On se demandera s'il était possible de mieux gouverner et l'on cherchera la réponse dans leurs œuvres. L'étude de la législation de ce temps nous permet d'affirmer que jamais on n'a plus sérieusement tenté de concilier les prétentions de la royauté avec les droits imprescriptibles des citoyens. Si le Gouvernement n'a pas satisfait le pays, c'est évidemment que la Monarchie est incompatible avec les idées qui sont le fond de l'éducation que nous avons tous reçue.

La matière des travaux publics resta soumise au mode d'administration qui avait été créé par la constitution de l'an VIII ; ils étaient d'intérêt général et exécutés par l'État ou d'intérêt local et dirigés, suivant les cas, tantôt par les départements, tantôt par les communes. L'État gardait toujours un droit de tutelle et de surveillance sur les Administrations inférieures. Ses représentants veillaient sur ce qui se faisait au compte du Trésor et, même, ils avaient l'œil sur les entreprises exécutées par les départements et les communes.

Cependant il y avait un changement que tout le monde sentait venir. Le premier Consul avait établi un système gouvernemental où tout devait partir du chef. C'était la suppression de l'initiative des populations. Le maître étant trop loin, les communes avaient perdu peu à peu l'habitude d'entretenir ce qui est nécessaire à leur vie. La plupart n'avaient plus les établissements indispensables ; deux tiers au moins manquaient d'écoles ; les chemins vicinaux étaient dans un état déplorable.

La Chambre des députés, qui siégea pendant les Cent jours, avait compris qu'il était urgent de réchauffer les extrémités refroidies.

Dans le projet de constitution qu'elle avait eu l'intention de substituer à la charte, elle exigeait qu'il y eût toujours un Conseil municipal à côté du maire, un Conseil général à côté du Préfet. Elle ne disait pas que ces Conseils seraient électifs, mais cela était parfaitement entendu. Le besoin d'avoir de pareilles assemblées était si bien dans les esprits qu'on peut lui appliquer ce mot : *hoc erat in votis.* Le projet de la Chambre des députés ne fut pas accepté.

La charte de 1814 resta la constitution de la France. Cependant il fut entendu que le pays serait consulté sur tout ce qui concernait ses intérêts. Les communes et les départements furent appelés à donner leur avis sur tous les travaux publics qui pouvaient les concerner, que ces travaux fussent faits par l'État ou qu'ils fussent entrepris par les Administrations locales.

En même temps, et pour empêcher le retour des dilapidations des deniers des communes et des départements par l'autorité supérieure, le maire, d'après les délibérations du Conseil municipal, le préfet d'après les délibérations du Conseil de département, eurent la disposition d'une partie des centimes additionnels de leurs circonscriptions. Ce fut une véritable émancipation, surtout après la pression excessive qui avait étiolé les rameaux, sans avoir favorisé le développement de l'arbre.

Le régime parlementaire étant admis, on s'occupa sérieusement du moyen de contrôler les actes des administrations diverses, on sait que les objets les plus suspects aux yeux des populations, sont ceux qui se rapportent aux finances. Le gouvernement de Louis XVIII s'occupa de régulariser tout ce qui y tient. On connaît le désordre de l'ancien Régime et les vains efforts de l'Assemblée constituante pour organiser le service du trésor public ; on sait aussi quel remède fut employé par la Convention, quand elle consolida un tiers de la dette nationale, en déclarant par là que les deux autres tiers ne seraient pas payés. Les constituants jetèrent les bases de la Comptabilité, mais ne terminèrent pas leur œuvre ; ensuite le Directoire créa notre système d'impôts, mais il tomba, avant d'avoir eu le temps, d'organiser tout ce qui aurait été utile à la surveillance des agents et des dépenses. Le Consulat et l'Empire n'ajoutèrent à ces précédents que des règles applicables entre les supérieurs et les subordonnés. Le chef de l'État n'admettait pas de contradiction : il disposait des recettes comme il l'entendait. C'est à peine si la Cour des comptes fit, dans ce temps, sentir sa juridiction aux subalternes.

La Restauration venue avec la liberté de la tribune créa un système complet de comptabilité. Les réformes ont donné lieu à des lois nombreuses qui partent de 1814 et se succèdent jusqu'en 1828, date après laquelle il n'y a plus eu rien à faire. Les lois, les ordonnances, les circulaires furent réunies une première fois dans une Ordonnance du 14 septembre 1822. On y avait condensé les textes, exposé les principes ; on en avait tiré les conséquences. C'était un chef-d'œuvre d'art, que l'on a remanié plusieurs fois pour y ajouter les dispositions des lois nouvelles ; on n'avait encore rien eu d'aussi complet ; ce qu'on a fait depuis n'a pas surpassé cette Ordonnance pour le mérite du style ou de l'enchaînement des idées.

La Restauration douta de nos forces. Elle était arrivée sitôt après les guerres de l'Empire, pendant lesquelles le sang des enfants de la France avait été répandu sur tant de champs de batailles, après le blocus continental qui avait paralysé notre commerce ; par conséquent elle est excusable de ne pas avoir eu plus de confiance dans ce pays, dont elle ne connaissait pas les ressources. Elle avait un lourd budget, grossi par la nécessité de payer une indemnité considérable aux étrangers qui nous avaient vaincus. Il en résulta qu'elle ne donna pas aux administrations chargées des travaux publics les sommes dont elles auraient eu besoin. Mais il y avait des ouvrages qui étaient demandés avec instance. Certains d'entre eux étaient destinés à rendre immédiatement des services, il s'agissait de réparations à des cours d'eau naturels ou artificiels, de ponts à établir, de canaux à creuser. Le Gouvernement ne se retrancha pas derrière son impuissance pour décider que rien ne serait fait ; au contraire, il fit des appels réitérés à l'industrie privée. Il invita les particuliers à former des sociétés pour exécuter ces travaux, dont le public ne se servirait qu'en payant son passage.

Une société anonyme, n'était alors, comme aujourd'hui, qu'une association de capitaux. — Les associés n'y étaient et n'y sont engagés que pour le montant des sommes qu'ils ont promises. La signature des gérants ne les oblige que pour le chiffre de leurs actions.

Mais, d'après l'adage de droit et de morale portant : qui s'oblige, oblige le sien, on ne pouvait alors échapper à ses engagements en se retranchant derrière des lois que l'on avait imposées soi-même. Pour ne pas être tenu sur sa fortune, le signataire devait avoir agi au nom d'une Compagnie autorisée par une Ordonnance. Ce genre de sociétés commerciales était connu dans notre ancienne jurisprudence.

L'Ordonnance de 1673, le Code de commerce de 1807 avaient respecté l'usage que l'on avait de former ces Sociétés anonymes. En général, celles de l'ancien temps ont été rarement suivies de succès. De plus récentes ont mieux réussi, c'est le petit nombre. Quoi qu'il en soit, il y avait alors certaines garanties contre des escroqueries menaçantes.

La loi exigeait que, pour être autorisées par le Gouvernement, les sociétés projetées feraient approuver leurs statuts par le Conseil d'État. Il n'y avait point eu encore de règles générales sur les conditions sans lesquelles l'approbation serait impitoyablement refusée ; en 1817, puis en 1818, on les détermina. Rien n'a été changé, de 1819 à 1863, sur ce qui avait été alors prescrit. Nos plus beaux travaux publics, les plus importants de ceux dont nous pouvons nous glorifier, ont été faits entre ces deux dates. Les réglementations de 1818 n'ont donc pas été un empêchement à ce qui était réellement utile. Cependant, en 1863, on est allé chercher en Angleterre la société à responsabilité limitée. Dans ce pays où l'escroquerie s'épanouit librement, parce qu'elle n'y est pas prévue par les lois pénales, on avait admis que plusieurs personnes pouvaient former une association dans laquelle on conviendrait de cette clause, obligatoire pour les tiers, que les gérants ne seraient pas tenus au delà du montant de leurs actions. Cette machine à tromperies, apportée chez nous en 1863, a été perfectionnée en 1867, par une loi qui a autorisé sept personnes à se réunir et à former une Société anonyme. Inutile d'ajouter que, si les compagnies, antérieures à 1863 ont quelquefois donné d'excellents résultats, — presque toutes celles qui sont nées depuis ont vécu misérablement et sont mortes ruinées.

La Restauration, sous le gouvernement des légitimistes libéraux, avait alors repris et continué les traditions du XVIIIe siècle. Elle les abandonna trop tôt. C'est que les difficultés s'étaient, à l'intérieur, montrées insurmontables. Le Gouvernement, au lieu de suivre le courant de l'opinion publique, se prit à vouloir lui faire rebrousser chemin. C'était une faute impardonnable pour des gens qui avaient vu les événements des quarante années précédentes.

Le fleuve des réclamations monta d'autant plus haut que les digues étaient plus resserrées. Le Gouvernement fut renversé en juillet 1830.

Du Gouvernement. — Le ministère. — Les ministres. — Le roi était le chef du pouvoir exécutif ; sa couronne était héréditaire de mâle en mâle, par ordre de progéniture ; sa personne était inviolable et sacrée. Il y avait, comme en 1791, un Conseil des ministres dans lequel on arrêtait les mesures de politique générale ; chaque ministre, secrétaire d'État dans sa partie, administrait les affaires spéciales à son gouvernement. Comme en 1791, les ministres étaient tous responsables de la politique générale ; chacun d'eux était personnellement responsable de son département. Aucun acte du roi n'était valable qu'après avoir été signé par un ministre. Le choix des ministres appartenait au roi.

Les travaux publics continuèrent à être dans le département de l'intérieur. Les autres départements gardèrent le soin de veiller aux travaux nécessaires aux besoins de leurs administrations. Les rapports entre les Ministres de l'Intérieur, de la Guerre et de la Marine restèrent ce qu'ils avaient été précédemment.

Cependant les événements, qui avaient atteint notre territoire et en avaient détaché une partie, avaient fait modifier la commission mixte des travaux publics.

On recommanda aux ingénieurs civils et militaires de se concerter dès le moment où ils faisaient la première rédaction de leurs projets. Ils devaient avoir des conférences et en dresser procès-verbal. Les projets ainsi étudiés et arrêtés devaient être adressés aux ministres respectifs des ingénieurs qui y avaient pris part. Ils étaient ensuite portés à la commission mixte, sur l'avis de laquelle intervenait l'Ordonnance royale autorisant les travaux (Ordonnance du 18 septembre 1816).

On construisit alors un assez grand nombre de forteresses destinées à protéger nos frontières. Cela amena de fréquentes relations entre le Ministre de la Guerre et celui de l'Intérieur ; on retrouve leur action commune dans un certain nombre d'Ordonnances (Voyez, par exemple, l'ordonnance du 2 avril 1817).

Et comme, suivant l'usage des vaincus, nous rejetions nos défaites sur des trahisons, on resserra les obligations imposées au Génie militaire sur le secret de ses places et de ses travaux. En même temps on recommandait aux Ingénieurs des Ponts et chaussées de bien observer les règlements qui leur prescrivaient de se mettre d'accord avec leurs collègues du Génie pour tout ce qui concernait les travaux publics dans les zones frontières (Circulaire du Directeur général des Ponts et chaussées et des Mines du 7 mai 1819).

Ces travaux avaient causé des réclamations, parce qu'aux termes des lois sur les places de guerre, l'établissement d'une forteresse créait des servitudes sur les propriétés voisines. La Restauration avait un grand respect pour le droit de propriété, c'était un calcul politique fondé sur ce que les plus riches avaient seuls le droit d'être élus et éligibles, et aussi sur le désir de faire le contraire de ce qui était admis sous le régime impérial.

La loi sur l'expropriation pour cause d'utilité publique n'étant pas applicable au préjudice causé par les créations de places de guerre, on fit une loi pour régler comment les propriétaires seraient indemnisés (Loi du 17 juillet 1819).

Une Ordonnance du 1er août 1821 fixe le mode d'exécution de la loi. L'article 7 de cette Ordonnance autorisa le Ministre de la guerre à permettre la construction de certaines usines sur les cours d'eau situés dans la zone des servitudes militaires, mais sous la condition que, dans le cas de guerre, ces usines seraient démolies sans indemnité. D'ailleurs ces usines ne pouvaient être créées qu'après que les projets avaient été étudiés par les Ingénieurs des Ponts et chaussées, gardiens des intérêts de la navigation. Ainsi ces usines étaient autorisées par des Ordonnances concertées et arrêtées par le Ministre de la guerre et par celui de l'Intérieur (Circulaire du Directeur général des Ponts et chaussées et des Mines du 30 janvier 1822).

Les exigences de la nouvelle comptabilité rendirent également fréquentes les communications du Ministre des finances et du Ministre de l'Intérieur. Il restait certains usages incompatibles avec les nouveaux principes sur la comptabilité, d'après lesquels toutes les recettes devaient être centralisées. Ainsi autrefois les agents des travaux publics vendaient eux-mêmes les matériaux non-employés et ce qui restait des terrains acquis par l'Administration, après que les travaux avaient été achevés. Le Ministre des Finances réclama, pour les agents du Domaine, le droit de procéder à ces aliénations; il l'obtint et les Administrations diverses en furent averties. (Circulaire du directeur général des Ponts et chaussées et des Mines du 22 janvier 1824.)

DES FONCTIONNAIRES CHARGÉS DES TRAVAUX PUBLICS.

Le Ministre de l'Intérieur conserva, comme nous l'avons dit, les travaux publics dans son département.

L'administration des Ponts et chaussées, fut maintenue, ainsi que celle des Mines.

Le Ministre avait au-dessous de lui un fonctionnaire appelé directeur général, auquel on avait accordé des attributions considérables, qui lui étaient propres. Ce directeur général réunit, sous Louis XVIII, la direction des Ponts et chaussées et des Mines.

Pour ne parler que des Ponts et chaussées, les règles de la hiérarchie furent maintenues. Au sommet était le Conseil général des Ponts et chaussées. Les inspecteurs généraux, les ingénieurs en chef, les ingénieurs ordinaires continuaient à opérer, suivant les règles que nous avons exposées.

Le territoire était partagé en divisions soumises chacune à un Inspecteur général de dernière classe dit divisionnaire. Il y avait un Ingénieur en chef par département pour les travaux ordinaires. On crut devoir renouveler aux ingénieurs en chef d'avoir à s'entendre avec leurs divisionnaires pour leurs projets de travaux. Ils devaient soumettre ces projets aux divisionnaires quand ceux-ci étaient en tournée (Circulaire du directeur général des Ponts et chaussées et des Mines du 8 juin 1820.)

Cependant les préfets furent autorisés à adresser au directeur général, sans passer par l'intermédiaire des ingénieurs division-

naires, les projets relatifs à des travaux évalués à 3,000 fr. Cette faculté avait été accordée par une circulaire du 5 juillet 1812, pour
les travaux de moins de 6,000 fr. (Voir Circulaire du directeur
général des Ponts et chaussées et des Mines du 1er février 1817.)

On continua à avoir des conducteurs chargés d'exécuter les
ordres des ingénieurs. On donna souvent ces fonctions à des élèves
sortant des Écoles de nos arts et métiers de Châlons et d'Angers.
Le directeur général des Ponts et chaussées et des Mines s'occupa
souvent du recrutement de ces Écoles au point de vue de cet emploi des anciens élèves. (Voy. notamment circulaire du 22 janvier
1819.)

On cessa de donner l'entretien des routes à des adjudicataires
appelés cantonniers. Ces agents furent remplacés par des cantonniers à gages, devenus les employés directs de l'administration. Le
directeur général des Ponts et chaussées rédigea, à ce propos, une
instruction, qu'il adressa à tous les préfets des départements. Il y
rappela les règles précédemment établies sur la subordination des
cantonniers à leurs supérieurs ; il y avait peu de chose sur les relations de ces hommes avec le public (Circulaire du 4 juin
1816.)

L'École polytechnique s'associa, comme toutes les Écoles de ce
temps, aux passions qui remuaient la France entière. Cela donna
lieu à des mesures dont il est inutile de parler. Le Roi, dans son
désir de rallier les élèves à sa dynastie, plaça l'École sous la protection du duc d'Angoulême (Ordonnance des 17 septembre, 1er décembre 1822).

On lui donna un nouveau règlement (Ordonnance des 20 octobre,
1er décembre 1822.)

Et elle continua à peupler les Écoles dites d'application des
Ponts et chaussées, du Génie et d'artillerie, et aussi l'École des
mines. Cette dernière fut l'objet de règlements particuliers, dont
nous parlerons plus bas. L'École polytechnique fournissait encore

les ingénieurs géographes, dont le corps avait été reconstitué par une Ordonnance des 22-28 octobre 1817.

On forma un Corps et une École d'état-major. Cette institution tient à notre sujet, en ce que les officiers d'état-major ont été à une certaine époque chargés de dresser la carte de France du dépôt de la Guerre et de faire la statistique de tous les ouvrages qui se trouvent çà et là sur le territoire français.

Il y eut divers changements dans le titre que portaient les chefs des Écoles d'Artillerie et du Génie; cela n'est point intéressant pour ceux qui ne sont pas militaires. Nous remarquerons cependant que la Restauration rétablit le grade d'inspecteur général du Génie, qui est, pour le corps, ce qu'est le directeur général des Ponts et chaus'sées pour les ingénieurs (Ordonnance des 13 février, 19 mars 1822.)

Enfin, pour achever ce que nous avons à dire des choses militaires, nous rappellerons que l'on replaça les soldats des compagnies de discipline sous les ordres du Génie et de l'Artillerie, pour être employés à leurs travaux (Ordonnances des 13-16 avril 1818.)

Les agents-voyers étaient des agents des communes ou des départements chargés des chemins vicinaux. On conseilla aux communes de leur donner les fonctions d'architectes. En conséquence l'Administration supérieure inventa pour eux le titre d'architectes-voyers (V. Ordonnance du 29 février 1816.)

En ce temps, on faisait des expériences sur toutes choses et quand elles avaient donné de bons résultats, on en informait les Administrations. Nous parlerons plus loin de ce que l'on fit pour les Mines ; nous ne mentionnerons ici que les études de Vicat sur les ciments. Les préfets, les ingénieurs reçurent les rapports explicatifs des idées et de la pratique de cet ingénieur.

Les Ministres, qui ne croyaient pas tout savoir, recommandaient aussi à leurs subordonnés de se tenir au courant de tous les travaux scientifiques, et, notamment de ceux dont il était parlé à la Société d'agriculture ou à la Société d'encouragement.

ROUTES.

Nous avons vu que, le 16 décembre 1811, on avait donné un état de toutes les routes de la France. Les malheurs de la guerre obligèrent de faire une nouvelle statistique (Circulaire du directeur général des Ponts et chaussées et des Mines du 10 juillet 1822).

Les routes de première classe étaient au nombre de 13, à savoir:

1. — De Paris à Calais ;
2. — De Paris à Maubeuge, et Bruxelles par Mons ;
3. — De Paris à Metz et à Mayence par Sarrebruck;
4. — De Paris à Strasbourg et en Allemagne ;
5. — De Paris à Genève et en Italie par le Simplon ;
6. — De Paris à Chambéry et en Italie par le Montcenis ;
7. — De Paris à Antibes et en Italie par Nice;
8. — De Paris à Marseille et à Toulon ;
9. — De Paris à Perpignan et en Espagne ;
10. — De Paris à Bayonne et en Espagne ;
11. — De Paris à Rochefort ;
12. — De Paris à Brest ;
13. — De Paris à Cherbourg et au fort de Querqueville.

Les routes de seconde classe étaient au nombre de 11, et commençaient au numéro 14 du tableau.

14. — De Paris au Havre ;
15. — De Paris à Dieppe ;
16. — De Paris à Dunkerque ;
17. — De Paris à Lille et à Ostende ;
18. — De Paris à Longwy et à Luxembourg;
19. — De Paris à Bâle ;
20. — De Paris à Toulouse et en Espagne ;

21. — De Paris à Barèges et à Cauterets ;

22. — De Paris à la Rochelle ;

23. — De Paris à Nantes et à Paimbœuf ;

24. — De Paris à Lorient.

Les routes de troisième classe étaient au nombre de 170, mais les trois dernières étant en Corse ne portaient pas de numéro dans le tableau :

25. — Du Havre à Lille ;

26. — De Rouen à Fécamp ;

27. — De Rouen à Dieppe ;

28. — De Rouen à St-Omer ;

29. — De Rouen à Valenciennes et à Mons ;

30. — De Rouen à la Chapelle ;

31. — De Rouen à Reims ;

32. — De Paris à St-Quentin ;

33. — De Paris à Châlons par Champaubert ;

34. — De Paris à Vitry-le-François, par Sézanne ;

35. — De Compiègne à Abbeville ;

36. — De Soissons à Melun ;

37. — De Château-Thierry à Béthune ;

38. — De Noyon à la Fère ;

39. — De Montreuil-sur-Mer à Mézières ;

40. — De Paris à Dunkerque et à Menin par Bruges et Ypres ;

41. — De St-Pol à Lille et à Tournay ;

42. — De Lille à Boulogne ;

43. — De Bouchain à Calais ;

44. — De Châlons à Cambrai ;

45. — De Marle à Valenciennes et à Tournay ;

46. — De Marle à Verdun ;

47. — De Vouziers à Longuion ;

48. — De Valenciennes à Condé et à Gand ;

49. — De Valenciennes à Maubeuge et à Philippeville ;

50. — De Douai à Arras ;

51. — De Mézières à Orléans ;

52. — De Metz à Longwy ;

53. — De Metz à Luxembourg ;

54. — De Metz à Sarrelouis ;

55. — De Metz à Strasbourg par Château-Salins ;

56. — De Metz à Strasbourg, par Saint-Avold ;

57. — De Metz à Besançon ;

58. — De Metz à St-Dizier ;

59. — De Nancy à Schlestadt ;

60. — De Nancy à Orléans, par Troyes ;

61. — De Strasbourg à Sarrebruck ;

62. — De Strasbourg à Deux-Ponts, par Bitche ;

63. — De Strasbourg à Weissembourg et à Landau ;

64. — De Neufchâteau à Mézières ;

65. — De Neufchâteau à Bonny-sur-Loire ;

66. — De Bar-le-Duc à Bâle ;

67. — De St-Dizier à Lausanne, par Pontarlier ;

68. — De Bâle à Strasbourg et à Spire, par la rive gauche du Rhin ;

69. — D'Huningue en Suisse, par Archviller ;

70. — D'Avallon à Combeau-Fontaine ;

71. — De Dijon à Troyes ;

72. — De Dijon à Pontarlier ;

73. — De Moulins à Bâle par Besançon ;

74. — De Châlons-sur-Saône à Sarreguemines et vers Deux-Ponts ;

75. — De Châlon-sur-Saône à Grenoble par Beaune ;

76. — De Nevers à Tours par Bourges ;

77. — De Nevers à Sedan et à Zouillon ;

78. — De Nevers à St-Laurent, par Lons-le-Saulnier ;

79. — De Nevers à Genève, par Mâcon et Nantua ;

80. — De Mâcon à Châtillon-sur-Seine ;

81. — De Rouen à Clermont ;

82. — De Roanne au Rhône ;

83. — De Lyon à Strasbourg ;

84. — De Lyon à Genève ;

85. — De Lyon à Antibes, par Grenoble et Gap ;

86. — De Lyon à Beaucaire, par la rive droite du Rhône ;

87. — De Lyon à Béziers ;

88. — De Lyon à Toulouse, par le Puy ;

89. — De Lyon à Bordeaux ;

90. — De Grenoble à Fort-Barreaux et à Chambéry ;

91. — De Grenoble à Briançon ;

92. — De Valence à Seissel et à Genève ;

93. — De Valence à Sisteron ;

94. — Du Pont-Saint-Esprit à Briançon et en Piémont ;

95. — De Brignolles à Antibes ;

96. — De Toulon à Sisteron ;

97. — De Toulon à Antibes ;

98. — De Toulon à Saint-Tropez ;

99. — D'Aix à Montauban, par Nîmes et Albi ;

100. — D'Avignon à Montpellier ;

101. — Du Pont-Saint-Esprit à Mende ;

102. — De Viviers à Clermont, par le Puy ;

103. — De la Voulte au Puy ;

104. — De la Voulte à Alais, par Privas ;

105. — Du Puy à Annonay et au Rhône ;

106. — De Nîmes à Moulins, par le Puy ;

107. — De Nîmes à Saint-Flour ;

108. — De Montpellier à Cette ;

109. — De Montpellier à Lodève ;

110. — De Montpellier au Puy, par Alais ;

111. — De Milhau à Tonneins, par Cahors ;

112. — D'Agde à Toulouse, par Cahors ;

113. — De Narbonne à Toulouse ;

114. — De Perpignan à Port-Vendres ;

115. — De Perpignan en Espagne, par Pratz-de-Mollo ;

116. — De Perpignan à Mont-Louis et en Espagne, par Puycerda ;

117. — De Perpignan à Bayonne ;

118. — D'Albi en Espagne, par Carcassonne et Mont-Louis ;

119. — De Carcassonne à Saint-Girons ;

120. — De Rodez à Limoges, par Aurillac ;

121. — De Rodez à Saint-Flour ;

122. — De Toulouse à Clermont, par Aurillac ;

123. — De Toulouse à Bordeaux, par Castel sarrazin ;

124. — De Toulouse à Bayonne ;

125. — De Toulouse à Bagnères-de-Luchon et en Espagne ;

126. — De Montauban à Saint-Flour, par Aurillac ;

127. — De Montauban à Bordeaux, par la rive droite de la Garonne ;

128. — De Montauban à Auch ;

129. — D'Auch en Espagne, par Ancizan ;

130. — D'Auch au Port Sainte-Marie ;

131. — D'Agde à Bayonne ;

132. — De Bordeaux à Bayonne, par les grandes Landes ;

133. — De Bordeaux en Espagne, par Saint-Jean-Pied-de-Port ;

134. — De Bordeaux à Pau et en Espagne, par Oléron ;

135. — De Bordeaux à Bagnères de Bigorre, par Tarbes ;

136. — De Bordeaux à Bergerac ;

137. — De Bordeaux à Saint-Malo, par Rochefort, la Rochelle et Nantes ;

138. — De Bordeaux à Rouen, par Niort, Saumur et Alençon ;

139. — De Périgueux à la Rochelle ;

140. — D'Uzerche à Montargis ;

141. — De Clermont à Saintes, par Limoges ;

142. — De Clermont à Poitiers ;

143. — De Clermont à Tours, par Châteauroux ;

144. — De Clermont à Bourgee ;

145. — De Limoges à Moulins ;

146. — De Limoges à Varennes ;

147. — De Limoges à Saumur ;

148. — De Limoges à Nantes ;

149. — De Fontenay aux Sables-d'Olonne ;

150. — De Poitiers à Saintes ;

151. — De Poitiers à Avallon, par Bourges ;

152. — De Briare à Angers, par la rive droite de la Loire ;

153. — D'Orléans à Moulins, par Bourges ;

154. — D'Orléans à Rouen ;

155. — D'Orléans à Saint-Malo, par Alençon ;

156. — De Blois à Châteauroux ;

157. — De Blois à Laval ;

158. — De Tours à Caen ;

159. — De Tours à Rennes, par la Flèche :

160. — De Saumur aux Sables-d'Olonne ;

161. — D'Angers aux Sables-d'Olonne ;

162. — D'Angers à Caen ;

163. — D'Angers à Rennes ;

164. — D'Angers à Brest, par Redon ;

165. — De Nantes à Audierne, avec embranchement sur Douar-
nenez ;

166. — De Vannes à Dinan ;

167. — De Vannes à Lannion ;

168. — De Quiberon à Saint-Malo, par Pontivy ;

169. — De Lorient à Saint-Pol et à Roscoff ;

170. — De Quimper à Lesneven et à la mer par Plounéour ;

171. — De Granville à Carentan ;

172. — De Granville à Bayeux ;

173. — De Granville à Avranches ;

174. — De Cherbourg à Nantes ;

175. — De Caen à Granville ;

176. — De Caen à Lamballe et à Brest ;

177. — De Caen à Redon, par Rennes ;

178. — De Caen aux Sables-d'Olonne, par Nantes ;

179. — D'Honfleur à Alençon ;

180. — D'Honfleur à Rouen ;

181. — D'Évreux à Breteuil par Beauvais ;

182. — De Mantes à Rouen ;

183. — De Magny à Chartres, par Maintenon ;

184. — De Versailles à Pontoise ;

185. — De Versailles à Saint-Cloud, par Ville-d'Avray ;

186. — De Versailles à Choisy ;

187. — De Sèvres à Neuilly, par la rive gauche de la Seine ;

188. — De Paris à Chartres, par Orsay ;

189. — De Paris à Versailles, par Vaugirard ;

190. — De Paris à Mantes, par Chatou ;

191. — De Corbeil à Mantes ;

Après cette énumération étaient les trois routes de Corse. Le tableau ne leur a pas donné de numéro.

D'Ajaccio à Bastia par Corte ;

De Bastia à Saint-Florent ;

Du golfe de Sagone à la forêt d'Aïtone.

Des questions de détail furent résolues. Ainsi on prescrivit que les adjudications de fournitures de pierres et de pavés pour les routes seraient faites au mètre, l'indication du total n'étant donnée qu'approximativement. (Circulaire du directeur général des Ponts et chaussées et des Mines du 27 janvier 1816.)

Ces questions n'ont pas grande importance.

Le directeur général des Ponts et chaussées n'était pas parfaitement imbu des nouvelles idées que le régime parlementaire apportait avec lui. M. Becquey, ancien émigré, fougueux partisan des opinions des royalistes extrêmes, ne se rendait pas un compte exact de la situation. Cependant il prévint les ingénieurs qu'ils auraient à consulter les conseils municipaux pour savoir si les communes consentiraient à payer une part des travaux, toutes les fois qu'il s'agirait de rectifier la direction ou la pente d'une route royale dans son parcours dans les villes, bourgs ou villages. (Circulaire du 21 février 1821.)

Les routes départementales furent retirées du budget des Ponts et chaussées. Les dépenses auxquelles elles donnaient lieu furent à la charge des départements. Nous avons déjà vu, dans le rapport, de M. de Corbières du 9 mars 1816, que vingt-quatre millions pris sur les centimes additionnels devaient être remis aux départements pour les mettre à même de faire face aux exigences des divers services de leurs administrations. (V. art. 23 et 25 de la loi du 28 avril 1816, dont les dispositions sont demeurées sans changements appréciables.) Le Ministre de l'Intérieur, qui avait déjà les autres routes, comme chargé des travaux publics, dut remettre aux bureaux des affaires départementales et communales le soin de celles des départements. D'abord on crut que les ingénieurs des Ponts et chaussées n'auraient plus à s'en occuper : mais on replaça ces routes dans leurs attributions ; elles y sont restées, malgré le démembrement du Ministère de l'Intérieur, qui les a gardées lors de la création, en 1829, d'un Ministère des Travaux publics. (Voyez notamment la Circulaire du directeur général des Ponts et chaussées et des Mines du 12 juillet 1817 et du 15 juin 1822.)

Dans cette organisation, les ingénieurs correspondaient avec les préfets, pour les travaux ordinaires des routes départementales ; avec l'administration des Ponts et chaussées, quand il s'agissait de travaux d'art. (Circulaire du directeur général des Ponts et chaussées et des Mines du 30 avril 1816.)

Les ingénieurs n'eurent point à prétendre de traitement ou d'indemnité à raison de leurs travaux, voyages, etc., sur les routes départementales. Cependant le Ministre permit aux préfets de prélever, sur les fonds du département, une somme qui ne dépasserait pas 2,000 francs chaque année et qui serait à la disposition complète de ce fonctionnaire, pour être distribuée entre les employés des Ponts et chaussées, depuis l'ingénieur en chef jusqu'aux conducteurs. L'allocation pouvait ne pas être demandée ; elle pouvait aussi être augmentée. (Circulaire du Ministre de l'Intérieur du 12 juillet 1817.)

Cette époque, comme les précédentes, vit rappeler plusieurs mesures de police. Ainsi, on prit certaines précautions pour le cas d'un dégel (Ordonnance du 23 décembre 1816) ; on réglementa le poids des voitures (Ordonnance du 21 mai 1823) ; on statua sur les voitures de messageries allant en poste ou avec relais (Circulaire du directeur général des Ponts et chaussées et des Mines du 16 mai 1816).

Les règles établies pour les voitures publiques avaient pour but la sécurité des voyageurs aussi bien que la conservation des routes. Il fut dit que les entrepreneurs du transport périodique des voyageurs seraient tenus de déclarer leur intention avant de commencer leur exploitation. Les voitures devaient être, avant d'être mises en service, visitées par des experts tenus d'en vérifier la solidité. On rappela qu'elles devaient être conduites sur les ponts à bascule toutes les fois qu'un agent de l'autorité en ferait réquisition. En même temps on ordonna d'y apposer, à l'intérieur, une estampille annonçant le nombre des places et le prix des transports (Ordonnance du 4 février 1820).

CHEMINS DE FER.

Vers le milieu du xviie siècle, des Anglais, extracteurs de houille, voyant combien la fréquence des transports rendait coûteux l'entretien des routes, imaginèrent de placer des bandes de fer sur les voies qui conduisaient leurs charbons au port de débarquement. C'était un acheminement vers ce que nous avons, mais ce n'était rien de comparable à l'état actuel : d'ailleurs on ne connaissait pas encore la puissance des locomotives, qui ne sont venues que longtemps après. Les premiers wagons ont été traînés lentement sur les voies couvertes de fer. Les bœufs ont été souvent employés à ce travail. Robinson, l'Américain Evans, l'illustre Watt ont songé à utiliser la force de la vapeur pour la traction des véhicules ; ils n'avaient pas pensé à combiner ensemble les chemins ferrés et les machines locomotives. Et puis, avant 1801, date de l'invention des machines à vapeur à haute pression, celles que l'on avait étaient insuffisantes. Après 1801, on essaya les nouvelles machines sur les routes ordinaires ; le problème de leur utilité resta sans solution. En 1813, Blackett les employa sur des rails du genre de ceux dont on se sert aujourd'hui. B. Stephenson, vers la même époque, s'en servit sur le chemin de Stockton à Darlington. Les trains marchaient si lentement que les voyageurs ne voulaient pas les prendre.

La France semblait en retard, mais on y avait pourtant créé des chemins de fer pour transporter par la traction des bêtes de somme, des masses lourdes et encombrantes.

Enfin, le 26 février 1823, une Ordonnance royale permit, pour la première fois, l'établissement d'un chemin de fer, qui devait aller du Rhône à la Loire et desservir le bassin houiller de la contrée. Ce chemin fut concédé à six particuliers, à la charge de former une société anonyme ; cette compagnie fut approuvée par une Ordonnance royale du 21 juillet 1824 ; elle avait pris le nom de compagnie de chemin de fer de Saint-Étienne à la Loire. L'Ordonnance qui avait concédé ce chemin de fer commençait ainsi : « Considérant que le commerce et l'industrie retireront de grands « avantages de cet établissement, particulièrement pour le trans-« port de la houille, que fournissent en abondance les contrées « qu'il doit traverser. »

On comprend que les conditions imposées aux concessionnaires sont loin, bien loin de celles auxquelles ils sont aujourd'hui soumis par nos cahiers des charges. Cependant nous remarquerons qu'elles mettaient les concessionnaires aux lieu et place de l'État pour les expropriations. Elles portaient que les concessionnaires seraient tenus d'obéir aux autorités pour ce qui concernait la traversée des routes et des chemins, dont le nombre et l'importance pouvaient être accrus selon les besoins des localités. Les concessionnaires étaient avertis que la concession serait retirée, s'ils ne faisaient pas le chemin. Quant aux prix des transports, un *maximum* était fixé ; mais il ne s'appliquait qu'aux marchandises; les voyageurs ne se servaient pas encore des chemins de fer.

CHEMINS VICINAUX.

Ces chemins avaient été mis par la Constituante à la charge des communes. Les Gouvernements postérieurs leur ont donné peu d'attention, cependant on s'en était occupé à diverses reprises, comme on le voit dans un grand nombre d'actes relatifs aux dépenses communales. Nous citerons l'Arrêté du Directoire du 23 messidor de l'an V, la Loi du 11 frimaire de l'an VII, le Décret du 4 thermidor de l'an X, la Loi du 9 nivôse de l'an XII et celle du 9 ventôse de l'an XIII. Une Circulaire du 7 prairial de cette dernière année prescrivit aux préfets de demander aux maires l'état des chemins de la commune ; cet état devait être publié et pendant quinze jours les habitants pouvaient venir en prendre connaissance et fournir leurs observations. Cet état, après avoir été soumis aux délibérations du Conseil municipal, devait être remis au sous-préfet tenu de l'adresser au préfet avec ses observations. Il a été encore parlé des chemins vicinaux, dans une Instruction du 14 avril 1812 sur la Comptabilité des communes. Mais toutes ces réglementations avaient été lettre morte. Les seules réparations qu'on y ait faites furent celles qui furent exécutées par les personnes qui y passaient habituellement avec leurs voitures.

La Restauration comprit qu'il était du devoir du Gouvernement de veiller sur ces objets. Elle les recommanda à ses préfets. Les réparations se faisaient alors à l'aide des prestations en nature, impôt toujours difficile à obtenir. Le sous-secrétaire d'État de l'Intérieur adressa, le 6 juin 1816, une Circulaire, par laquelle il recommandait aux préfets de tenir la main à ce que ces prestations fussent fournies.

La tâche était au-dessus des forces des administrateurs. Les populations n'obéissaient pas aux réquisitions des autorités, et quand on leur demandait de remplacer au moins les prestations par un impôt en argent, les contribuables refusaient de payer leur cotisation. Le Gouvernement ne savait comment obvier au mal. Il demanda aux préfets de consulter les Conseils départementaux sur la question de savoir comment les prestations devaient être exigées ; comment on pourrait, en s'en passant, satisfaire autrement aux dépenses des chemins et comment on pourrait établir une comptabilité en cette matière. (Circulaire du Ministre de l'Intérieur du 9 avril 1817.)

Quand le Gouvernement eut recueilli les avis des conseils généraux, il proposa un projet de loi qui fut discuté par les Chambres et qui est devenu la Loi des 28 juillet–4 août 1824. L'article 1er mettait bien les chemins vicinaux à la charge des communes ; mais l'article 5 chargeait les conseils municipaux de voter les prestations en nature et les centimes additionnels. Les conseils ne votèrent rien du tout, et la viabilité resta impraticable après la Loi de 1824, comme elle l'avait été précédemment.

RÉGIME DES EAUX.

La génération actuelle ne sait pas de quel enthousiasme on se prit au retour de la Restauration pour les œuvres de la paix. Les historiens n'ont pas assez enseigné les faits qui se produisirent à ce moment. Il importe de s'y arrêter, ne fût-ce que pour rendre hommage à la généreuse ardeur de nos pères.

Les sociétés savantes, le Gouvernement rivalisèrent afin de rechercher ce qui avait été fait dans les autres contrées. On voulait que toutes les découvertes fussent mises à profit. La Société d'agriculture, la Société d'encouragement pour l'industrie nationale, furent au premier rang des zélés. Elles envoyèrent des délégués chez les nations étrangères afin de s'enquérir du progrès des arts et des sciences. C'est alors que la Société pour l'instruction élémentaire connut les méthodes d'enseignement mutuel pratiquées en Angleterre et qu'elle tenta de les faire prévaloir ; la Société d'encouragement nous apporta la lithographie. Le Gouvernement envoya un ingénieur en chef des Ponts et chaussées étudier en Angleterre ce que l'on y faisait pour la navigation intérieure.

M. Dutens, tel était le nom de cet ingénieur, étudia les canaux anglais. Il voulut aussi se rendre compte des conditions dans lesquelles ils avaient été établis. Il vit que tous, si ce n'est un, un seul, avaient été créés par des compagnies concessionnaires. Il fut vivement impressionné. Peut-être ne comprit-il pas bien les différences qu'il y a entre nos mœurs, la situation économique de l'Angleterre et les conditions dans lesquelles se trouve la France

démocratisée depuis 1789. Cependant cet ingénieur en chef s'occupa avec grand soin du travail dont il avait été chargé. Les
études auxquelles il se livra furent consignées dans des mémoires,
qui sont une bonne page de l'histoire des Travaux publics. L'on
pensa qu'il était utile de vulgariser les idées contenues dans ces
œuvres utiles ; c'est pourquoi, le 12 août 1819, le directeur général des Ponts et chaussées et des Mines en fit l'envoi aux préfets
et aux ingénieurs en chef des départements.

Le Directeur général des Ponts et chaussées et des Mines s'ins-
pira des rapports de M. Dutens. Il fit préparer un travail sur la
navigation intérieure et les moyens de la compléter. Il avait à sa
disposition les projets conçus sous tous les anciens Gouvernements
et le résultat des études faites par ordre de François de Neufchâteau. Lorsqu'il eut réuni tous les documents, il dressa un rapport
qu'il présenta au Ministre de l'intérieur. C'était un travail d'ensemble sur toutes les voies de communication par des cours d'eau
naturels ou artificiels. Un exposé général disait combien les voies
de communication sont utiles ; puis s'expliquait sur les moyens
que nous avions de sillonner la France par des voies navigables.
— L'auteur déclarait que, dans son opinion, ce qu'il y avait de
mieux était de faire intervenir l'industrie dans la construction des
canaux, et d'accorder même s'il le fallait des concessions perpé-
tuelles. Venaient ensuite les tableaux dans lesquels les canaux
étaient partagés en première et seconde classe, les derniers étant
divisés eux-mêmes à raison de la situation dans laquelle ils se
trouvaient, les uns étant achevés ou à peu près ; les autres n'étant
que commencés. A la fin se trouvait un état de toutes les rivières
navigables ou flottables. Partout l'auteur avait indiqué les
sommes à dépenser pour achever nos canaux ; le total était de
237,619 078 fr. 08 cent.

Le comte Siméon, Ministre de l'intérieur, présenta ce travail au
roi. Son rapport porte la date du 16 août 1820. Le Ministre y don-

nait de grands éloges à M. Becquey ; il se sentait lui-même saisi
d'une sorte d'enthousiasme, ainsi il disait au roi : « L'admirable
« canal du Languedoc ne sera plus qu'une branche de ce vaste
« système de navigation intérieure, par lequel on pourra, de Mar-
« seille, aller à son gré à Dunkerque ou à Strasbourg. »

Déjà une Loi du 17 juillet 1819 avait autorisé l'établissement de
péages pour les réparations des ponts, des écluses et des autres ouvrages d'art à la charge de l'État. Et, comme les idées du directeur
général et du Ministre rentraient dans celles qui étaient alors
acceptées, les Chambres s'associèrent aux projets du Gouvernement. En conséquence, on fit de nombreuses concessions de
ponts et de canaux. Nous n'en donnerons pas l'énumération, ce
serait un travail long et fastidieux pour le lecteur.

En 1821 et en 1822, on contracta des emprunts pour avoir des
fonds spécialement affectés à certains canaux. L'emploi de cet
argent fut chaque année montré dans un rapport à la Chambre des
députés ; le dernier de ces comptes-rendus est de 1833. Le système adopté par la Restauration était celui-ci : l'État recevait
d'une compagnie une somme de.... Il garantissait un minimum
d'intérêt et aussi un certain chiffre de recettes qui devait être
complété par le Trésor, afin de faire un fonds d'amortissement.
Les concessionnaires n'avaient rien à perdre ; ils ne pouvaient
que gagner.

Chaque concession avait ses conditions particulières soit pour
le taux de l'intérêt et les chiffres garantis pour l'amortissement ;
soit pour la durée du remboursement. Les clauses auxquelles
étaient soumis les entrepreneurs étaient dans l'acte portant concession ou dans l'Ordonnance qui autorisait la formation de la
compagnie concessionnaire.

Le besoin d'avoir l'unité ne se faisait pas sentir. Ainsi, lorsque
dix ponts furent concédés par une loi du 5 août 1821, on s'in-
quiéta fort peu de rédiger absolument sur le même modèle les

divers actes passés avec les compagnies (1). Il en fut de même lorsque des Lois du 14 août 1822 portèrent concession d'un certain nombre de canaux.

Il est d'autant plus surprenant que l'on n'ait pas songer à unifier tout le service des ponts et tout le service des canaux, que bien des plaintes s'étaient élevées à l'occasion de la diversité des tarifs des anciens canaux. Le Gouvernement, mis en demeure de porter son attention sur ce sujet, avait organisé des conseils ou commissions dont il demandait l'avis sur ces questions, se réservant, après les réponses reçues, de statuer sur chaque bassin. (Circulaire du directeur général des Ponts et chaussées et des Mines du 1er avril 1820.)

On suivit avec un soin extrême la construction des canaux dont on avait décidé la création. Les préfets furent invités à procéder aux adjudications des travaux par masses partielles. On leur disait que si les entrepreneurs ne remplissaient pas leurs obligations, il fallait les remplacer ou au besoin mettre les travaux en régie. (Circulaire du 5 juin 1823.)

Les canaux ne furent imposés que pour le sol qu'ils occupaient. Il en fut de même des maisons, francs-bords et dépendances nécessaires à leur exploitation. Ce terrain fut imposé comme terre de première qualité. Il fut entendu que cette situation particulière ne serait pas celle des propriétés des concessionnaires qui n'étaient pas des dépendances nécessaires des canaux. (Loi du 23 juillet 1820, art. 26.)

La Restauration vit naître les ponts suspendus sur lesquels un ingénieur en chef des ponts et chaussées fit un travail complet qui fut, le 29 novembre 1823, adressé par le Directeur général à tous les ingénieurs en chef.

---

(1) Les neuf premiers avaient à peu près les mêmes conditions, sauf en ce qui touche les exemptions de péage le dixième pont avait des conditions particulières.

C'est aussi alors que la navigation à la vapeur prit une véritable importance. Le Gouvernement réglementa cette navigation par une Ordonnance du 2 avril 1823.

Faut-il rappeler qu'il y eut des Circulaires relatives aux maisons des éclusiers des canaux. (Circulaires du directeur général des Ponts et chaussées et des Mines du 19 août 1822 et du 30 du même mois.)

L'on s'occupa de certains agents appelés les chefs de ponts de Paris, chargés de guider certains bateaux sous les ponts de la capitale. (Ordonnance du 16 janvier 1822.)

On rappela que des Ordonnances devaient intervenir pour autoriser l'établissement sur les cours d'eau des nouveaux moulins ou des nouvelles usines, ainsi que tout règlement général, concernant un cours d'eau dans son ensemble. (Avis des Comités de l'intérieur et du commerce réunis, du 21 octobre 1817.)

Il fut bien établi que la permission d'établir une usine sur un cours d'eau n'était pas susceptible d'un recours au contentieux (Arrêt du Conseil d'État du 30 août 1823).

Les Ministres avaient toujours eu la prétention de réglementer même les cours d'eau qui, n'étaient ni navigables ni flottables. Le Conseil d'État jugea qu'un pareil règlement ne pouvait être attaqué devant lui. (Arrêt du 18 juin 1823.)

Nous pourrions noter encore qu'il fut interdit aux bateliers de faire, malgré les propriétaires, des travaux sur le chemin de halage. (Conseil d'État, 2 août 1818.)

Il y eut aussi des mesures de police prises soit par le Ministre de l'intérieur, soit par les préfets ; nous n'avons point à y insister.

DUNES.

On s'est occupé, dans les derniers siècles, de la question des dunes. Ces amas de sables venus de la mer semblent avoir une marche incessante vers l'intérieur des terres ; on pensa que l'on pouvait fixer ces masses, en les couvrant des plantations On s'était occupé de cette même question en l'an IX, on la reprit sous le règne de Louis XVIII.

L'ensemencement des dunes devait être fait par l'administration des Ponts et chaussées ; les ingénieurs en devaient surveiller les semis, puis ils cédaient la place à l'administration des forêts. (Ord. du 5 février 1817.)

Bien que l'ordonnance de 1817 n'ait été faite que pour les départements de la Gironde et des Landes, elle devait évidemment être une règle générale.

Il y eut des concessions de *dunes,* à la condition qu'elles seraient ensemencées dans certains délais. (V. ordonn. du 26 août 1818.)

MARAIS.

La législation antérieure fut conservée. Nous n'avons sous Louis XVIII que des concessions de dessèchement à noter. Malheureusement ici comme pour les canaux, les conditions faites à chaque concessionnaire étaient différentes.

MINES

Une Ordonnance du 17 juillet 1815 avait réuni la direction générale des mines à la direction générale des Ponts et chaussées. L'un des premiers soins du haut fonctionnaire chargé de ce double service a été naturellement de réorganiser le corps des ingénieurs des mines, ce qui était indispensable depuis le malheureux rétrécissement de nos frontières. (V. Ord. du 2 sept. 1815.)

Bientôt il s'occupa de l'École des mines. Les courtisans d'alors reportaient tout au roi, suprême moteur de nos destinées. Mais, s'il leur fallait reconnaître que les choses dataient d'avant la seconde restauration, ils remontaient aux temps antérieurs à 1789. Ils laissaient comme inutiles et non avenus tous les actes accomplis entre la fameuse séance du Jeu de paume à Versailles et le 8 juillet 1815. Donc on s'occupa de l'École des mines et l'on feignit de croire que l'on rétablissait une École créée par un arrêt du conseil d'État 1783, tombée depuis, sans avoir été reconstituée.

La reconstitution nouvelle fut complète. On tint compte des précédents et l'on établit une École théorique à Paris, en promettant une ou plusieurs succursales dites Écoles pratiques de mineurs. L'École était placée sous la surveillance du Ministre de l'Intérieur, et l'Administration en était donnée au directeur général des mines, assisté du conseil de l'École. Ce conseil, présidé par le directeur général, devait être composé de trois inspecteurs généraux des professeurs et de l'inspecteur des études, tous ingénieurs des mines.

Les professeurs étaient au nombre de quatre ; le cours des études était de trois ans au moins, de quatre ans au plus, sans compter deux ans que les élèves pouvaient passer dans les Écoles pratiques.

Les élèves étaient de trois classes ; neuf sortis de l'École polytechnique, portaient le titre d'élèves-ingénieurs. Neuf autres, choisis au concours, n'avaient pas droit au titre d'ingénieurs des mines ; mais le Gouvernement promettait de faciliter leur placement. Enfin, les jeunes gens déclarés admissibles, lors des concours, pouvaient suivre les cours de l'école ; s'ils étaient en dehors des premiers, ils n'avaient rien à attendre du Gouvernement.

Celui qui, après quatre ans d'études théoriques, ne satisfaisait pas aux examens, cessait d'être porté sur le tableau des élèves.

Les élèves-ingénieurs recevaient le titre d'aspirants à mesure qu'il y avait des places vacantes, d'après l'ordre de leur mérite. Les élèves externes obtenaient un diplôme constatant le temps qu'ils avaient passé dans les écoles et les connaissances qu'ils

20

avaient acquises (Ordonnance du 3 décembre 1816 ; — Arrêté du Ministre de l'Intérieur du 6 décembre de la même année ; Règlement du 3 juin 1817 ; Circulaire des Ponts et chaussées et des Mines du 25 juillet 1817).

Une École de mineurs fut établie à Saint-Étienne. Elle était composée d'un directeur, ingénieur en chef des mines et de trois professeurs choisis parmi les ingénieurs de l'arrondissement (Ordonnance du 2 août 1816). Les élèves qui y étaient admis y recevaient un enseignement théorique sur les mathématiques appliquées au mesurage des plans et des solides, au lavis des plans, des machines et des constructions ; on y ajoutait les éléments de l'exploitation proprement dite. Comme enseignement pratique, les élèves devaient travailler comme ouvriers et passer par toutes les phases du travail ordinaire des mines.

Après deux ans, ces élèves recevaient un certificat d'études. Les meilleurs obtenaient un brevet qui leur donnait le droit de continuer à porter l'uniforme de l'École et à se dire élèves-brevetés. On avait pris des mesures pour donner aux élèves pauvres le moyen de suivre les leçons de l'École. (Règlement du 3 juin 1817.)

Les préfets furent invités à proposer des candidats à l'École de Saint-Étienne (Circulaire du directeur général des Ponts et chaussées et des Mines du 20 juillet 1817 et du 13 avril 1820).

Outre ces réglementations pour former le personnel de la surveillance et de l'exploitation des mines, on s'occupa de la manière dont seraient faites les concessions. Le Gouvernement invita les particuliers à former des sociétés, dont le but serait de se livrer à l'industrie minière. Nous n'avons point l'intention d'énumérer les compagnies qui furent créées ; il y en eut un certain nombre. Chacune d'elles reçut un règlement spécial à son entreprise, inséré dans l'acte de concession. Une fois, dans une Ordonnance du 13 septembre 1820, relative à une mine de houille, on fit un cahier des charges assez complet auquel les concessionnaires seraient soumis. Les bénéficiaires étaient tenus, avant toute exploitation, d'indemniser préalablement les ayants-droit des travaux par eux opérés, quand l'utilité en serait reconnue. C'est sur cette prescription que se fondent les prétendants à une concession, quand ils sont évincés, pour demander le prix de leurs études et de leurs projets.

Les concessionnaires devaient diriger leurs travaux pour qu'il fût possible de centraliser l'exploitation. Ils devaient déterminer les couches qu'ils attaqueraient ; les autres ne pouvaient être abordées qu'après épuisement des premières et ce, sur l'indication des ingénieurs.

On leur avait imposé l'obligation d'avoir : 1º un registre et un plan des travaux, sur lesquels ils avaient à porter leur avancement journalier et les circonstances de l'exploitation dont il paraissait utile de garder souvenir ; — 2º un registre ou contrôle journalier des mineurs, ouvriers ou employés occupés tant à l'intérieur qu'à l'extérieur ; — 3º un registre journalier d'extraction, de vente et de dépenses.

Les propriétaires de la mine devaient, un an après l'obtention de leur concession, remettre au préfet, en triple expédition, un plan général des travaux exécutés. — Des plans partiels devaient ensuite compléter, chaque année, les énonciations du plan général ainsi toujours tenu au courant des travaux. — L'exploitation ne pouvait être confiée qu'à un homme justifiant de sa capacité ; la même obligation était imposée aux concessionnaires pour le choix des conducteurs des travaux, auxquels on donne le nom de maîtres mineurs.

Enfin la compagnie agréée par l'Etat ne pouvait céder tout ou partie de sa concession sans, au préalable, y avoir été autorisée par le Gouvernement.

Le cahier des charges que nous venons d'analyser est un acte isolé, qui ne fut point obligatoire pour les cas analogues.

On continua généralement à consigner dans les actes de concession les charges que supporteraient les concessionnaires (par exemple, voir une Ordonnance du 25 octobre 1820).

On avait si peu le sentiment de l'avantage qu'il y a à n'avoir qu'une seule règle, que l'on continuait à faire des règlements particuliers pour toutes choses. Ainsi nous avons une Ordonnance royale du 20 novembre 1822, sur les carrières du département de Loir-et-Cher.

Le Gouvernement, répondant à certaines demandes, fit observer que si les compagnies voulaient obtenir des secours pour les indemniser des pertes que des accidents fortuits leur feraient éprouver, elles ne devaient pas mêler à ces sollicitations des demandes de dégrèvement d'impôts. Les questions de dégrèvement sont des affaires contentieuses de la compétence des Conseils de Préfecture ; les secours au contraire sont accordés par le Ministre. (Circulaire du directeur général des Ponts et chaussés et des mines du 28 juin 1820.).

C'est sous Louis XVIII que l'on a créé, par une Ordonnance du 28 juin 1817, la caisse de secours et de prévoyance des ouvriers mineurs de Rive de Giers. On avait prévu, dans cette ordonnance, le montant des secours qui seraient donnés aux ouvriers en cas de maladie, et ceux qui seraient, s'ils venaient à être tués, accordés à leurs veuves et à leurs orphelins.

Cet établissement, remarquable à tous égards, offre cela de particulier, qu'il est en réalité une caisse d'assurance contre les maladies et aussi une caisse des invalides du travail. Tout ouvrier arrivé à soixante ans, reconnu incapable de travail, a droit, aux termes de cette Ordonnance, à une pension viagère.

Et puis on s'occupa des moyens de prévenir les accidents. Parmi les plus fréquents, on remarque les explosions subites des gaz inflammables. Le premier effet de ces gaz est d'asphyxier ceux qui en sont entourés. Le second est de détonner et d'ébranler les voutes et les parois des galeries. Le journal auquel on donne le nom d'*Annales des mines* raconta, en 1816, comment un physicien anglais appelé Davy avait fait une lampe qui ne pouvait pas enflammer les gaz dans lesquels elle était plongé. Davy et Humbold firent des expériences nombreuse, et restèrent convaincus que la lampe de nouvelle invention avertissait les mineurs de la présence de l'air vicié et leur donnait le temps de quitter leur chantier avant toute explosion. Les mauvais miasmes s'étant manifestés, il importait qu'il fût possible de pénétrer aux extrémités dernières des galeries et d'y arracher à la mort les ouvriers surpris dans leurs travaux. On inventa des moyens de donner l'air respirable aux explorateurs soit en adaptant à leurs lèvres des tubes qui correspondaient au dehors, soit en leur donnant des appareils dans lesquels on avait fait provision d'air respirable. (Circulaire du directeur général des Ponts et chaussées et des mines du 10 mai 1824.).

LES BATIMENTS CIVILS.

Il y eut peu de chose à cet égard. Les projets continuèrent à être envoyés du Ministre de l'Intérieur pour être examinés par le Conseil des bâtiments civils. Les préfets furent autorisés à approuver ceux de ces projets dont la dépense n'excéderait pas 3,000 fr. (Circulaire du sous-secrétaire d'Etat de l'Intérieur du 22 juillet 1816.)

Il ne leur fut plus demandé que des états trimestriels au lieu des états mensuels qu'ils envoyaient précédemment (même circulaire).

La liberté que l'on avait rendue aux administrations locales fit que l'on étendit les droits d'autorisation accordés aux préfets. Cette autorisation fut déclarée suffire quand les travaux départementaux n'excédaient pas 1000 fr. (Ordonnance du 22 mai 1822).

Le Ministre transmit, le 10 juin de la même année, cette ordonnance aux préfets, en y ajoutant qu'il les engageait, s'ils n'étaient pas suffisamment édifiés sur le mérite des projets, de les lui adresser, pour qu'ils fussent examinés. Il mettait les bureaux du Ministère et le conseil des bâtiments civils à leur disposition.

Comme souvenir des préoccupations de l'époque, nous rappellerons que le gouvernement de la Restauration avait conseillé aux départements de faire assurer leurs bâtiments (Circulaire du directeur général de l'Administration départementale, du 14 juillet 1820).

On signala l'utilité des paratonnerres (Circulaire du Ministre de l'Intérieur du 25 mai 1824).

En même temps on rappela que les anciennes règles devaient être suivies et que les préfets étaient tenus de s'y conformer (Circulaire du Ministre de l'Intérieur du 12 septembre 1820).

ENTREPRENEURS DE TRAVAUX PUBLICS.

Les anciens Règlements furent conservés ; on se demandait cependant s'il n'y avait pas quelque chose à faire. Le directeur général des Ponts et chaussées sembla fort embarrassé. Il adressa aux préfets une Circulaire sur les inconvénients attachés à toutes les formes usités pour consentir, rédiger et approuver les marchés pour les travaux publics. Cette pièce singulière conseillait aux agents de l'Administration de satisfaire l'opinion publique, en évitant les prétextes à la calomnie, tout en faisant pour le mieux, dans l'intérêt des services. Le directeur général terminait en engageant les préfets à ne pas admettre les entrepreneurs à fournir des cautionnements en immeubles, toujours difficiles à réaliser. (Circulaire du 31 octobre 1821.)

Les esprits qui se révoltaient partout contre l'arbitraire agitaient volontiers toutes les questions. Les entrepreneurs avaient repris un peu de sécurité et ne se croyaient plus les très-humbles serviteurs des fonctionnaires publics. Ils discutaient leurs droits et ne subissaient plus les sentences de l'Administration sans s'en rendre compte. Ainsi les entrepreneurs qui avaient concouru aux adjudications crurent avoir le droit de demander à la juridiction administrative d'apprécier les soumissions pour dire s'il n'y avait pas eu d'erreur dans le choix de l'adjudicataire. Il leur fut répondu que la désignation de l'entrepreneur était un de ces actes qui ne relevaient pas du contentieux. (Arrêt du Conseil d'État du 28 juillet 1824.)

COMPÉTENCE.

Il n'y eut rien de changé dans les règles sur la compétence; les autorités, les tribunaux conservèrent leurs attributions.

On continua à professer que les actes de commandement ne pouvaient pas être l'objet d'un recours au contentieux, qu'il en était de même pour les actes de concession, d'autorisation et même pour le cas où plusieurs étant appelés pour faire une chose, un seul était élu, dont les mérites étaient contestés (Voy. ce que nous avons dit à propos des concessions d'usines et des marchés passés avec les entrepreneurs).

Mais le maintien de la juridiction administrative parallèle à la juridiction ordinaire a donné lieu à un grand nombre d'arrêts sur la compétence.

La compétence de l'Administration s'étendait d'abord sur tous les faits qui peuvent constituer des empiétements sur la voirie par terre ou par eau.

Mais on jugea, avec raison, que, les étangs n'étant pas des cours d'eau navigables ou flottables, les Conseils de préfecture étaient incompétents pour connaître d'une contravention relative à des repères établis sur ces eaux (Conseil d'État, 24 décembre 1823).

Nous avons vu pourtant que la juridiction administrative revendiquait le droit exclusif de connaître des contestations relatives aux rivières qui n'étaient ni navigables ni flottables.

Les procès à raison des marchés administratifs continuèrent aussi à être de la compétence des Conseils de préfecture.

Les attributions particulières de ces Conseils sur les questions soulevées par les travaux publics ne furent point modifiées. Et, quand les entrepreneurs étaient substitués à l'Administration, c'était devant les Conseils de Préfecture qu'il fallait les citer, toutes les fois qu'on aurait dû y assigner l'Administration elle-même. (Conseil d'État, 23 juin 1824.)

Les propriétaires voulurent faire considérer que la prise de matériaux dans leurs terrains équivalait à une expropriation pour laquelle ils devaient être indemnisés par décision du pouvoir judiciaire. Une fois, le Conseil d'État admit ce système. (Cons. d'État 20 février 1821.)

On en revint bientôt à dire que cette occupation temporaire n'équivalait pas à une expropriation et que le dommage causé en ce cas continuerait à être apprécié par les conseils de préfecture. (V. l'arrêt précité du 23 juin 1824.)

Mais, cette compétence de l'administration cessait quand il s'agissait, même à propos de l'occupation de ces terrains, de l'examen de conventions intervenues entre le propriétaire et l'entrepreneur (Conseil d'État, 4 juin 1823);

Ou quand un ancien entrepreneur plaidant avec celui qui lui a succédé réclamait une indemnité à l'occasion de faits étrangers aux travaux (Conseil d'État, 7 mai 1823).

La fréquence des procès soumis aux Conseils de préfecture appela l'attention sur la procédure qui y était suivie. On décida que le délai de l'opposition aux arrêtés de ce tribunal serait de trois mois à dater de la signification. (Ordonnance du 9 juillet

1823.) — On n'aurait pas dû s'en tenir à cette réglementation de peu d'importance.

L'instruction des affaires soumises aux Conseils de préfecture continuait de se faire à huis-clos et l'on est allé jusqu'à décider que les experts nommés par ces conseils n'étaient pas tenus de prêter le serment imposé dans toutes les expertises civiles ou criminelles. (Cons. d'État, 8 septembre 1819.)

Cependant on reconnut, enfin, que les arrêtés des Conseils de préfecture étaient de véritables jugements et il fut recommandé d'en faire faire la signification, non par des agents de l'administration, mais par huissier. (Circulaire du directeur général des Ponts et chaussées et des Mines du 12 septembre 1816.)

Une Ordonnance, du 15 mai 1822, détermina que la peine applicable aux voituriers, rouliers, etc., qui ne céderaient pas la moitié de la route aux voitures des voyageurs serait celle de l'article 475 du Code pénal, mais on laissa la répression de cette contravention aux agents administratifs, qui connaissaient de ces infractions, aux termes des lois précédentes, ici aux conseils de préfecture.

Le préfet de police à Paris, les maires des communes dans les départements furent chargés de rendre des sentences *provisoires* pour la répression des contraventions à la police du roulage ; ces sentences étaient exécutoires par provision, sauf le jugement à rendre par le Conseil de préfecture. (Circulaire du directeur général de l'Administration départementale et communale du 17 mars 1819. — Ord. du 22 novembre 1820.)

Les sous-préfets, qui en avaient reçu le pouvoir par règlement du 25 floréal de l'an IX, continuèrent à avoir le droit d'ordonner sans délai, à la diligence du maire de la commune, la répression provisoire des délits commis sur les cours d'eau, et d'exécuter d'office les travaux urgents (Ordonnance du 1er octobre 1817).

COMPTABILITÉ.

Les ingénieurs en chef de toutes les localités et de toutes les entreprises furent invités à avoir les mêmes livres et à les tenir de la même manière. On enjoignit la même chose aux ingénieurs ordinaires. C'était une bonne innovation, qui permettait aux inspecteurs de faire vite et bien les vérifications auxquelles ils sont obligés; elle était aussi fort utile pour le cas de changement de résidence d'un ingénieur.

L'Administration centrale, pour être plus certaine d'être comprise et obéie, avait rédigé des modèles auxquels on n'avait plus qu'à se conformer. Les ingénieurs en chef devaient avoir un livre où tout serait fait d'après les modèles. Le premier était pour l'inscription des crédits généraux, alloués sur les fonds du Trésor ; le second indiquait la sous-répartition des fonds de l'exercice ; le troisième contenait les ordonnances de délégation affectées au service général ; le quatrième était le journal d'inscription des certificats pour paiements ; le cinquième renfermait les comptes de la sous-répartition ; le sixième les comptes auxiliaires.

Les ingénieurs ordinaires reçurent une invitation de tenir leur comptabilité d'après deux modèles joints aux six que nous venons d'énumérer. Ils devaient s'inspirer de la pensée qui avait dirigé l'Administration supérieure, dans les explications qu'elle avait adressées aux ingénieurs en chef. Il était d'autant plus nécessaire aux ingénieurs de se conformer aux instructions de leurs supérieurs, que toute disposition ou emploi des fonds publics, contraire aux règles de la comptabilité, avaient été déclarés devoir rester à la charge de ceux qui les auraient provoqués, jusqu'à ce que la dépense eût été ordonnancée par le ministre compétent (Décret des 27-29 avril 1815).

Il peut être curieux de suivre dans les actes de l'administration des Travaux publics la transformation de l'ancienne comptabilité. Ainsi on voit naître cette idée de l'unification dans le service des recettes et des dépenses.

Le 16 septembre 1815, une Circulaire portait que les redevances dues par les concessionnaires des mines seraient versées dans les caisses publiques, sans déclaration qu'elles seraient affectées à telle ou telle dépense.

Le 26 avril 1817, une autre Circulaire décidait qu'il n'y aurait plus, dans chaque département, qu'un seul budget pour tous les travaux et dépenses des Ponts-et-chaussées et du personnel. Le total des sommes ainsi portées dans un seul et même état, était imputable sur le chiffre alloué par le budget annuel du ministère de l'intérieur.

Le budget d'un département n'en devait pas moins déterminer dans chaque partie du service et pour chaque article de dépense la somme à employer.

Tous les mois, le Ministre devait régler la distribution des fonds à valoir sur le budget.

Il était rendu compte, tous les trois mois, par les préfets, des dépenses du service depuis le commencement de l'année.

De telle sorte que le quatrième état présentait la situation de l'année entière (circulaire du 28 juillet 1818).

L'état annuel devait être clos le 31 décembre et adressé au plus tard le 1er février suivant. Chacune de ces pièces était rédigée en double expédition, l'une des expéditions devant rester dans les bureaux de la préfecture (même Circulaire).

Mais, tout a été remanié, non-seulement dans la grande et belle Ordonnance du 14 septembre 1822, mais dans des actes postérieurs. Nous vivons aujourd'hui sous le régime d'un Décret des 31 mai–11 août 1862, qui a 883 articles (1).

---

(1) La dernière Ordonnance sur la comptabilité des travaux publics est du 16 septembre 1843. Elle est remplacée par une Institution provisoire de 1878. Le Gouvernement a remis cette matière à l'étude.

Dès la Restauration et pour ainsi dire dès le début du règne de Louis XVIII, tout avait été décidé, il n'y avait que des détails à ajouter.

Ainsi quand les dépenses se rapportaient au personnel, il était dit que l'on devait fournir :

Les états d'effectif ou états nominatifs, énonçant pour chacun :

Le grade ou l'emploi,

La position de présence ou d'absence,

Le service fait,

La somme due en vertu des lois, règlements et décisions.

Si elles se rapportaient aux matériel, achats, loyers d'immeubles et d'effets mobiliers, achats de denrées et matières, travaux de construction et d'entretien pour les bâtiments, routes et autres immeubles, on demandait :

Des copies ou extraits certifiés des Ordonnances royales ou décisions ministérielles, des contrats de vente, soumissions ou procès-verbaux d'adjudication, des baux, conventions ou marchés, enfin le décompte des opérations pour lesquelles le paiement était réclamé.

La routine, difficile à vaincre, maintenait certains usages contre lesquels il fallait que l'Administration fît de nouveaux efforts, c'est ainsi qu'après l'Ordonnance du 14 septembre 1822, nous trouvons, sous Louis XVIII encore, des Circulaires du 25 janvier 1823, du 12 juin et du 30 décembre de la même année, sur des questions de détail relatives à la comptabilité.

CHAPITRE XVII

—

LE GOUVERNEMENT DE CHARLES X.

Lorsque Charles X succéda à Louis XVIII, le gouvernement de la France était confié à un Ministère, dont les membres appartenaient au parti de l'ancienne émigration. Le pays supportait avec peine que ses destinées eussent été remises dans les mains d'hommes, qui se posaient en adversaires résolus des principes de liberté et d'égalité, pour lesquels on avait fait la révolution de 1789. Le nouveau roi avait été, toute sa vie, l'ennemi des idées démocratiques ; son avénement au trône faisait craindre un retour vers l'ancien Régime. Tout d'abord, cependant, quelques mesures libérales calmèrent l'opinion ; bientôt des projets de loi sur le sacrilège et sur le droit d'aînesse montrèrent que les appréhensions étaient trop fondées. La lutte étant ainsi engagée, les Préfets furent choisis en vue de soutenir le Ministère. Au lieu d'administrateurs, on eut pour fonctionnaires ce qu'on appelle des hommes politiques, ce qu'il faudrait nommer des agents de corruption électorale. La Chambre des députés fut d'abord docile aux vœux du Gouvernement ; mais la Chambre des pairs repoussa quelques projets trop rétrogrades. Le Ministère dut se retirer et céder la place à des hommes moins engagés avec les partisans de l'ancien Régime. Les nouveaux Ministres, à la tête desquels était M. de Martignac, révinrent aux errements de 1819. La France respira. M. de Martignac proposa de faire élire les conseillers de département et d'arrondissement, ainsi que les conseillers municipaux.

Les Ministres résolurent d'utiliser l'activité nationale en donnant un grand développement aux travaux publics.

Ces efforts devaient être récompensés par l'ingratitude. Le Roi ne voulut pas être sauvé ; il remplaça ses Ministres, et le chef du nouveau cabinet fut le prince de Polignac. Les préfets reçurent pour consigne l'ordre de faire triompher la cause de la réaction. La guerre était partout, on ne s'occupait que de savoir qui serait nommé député. Les travaux publics étaient négligés ; le temps manquait pour s'occuper de faire de nouvelles entreprises ; c'est tout au plus si l'on s'occupait des anciennes.

MINISTÈRE DES TRAVAUX PUBLICS.

Lorsque l'on forma le Ministère de 1829, à la tête duquel fut placé M. de Polignac, on trouva que la tâche du Ministre de l'Intérieur était bien lourde. On détacha les travaux publics de ses attributions. Depuis longtemps le directeur général des Ponts-et-chaussées et des Mines était chargé de tout ce qui concernait son double service. Le titulaire de cette fonction, M. Becquey, n'avait point marqué son passage par de grandes choses ; son œuvre principale avait été le rapport sur la navigation intérieure, et la statistique des routes. Il avait obtenu sa place par ses opinions des raisons politiques la lui avaient donnée, elles la lui enlevèrent. Il obtint d'être appelé dans le Conseil privé de Charles X.

Le Ministère des travaux publics reçut dans ses attributions celles qui avaient appartenu au directeur général des Ponts-et-chaussées et des Mines, ainsi que les rivières et cours d'eau non navigables ; les dessèchements, les bâtiments civils, les travaux d'embellissement des villes, et tous autres travaux relatifs aux diverses parties de la voie publique (Ordonnance, du 19 mai 1830).

Cette énumération laissait au Ministre de l'Intérieur des attributions importantes pour les travaux des administrations départementales et communales; au Ministre de la Guerre et au Ministre de la Marine à s'occuper des fortifications. On voit que la création du Ministère des Travaux publics était l'œuvre de gens à qui il fallait un Ministère de plus ; mais que l'innovation hâtivement faite n'était pas née de vues d'ensemble portant sur l'universalité des services.

Il y a tout un monde entre le nouveau Ministère des travaux publics et la commission qui avait été chargée de cette administration, sous la surveillance du comité de salut public.

LE PERSONNEL.

Les Règlements antérieurs furent maintenus. Les Écoles étaient dans les conditions que nous avons indiquées ; les élèves, après avoir subi leurs examens, étaient classés d'après leurs mérites et étaient incorporés dans les rangs des fonctionnaires où ils recevaient de l'avancement quand on les en jugeait dignes.

Les Conseils supérieurs continuaient leurs fonctions, mais il est à croire qu'ils en prenaient à leur aise, car nous lisons dans un rapport de M. Molé, du 1er décembre 1828, à une Commission, sur laquelle nous reviendrons en parlant des routes, que la Commission mixte des travaux publics n'existait plus. C'était une erreur: une Circulaire, du 13 septembre 1829, la mentionne, en expliquant quels étaient les travaux entrepris dans la zone frontière que l'on pouvait se dispenser de lui soumettre, comme n'étant que des travaux de réparation et d'entretien.

Le nouveau Ministre ne crut pas devoir se montrer plus exigent que ne l'avait été l'administration précédente; au contraire, il rappela que les préfets avaient reçu le droit d'approuver les projets des ingénieurs et les adjudications pour travaux de routes départementales portés au budget, quand la dépense prévue n'excédait pas vingt mille francs et quand les travaux n'exigeaient ni acquisitions de terrains ni changements dans la direction ou les alignements des routes. (Ordonnance du 29 mai 1830.)

Ce même Ministre statua aussi sur les arbres plantés sur les routes, en accordant aux préfets le droit d'en permettre l'abattage et d'en faire opérer le remplacement (Même ordonnance).

Et cette affaire semblait de première importance, car on y revint dans une Circulaire ministérielle du 22 juin 1830, en même temps que les préfets étaient avertis que, malgré les pouvoirs dont ils étaient investis, ils avaient toujours la faculté de réclamer l'avis du Conseil des Ponts et chaussées, avant d'autoriser des travaux de routes départementales évalués à moins de 20,000 fr.

Nous avons rappelé que les cantonniers étaient devenus, sous Louis XVIII, des agents de l'Administration; leur condition ne fut point changée. On régla leur costume (Circulaire du directeur général des Ponts et chaussées et des Mines, du 1er avril 1826).

Ils furent chargés du soin des fossés des routes, ce qui nécessita une augmentation de personnel (Loi du 12 mai 1825; — Circulaire du 30 décembre 1826).

Cette mesure est grave sous un autre rapport. Elle débarrassa les riverains d'une obligation à laquelle ils étaient soumis à titre de servitude de voisinage, depuis la plus haute antiquité.

Comme conséquence de l'entretien des fossés, les cantonniers durent être chargés des accotements des routes (Circulaire du directeur général des Ponts et chaussées et des routes, du 17 juillet 1827).

Il y eut, sous le règne de Charles X, diverses Ordonnances sur le personnel des ingénieurs militaires.

Une Ordonnance des 26 mars-8 avril 1826 réorganisa le corps des Ingénieurs-géographes.

Il y eut, en 1826 des modifications dans le traitement des professeurs de l'École de Metz.

Le corps de l'Artillerie et le corps du Génie reçurent une organisation nouvelle en 1829.

Une Ordonnance du 24 février 1830 créa un bataillon d'ouvriers d'administration.

Les ingénieurs et les agents de l'autorité, agissant dans l'exercice de leurs fonctions, continuaient à être couverts par l'article de la Constitution de l'an VIII, qui défendait de poursuivre les fonctionnaires avant d'en avoir obtenu l'autorisation du Conseil d'État.

Ainsi il fut dit qu'un ingénieur ne pouvait être assigné pour s'entendre condamner à payer des fournitures destinées à des travaux publics (Conseil d'État, 3 janvier 1827) ;

Ou encore qu'un piqueur des Ponts et chaussées, qui a marqué les arbres, en agissant en sa qualité, ne pouvait être poursuivi par le propriétaire (Conseil d'État, 25 juillet 1827).

Pour en finir avec les Règlements relatifs au personnel, disons qu'il fut statué sur la franchise des correspondances par une Ordonnance du 14 décembre 1825.

ROUTES ET CANAUX.

Les travaux entrepris furent continués ; il y en eut très-peu de nouveaux. La législation ne subit point de modifications, si ce n'est que l'entretien des fossés des routes fut mis à la charge de l'Administration par une Loi du 12 mai 1825. Pour le surplus on resta où l'on en était, répétant d'anciennes Circulaires, par exemple celles qui avaient été faites sur les voitures publiques et leur police. Les affaires utiles étaient négligées ; la politique ab-

21

sorbait tous les soins. Pourtant les discussions des Chambres avaient éveillé l'attention du Gouvernement. Le 12 août 1828, M. de Martignac, Ministre de l'Intérieur, présenta au Roi un rapport sur le déplorable état dans lequel se trouvaient les routes, pour lesquelles on n'avait pas de fonds suffisants. On lisait dans ce rapport :

« La législation des travaux publics, celle du roulage, peut-être
« même les formes de l'Administration appellent quelques modi-
« fications sagement combinées pour être mises en harmonie avec
« les besoins et les intérêts nouveaux de la société. — Toutes ces
« questions, Sire, exigent de longues et graves méditations. La
« Commission des finances de la Chambre des députés a émis le
« vœu que le premier examen en fût confié à une Commission,
« et les Ministres de Votre Majesté, qui espèrent trouver dans ce
« concours de quelques hommes éclairés et expérimentés de pré-
« cieuses lumières, se sont associés à cette utile pensée. »

Le rapport fut approuvé ; la Commission fut nommée. Elle devait s'occuper des routes et des canaux. Elle fonctionna rapidement. Le 6 octobre, M. Pasquier avait présenté un rapport préliminaire sur les routes, à la suite duquel une sous-commission de cinq membres avait été chargée d'étudier et de résoudre un certain nombre de questions. M. Pasquier fut le rapporteur de la sous-commission. Il lui fit connaître son travail le 19 décembre.

Le 1er décembre, M. Molé avait fait un rapport sur les questions relatives à l'ouverture et l'achèvement des canaux. Il l'avait terminé ainsi :

« En résumé, nos propositions ont deux objets : le premier, de
« poser des règles pour l'avenir ; le second, de couronner le
« passé en le rendant le moins à charge et le plus utile que l'on
« pourra à l'État. — Pour l'avenir nous proposons : 1o de faire
« précéder l'adoption de tous projets, des enquêtes dont les
« formes et le détail viennent d'être exposés ; — 2d de ne plus

« proposer aux Chambres, soit la concession, soit l'ouverture aux
« frais de l'État d'une navigation nouvelle, sans joindre les pro-
« cès-verbaux d'enquête dans les départements traversés par les
« travaux, et les devis et détails estimatifs définitivement arrêtés ;
« — 3° d'assurer aux soumissionnaires la liberté de présenter un
« cahier des charges et de confier la rédaction des projets et leur
« exécution à qui bon leur semblera ; — 4° de former une Com-
« mission permanente d'officiers du Génie et des Ponts et chaus-
« sées, qui examinerait, antérieurement à toute exécution, la
« portion des projets qui intéresserait la défense du territoire ;
« — 5° de stipuler qu'à l'avenir tous les travaux reconnus néces-
« saires dans l'intérêt de cette défense seront exécutés par les
« concessionnaires eux-mêmes, et seulement surveillés par le
« Génie militaire et soumis au contrôle de ses agents ; — 6° que
« tout traité passé avec une Compagnie ou un concessionnaire,
« porte la réserve formelle pour l'État du droit de faire telle ou
« telle concession qu'il voudra, sans que les premiers contrac-
« tants puissent prétendre à aucune indemnité pour cause de
« lésion. »

Pour le passé, le rapport concluait à demander aux Chambres
un crédit égal à la somme des suppléments nécessaires à l'achèvement des travaux, en joignant à cette demande des devis définitifs.

Enfin, M. Molé proposait de vendre ou concéder les canaux, sitôt leur achèvement, pour quatre-vingt dix-neuf années.

M. Becquey, directeur général des Ponts et chaussées et des
Mines, crut devoir répondre. Il paraît qu'il le fit, séance tenante,
mais son improvisation ne fut imprimée que dans le *Moniteur* du
22 décembre. Elle ne contient que des généralités sur le mérite
des ingénieurs et de leurs œuvres.

Quant au travail de M. Pasquier, on dit qu'il avait une très-
grande importance. Il était divisé en cinq parties, dans lesquelles
la matière était envisagée sous toutes ses faces. Ce travail, que

nous n'avons pas trouvé au *Moniteur*, n'est point dans les
œuvres publiées par le Chancelier, Président de la Chambre des
Pairs, lorsqu'il se présenta à l'Académie française.

Nous ne l'avons pas lu et ne pouvons pas en donner une appréciation personnelle ou en faire l'analyse.

Quoiqu'il en soit, les travaux de cette Commission ont été très-
goûtés. M. de Martignac en profita pour préparer une Ordonnance,
qui porta la date du 16 mai 1829. Il la fit précéder d'un rapport
au Roi, qui nous a été conservé dans le *Moniteur*. C'est un document de la plus haute importance pour l'Histoire des Travaux publics. L'auteur commençait par un hommage solennel aux membres
de la Commission « aussi éclairée..... où se signalaient à un égal
« degré l'amour du bien public et la science de l'administration ».
Il établissait que le premier soin de cette réunion avait été de se
faire rendre compte de la situation des routes, de leurs besoins et
de leurs ressources ; qu'elle avait recherché ensuite les vices qui
pouvaient se rencontrer dans leur administration, les causes de
leur défectuosité, et le moyen de porter au mal un remède actif et
assuré.

Le rapport continuait en faisant remarquer que les voies de
communications par terre étaient les chemins vicinaux qui sont à
la charge des communes ; les routes départementales qui sont ouvertes, entretenues et réparées sur les fonds des départements, et
enfin les routes royales.

La Commission avait eu sous les yeux la statistique des routes
royales publiée en 1824 ; elle s'était fait remettre en outre les
nouveaux renseignements recueillis en 1828. Il en résultait que la
longueur de nos routes royales était de 8,631 lieues trois quarts,
la lieue étant de quatre mille mètres. Sur ce total 4,205 lieues
seulement étaient arrivées à l'état d'entretien, 3,166 lieues étaient
à réparer, 814 lieues 1/4 étaient à terminer, 446 lieues étaient à
ouvrir.

Les routes à réparer exigeaient un capital de :

	61,000,000 fr.
Celles à terminer.	43,400,000
à ouvrir.	35,000,000
Les ouvrages d'art.	59,600,000
En tout.	199,000,000

C'était une somme énorme, dont il était difficile de grever le budget. Aussi la Commission avait-elle proposé, pour atténuer le chiffre, de diminuer le prix des indemnités dues aux propriétaires, d'augmenter les tarifs du roulage, et de créer des péages divers sur certaines routes ou sur certains ponts. Ces palliatifs étaient déplorables, il faut bien le dire, parce qu'ils tendaient à vexer les particuliers, sans donner satisfaction au Trésor, qui, dans le sys‹ tème proposé, aurait encore eu 120 millions à payer. Ces questions furent heureusement réservées ; un avocat éclairé comme M. de Martignac ne pouvait admettre les solutions dangereuses qu'on lui présentait.

Sortant du compte-rendu général des travaux de la Commission, le Ministre expliquait que l'Ordonnance par lui proposée à la signature du roi avait pour but de : « Réserver à l'autorité cen-« trale ce que l'autorité centrale peut projeter, entreprendre et « terminer avec précision; confier aux autorités locales des détails « que, seules, elles peuvent saisir et embrasser, et qu'il est impos-« sible de ramener au centre de l'administration sans en rendre « l'exécution plus lente, moins opportune et souvent plus dis-« pendieuse. »

Une grande innovation du projet fut de créer dans chaque département une sorte de Conseil des travaux publics, appelé conseil local et présidé par le Préfet. Le germe de cette institution se trouvait déjà dans le Décret du 16 décembre 1811, qui autorisait le Préfet à nommer des commissaires voyers dont les fonctions

étaient gratuites. Mais le Décret n'avait pas eu d'application.
M. de Martignac promettait que ses commissions fonctionne-
raient.

Une seconde innovation fut de décider qu'à l'avenir aucune
route au compte de l'État, aucun pont d'un grand débouché, aucun ouvrage neuf ne serait entrepris sans que la proposition
n'en eût été préalablement soumise à des enquêtes préalables.

En général on faisait déjà ces enquêtes, mais elles n'étaient pas
obligatoires.

Enfin, le rapport se terminait en analysant ce qui était dit dans
l'Ordonnance sur la forme des adjudications.

Le mode usité était absolument vicieux. Il permettait à l'Administration de choisir les entrepreneurs auxquels elle voulait
accorder sa préférence. Ainsi s'était accréditée dans le public
l'idée que les adjudicataires s'entendaient avec les Préfets pour
obtenir des marchés aux avantages desquels ces fonctionnaires
participaient.

Cette croyance était générale et le baron d'Haussez, alors préfet
de la Gironde, qui avait publié, à la fin de 1828, une brochure
importante sur les travaux publics, l'avait indiquée autant qu'un
fonctionnaire pouvait le faire. Il avait dit :

« Il est dans la nature de l'homme de se laisser entraîner par
« des habitudes, surtout lorsque, ne fût-ce que par exception, elles
« sont justifiées par des résultats avantageux. On ne doit donc
« pas s'étonner de l'espèce de privilège créé dans plusieurs dépar-
« tements en faveur de quelques entrepreneurs, que l'on s'est
« accoutumé à regarder comme seuls capables d'exécuter certains
« travaux. Le mode d'adjudication par voie de soumissions
« cachetées fournit, pour les favoriser, un moyen que, dans des
« intentions très-spécieuses, l'autorité est souvent disposée à
« admettre. Il en résulte un monopole.... » Un préfet ne pouvait
pousser plus loin les critiques.

L'Ordonnance du 16 mai 1829 était intitulée : Ordonnance du Roi sur diverses dispositions relatives aux travaux dépendant de l'administration des Ponts et chaussées. Elle était divisée en trois titres. Le premier était intitulé : *Distribution des fonds ;* le second, *Approbation des projets, exécution des travaux ;* le troisième, *Formes à suivre* dans l'adjudication des travaux.

Les fonds portés sur le budget du Ministère de l'Intérieur, section des ponts et chaussées, pour les travaux 1° des routes royales et ponts ; 2° de navigation, bacs, canaux et quais ; 3° de ports maritimes de commerce, devaient être divisés, dans chacun des trois chapitres, en deux catégories spéciales, l'une concernant les travaux d'entretien et de réparations ordinaires ; l'autre les travaux neufs et de grosses réparations (Art. 1er).

L'article 2 maintint ce qui se faisait pour la répartition et la sous-répartition. Le soin en fut laissé au directeur général des Ponts et chaussées.

Les fonds de la première section, c'est-à-dire, affectés aux travaux d'entretien et de réparations ordinaires, étaient répartis par le Directeur général ; la sous-répartition devait être faite par un Conseil local présidé par le Préfet et composé de l'Ingénieur divisionnaire, de l'Ingénieur en chef et de deux membres du Conseil général, désignés tous les ans par le Ministre.

Les ingénieurs ordinaires pouvaient être admis dans ce Conseil, mais avec voix consultative seulement. La sous-répartition ainsi faite était définitive. (Art. 3.)

La conséquence forcée de ces prémisses était que le Préfet devait, pour les travaux d'entretien et de réparations ordinaires, approuver les projets, passer les adjudications ; l'Administration centrale ne se réservait qu'une haute surveillance.

Mais, en même temps, on soumettait ces travaux aux règles imposées pour la Comptabilité des travaux publics. Seulement on ajoutait à cette prescription l'obligation pour le Préfet de remettre au Conseil local une copie de ses comptes, sur lesquels le Conseil était appelé à présenter ses observations. Le procès-verbal de la délibération était ensuite transmis au directeur général des Ponts et chaussées. (Art. 4.)

Les travaux devaient être surveillés comme par le passé par les ingénieurs et les agents des Ponts et chaussées. Il pouvait aussi leur être adjoint un certain nombre de commissaires-voyers choisis par le préfet. (Art. 5.) Les fonctions de ces commissaires-voyers étaient gratuites et l'on promettait que des instructions de la direction générale viendraient bientôt régler leurs attributions et leurs rapports avec les ingénieurs, conducteurs ou autres agents des Ponts et chaussées. (Art. 6.)

Quant aux travaux neufs, les projets devaient, comme par le passé, être soumis à l'approbation du directeur général des Ponts et chaussées, sauf au cas où leur estimation n'excédait pas cinq mille francs. En ce dernier cas, ils pouvaient être approuvés immédiatement par le préfet, sur la proposition de l'ingénieur en chef. Il était dit, bien entendu, que l'exécution ne se ferait qu'autant que les fonds auraient été crédités. (Art. 7.)

Une des grandes réformes opérées par cette Ordonnance est celle qui décida qu'à l'avenir, aucune route nouvelle au compte de l'État, aucun pont d'un grand débouché, aucun ouvrage neuf d'une grande dimension sur le bord d'un torrent ou d'une rivière, ou dans un port maritime de commerce, ne serait entrepris, sans que la proposition n'en eût été préalablement soumise à des enquêtes dont les formes devaient être déterminées dans chaque cas particulier, suivant l'importance des travaux et leur influence probable. (Art. 7.)

On voit que, malheureusement, on ne mettait point encore une grande uniformité dans cette procédure.

Et, comme si ce n'était pas assez de laisser voir combien il y aurait de diversité dans les enquêtes, le même article 7 annonçait qu'il serait statué par une Ordonnance spéciale sur la forme des enquêtes qui devaient précéder toute entreprise de canal ou de navigation (Art. 8).

L'Ordonnance du 16 mai 1829 régla la matière des adjudications. Elle décida qu'elles auraient lieu, à l'avenir, sur un seul concours et par voie de soumissions cachetées. Le délai du concours devait être au moins d'un mois. Mais il pouvait être réduit en cas d'urgence. Il fallait pour cette restriction l'autorisation du Directeur général des Ponts et chaussées. (Art. 9.)

Pour être admis à concourir, il fallait avoir les qualités nécessaires pour entreprendre les travaux et en garantir le succès. Ces qualités étaient la capacité et la solvabilité. La première se démontrait par un certificat, la seconde par un acte régulier ou tout au moins un acte valable de cautionnement. Ces deux pièces devaient être placées sous une enveloppe et jointes à la soumission renfermée aussi sous cachet. (Art. 10.)

D'ailleurs on dispensait les soumissionnaires de matériaux ou de terrassements de déposer un certificat de capacité, si l'estimation ne s'élevait pas à plus de 15,000 fr (Même art.).

Au jour fixé par les publications pour l'adjudication, le Préfet et le Conseil de préfecture réunis, avec l'ingénieur en chef, dressaient procès-verbal de leur présence. Ensuite ils recevaient les pièces et les soumissions, chaque dépôt était marqué d'un numéro dans l'ordre de sa présentation et était rangé sur le bureau. (Art. 11.)

A l'instant fixé pour l'ouverture des paquets, le pli contenant les pièces produites par le premier numéro devait être ouvert ; mention en était faite sur le procès-verbal, où l'on expliquait qu'un état des pièces était dressé. On procédait ensuite de la même manière pour chaque numéro, puis, cette opération terminée, les concurrents se retiraient et le Préfet, après avoir consulté le Conseil de préfecture et l'ingénieur en chef, arrêtait la liste de ceux des soumissionnaires qui étaient agréés. (Art. 12.)

Sitôt après, les portes devaient se rouvrir au public ; le Préfet annonçait sa décision. Rien ne l'obligeait à la motiver. Les soumissions acceptées pour concourir (Art. 15), étaient ensuite ouvertes publiquement dans l'ordre de leur présentation. Toute soumission qui n'était pas conforme au modèle adopté était absolument repoussée comme nulle et non avenue (Art. 16), et l'on déclarait adjudicataire celui dont les offres étaient le plus avantageuses. (Art. 13.)

Ces opérations étaient inscrites au procès-verbal, comme les précédentes. (Art. 17.)

S'il arrivait que les prix des soumissions fussent supérieurs à ceux fixés par le projet, il était sursis à l'adjudication. Le Préfet en avisait le directeur général des Ponts et chaussées, qui lui transmettait ses instructions conformes aux circonstances. (Art. 14.)

Le procès-verbal clos était signé par le Préfet et les autres fonctionnaires présents, ainsi que par le soumissionnaire déclaré adjudicataire ; aussitôt une copie en était transmise au directeur général des Ponts et chaussées, dont l'approbation était toujours nécessaire pour rendre l'adjudication valable et définitive.

Le Préfet n'avait qualité que pour rendre définitives par son approbation les adjudications relatives à des travaux de réparation et d'entretien (Art. 17).

Mais, s'il y avait urgence, nonobstant les règles si précises que nous venons d'exposer, et si les travaux n'excédaient pas 5,000 fr., le Préfet pouvait recevoir des soumissions isolées et sans concours Art. 18).

Si, encore, les travaux neufs ne devaient pas coûter plus de 15,000 fr., le Préfet pouvait en faire faire l'adjudication par le sous-préfet au chef-lieu de la sous-préfecture. Le sous-préfet était assisté dans son opération, du maire du chef-lieu de la sous-préfecture, de deux membres du Conseil d'arrondissement et d'un ingénieur ordinaire. (Art. 19.)

Le cautionnement que devaient fournir les entrepreneurs devait être du trentième du prix des travaux, déduction faite de toutes les sommes portées pour cas imprévus, indemnités de terrains, et ouvrages d'art.

Il pouvait être mobilier, c'est-à-dire en effets publics ayant cours sur la place, les rentes sur l'État étant prises, le 3 p. 0/0 à 75 fr., les rentes 4 1/2 et 5 p. 0/0 au pair. (Ordonnance du 19 juin 1825, Art. 2.)

Quant au cautionnement immobilier, l'Ordonnance n'en fixait pas les conditions (Art. 20, Ord. du 16 mai 1829).

POLICE DU ROULAGE.

La police des voitures publiques donna lieu à une Ordonnance du 27 septembre 1827, suivie d'une Instruction du 29 du même mois. Une Circulaire, du 25 janvier 1828, rappela que les voitures publiques devaient être pesées au moins une fois par trimestre. En conséquence les préposés des ponts à bascule, qui avaient un registre sur lequel ils portaient le résultat des pesages, furent invités à faire un relevé de ces opérations. Le directeur des Ponts et chaussées et des Mines avait accompagné sa circulaire d'un modèle du relevé qu'il demandait. Il était divisé en huit colonnes : la première était pour la date de chaque pesage ; la seconde pour la désignation de l'espèce de la voiture ; la troisième devait indiquer la largeur des jantes ; la quatrième, le nombre des chevaux ; la cinquième, les nom et domicile des propriétaires ; la sixième, le poids de la voiture ; la septième, l'excès de chargement ; la huitième, la date de la remise des procès-verbaux de contravention. Enfin, le relevé devait se terminer par la mention qu'il était conforme à l'Ordonnance du 27 septembre 1827, il devait être daté et signé.

Cette Ordonnance de 1827 ne fut pas longtemps en vigueur. Elle fut remplacée par une autre du 16 juillet 1828, dont l'article 40 eut au moins le mérite de rapporter le Décret du 28 août 1808 et les Ordonnances du 4 février 1820 et du 27 septembre 1827.

Tous les propriétaires ou entrepreneurs de voitures publiques allant à destination fixe furent tenus d'en faire la déclaration : à Paris au Préfet de police ; dans les départements, au Préfet ou au Sous-Préfet.

Cette déclaration devait indiquer le nombre de places des voitures ; le lieu de leur destination ; du jour et de l'heure de leur départ, de leur arrivée et de leur retour. Tout changement devait de même être déclaré. (Art. 1er.)

Les voitures devaient être, avant d'être mises en circulation, visitées par deux experts nommés par le magistrat préposé pour recevoir la déclaration. Elles ne pouvaient être mises en circulation qu'après autorisation, accordée par le Préfet sur le rapport des experts. Les entrepreneurs pouvaient désigner un expert pour opérer avec ceux de l'administration. Les visites devaient se faire au principal établissement de l'entreprise. (Art. 2.)

L'estampille à donner par les Contributions indirectes ne pouvait l'être qu'après le vu de l'autorisation de circuler accordée par le Préfet. (Art. 3.)

Chaque voiture devait porter, à l'extérieur, le nom du propriétaire et l'estampille délivrée par l'administration des contributions indirectes (Art. 4) ;

A l'intérieur, le nombre des places, le numéro et le prix de chaque place, du lieu de départ à celui de la destination. (Art. 5.)

Les entrepreneurs devaient tenir, sur papier timbré, un registre pour y inscrire les voyageurs, malles, ballots ou paquets à transporter. Les conducteurs devaient avoir des feuilles conformes aux registres ; ils y portaient les voyageurs qu'ils prenaient en route ; les voyageurs devaient recevoir un extrait des registres, en ce qui les concernait. (Art. 7.)

Après ces articles, le titre II de l'Ordonnance traitait de la construction, du chargement et du poids des voitures.

Le titre III était intitulé : Du mode de conduite des voitures publiques. Il y était indiqué le nombre des cochers ou postillons que devait avoir chaque voiture. Il était défendu de galoper sur les routes et d'aller autrement qu'au petit trot dans les villes ou communes rurales, et au pas dans les rues étroites. (Art. 26.)

Le titre IV était intitulé : De la police des relais et des postillons. Le cinquième et dernier était consacré à des *dispositions transitoires*.

Des difficultés sur le taux des amendes à appliquer aux contraventions en matière de grande voirie firent que l'on édicta une loi, qui porta contre les contrevenants les peines du § 4 de l'article 475 du Code pénal, s'ils manquaient aux règlements sur :

La solidité des voitures publiques,

Leur poids,

Le mode de leur chargement,

Le nombre ou la sûreté des voyageurs,

L'indication, dans l'intérieur des voitures, des places qu'elles contiennent et du prix de ces places,

Et l'indication, à l'extérieur, du nom du propriétaire. (Loi du 28 juin 1829.)

Cette loi n'ayant pas fixé devant quels tribunaux on devrait citer les contrevenants, il y eut de longues contestations pour savoir si elles étaient de la compétence des tribunaux ordinaires ou de celle des tribunaux administratifs.

PLANTATIONS DES ROUTES.

Les particuliers furent admis à prouver qu'ils étaient propriétaires des arbres plantés sur le sol des routes (Loi du 12 mai 1825).

Une Circulaire du directeur général, du 1er mai 1827, invita les ingénieurs en chef à veiller au remplacement des arbres morts, dans les plantations faites sur le bord des routes. Il leur envoya le modèle des réquisitions qui devaient être adressées aux riverains. On devait y faire connaître le lieu où les arbres devaient être plantés, leur essence, leur hauteur, leur diamètre, en disant que faute par le propriétaire d'obtempérer à la réquisition ou de mal faire ses plantations, le remplacement serait donné à un adjudicataire et qu'outre le prix à payer, le contrevenant encourrait en outre une amende d'un franc par pied d'arbre.

ALIGNEMENTS.

Il a été reconnu que le maire seul a le droit de donner un alignement de petite voirie (Conseil d'État, 4 mai 1826);

Mais que, si un préfet avait donné un pareil alignement, on ne pouvait lui demander compte devant les tribunaux de l'erreur qu'il avait commise sur ses attributions et sa compétence (Même arrêt).

Il était décidé que tous travaux faits sans avoir demandé un alignement devaient être détruits.

Ce qui a été appliqué à des travaux faits à un mur de clôture (Conseil d'État, 23 mars 1827 ; 5 juillet même année) ;

Et à un mur neuf adossé à un mur sujet à reculement (Conseil d'État, 16 mai 1827).

Mais, les seuls travaux dont on ordonnait la démolition étaient ceux qui avaient été faits au mépris de la loi. Ainsi un vieux mur ayant été recrépi, on n'a pas ordonné la démolition du mur, mais seulement celle du crépi (Conseil d'État, 26 octobre 1828).

Il fut décidé que l'arrêté qui détermine un alignement réunit de plein droit à la voie publique le terrain qui est déclaré en faire partie. Cet alignement résout le droit du propriétaire en une indemnité, qui doit être fixée dans les formes prescrites par la loi sur l'expropriation pour cause d'utilité publique. (Conseil d'État, 31 août 1828.)

RÉGIME DES EAUX.

Les actes sur les canaux furent moins nombreux que sous le gouvernement de Louis XVIII, où ils avaient été si fréquents. On suivait l'exécution de ce qui avait été résolu. Les tribunaux administratifs affirmèrent que les canaux étaient des dépendances du domaine public. (Conseil d'État, 27 avril 1826.) Mais il fallait distinguer dans les prétentions des particuliers, celles qui n'étaient relatives qu'à des droits de propriété ou de servitude ; ces questions étaient toujours réservées aux tribunaux ordinaires (Même arrêt). On s'occupa de l'adjudication des produits de l'herbe des francs-bords et de la pêche (Circulaire du directeur général des ponts et chaussées et des mines du 24 novembre 1828).

Que les travaux d'exécution des canaux fussent suivis ou suspendus, les contraventions commises sur ces cours d'eau restaient quand même dans les attributions des Conseils de préfecture (Conseil d'État, 8 août 1827).

L'on gardait les anciennes règles sur les rivières navigables ou non. L'autorité se croyait le droit de faire des règlements d'eaux et affirmait que ces règlements ne pouvaient donner lieu à des pourvois au contentieux (Conseil d'État, 4 juillet 1827).

Il est une jurisprudence qui fut alors cimentée par de nombreux arrêts. On disait, avec juste raison, que les rivières navigables ou flottables étaient seules, d'après le Code civil, dans le Domaine public.

Il résultait de là que si une rivière n'était flottable qu'en partie, on ne pouvait pas poursuivre devant les tribunaux administratifs ceux qui commettraient des contraventions sur ce qui n'était ni navigable ni flottable. Malgré ces principes, il fut établi par le Conseil d'État que, si les contraventions étaient commises sur des affluents de rivières navigables et flottables, bien que ces affluents n'eussent pas cette qualité, les contrevenants étaient justiciables des tribunaux administratifs.

Les canaux de dessèchement ont été justement déclarés propriétés privées, sur lesquelles l'Autorité ne pouvait permettre la construction d'usines sans la volonté des propriétaires (Conseil d'État, 1ᵉʳ septembre 1825).

L'on imposa des droits de péage, dont le produit devait être employé à faire des travaux extraordinaires sur des rivières navigables ou des ports de commerce. On se demanda si ces droits devaient être cumulés avec ceux qui étaient payés en vertu des Lois précédentes. On décida que les nouvelles taxes devaient seules être perçues. (Loi du 24 mars 1825.)

Des particuliers crurent avoir le droit d'établir des bacs ou bateaux pour passer les rivières. Ils trouvèrent une forte opposition chez les agents de l'autorité qui prétendaient que l'Administration avait seule le droit de faire de pareilles entreprises. On fondait ces prétentions sur les précédents, et l'on soutenait que les simples citoyens n'avaient pas qualité pour installer des bacs. Déjà des avis du comité des finances du Conseil d'État avaient décidé que « sur « les cours d'eau qui ne sont ni navigables ni flottables, le droit « d'établir des bacs de passage appartient aux propriétaires des « deux rives, sauf à l'administration à intervenir dans la fixation du tarif. » (Arrêté appprouvé par décision du 2 septembre 1817.)

Il résultait de cet avis que des citoyens avaient le droit d'établir des bacs capables de faire concurrence à ceux de l'Administration. Ils usèrent de cette faculté. Le Gouvernement, fort embarrassé, consulta de nouveau le Conseil d'État, dont le comité des finances arrêta l'avis suivant :

1° Il convient de persévérer dans le mode d'application de la loi qui a été adopté jusqu'ici.

2° Néanmoins, l'Administration doit user de son droit avec réserve, surtout quand il s'agit de cours d'eau non navigables ni flottables, et de bacs existants dont les communes seraient en possession.

3° Il serait utile qu'un projet de loi fût préparé pour fixer les droits de l'État, des communes et des particuliers en matière de bacs, comme on vient de le faire en matière de pêche fluviale (Avis du 2 avril 1829).

Les concessions des lais et relais de la mer, des accrues, atterrissements et alluvions des fleuves, rivières et torrents, formant propriété publique ou domaniale durent être précédées, aux frais des demandeurs de ces concessions, pour ce qui en était susceptible : 1° de plans levés, vérifiés et approuvés par les ingénieurs des Ponts-et-chaussées ; 2° d'un mesurage et d'une description exacte, avec l'évaluation en revenu et en capital ; 3° d'une enquête administrative *de commodo et incommodo* ; 4° d'un arrêté pris par le préfet, après avoir entendu les ingénieurs des Ponts-et-chaussées, ainsi que le directeur des Domaines, et de plus le directeur du Génie militaire, lorsque les objets à concéder seraient situés dans la zone des frontières ou aux abords des places fortes ; 5° de l'avis respectif des directeurs généraux des Ponts-et-chaussées et des Domaines ; 6° de l'avis du Ministre de la guerre, dans l'intérêt de la défense du Royaume ; 7° d'un examen en Conseil d'État (comité des finances) des demandes en concession, ainsi que des charges et conditions proposées de part et d'autre (Ordonnance du 23 septembre 1825).

Des particuliers furent autorisés à procéder, à leurs frais, au lever des plans, nivellements, sondes et autres opérations nécessaires à la rédaction des projets d'un canal de Paris à la mer. Ils étaient en outre autorisés à faire vérifier les projets des ouvrages, les dépenses qu'ils exigeraient et les produits probables du canal. (Ordonnance du 16 février 1825.)

CHEMINS DE FER.

Trois chemins de fer ont été concédés par Charles X ; le premier, par une Ordonnance du 7 juin 1826, devait aller de Saint-Étienne à Lyon par Saint-Chamond, Rive-de-Giers et Givors ; le second, concédé par Ordonnance du 27 août 1828, allait d'Autre-zieux à Roanne ; le troisième, créé par Ordonnance du 17 avril 1830, était dit d'Épinac au canal de Bourgogne.

Un cahier des charges était joint à l'Ordonnance du 7 juin 1826 et à celle du 27 août 1828. Il n'y en eut pas pour le chemin d'Épinac au canal de Bourgogne.

Du reste, les cahiers des charges de cette époque étaient bien peu de chose en comparaison des nôtres.

L'obligation de soumettre les projets à l'approbation de l'Administration, celle de créer deux voies où cela serait reconnu nécessaire ; la substitution des concessionnaires à l'Administration pour exproprier les terrains nécessaires à l'établissement des travaux ; l'obligation de se soumettre aux injonctions des ingénieurs ; de souffrir l'établissement de nouvelles voies de communication, même de chemins faisant concurrence ; un tarif *maximum* pour le transport des marchandises : c'est tout ce qu'il y avait à peu près.

PHARES.

Le Ministre de la Marine avait été chargé par l'Assemblée législative de la surveillance des phares (Loi du 15 septembre 1791). Un arrêté du Gouvernement, en date du 22 prairial de l'an X, le confirma dans ces fonctions. Mais un Décret du 7 mars 1806 mit les phares, fanaux, feux, balises et amers placés sur les côtes dans les attributions du Ministre de l'Intérieur. Le Directeur général des Ponts-et-chaussées invita, le 25 octobre 1806, les Préfets à faire procéder à la prise de ce service.

L'usage des phares permanents est reporté à l'époque de Ptolémée, qui fit établir un phare devant Alexandrie, dans l'île de Pharos. C'était une tour de marbre, dont l'élévation et l'élégance avaient été très-remarquées. Ce monument était, par les anciens, classé parmi les merveilles du monde. Ptolémée avait régularisé l'habitude où l'on était dès les premiers âges du monde, de transmettre au loin des signaux par des feux allumés sur des hauteurs.

Mais, s'il est vrai qu'après Ptolémée des phares furent établis en beaucoup d'endroits, on doit ajouter que leurs feux étaient mal réglés. Au moment de la dernière réforme, dont nous allons parler, on en était, encore le plus souvent pour donner des signaux, à brûler des bottes de paille, en nombre inégal, pour faire connaître au loin le début, le milieu et la fin de la marée. Les feux les meilleurs et les plus constants étaient produits par de grosses bougies ou de grosses chandelles.

En 1784, Le Moyne proposa de différencier les phares, en produisant des éclipses périodiques de lumière. Le mémoire qu'il publia à cette occasion fut communiqué à l'Académie des sciences. L'avocat Linguet s'était aussi occupé de la question. Borda, dont les travaux ont eu une si grande importance sur notre physique moderne, perfectionna l'idée de Le Moyne. Il plaça une lampe d'Argant (un quinquet), au foyer d'un miroir parabolique argenté. Les rayons lumineux furent par ce moyen projetés à de grandes distances. Plusieurs appareils, disposés autour d'un axe que l'on faisait tourner, éclairaient successivement et fort loin tous les points de l'horizon.

En présence de ces tentatives, le Gouvernement avait créé une commission des phares, dont François Arago fit partie de bonne heure. Il en était en 1825, lorsqu'il apprit que Fresnel, un ingénieur des Ponts-et-chaussées, faisait des expériences sur la réfraction de la lumière. Il travailla avec lui et tous les deux arrivèrent à concentrer les rayons lumineux d'une lampe Carcel très-puissante à l'aide de lentilles à échelons. Buffon avait eu l'idée de ces lentilles, mais il les voulait d'une seule pièce. M. Fresnel fit ses lentilles de plusieurs morceaux et parvint, grâce au concours d'un opticien, appelé Soleil, à créer des phares variés dans leurs effets, autant qu'il était possible de l'espérer. En 1825, le contre-amiral de Rossel fit à la Commission des phares un rapport sur le système de Fresnel. Ce rapport fut, le 2 juin 1826, adressé aux Préfets avec une carte de nos côtes, sur laquelle étaient marqués les emplacements des phares. Ils devaient être de trois classes, de premier, deuxième ou troisième ordre. Il y avait en plus les feux de port dont le nombre n'était point limité. Depuis cette époque, les côtes de la France sont les mieux connues et celles dont les navigateurs peuvent le mieux s'approcher ou s'éloigner, suivant les besoins ou les dangers du moment.

MINES.

L'élan donné par les administrations choisies dans les premiers jours du règne de Louis XVIII se continua pendant quelque temps. D'ailleurs les ordres s'exécutaient et leur effet se produisait. C'est ainsi que l'on dressa un état des mines et minières métalliques qui n'avaient pas encore été exploitées ou qui avaient été abandonnées. On inséra ce travail dans le *Moniteur* du 29 octobre 1826 ; une circulaire du Directeur général des Ponts-et-chaussées et des Mines, en date du 31 du même mois, le porta à la connaissance des Préfets et leur recommmanda de le répandre.

Nous n'avons rien de plus à signaler.

FORÊTS.

Le règne de Charles X a fait le Code forestier. Les eaux et les forêts étaient soumis, depuis longtemps, quant à leur police, à une même Administration. La nécessité de pourvoir à la conservation du gibier et du poisson avaient amené la concentration des deux matières dans un seul service. Les eaux, nous l'avons vu, tiennent par tous les côtés aux travaux publics ; les forêts ont aussi une importance en ces matières.

Quels sont les bois utiles aux services publics; où doivent-ils être pris; comment doivent-ils être désignés; faut-il dire que l'État ne fera aucune désignation ou appréhension dans les bois des particuliers ?

Ces questions sont graves, car elles impliquent cette question de savoir s'il faut conserver ou défricher les forêts. Les grands arbres sont des trésors, malheureusement fort épuisables ; et les générations qui trouvent les trésors sont toujours prêtes à en abuser : ainsi, en Californie et en Australie, où il y avait des forêts peuplées d'arbres ayant jusqu'à cent mètres d'élévation, on ne trouve plus rien. La dévastation a été complète, les taillis ont peine à croître dans les espaces autrefois occupés par les futaies, mais on répond à ceux qui expriment leurs regrets à cet égard, que si le prix des bois s'élève au point de compenser le bénéfice donné par d'autres récoltes, on sèmera des forêts, comme on sème le blé.

Notre pays a eu, depuis longtemps, des Lois faites d'abord pour conserver le gibier destiné aux plaisirs des grands ; ensuite pour permettre à l'autorité d'intervenir pour empêcher les défrichements ou la coupe des bois ; enfin on a, de tout temps, accordé au Gouvernement le droit de choisir, où il les trouvait, les arbres dont il pouvait avoir besoin pour ses constructions. Joignez à cela que les entrepreneurs de travaux publics ont toujours eu la prétention de prendre, où ils les rencontraient, leurs bois et leurs matériaux ; que, d'une autre part, les propriétaires des forêts ont été, dans le très-ancien Droit, responsables des méfaits commis dans leurs possessions, et vous verrez naître toutes les précautions que nos lois ont introduites ou conservées.

Je n'ai point à expliquer ici que le déboisement n'est pas la cause des inondations dangereuses, ou celle du desséchement des rivières. Ces questions ne sont pas de celles dont nous avons à parler. Nous ne parlerons des forêts que par rapport aux travaux publics.

En 1669, alors que l'on avait songé à refaire toute la législation, on avait publié une grande Ordonnance sur les Eaux et forêts. L'article 1er du titre XXVIII de cet Édit avait fixé à 72 pieds, la largeur des routes servant aux coches ou carrosses publics et traversant les forêts. La même Ordonnance prescrivait d'essarter ou couper les bois se trouvant dans l'espace de 60 pieds des grands chemins. Un arrêt du Conseil d'État, du 3 mai 1720, ordonna d'exécuter les dispositions que nous venons de rappeler. Mais la largeur de l'essartement n'a point été maintenue d'une manière uniforme. Ainsi un arrêt du Conseil du 26 février 1771 avait réduit cet essartement à 36 pieds de distance de chaque côté des fosses. Telle était l'ancienne jurisprudence.

On tient que ces règlements doivent être conservés toutes les fois qu'ils sont applicables à des bois qui sont une propriété privée. Autrement dit, l'administration des Ponts-et-chaussées prétend faire ses routes comme il lui plaît; l'administration des Forêts, l'essartement qui lui convient; mais on veut que, si une route traverse le bois d'un particulier, on lui impose une route de 72 pieds, et un essartement de 60. Après des contestations entre les Ponts-et-chaussées et l'Administration forestière, on est tombé d'accord que l'essartement devait s'étendre sur une largeur de 20 mètres de chaque côté d'une route, ce qui est aggraver l'ancienne législation (V. Avis du Conseil d'État, du 18 novembre 1824). On est d'accord pour dire que les 20 mètres partent de l'extrémité du talus des fossés.

Cette servitude d'essartement est applicable sur tous les chemins que l'Administration voudra y soumettre. Du moment où il sera dit qu'une route peut servir au passage des *coches* et *carrosses publics*, la servitude sera due, si l'Administration l'exige.

Le propriétaire qui n'obéirait pas à l'ordre donné par le Ministre des Travaux publics, d'avoir à essarter ses bois, serait poursuivi devant le Conseil de préfecture pour contravention aux lois sur la grande voirie. L'arrêté à intervenir condamnerait d'abord le contrevenant à une amende pour n'avoir pas obéi ; — secondement, lui impartirait un délai pour opérer l'essartement ; troisièmement, dirait que, faute par le contrevenant d'obéir dans le délai de...., l'essartement sera fait à ses frais par l'Administration.

Dans le cas où ce travail serait opéré par les soins de l'Autorité, on le ferait en le mettant en adjudication ou en l'exécutant soit en régie, soit par économie, au moyen d'ouvriers employés directement par l'Administration.

Une Loi du 2 brumaire de l'an VIII, qui a ordonné l'essartement d'un bois sur une largeur de 120 mètres, avait admis le droit du propriétaire à une indemnité. C'était très-bien pour le cas spécial ; mais pour les cas ordinaires, la servitude est imposée sans indemnité sur toutes les routes créées. Elle donnera lieu au contraire à réclamation, quand il s'agira d'une route nouvelle ; cette réclamation sera comprise dans celle que le jury accordera pour la dépossession du sol employé pour la route ; car on doute que les réserves faites par l'exproprié, qui voudrait réserver son droit à une demande devant le Conseil de préfecture, aient une importance sérieuse.

Les anciennes Ordonnances accordaient au Roi le droit de prendre dans les forêts le bois dont il avait besoin. C'était fort étendu. Aujourd'hui, ce droit n'existe plus du tout. Le Code forestier avait réservé le droit de l'État à choisir pendant dix ans dans les bois des particuliers, les arbres nécessaires à la marine. Le code étant de 1827, les dix ans sont expirés en 1838, c'est ce qu'a constaté une Ordonnance royale.

A l'égard des bois nécessaires à l'endiguement du Rhin, nous n'avons rien à en dire aujourd'hui, nous réservant à des temps meilleurs.

Nous avons eu souvent à rappeler, au cours de ce travail, les recommandations faites aux ingénieurs des Ponts-et-chaussées d'avoir à s'entendre avec les agents des Forêts, sur les fouilles à faire pour avoir les matériaux nécessaires aux travaux publics. La matière est réglée dans les articles 144 et 145 du Code forestier. Le premier déclare que l'extraction ou l'enlèvement de matériaux donnera lieu à une amende de 2 à 6 fr., pour chaque charge d'homme ; de 5 à 15 fr., pour chaque charge de bête de somme ; de 10 à 30 fr., pour chaque bête attelée à une charrette ou à un tombereau.

Mais l'article 145 maintient le droit de l'administration des Ponts-et-chaussées de déterminer les endroits d'où les matériaux peuvent être extraits et enlevés.

Sitôt après la publication du Code forestier, une Ordonnance des 1er-4 août 1827 fut rendue pour en assurer l'exécution. Le titre IX

de cette Ordonnance commence avec l'article 122 ; il est consacré
aux affectations spéciales des bois à des services publics. Il n'y a
rien dans les dispositions de cette Ordonnance qui soit contraire à
ce que nous avons exposé.

Une circulaire du Ministre des travaux publics rappela les dispositions de la Loi pour la prise des matériaux dans les forêts
de l'État et des communes (8 juin 1830).

MACHINES A VAPEUR.

Dès 1823, on avait formé une commission d'ingénieurs des Mines
et d'ingénieurs des Ponts-et-chaussées, pour s'occuper spécialement de toutes les questions qui concernaient les machines à
vapeur.

Les dangers de la navigation, joints à ceux que présentait l'emploi de la vapeur, appelaient surtout l'attention de cette commission. Elle compléta son œuvre de prévoyance en cette matière
par une Instruction du 27 mai 1830, expédiée aux Préfets par le
Ministre des Travaux publics, le 1er juin suivant. Ainsi la navigation à vapeur se trouva régie par les Ordonnances des 2 avril et
29 octobre 1823, 25 mai 1828, 25 mars 1830 et par l'Instruction
du 27 mai.

Cette matière, comme celle des établissements dangereux, insalubres ou incommodes, ne se relie que de loin aux travaux publics. Elle est, par sa nature, du ressort de la police préventive,
qui appartient au Ministère de l'Intérieur. Nous ne nous étendrons
donc pas sur les mesures qui furent ordonnées, afin que le public
et les industriels eux-mêmes fussent à l'abri des malheurs qu'une
explosion pouvait causer.

LE GÉNIE MILITAIRE.

Le Génie militaire avait depuis longtemps des Règlements sur les travaux publics. Mais, malgré les dispositions de la Loi sur les places de guerre, il n'y avait pas uniformité dans le service. Nous avons vu que l'on avait essayé d'empêcher cette diversité par la publication d'un devis-modèle. Nous constaterons que le Génie ne s'y conforma point. Le 18 octobre 1823, un nouveau devis-modèle, contenant le cahier des charges des entreprises, fut rédigé et n'aboutit point encore à créer l'uniformité.

Le premier cahier général des charges, clauses et conditions imposées aux entrepreneurs n'a été rédigé qu'en 1856. On ne peut, jusqu'à cette époque, avoir autre chose que les cahiers dressés dans chaque circonscription appelée *chefferie*, parce qu'elle obéit au même chef. Prenons, par exemple, le cahier des charges imprimé, en 1827, pour la chefferie de Meaux et celui qui fut imprimé, en 1829, pour la chefferie de Besançon. Le premier avait moins d'articles pour les conditions générales que le second. Pour les particulières, le cahier des charges de Meaux avait cent-quatre-vingt-dix-huit articles ; celui de Besançon en avait cent-quatre-vingt-dix-neuf. Le détail des prix était donné, à Meaux, sous cinq cent vingt et un numéros ; les chiffres étaient imprimés par avance. A Besançon, le détail avait mille sept numéros ; les chiffres étaient en blanc. A Meaux, le cahier des charges n'indiquait pas, en 1827, quelles seraient les formes des adjudications ; on les donnait au contraire, en 1829, à Besançon. Ces différences peuvent être remarquées dans des documents postérieurs. Ainsi le cahier des charges dressé à Nantes pour les travaux à exécuter, dans les six années 1846 à 1851 comprise, n'est pas calqué sur le même modèle que les deux actes précédemment cités. Il en est de même du cahier des charges qui a servi à une adjudication de travaux à Strasbourg.

Ces cahiers avaient tous, dans leur ensemble, un grand air de famille, mais ils ressemblaient aussi à ceux du service des Ponts-et-chaussées. Et, par exemple, nous avons noté à propos des travaux de la Sèvre que l'on devait tenir des carnets d'attachement, où les ouvrages, etc. étaient mentionnés jour par jour. On a dit que ces carnets, qui sont maintenant obligatoires sur tous les chantiers, avaient été d'abord imposés par le cahier général des charges du Génie militaire. Il est vrai que certains cahiers imposaient l'obligation d'en tenir de pareils et d'y porter quotidiennement ce qui était fait. Mais ces prescriptions n'étaient pas si généralement suivies qu'on a bien voulu le dire. En effet le cahier de Meaux, rédigé en 1827, parlait des attachements et laissait supposer qu'ils pouvaient être faits en bloc, même après l'achèvement de certaines parties des travaux ; on y lisait :

« Art. 29. — Aucuns travaux ne seront exécutés que sur un
« ordre écrit du chef du Génie, sans quoi ils ne seront pas reçus,
« quelque raison qu'on puisse alléguer, et aucun ouvrage ne sera
« commencé avant que les attachements, c'est-à-dire les cotes,
« mesures et renseignements nécessaires au mesurage, en aient
« été pris en présence de l'entrepreneur ou de son commis, par
« l'officier du Génie chargé du détail dudit ouvrage, *à moins que*
« *celui-ci n'ait jugé cette mesure inutile.* »

L'article 29 du cahier des charges de 1846, dressé pour la circonscription de Nantes, parle aussi des carnets d'attachement. Mais il ne dit pas non plus que ces carnets doivent être tenus jour par jour.

Quoi qu'il en soit, les cahiers des charges étaient, malgré leurs différences, aussi bons que celui qui régissait l'administration des Ponts-et-chaussées.

Ils soumettaient les entrepreneurs et leur personnel au corps du Génie militaire, dont les gardes remplissaient les fonctions, qui, dans les travaux des Ponts-et-chaussées, sont attribuées aux conducteurs.

Nous remarquerons que les entrepreneurs devaient avoir des piqueurs, et, dans chaque genre d'ouvrage, un chef ouvrier, accepté par le Génie militaire.

QUESTION PRÉJUDICIELLE.

L'article 182 du Code forestier trancha une question de procédure importante. Toute personne poursuivie et convaincue d'avoir commis une usurpation ou des voies de fait doit être condamnée. Mais il arrivait souvent que les prévenus soutenaient qu'en agissant comme ils avaient fait, ils avaient usé d'un droit. De là naissait cette question dite préjudicielle, parce qu'elle doit être jugée d'abord, le prévenu d'une contravention relative à des travaux publics avait-il usé d'un droit ? Aucun texte ne disait quand il devait être sursis ou quand, au contraire il y avait lieu de passer outre. La Cour de cassation, dans un règlement célèbre parce qu'il avait été fait au mépris de la loi, qui défend aux juges de statuer par voie réglementaire, avait, en 1813, posé les bases d'après lesquelles on appréciait si l'exception serait ou non admise. La législation de 1827, qui punissait toute entreprise contre les forêts, eut à prévoir le cas où le prévenu dirait : j'ai coupé des arbres, j'ai pris des matériaux, j'ai envoyé mes troupeaux dans les bois, mais ce que j'ai fait m'était permis ; *feci, sed jure feci*. En conséquence, on examina quand cette prétention pourrait être reçue et empêcher une condamnation immédiate. On statua donc par une disposition, qui n'est pas applicable seulement aux matières forestières, mais qui est une règle générale. Elle se trouve dans l'article 182 du Code forestier, ainsi conçu : « Si, dans une instance

« en réparation de délit ou contravention, le prévenu excipe d'un
« droit réel, le tribunal saisi de la plainte statuera sur l'incident
« en se conformant aux règles suivantes : — L'exception préjudi-
« cielle ne sera admise qu'autant qu'elle sera fondée, soit sur un
« titre apparent, soit sur des faits de possession équivalents,
« personnels au prévenu et par lui articulés avec précision, et si
« le titre produit ou les faits articulés sont de nature, dans le cas
« où ils seraient reconnus par l'autorité compétente, à ôter au
« fait qui sert de base aux poursuites tout caractère de délit ou
« de contravention. — Dans le cas de renvoi à fins civiles, le juge-
« ment fixera un bref délai dans lequel la partie qui aura soulevé
« la question préjudicielle devra saisir les juges compétents de la
« connaissance du litige et justifier de ses diligences ; sinon il
« sera passé outre. Toutefois, en cas de condamnation, il sera
« sursis à l'exécution du jugement, sous le rapport de l'emprisonne-
« ment, s'il était prononcé, et le montant des amendes, restitutions
« et dommages-intérêts, sera versé à la caisse des dépôts et con-
« signations, pour être remis à qui il sera ordonné par le tribunal
« qui statuera sur le fait du droit. »

Par conséquent si quelqu'un est prévenu d'avoir commis une
entreprise sur une route ou un autre ouvrage public, il y aura
lieu à surseoir toutes les fois que la question préjudicielle sera
posée dans les termes de notre article 182.

CONFLITS.

Les lois de la Constituante avaient séparé les pouvoirs de l'administration proprement dite, de ceux de l'autorité judiciaire. Par
suite, les tribunaux n'avaient point à s'immiscer dans les actes du
Gouvernement pour en faire la critique et pour en arrêter l'exécution par des remontrances. Ces lois étaient bonnes en ce temps-
là ; elles le sont encore. Les vices de la procédure suivie devant

les tribunaux ordinaires, conduisirent nos législateurs à créer une juridiction où les formes seraient plus rapides, afin que les travaux publics ne fussent pas empêchés par des lenteurs invincibles. La juridiction administrative avait cette raison d'être, elle n'en avait pas d'autres. Mais, étant reçu que certains faits seraient jugés par des tribunaux d'exception, il fallait dire comment on ferait respecter les pouvoirs de ces tribunaux. L'Administration fut armée du droit de demander à la juridiction ordinaire de se dessaisir des affaires portées devant elle et de dire qu'il y avait *conflit* entre les juridictions. Qui pouvait faire cette déclaration ? A quel moment était-elle recevable ? Où devait-elle être faite ? Quels en étaient les effets ? Tout cela était à régler. Les débats de nos Chambres amenèrent le Gouvernement à créer une commission chargée d'étudier ces questions et de proposer un projet de loi ou d'ordonnance pour les résoudre. La commission se réunit et délibéra. Elle était composée de partisans fanatiques de la juridiction administrative, auxquels on n'aurait pas demandé s'il convenait de conserver ou de supprimer les Conseils de préfecture. M. de Cormenin fut chargé de préparer le travail. Il fit un rapport où il exposa longuement en quel état se trouvait la législation et comment la jurisprudence l'appliquait. Une Ordonnance du 1er juin 1828, dont les dispositions nous régissent encore, fixa quand la déclaration de conflit pourrait être faite et détermina la procédure à suivre.

Le Préfet y fut investi du droit d'intervenir et de faire connaître aux tribunaux que l'Administration revendique la connaissance du litige. Lorsque les magistrats se déclarent compétents, malgré cette revendication, le Préfet prend un arrêté pour que la question de compétence soit tranchée ; il élève un conflit entre l'Administration et le pouvoir judiciaire.

Il ne peut user de ce droit en matière criminelle (Art. 1er).

En matière de police correctionnelle, il ne peut agir que : 1° si la répression du délit est attribuée par une disposition législative à l'autorité administrative ; 2° lorsque le jugement à rendre par le tribunal dépend d'une question préjudicielle, dont la connaissance appartient à l'autorité administrative. Dans le dernier cas, le conflit ne peut être élevé que sur la question préjudicielle (Art. 2).

Mais ne donnent pas lieu au conflit : 1° le défaut d'autorisation, soit de la part du Gouvernement, lorsqu'il s'agit de poursuites dirigées contre un de ses agents, soit de la part du Conseil de préfecture, lorsqu'il s'agit de contestations judiciaires, dans lesquelles les communes ou les établissements publics sont parties ; 2° le défaut d'accomplissement des formalités à remplir devant l'Administration, préalablement aux poursuites judiciaires (Art. 3).

Le respect dû à l'autorité de la chose jugée, fait aussi décider qu'il ne peut être élevé de conflit après que le procès a été jugé en dernier ressort, sauf le cas où la décision aurait été rendue dans le délai de quinzaine depuis la signification du jugement par lequel le tribunal se serait déclaré compétent, malgré l'avis qu'il aurait reçu du Procureur de la République des prétentions du Préfet (Art. 4 et 8).

Remarquons que le conflit peut être élevé en cause d'appel aussi bien qu'en première instance (Art. 4).

Le mécanisme de cette procédure est très-simple. Il y a deux phases : dans la première, l'Administration montre ses prétentions ; dans la seconde, après que les tribunaux ordinaires ont maintenu les leurs, il intervient un acte qui clot le débat entre les pouvoirs. Une autorité supérieure, qui est aujourd'hui le Tribunal des conflits, décide qui doit connaître de la contestation. Voyons comment on procédera.

L'Ordonnance a voulu que, d'abord, un mémoire fût rédigé par le Préfet et adressé par lui au Procureur de la République. Ce magistrat fait connaître au Tribunal les dires de l'Administration et requiert le renvoi, si la revendication lui paraît fondée (Art. 6).

Le Tribunal, avant de juger l'affaire, statue sur cette question de compétence; ce n'est pas encore le conflit, car si le Tribunal se dessaisit, loin d'y avoir conflit, il y a accord.

Mais, quand le Tribunal s'est déclaré compétent, le Procureur de la République adresse dans les cinq jours au Préfet, copie de ses conclusions et du jugement rendu sur la compétence. Dans les quinze jours qui suivent cet envoi, si le Préfet persiste, il prend un arrêté dans lequel il déclare élever le conflit. L'arrêté vise le jugement, et contient textuellement la disposition de la loi qui attribue à l'Administration la connaissance du point litigieux.

Dans la quinzaine, et ce à peine de déchéance du droit du Préfet, l'arrêté et les pièces qui y sont visées sont déposés au greffe du Tribunal. Il en est donné récipissé sans délai et sans frais (Art. 10 et 11).

Le Procureur de la République est immédiatement informé par le greffier, qui lui remet l'arrêté. Le Procureur de la République demande au président de réunir le Tribunal en chambre du conseil. La réunion faite, le Procureur de la République requiert qu'il soit sursis à toute procédure judiciaire.

Dans la quinzaine qui suit le jugement rendu en conformité du réquisitoire, le Procureur de la République remet toutes les pièces au greffe et prévient les parties ou leurs avoués de l'état des choses. Ceux-ci ont un délai de quinzaine pour y remettre eux-mêmes leurs observations. (Art. 15.)

Le Procureur de la République informe immédiatement le Garde des sceaux de ce qui a été fait. Il lui envoie, avec son avis, sitôt après les délais, l'arrêté du Préfet, ses propres observations et celles des parties. Il consigne cet envoi sur un registre (Art. 14).

Le Garde des sceaux devait transmettre, dans les vingt-quatre heures, toutes les pièces au secrétariat du Conseil d'État (même article); il les envoie maintenant au greffe du Tribunal des conflits, pour être statué en temps et lieu.

Les délais fixés doivent être observés rigoureusement, sinon l'arrêté de conflit est non avenu, et les parties sont autorisées à reprendre leurs procédures (Art. 15).

COMPTABILITÉ.

La magnifique Ordonnance du 14 septembre 1822 avait été suivie d'une Instruction du Ministre des Finances, publiée en 1826. Ce Ministre avait dû se concerter avec ses collègues pour que chacun, en son département, mît son Administration à même de se conformer aux règles posées par l'Ordonnance. — C'est ainsi que les deux Ministres des Finances et de l'Intérieur arrêtèrent de concert la nomenclature générale des pièces à produire aux payeurs, à l'appui des ordonnances et mandats délivrés pour le paiement des dépenses de ce dernier Ministère. Ils rédigèrent une instruction, en tête de laquelle ils rappelèrent : 1° que tous mémoires, factures ou quittances en tenant lieu, devaient être sur papier timbré ; 2° que toute dépense du matériel devait être accompagnée de pièces justificatives ; 3° que, s'il s'agissait de dépense donnant lieu à plusieurs paiements, on devait produire le marché et en donner la copie régulière lors du premier paiement ; pour les autres on se contentait de le rappeler sur chaque nouvelle ordonnance ou mandat nouveau.

Venait ensuite, en ce qui concerne les Ponts-et-chaussées, un tableau sur quatre colonnes indiquant, dans la première, à quelle section ; dans la seconde, à quel chapitre se rapportent les dépenses. La troisième faisait la désignation des dépenses ; et la quatrième indiquait le mode de paiement et de justification. C'est dans cette dernière que l'on avait énuméré les pièces à fournir. Nous ne ferons pas une analyse de cette Ordonnance pour rappeler ses prescriptions, car elle a été remplacée : mais, en la comparant avec ce qui a précédé, on voit quel est le progrès accompli. S'il

23

y a encore des lacunes, elles seront bientôt comblées, car tout est bien près d'être dit (Instruction du 5 novembre 1828).

Aux termes des Ordonnances du 1er septembre 1827 et du 18 novembre de la même année, la section II du Budget général du Ministère de l'Intérieur formait le Budget des Ponts-et-chaussées et des Mines. Ce budget était divisé en six chapitres :

CHAPITRE Ier. — Administration centrale.

CHAPITRE II. — Travaux et dépenses du service matériel des routes royales, ponts, navigation, bacs, quais, canaux, desséchements, digues, ports maritimes de commerce, phares, fanaux, plantation de dunes et objets divers.

CHAPITRE III. — Charges du personnel du corps royal des Ponts-et-chaussées.

CHAPITRE IV. — Corps royal des Mines, et dépenses de ce service.

CHAPITRE V. — Lignes télégraphiques.

CHAPITRE VI. — Contributions du Trésor royal pour travaux faits sur fonds particuliers.

L'Administration crut devoir signaler ces ordonnances à ses agents et pour les mettre mieux à même de s'y conformer, elle leur adressa une nomenclature plus détaillée et plus claire.

Elle était ainsi présentée :

CHAPITRE Ier. — Administration centrale.

— II.
  § 1er. Routes royales et ponts.
  § 2. Navigation, bois, quais et canaux.
  § 3. Ports maritimes et de commerce.
  § 4. Service particulier et objets divers.

— III. Charges du personnel du corps royal des Ponts-et-chaussées, des conducteurs embrigadés, des officiers et maîtres de port.

— IV. Personnel et matériel des Mines.

CHAPITRE V. Lignes télégraphiques à Paris et dans les départements.

—   VI. Contributions du Trésor royal pour des travaux qui s'exécutent avec des fonds empruntés, pour le payement des intérêts de ces fonds (Circulaire du 7 janvier 1828).

Nous avons des Circulaires sur la nécessité de présenter les projets de travaux en temps utile, pour qu'il soit possible d'allouer les fonds nécessaires (deux Circulaires du Directeur des Ponts-et-chaussées, du 18 novembre 1826).

Les ingénieurs furent priés d'indiquer, dans leurs projets, l'ordre de priorité qu'ils entendaient leur donner (autre Circulaire, du 5 mai 1828).

J'en étais arrivé là de ce travail, et je voulais y mettre la conclusion qui se dégage de l'étude à laquelle je me suis livré. Mais on m'a fait remarquer que des faits nouveaux avaient demandé une Législation toute spéciale et qu'il fallait au moins en dire quelques mots. J'ai compris la portée de cette observation.

Les Chemins de fer, la Télégraphie électrique ont nécessité des Lois et des Règlements qu'il est impossible de passer sous silence. Cela étant, il m'a semblé convenable de continuer mon résumé historique.

CHAPITRE XVIII.

—

DES JOURNÉES DE JUILLET 1830 AU 24 FÉVRIER 1848.

Le renversement de Charles X est faussement appelé une révolution. La nation n'a pas eu, en juillet 1830, le désir de changer les conditions de son existence. Elle a voulu trois choses : Premièrement, protester contre l'ingérence de l'étranger dans nos affaires ; secondement, mettre fin à d'absurdes tentatives d'une révolution sociale, qui nous aurait remis sous le joug despotique des réglementations aristocratiques du temps passé ; troisièmement, les combattants des trois jours ont affirmé la liberté de conscience à tous ses degrés et la nécessité d'en respecter l'expression. Ces trois choses étaient dans le vœu de la presqu'unanimité des citoyens. Les plus sincères partisans de la branche aînée les cherchaient à l'abri du drapeau blanc, comme les adversaires des Bourbons les voulaient en rêvant au retour du drapeau tricolore. Il y avait peu de républicains ; l'heure du triomphe de leurs idées n'avait pas encore sonné.

La Charte de 1830 fut, à peu de chose près, ce qu'avait été la Charte de 1814. Le pouvoir exécutif gardait le gouvernement, mais la représentation nationale acquérait une prépondérance qu'il faut lui conserver.

L'Administration centrale n'eut point de modifications importantes. On continua à tenir les Travaux publics séparés du Ministère de l'Intérieur. On les réunit cependant quelquefois avec le Commerce et l'Agriculture. Les rapports entre les Ministres, les relations qui avaient été créées ne reçurent pas de changements sérieux.

Quant aux Administrations locales, les projets des libéraux' qui avaient annoncé que l'on devait former des conseils électifs pour remplacer ceux qui étaient nommés par le Gouvernement, furent repris et votés. De sorte que la volonté du pays avait la possibilité de se manifester à tous les degrés.

Le corps des Ponts-et-chaussées, celui des Mines, le Génie, l'Artillerie, l'administration des Forêts, les Ecoles, pour leur recrutement, demeurèrent à peu de chose près sur leur ancien pied. Il ne vint à l'esprit de personne qu'il y avait lieu de les dissoudre ou de les remplacer, bien qu'il y ait eu souvent des actes qui ont touché à quelques points de détail.

La Loi du 10 mai 1838 détermina les fonctions des Conseils généraux, qui n'avaient pas été suffisamment précisées depuis l'an VIII. On décida que ces Conseils délibéreraient sur les travaux propres au département, et donneraient leur avis sur ceux qui étaient d'intérêt général.

La Loi du 18 juillet 1837 établit les droits des Conseils municipaux, sur les travaux des communes. Ces corps durent aussi donner leur avis sur tous les travaux publics qui intéressaient leurs circonscriptions réciproques.

COMPTABILITÉ.

La Comptabilité a été alors à un point approchant de la perfection. Les règles tracées déjà étaient presque suffisantes, cependant on y remarquait quelques lacunes. M. Guizot signa, comme Ministre de l'Intérieur, une Instruction, datée du 10 décembre 1830, qui expliquait certains articles de l'Ordonnance du 14 septembre 1822, applicables aux Travaux publics. Cette Ordonnance fut remplacée le 31 mai 1830, puis il en intervint une nouvelle le 16 septembre 1843, qui fut spéciale à notre matière ; tous les principes y étaient exposés, toutes les conséquences y étaient montrées. Cette Ordonnance est encore le type, sur lequel on prépare les mémoires et les actes relatifs à cette partie du service, quoiqu'elle ait subi quelques modifications en 1849 et sous le second Empire.

On s'occupa aussi de la Comptabilité du Matériel.

Le 1er novembre 1838, il a été enjoint aux ingénieurs de faire l'inventaire des objets qui se trouvaient dans leurs bureaux.

Rendons justice à cette époque ; il en est temps. Les journaux d'alors ont avec passion relevé les actes coupables de trois ou quatre fonctionnaires. Mais ces scandales ont été exagérés. Jamais personnel n'a été plus honnête que celui qui a été aux affaires de 1815 à 1852.

Il ne s'agissait, dans l'Ordonnance de 1843, que des travaux civils ; les travaux militaires sont soumis à d'autres réglementations. On tient pour eux qu'ils doivent être tenus secrets, c'est pourquoi la Comptabilité qui les concerne n'a été fixée que très-tardivement.

Il faut en finir avec ces obligations imposées par le Code pénal et le Code militaire sur le secret des fortifications. Tout le monde a le plan des forteresses ; ajoutons que personne n'est obligé d'avoir ce plan à l'avance, pour connaître une place. De si loin que l'on peut en apercevoir les murs, on peut en prendre la coupe, le tracé, la représentation exacte. Aucune prohibition n'empêchera ceux qui mesurent la distance de la terre au soleil et qui, de la haute mer, dressent la carte des côtes, de connaître et mesurer les bastions et les remparts qu'ils peuvent apercevoir. Il serait temps de comprendre qu'il est contradictoire de faire des plans en relief que l'on montre à tous les curieux et d'interdire la publicité des enchères, des débats qui peuvent en surgir, des décisions qui peuvent être rendues,

La concussion aurait seule intérêt à conserver les usages qui prescrivent le secret.

DES FONDS POUR LES TRAVAUX PUBLICS.

Les esprits n'étaient pas encore habitués à compter les fonds par milliards. Cependant on sentait qu'il fallait dépenser beaucoup pour nos voies de communication. Ainsi les allocations qui furent votées, en 1837, pour les Travaux publics dépassaient 174 millions. Mais ce vote ne disait pas que tout devait être dépensé l'année suivante. Même près de 38 millions étaient renvoyés pour être portés sur le budget de 1838. Cependant nous ferons observer que le budget des travaux publics pour 1847 était de plus de 152 millions. Cela bien entendu pour la partie des dépenses à la charge de l'État.

EXPROPRIATION POUR CAUSE D'UTILITÉ PUBLIQUE.

Les plaintes que la Loi de 1810 avait suscitées, avaient amené tous les esprits à la conviction qu'il fallait enlever à la magistrature l'appréciation des indemnités dues à ceux qui étaient touchés par les expropriations. En effet les parties n'étaient jamais satisfaites. Les particuliers n'obtenaient jamais assez ; l'Administration prétendait toujours qu'elle payait trop cher.

Une Loi du 7 juillet 1833, remaniée plus tard, établit tout un Code de la matière (L. du 3 mai 1841) (1). J'ai donné une interprétation abrégée de cette dernière loi ; mon travail, quoique datant de 1857, est encore le plus sûr. Les modèles dont se servait mon ami M. Picard, alors avoué de la ville de Paris, m'ont été fort

_____

(1) Pour tous les développements, on consultera avec fruit l'édition du *Traité de l'Expropriation pour cause d'utilité publique* de M. de Lalleau, donnée par M. Jules Périn ; 2 vol. in-8.

utiles pour dresser les miens. Il y avait peu à changer à sa rédaction ; c'est son expérience qui a donné à mon volume le peu de valeur qu'on reconnaît à ce qu'il a de pratique. Différents Actes officiels sont intervenus pour l'application de la Loi du 7 juillet 1833 et de celle du 3 mai 1841, mais ce n'est pas ici le lieu d'en parler.

LES TRAVAUX PUBLICS ET LES TRAVAUX MILITAIRES.

Nous avons vu que les événements de 1830 avaient été une sorte de revanche de ceux de 1815. Alors les traités, qui nous avaient été imposés par l'étranger, avaient limité le nombre des places fortes de nos frontières. Le Gouvernement de juillet osa fièrement, quoi qu'en aient dit de nombreux historiens, créer des forteresses nouvelles et ajouter à d'anciennes. Ces déterminations amenèrent la nécessité de s'emparer de quelques propriétés privées. Une Loi du 30 mars 1831 régla comment ces entreprises pourraient être faites d'urgence et comment alors on règlerait les indemnités dues aux propriétaires dépossédés.

Les règles sur l'accord des Ministres, en ce qui touche la séparation de leurs attributions, demeurèrent malgré cela ce qu'elles avaient été précédemment. C'est tout au plus si nous avons à mentionner une Circulaire du 25 septembre 1839, sur la zone frontière, et une autre du 27 mars 1846, par laquelle furent rappelés par le sous-secrétaire d'État du Ministère des Travaux publics quels devaient être les rapports des ingénieurs et de l'Artillerie. Une Ordonnance du 29 octobre 1845 s'occupa de la commission mixte des Travaux publics ; c'était un remaniement obligé par la création des Chemins de fer.

Mais un jour, la guerre sembla menacer le pays. Le Gouvernement se crut en danger et commença autour de Paris les fortifications et les forts, grâce auxquels Paris a si bravement résisté pendant le siège douloureux de 1870-1871. L'initiative de cette œuvre a été prise en 1840 par M. Thiers, qui ne craignait pas d'engager ainsi sa responsabilité. Une Loi du 3 avril 1841 accepta son idée, et nous devons à ce patriote de n'avoir pas eu le malheur de voir Paris occupé par les troupes étrangères.

Deux faits sont à noter à propos de ces fortifications : le premier, c'est que le Ministre de la Guerre y employa la main des soldats ; le second qu'il demanda à son collègue des travaux publics un concours que ce dernier lui accorda.

Une Ordonnance du 19 septembre 1840 partagea la superficie du territoire à fortifier en deux zones. Chacun eut à construire ce qui devait être fait sur la zône qui lui était assignée, ce, sans tenir compte de la nature des ouvrages. Ajoutons que les voies stratégiques de l'enceinte de Paris ont été confiées au Ministère des Travaux publics (Ordonnance du 8 octobre 1840).

LES ROUTES.

Les routes furent, sous Louis-Philippe, l'objet de soins constants; les travaux commencés furent continués sans relâche. On entend par lacunes des routes, tous les travaux qui doivent être entrepris pour empêcher les interruptions dans les parcours, ou pour améliorer certains espaces ou même pour les modifier. Des lois diverses ont accordé des fonds pour ces travaux. L'adoucissement des rampes figurait dans les lacunes et leur était assimilé (Ord. du 10 juin 1838).

Les ingénieurs étaient rappelés à l'exécution de leurs devoirs et en ce qui touche notre matière spéciale, on leur fit des observations sur la réception des travaux, en même temps qu'on leur adressait le modèle d'un tableau à remettre, chaque année, aux payeurs à propos des entreprises (Circ. 30 déc. 1836).

Il y eut aussi des Actes de l'Administration supérieure, pour régler des difficultés qui s'élevaient à propos de la traversée des villes et des lieux habités ; mais ces actes ne modifiaient en rien les principes reçus. Ils étaient bien plus destinés à engager les administrateurs à la concorde, qu'à modifier la théorie.

Le cahier des charges de 1811 avait été réimprimé presque sans changements et envoyé, en 1833, aux Préfets et aux Ingénieurs. En janvier 1836, les mêmes reçurent une Circulaire contenant des modèles : 1° d'un devis et d'un cahier des charges pour l'entretien des routes ; 2° d'un avant-métré des travaux ; 3° d'un cahier d'analyse des prix ; 4° d'un détail estimatif. Malgré ces précautions, la routine se faisait encore sentir et les ingénieurs oubliaient de se conformer aux modèles qui leur avaient été transmis. Il leur fut enjoint d'obéir à la Circulaire précédente (Circ. du Directeur général du 8 juin 1838).

Le Gouvernement représentatif oblige les administrateurs à tout savoir, pour répondre à toutes les questions. On voulut avoir l'état exact de la circulation par les routes. C'était un travail très-intéressant à une époque où le roulage rivalisait avec les canaux, et où nos chemins de fer se créaient. L'Administration centrale adressa aux ingénieurs des ordres relatifs à cette statistique, en y joignant, suivant l'usage, des modèles de tableaux à dresser et à remplir (Circ. du 9 avril 1844 ; autre du 27 du même mois).

En même temps on revenait sur les ordres relatifs à la plantation des routes, à l'abattage des arbres, à la police du roulage, à l'emploi des cantonniers, restés définitivement des agents de l'Autorité.

Malgré l'abrogation des péages sur les routes, la routine en avait continué la recette dans quelques départements. On s'aperçut enfin de l'illégalité de cette pratique. Une Loi des 24-28 avril 1833 légalisa la perception.

Il était arrivé, en ce temps, que des légitimistes trompés sur les

sentiments des Bretons et des Vendéens avaient cru pouvoir organiser la guerre civile dans les départements de l'Ouest. Des jeunes
gens pleins d'ardeur et de générosité y compromirent leur existence ; ils furent suivis par trop peu de partisans pour avoir
chance de réussir. Des réfractaires en petit nombre, des hommes
déclassés prirent prétexte de la guerre civile pour piller les caisses
publiques chez les receveurs et arrêter quelques envois d'argent.
Il était impossible d'atteindre les coupables, faute de moyens de
communication. Une Loi datée du 27 juin-6 juillet 1833 ordonna
la création d'un réseau de routes dites routes stratégiques destinées à permettre à l'autorité d'exercer son action dans les départements de l'Ouest.

Nous pourrions presque ranger parmi les routes stratégiques,
celles qui furent dans le même temps créées en Corse et en Algérie.

Les routes départementales demeurées dans les attributions du
Ministre de l'Intérieur, quoique soumises aux ingénieurs des Ponts-
et-chaussées, prirent aussi un développement considérable. Il faut
avoir vécu en province, en ce temps, pour se rendre compte de la
peine qu'ont prise les Préfets pour faire comprendre aux populations les bienfaits qu'apporteraient des voies de communication
larges, commodes, toujours bien entretenues.

RÉGIME DES EAUX.

Pendant que l'on hésitait sur la question de savoir si l'on éta-
blirait des Chemins de fer, on continuait les Canaux commencés,
on en faisait quelques nouveaux, surtout des canaux de raccordement.

Puis, comme les péages perçus par les particuliers sur ces voies
de communication étaient le sujet de récriminations, l'État se mit

à commencer le rachat des canaux, dans le but d'arriver à les donner enfin gratis à la circulation. — Une Loi du 9 juillet 1836, suivie d'une Ordonnance du 15 octobre de la même année régla les droits à percevoir sur la navigation intérieure. — Rappelons qu'une autre Loi du 12 juillet 1837 avait alloué 400,000 fr. pour des études relatives à ce système de la navigation intérieure de la France. Ainsi allaient être, croyait-on, reprises les traditions du Directoire et de 1819.

Avant la réalisation de ce projet d'ensemble, on s'occupa de régulariser les faits relatifs à ces voies artificielles. Ainsi les canaux divers avaient des temps de chômage, qui ne tombaient pas aux mêmes époques ; une Circulaire, du 15 août 1840, recommanda aux Préfets de parer à cet inconvénient, en prenant des arrêtés pour qu'il y eût simultanéité dans l'arrêt de la circulation. Il était ordonné à ces administrateurs de donner la plus grande publicité possible à leurs arrêtés en cette matière.

. En 1837, l'amélioration des Rivières fut l'objet d'une Loi.

On favorisait la création de tous les ouvrages. Mais la défiance du Parlement imposait au Gouvernement l'obligation d'être très-réservé dans ses propositions de dépenses. On concédait des bacs, on concédait des ponts à péage. De leur côté les particuliers, les départements et les communes qui entreprenaient les ouvrages publics, cherchaient le moyen de dépenser le moins possible. Beaucoup, au lieu de ponts en pierre et bâtis à grands frais, voulurent faire des ponts suspendus. La création de ces ouvrages excita une véritable admiration. Les populations aimaient à aller voir ces magnifiques et larges arches qui reliaient entre elles les rives des fleuves. De loin les chaînes, les fils de fer qui supportaient les tabliers disparaissaient; les tabliers eux-mêmes coupaient à peine l'horizon par une ligne imperceptible. On aurait dit un fil jeté entre deux collines pour servir de passage à des êtres immatériels.

Les Marais eurent leur part dans ce mouvement. Les anciens Syndicats fonctionnèrent; de nouveaux furent créés pour de nouveaux desséchements.

C'est alors que l'on fit les Ponts métalliques. On désigne par ces mots des ponts horizontaux destinés à recevoir les convois des chemins de fer. Le travail de maçonnerie consiste en piles sur lesquelles reposent des poutres de fer, de tôle ou d'acier. Les poutres elles-mêmes sont recouvertes par un tablier de tôle.

La France, bornée par deux mers, ne peut oublier ces conditions. Nos ports ont été l'objet de grandes améliorations. Le port de Cherbourg, ceux de Saint-Malo et de Saint-Servan, différents autres ont donné lieu à des lois de finance.

La ligne des Phares fut presque achevée; un état de leur situation et de leurs signaux fut publié.

Enfin on s'occupa des Lais et relais de la mer, pour en utiliser la superficie.

Nous aurions pu rappeler des actes de détail en grand nombre, notamment sur les chemins de halage, les francs-bords des rivières, etc., etc.; mais, si l'on s'en est occupé, on l'a fait sans changer les règles établies.

LES IRRIGATIONS.

L'aménagement des Eaux serait un grand bienfait. D'abord on éviterait le retour des inondations dangereuses, ensuite on utiliserait une puissance fertilisante; la pisciculture elle-même deviendrait par-là féconde en produits.

Depuis la plus haute antiquité, les Gouvernements ont revendiqué le droit de faire des règlements d'eau. L'autorité a le pouvoir de faire ces règlements, même sur des cours d'eau qui ne sont pas navigables ou flottables. Sous le Gouvernement dit de juillet, pendant que la paix régnait partout, alors que toutes les idées utiles étaient en fermentation, des économistes remarquèrent que souvent on ne réussissait pas à employer cette richesse. Ils cherchèrent à l'étranger comment fonctionnaient certains Syndicats et ils en revinrent avec cette pensée qu'il fallait à tout prix faire chez nous un aménagement des eaux. Ils avaient raison, s'ils voulaient que les choses se fissent pour l'utilité publique.

Le système à créer était bien simple ; l'expérience l'indiquait. En formant des bassins au flanc des montagnes, on arrêtait les torrents, dont on pouvait changer les dévastations en bienfaits. Puis, on pouvait continuer l'œuvre et conduire dans les lieux les plus arides des eaux bienfaisantes pour les besoins des hommes et de la culture.

Nous avons noté que l'on avait formé des Syndicats dans le but de régulariser l'emploi des eaux ; nous ajouterons que les Préfets rivalisèrent de zèle pour amener les populations à s'associer dans cet intérêt. Tout-à-coup les grands propriétaires s'emparèrent de cette polémique et demandèrent qu'il leur fût permis de forcer les riverains à les laisser passer pour aller chercher des moyens d'irriguer leurs terres. Ils voulaient donc obtenir le droit d'exproprier autrui dans un intérêt particulier. Deux Lois, la première du 29 avril 1845, la seconde, du 4 juillet 1847, leur permettent non-seulement de forcer les riverains à leur livrer passage, mais encore d'exiger que les intermédiaires les laissent arriver. C'est une servitude créée pour l'usage de certains fonds, servitude inventée par la loi, et qu'une loi nouvelle fera bien de supprimer.

REBOISEMENT DES MONTAGNES. — DUNES.

Nous devons parler ici d'une question qui parut émouvoir un grand nombre d'esprits. Des inondations périodiques montraient le danger qu'il y a de laisser les cours d'eau tels qu'ils sont produits par les faits naturels. Au lieu de voir que ces inondations sont aussi anciennes que les cours d'eau, on se prit à dire qu'on éviterait leur retour si l'on reboisait nos montagnes. Il n'y eut pas de loi sur ce point, mais des Actes de l'Autorité prescrivirent à nos agents forestiers d'y donner une attention sérieuse. Il est bon d'utiliser le sol même le plus mauvais; cependant il serait temps que l'on comprît que la cause des inondations dangereuses ne tient pas à la végétation des forêts ou au déboisement des montagnes. Lorsque l'on retiendra par des barrages les masses de liquide que donnent les neiges qui fondent sur les sommets des monts, à l'époque où des pluies chaudes s'unissent aux rayons du soleil, alors on n'aura plus d'inondations dangereuses. L'Administration connaît la théorie ; c'est elle qui l'a démontrée ; elle est en faute de ne pas la mettre en pratique.

CHEMINS DE FER.

L'Ordonnance du 18 février 1823 avait devancé le premier acte du Gouvernement anglais sur les Chemins de fer, car ce dernier n'est que de 1824, bien qu'il ait été sollicité dès 1822. Les études sur les machines locomotives avaient été continuées avec persévérance. En 1832, on savait que les convois pourraient être entraînés sur les voies ferrées à une vitesse double de celle de la poste, c'est-à-dire de 32 kilomètres à l'heure. Cette vitesse a été dépassée ; cependant telle qu'elle était annoncée, elle présentait d'immenses avantages. Dès que ce résultat fut assuré, c'est-à-dire en 1832, le Gouvernement résolut de créer un réseau de chemins, dont le centre serait à Paris, pour aboutir à Rouen, à Lille, à Strasbourg, à Lyon et Marseille, enfin à Tours et à Nantes. Le public ne parut pas d'abord considérer qu'il serait intéressant de faire ces voies nouvelles. On hésitait pour savoir si l'on accepterait les projets dont le Gouvernement prenait l'initiative. Enfin les projets succédèrent aux projets ; les succès des voies ferrées des autres pays surexcitèrent les esprits. L'on se crut, dès 1836 et 1837, à la veille de la réalisation. Quiconque approchait alors de l'âge d'homme se rappelle l'opposition frénétique qui surgit à ce moment. Il y eut d'abord les Compagnies de transport sur les routes ou sur les cours d'eau naturels et artificiels, les villes baignées par ces cours d'eau ou desservies par des voies larges et commodes, les propriétaires des canaux et les éleveurs de bestiaux. Ces derniers prétendaient que, les transports par chemins de fer se faisant par masses énormes, il serait inutile d'avoir des chevaux. On montrait la France de l'avenir comme dénuée de ressources : suivant les uns, les produits de nos récoltes seraient tous enlevés par l'étranger ; d'après les autres, nous allions être encombrés des denrées qui nous arriveraient des autres pays. Les protectionnistes voyaient tout perdu. Mais, il était une classe d'intéressés qui avait au moins raison de craindre. Il y a, sur nos routes, des entrepreneurs de fournitures de chevaux pour les services de l'État et même pour les particuliers, auxquels on donne le nom de maîtres de postes. Ces maîtres de poste prélèvent un droit sur les voitures qui passent sur le parcours soumis à leur action.

Ils dirent que, si l'on faisait des voies ferrées, on ne suivrait plus les routes, et que leurs recettes se trouveraient singulièrement réduites. On comprend que ces industriels durent résister avec énergie. Ils envoyèrent leurs représentants à Paris solliciter les Ministres, les pairs de France, les députés ; or, en ce temps où l'on avait en tout 180,000 électeurs, le Ministère était arrêté à chaque pas. Les chemins de fer, rares d'abord, ne furent donc que tardivement entrepris sur une large échelle. En effet c'est une Loi des 11-17 juin 1842, qui ordonna la création de nos grandes lignes de chemins de fer.

Les principes furent conservés en apparence au moins. La voie ferrée et ses dépendances furent reconnues faire partie du domaine public ; son exploitation seule put être donnée en concession. On croyait même à ce moment que tous les particuliers pourraient avoir des trains à eux sur les lignes concédées à des Compagnies. On prévoyait le cas de la circulation de ces trains et on établissait les tarifs en conséquence. On décomposait le prix que peut percevoir une Compagnie, à savoir : une première part pour le passage ; la seconde pour le transport. La première partie était due par ceux qui useraient de la voie pour leurs véhicules ; la seconde était ajoutée pour ceux qui se serviraient des moyens de transport appartenant à la Compagnie. L'expérience a prouvé que des particuliers ne sauraient faire des convois, sans qu'il en résulte de grands dangers ; cependant la décomposition des taxes est demeurée dans les tarifs, pour recevoir application, quand des chemins exploités par des compagnies diverses donnent lieu au passage des trains de l'une sur la voie de l'autre.

Il fut dit encore que les conditions du transport seraient les mêmes pour tous, que l'égalité serait rigoureusement observée entre les expéditeurs.

Cependant les cahier des charges des concessions avaient des dissemblances, et l'on songeait partout, à l'étranger comme chez nous, à faire un cahier général, que toutes les Compagnies seraient tenues d'observer. Ce désir dont la réalisation a été tentée en 1853, 1857 et 1859 a eu satisfaction par la rédaction définitive arrêtée en 1860, et qui est imposée à toutes les Compagnies.

Le Gouvernement, ne se croyant pas suffisamment armé, obtint des chambres une loi sur la police des chemins de fer ; elle porte la date des 15-21 juillet 1845. Une Ordonnance des 15-21 novembre 1846 régla le mode d'exécution de la loi de 1845.

Cette nouvelle branche des travaux publics est devenue la plus importante, ses accroissements successifs ont occasionné des créations nouvelles. Deux Ordonnances portant la même date du

24

22 juin 1842 ont établi des commissions fort importantes, dans lesquelles figuraient des membres des deux chambres, outre des maîtres de requêtes et des auditeurs du Conseil d'État. L'une devait examiner les tracés déterminés par le conseil général des Ponts-et-chaussées ; l'autre était pour la tatistique. Les Sattributions de cette dernière étaient de donner son avis : 1° sur les questions concernant les acquisitions de terrains et bâtiments ; les rapports sur ce sujet avec les départements et les communes ; les projets de cahier des charges à imposer aux compagnies ; les baux d'exploitation ; 2° sur les projets de règlement de police des Chemins de fer ; 3° et, en général, sur les questions réglementaires relatives à l'établissement et à la police des Chemins de fer, quand ces questions ne seraient pas réservées au conseil général des Ponts-et-chaussées ou à la section des Chemins de fer.

Mais ces deux commissions paraissent avoir été remplacées par celle qui fut dite commission générale des Chemins de fer. Cette dernière réunit les attributions des précédentes, sans doute afin d'éviter des conflits (Ord. 6 avril 1847).

CHEMINS VICINAUX.

Les chemins vicinaux étaient toujours la grande affaire de l'administration du Ministère de l'Intérieur. Nous avons noté que les lois de la Restauration n'avaient pas donné de résultats satisfaisants. Enfin est arrivée la Loi du 28 juillet 1834 sur les dépenses que ces voies pouvaient occasionner et celle du 21 mai 1836 qui réglementa toute la matière.

Les difficultés qui ont fait obstacle aux généreux sentiments de notre Administration sont la démonstration absolue de la folle ignorance des fédéralistes ou communalistes. Ils retrouveraient la même démonstration, s'ils étudiaient la matière de l'instruction

publique ; mais ils aiment à pousser des clameurs ; l'étude répugne
à leur paresse.

La loi de 1836 a fait deux classes des chemins vicinaux. Les
uns étaient seulement pour la commune ; les autres pouvaient être
utiles à deux ou plusieurs communes. Les derniers étaient dits
chemins vicinaux de grande communication. Notre Loi détermina
comment les uns et les autres seraient votés, exécutés et entretenus. Elle autorisa l'expropriation des terrains pour les nouveaux
chemins et organisa un jury spécial, qui, sous la présidence du
juge de paix du canton, fixerait le prix des parcelles expropriées.
Quant au redressement des anciens chemins, on resta sous l'empire
de la Loi de septembre 1807 ; l'indemnité due aux riverains, dont
on prenait la propriété était réglée par le Conseil de préfecture,
comme précédemment. La loi de 1836 était revenue à l'usage
ancien de faire réparer les chemins par les habitants. À la différence des lois des régimes passés, la corvée, à laquelle on donna
le nom adouci de prestations en nature, n'était pas applicable aux
voies qui longeaient la propriété du prestataire ; on le convoque
à travailler tel jour, telle heure, à tel chemin, sans distinction
entre ceux qui touchent ses terres et ceux qui longent les propriétés d'autrui. Cet impôt, mal réparti, doit disparaître.

Le Ministère de l'Intérieur fit préparer un règlement sur l'application de la loi. Il l'adressa à tous les Préfets. Nous reviendrons
sur ce document, refondu en 1854, et beaucoup trop critiqué par
des théoriciens, qui lui ont reproché d'avoir été trop complet,
c'est-à-dire trop bien fait.

TÉLÉGRAPHIE ÉLECTRIQUE.

On commença par beaucoup faire pour les anciens télégraphes.
Puis on établit les premiers télégraphes électriques. L'histoire de

la découverte de ces derniers se lie à celle de l'électricité. Les travaux exécutés, dans le siècle dernier, sur le fluide électrique et la rapidité de sa marche quand il est accumulé sur certains corps, firent songer à s'en servir pour communiquer à distance. Les essais furent longs ; les premiers ne permettaient pas de donner des dépêches avec assez de rapidité. Par conséquent on hésitait à s'en servir. Il ne nous appartient pas de faire ici un cours de physique, c'est pourquoi nous nous bornerons à enregistrer l'apparition de ces Télégraphes dans le domaine législatif. Leur histoire a d'ailleurs été très-bien faite, au mot *Télégraphe* du répertoire de MM. Dalloz, je n'y reprendrai qu'un point, c'est qu'on a oublié de rappeler qu'en 1819, alors qu'Ampère et Babinet travaillaient de concert, ils avaient un télégraphe électrique, grâce auquel ils conversaient d'une pièce dans l'autre, sans avoir besoin de se lever de leurs fauteuils. Ce n'était, je dois l'avouer, qu'un essai scientifique, ou comme disent les chimistes un essai de laboratoire ; mais il était satisfaisant sous tous les rapports.

Les Américains, les Anglais ont fait avant nous l'application de la télégraphie électrique. Chez nous, la législation d'abord, les préjugés de l'Administration ensuite, mirent des empêchements à l'adoption des Télégraphes dont devaient se servir les particuliers (L. 2-6 mai 1837).

Cependant le Gouvernement obtint, en 1842 et 1843, l'inscription au budget de sommes destinées à l'étude et aux essais de la Télégraphie de nuit. Une Loi des 3-10 juillet 1846 décida qu'une ligne télégraphique électrique serait établie entre Paris et Lille et la frontière de Belgique. Les élèves de l'École polytechnique devaient avoir les quatre cinquièmes des places vacantes d'élèves inspecteurs des Télégraphes (Ord. 11 août 1844 28 mai 1845).

QUI ORDONNAIT LES TRAVAUX.

Le pouvoir exécutif avait, jusqu'au Gouvernement de juillet, gardé la prérogative d'ordonner les Travaux publics. Mais on avait fait à cela des objections sérieuses, dès le temps de la Restauration. On avait fait remarquer que, si le Gouvernement décrétait des travaux, il s'engageait à les faire payer. Ainsi il y avait une sorte d'anomalie entre le droit des Députés de voter les dépenses et celui du Ministère d'en imposer, sans en avoir obtenu l'autorisation. C'est pourquoi la pratique des Ministres était, dès la Restauration, d'obtenir une loi pour tous les travaux importants. Cet usage fut obligatoire après 1830, la Loi du 7 juillet 1833, celle du 3 mai 1841 en ont eu des dispositions formelles. Mais ce principe ne fut applicable qu'aux grands travaux : des Ordonnances suffisaient pour ceux de moindre importance. Il en était de même de ce qui concernait certains travaux entrepris par des Administrations locales. Enfin le Préfet, dans certains cas, avait le droit de rendre exécutoires les délibérations des départements et des communes, quand les dépenses étaient faibles et n'engageaient pas les fonds de l'Etat.

Les pouvoirs du Gouvernement et ses devoirs étaient ainsi résumés dans l'article 3 de la loi du 3 mai 1841 :

« Tous grands travaux publics, routes royales, canaux, chemins de fer, canalisation de rivières, bassins et docks, entrepris par l'Etat, les départements, les communes, ou par compagnies particulières avec ou sans péage, avec ou sans subside du Trésor avec ou sans aliénation du domaine public, ne pourront être exécutés qu'en vertu d'une loi, qui ne sera rendue qu'après une enquête administrative. Une Ordonnance royale suffira pour autoriser l'exécution des routes départementales, celle des canaux et chemins de fer d'embranchement de moins de vingt mille mètres de longueur, des ponts et de tous autres travaux de moindre importance. Cette Ordonnance devra être également précédée d'une enquête. Ces enquêtes auront lieu dans les formes déterminées par un règlement d'administration publique. »

ENQUÊTES SUR LES TRAVAUX.

La chute de Charles X n'avait point arrêté la marche de l'administration. Le ministère avait été invité par l'ordonnance de 1829 à déterminer le mode qui serait suivi pour les enquêtes sur les projets relatifs à des travaux publics. Il fut statué sur ce point par une Ordonnance portant la double date des 28 février, 15 mars 1831. On n'y parlait que des routes et des canaux, ce qui était trop restreindre les règles posées. Elles furent étendues à tous les travaux par des Ordonnances des 18 février 1832, 15 février 1835, et 23 août de la même année.

ADJUDICATIONS. — ENTREPRENEURS.

Le cahier général des charges des entrepreneurs de travaux publics fut réimprimé en 1833, sans avoir de changements notables. On continuait à suivre les règles précédemment tracées. L'adjudication était la forme normale ; mais les travaux pouvaient être faits en certains cas en régie, pour le compte de qui il appartiendrait, ou encore être faits par économie. Dans ce dernier cas, ils étaient exécutés par l'administration, sur ses commandes directes. Ce dernier mode ne se rapportait qu'à des travaux minimes.

Le Génie militaire continua ses anciens errements.

Rien ne fut changé dans les rapports des entrepreneurs et de l'Administration.

Remarquons que, si l'on avait depuis longtemps obligé les Ingénieurs et les fournisseurs, entrepreneurs ou autres à se servir du système métrique dans tous leurs actes, c'est une Loi du 4 juillet 1837, qui rendit ce système obligatoire et porta une peine contre ceux qui produiraient des actes dans lesquels on se serait servi des anciennes mesures.

CHAPITRE XIX.

—

LA SECONDE RÉPUBLIQUE DU 24 FÉVRIER 1848 AU 2 DÉCEMBRE 1851.

L'éducation des enfants de la France leur apprend que les hommes naissent égaux. La forme du Gouvernement doit nécessairement être conforme à cette croyance. Il ne peut pas être plus juste, d'après nos idées, de donner la plus haute des fonctions à l'hérédité, qu'il n'est bon de rendre les autres charges héréditaires. De là l'idée qui mine les trônes et aboutit à un Gouvernement de tous pour tous. La royauté de Louis-Philippe avait été souvent attaquée par des insurgés qui voulaient revenir à la forme républicaine. Ils avaient échoué d'abord, mais l'opinion publique leur devint peu à peu favorable, de sorte que l'on pressentait le moment de la chute de la Royauté. Depuis la Restauration, les députés étaient choisis parmi les plus imposés ; les électeurs étaient aussi des riches. Tout-à-coup on se prit à pétitionner pour que tout Français fût à la fois électeur et éligible. Le Ministère ne voulut pas céder et il y eut une insurrection qui emporta les Ministres et détrôna le Roi (24 février 1848).

Les règles sur les pouvoirs publics ne furent point modifiées. Les Préfets et les Sous-Préfets furent changés ; l'organisation des Préfectures, des Sous-Préfectures, des Tribunaux civils ou administratifs resta ce qu'elle était antérieurement. De sorte que le jour où le Président de la République renvoya le dernier des Ministres républicains, tout était prêt pour la restauration de la Monarchie. L'imprévoyance de ceux qui avaient été à la tête des affaires avait disposé les choses de telle sorte qu'il suffisait au Chef du pouvoir exécutif de vouloir, pour que son titre se changeât en celui d'Empereur.

L'Administration des Travaux publics, celle des Mines, celle des Eaux et forêts ne subirent pas de changements dans leur organisation. Cependant une Loi du 5 juillet 1850 décida que des Décrets rendus dans la forme des Règlements d'administration publique détermineraient le mode d'admission et d'avancement pour tous les services publics où ces conditions n'étaient pas réglés par une loi. Un Décret du 8 décembre de la même année statua sur ce qui concernait les ingénieurs. Il y fut dit qu'ils se recruteraient désormais en partie, parmi les conducteurs embrigadés, à qui un sixième des places était réservé. Les conducteurs embrigadés sont ceux qui sont dans l'une des classes reconnues par les règlements. Les classes sont faites pour déterminer le traitement de ces employés. Parfois il y en a eu six; en d'autres temps, il n'y en a eu que quatre. Au-dessous de ces conducteurs, il y a des auxiliaires, qui ne sont pas encore dans la classe la moins favorisée des conducteurs. Il était dit que, pour concourir aux places d'ingénieur, il fallait avoir dix ans d'exercice et de plus subir des examens. Bien que ces examens ne fussent pas très-difficiles, on prévit le cas, qui s'est présenté, où il n'y aurait pas un assez grand nombre de candidats.Les places qui étaient réservées aux conducteurs devaient alors être données aux élèves de l'école des Ponts-et-chaussées. Le Décret du 8 décembre 1850 a produit peu d'effets.

Ce qu'il y eut ensuite de plus saillant, en ce qui touche le personnel, ce fut une Loi du 11 juillet 1848,suivie d'un arrêté du 11 novembre suivant, établissant que les élèves de l'École polytechnique devaient être admis gratuitement. Le 5 juin 1850, une Loi nouvelle abrogera celle de 1848, pour revenir à l'ancien système, d'après lequel on donne des bourses aux élèves qui le méritent et qui en ont besoin. Le nombre de ces bourses fut limité à 54.

Nous ne nous appesantirons pas sur quelques changements qui furent faits dans l'organisation du service central. Le besoin d'éloigner certains hommes des hautes fonctions qu'ils occupaient ou encore celui d'en faire arriver d'autres occasionnent des faits pareils dans toutes les époques de bouleversement.

Nous laisserons de côté aussi ce qui fut décidé sur la commission mixte des Travaux publics, par une Loi du 22 septembre 1848 relative à la zone frontière.

Deux Décrets du 15 octobre 1851 statuèrent l'un sur l'École et l'autre sur le Corps des ingénieurs des Ponts-et-Chaussées. Il n'y avait que de légères modifications en ce qui touche l'École. Notons à propos du second Décret que les Ingénieurs y étaient considérés comme étant en trois situations distinctes : 1° en activité ; 2° en disponibilité ; 3° en congé illimité. Ces derniers étaient aussi dits Ingénieurs détachés, ou en service détaché. On les appelait ainsi parce qu'ils étaient en dehors du Ministère des Travaux publics, pour d'autres emplois que ceux qui en relèvent. Tels sont les Ingénieurs qui font certains travaux départementaux ou communaux. La ville de Paris en occupe plusieurs ; il en était de même de l'Algérie. D'autres ont été occupés par des compagnies privées ou même par des Gouvernements étrangers. Il avait donc été admis que tout ingénieur ayant passé cinq ans au service dans l'administration des Ponts-et-Chaussées pourrait sans perdre ses droits à l'avancement, obtenir un congé illimité, d'une durée de moins de cinq ans, mais renouvelable, pour être employé à certains services désignés. Cette faveur ne leur enlevait pas leur rang dans la hiérarchie, ni leur droits à l'avancement.

Le même Décret du 15 octobre 1851 statuait sur la manière dont les Ingénieurs sortaient des cadres : la démission, la révocation, l'admission à la retraite. La révocation ne pouvait être prononcée que par le chef du Gouvernement.

Il n'y avait rien de changé dans les rapports des Ingénieurs avec le public, quoique nous devions noter une déplorable Circulaire du 16 novembre 1848, par laquelle les Ingénieurs furent chargés d'être, sur les chantiers, les défenseurs de ce que l'on appelle les idées d'ordre, autrement dit, les idées monarchiques.

CONFLITS.

Les règles établies sur la matière des Conflits n'avaient pas donné les résultats [qu'on en attendait. Les procès sur la compétence étaient, sont et seront incessants, tant qu'il y aura des tribunaux administratifs distincts des tribunaux civils. On venait à bout des difficultés quand les deux juridictions prétendaient statuer sur la même cause ; mais si, au lieu d'être positif, le conflit était négatif, en ce sens que les juges civils et les juges administratifs refusaient de statuer, le problème était insoluble. La constitution de 1848, au lieu d'abolir la juridiction administrative, créa un Tribunal spécial dit des Conflits, chargé de décider entre les deux juridictions (Const. de 1848, art. 89 et 90). Ce Tribunal devait être formé de magistrats, et de conseillers d'Etat. On commença par donner un costume officiel à ces fonctionnaires, puis un Décret du 26 octobre 1849 statua sur la procédure que l'on suivrait devant eux. Une Loi du 4 février 1850 régla l'organisation de cette Cour de justice, qui ne vécut pas longtemps.

LES TRAVAUX PUBLICS.

La seconde République a peu duré ! Les populations aisées avaient peur de cette forme de Gouvernement. Ainsi nous trouverons peu de Travaux publics, de 1848 à 1852.

Cependant des projets gigantesques avaient été conçus par les écoles philosophiques de Saint–Simon et de Fourier. Ces projets restèrent enterrés dans les cartons.

Nous ne mentionnerons qu'en passant ce que l'on appelle les Ateliers nationaux. Le mouvement de 1848 se produisait dans le plus détestable moment. Il n'y avait pas eu de récolte en 1847, par conséquent en 1848, les ateliers se fermaient sous le moindre prétexte. Que faire des ouvriers sans travail! On les dissémina sur les chantiers de terrassement qu'on appela, des ateliers nationaux. C'était un moyen de faire l'aumône en exerçant les gens à travailler, mais les partis monarchiques transformèrent ces ateliers en foyers d'insurrection, et on vit ainsi arriver les sanglantes journées de juin 1848.

Nous n'avons rien à dire des tentatives faites par M. Louis Blanc pour organiser le travail, en se passant des capitalistes. Le moyen qui était proposé était de former des associations d'ouvriers.

On mit des sommes considérables au service de ces associations que l'on admit à participer aux adjudications de travaux publics (L. 18 août, 23 septembre 1848).

Les expériences ont été décisives. Elles ont prouvé que, si de bons ouvriers, tous amis du travail, peuvent réussir, il ne faut pas croire que toute association deviendra nécessairement prospère.

Nous avons parlé de l'achèvement des chemins vicinaux, nous n'y reviendrons pas.

On n'avait pas d'argent et l'on fit peu de chose pour les routes.

Une loi du 30 mai 1850, régla ce qui concerne la police du roulage. On avait remarqué combien toutes les précautions sur la largeur des jantes des roues, le nombre des chevaux employés, le poids du chargement, étaient inutiles. Tous les règlements relatifs à ces matières furent abrogés ; on supprima les ponts à bas-

cule. En même temps, il fut dit que des règlements d'administration publique détermineraient les mesures de police que l'Administration voudrait prendre. Notons que les objets sur lesquels
porteraient les règlements étaient énumérés et qu'il s'y trouve
ceci : « le stationnement sur les routes ». C'est en vertu de ce
mot que l'on a cru pouvoir concéder un monopole à des voitures
autorisées à prendre ou laisser des voyageurs sur leur parcours.

Ce monopole, contraire à nos principes constitutionnels, avait
été admis par l'Administration, mais il était contestable. Il s'est
enfin glissé dans notre Loi, où il a été admis sans que le législateur se fût aperçu de la portée de son œuvre. Le monopole des
omnibus n'a pas de fondements plus solides.

Les voitures particulières, les malles-postes, les voitures des départements de la Guerre et de la Marine, les voitures employées à
la culture étaient affranchies de toute réglementation (Même Loi).

La seconde innovation de cette Loi du 30 mai 1850 a été d'enlever
la connaissance de certaines contraventions sur la police du roulage à la juridiction des Conseils de préfecture et de la transférer
au juge de simple police ou au Tribunal correctionnel, suivant les
cas. Elle en réserva d'ailleurs un certain nombre aux Conseils de
préfecture.

Notons, à propos des routes, une Circulaire du 9 août 1850, par
laquelle le Ministre des Travaux publics, sans renoncer aux droits
de l'État, prescrivit de faire désormais, aux frais du Trésor, les
plantations d'arbres le long des voies publiques.

OUVRIERS. — ENTREPRENEURS.

Nous avons noté les ateliers nationaux, puis les associations
d'ouvriers. Le Gouvernement poussa les choses plus loin. Il interdit aux entrepreneurs de faire travailler le dimanche (29 mars
1849).

Il ordonna qu'une retenue de 2 p. %/₀ serait faite sur le prix des travaux, pour être employée à secourir les ouvriers blessés sur les chantiers (15 déc. 1848).

Mais une mesure odieuse est celle qui sembla proscrire les ouvriers étrangers, et qui recommanda les ouvriers nationaux (Circ. 16 mars 1848).

Il n'est pas bon que les Gouvernements se fassent les complices des théories fausses sur le travail et le commerce dit national. Toute force venue du dehors est un accroissement de celles que nous possédons ; c'est mal calculer que de refuser de s'en servir.

COMPTABILITÉ.

Un Arrêté du 20 janvier 1849 forma une commission qui devait préparer la révision de la comptabilité. Elle fit quelques observations, son rapport fut sanctionné le 28 septembre et bientôt une nouvelle édition retouchée de l'Ordonnance du 16 septembre 1843, contint les modifications qui avaient été demandées.

CHAPITRE XX.

—

LE SECOND EMPIRE
DU 2 DÉCEMBRE 1851 AU 4 SEPTEMBRE 1870.

L'ADMINISTRATION.

La date du coup d'État explique le succès qu'il a eu ; c'était le jour anniversaire de la bataille d'Auterlitz. Depuis Waterloo la France demandait sa revanche des défaites de 1813, 1814 et 1815. Les journaux de toutes les nuances répétaient à l'unisson les vers de Béranger :

« Le Rhin lui seul peut retremper nos armes. »

Les populations rurales et quelques-uns de nos ouvriers des villes étaient bonapartistes, parce que tous étaient patriotes ; elles votèrent avec enthousiasme pour le successeur de celui qui avait été le premier consul et qui avait mérité d'être appelé le Robespierre à cheval. Mais le coup d'État n'aurait pas réussi, s'il n'avait été aidé avec résolution par les agents du pouvoir exécutif, secondés par des personnes qui tremblaient au seul nom de République.

Louis-Napoléon Bonaparte, président de la République, avait peuplé les Administrations de sujets dont les opinions monarchiques ne faisaient aucun doute. Grâce à la législation qui nous régit depuis l'an VIII, il avait mis à la tête des Administrations départementales des Préfets décidés à tout pour faire accepter les changements qui allaient se produire. Il est à noter que, si le retour à la monarchie flattait certains esprits, l'usurpateur chercha à se concilier les masses.

Les principes de 1789 devaient, disait-il, être respectés ; la nation était réputée rentrer en possession d'elle-même, tel était le programme. Mais rien n'était modifié dans les rouages administratifs, même en apparence dans les sphères inférieures.

Napoléon se déclara chef du Gouvernement, seul responsable de tout. Les Ministres ne furent que les agents de ses volontés. Le Corps législatif dut être composé de députés élus ; une seconde chambre, le Sénat, fut institué. Le titre de sénateur était une dignité inamovible. Les députés devaient être élus par le suffrage universel et, comme il y avait eu, sous la seconde République, une loi qui imposait aux citoyens certaines conditions de résidence, Napoléon III fit sonner bien haut qu'il ne voulait pas du suffrage restreint, et qu'au lieu de quelques-uns, tous étaient conviés à prendre part au vote. Lui-même provoqua les électeurs à décider s'ils approuvaient sa conduite ; le vote fut affirmatif.

Les Ministres, diminués en apparence dans leur autorité, restèrent avec leurs anciennes attributions. Cependant on fit un Ministère qui eut à s'occuper des Beaux-arts et des bâtiments civils. Ce nom de Bâtiments civils est donné, enn otre matière, aux travaux des bâtiments qui ne rentrent pas nécessairement dans la sphère du Ministre des Travaux publics, dans celle du Ministre de la Guerre ou dans celle du Ministre de la Marine, ou encore dans la spécialité d'une Administration déterminée.

Trois ou quatre ans avant la venue du Régime impérial, on s'était fort inquiété de modifier l'état des choses en ce qui touche la Centralisation. On remarquait qu'avec le système qui ramène tout au centre, l'expansion de la liberté était forcément arrêtée. Les adversaires de cette absorption oublièrent de formuler leur pro-

gramme. Ils ne dirent pas par qui les affaires devaient êtres faites
et ils demandèrent la décentralisation. Ce n'était pas expliquer ce
qu'ils voulaient. On feignit de croire que la décentralisation devait
être l'autorisation ou l'approbation sur place des projets arrêtés par
les administrations locales. En un mot on transporta aux Préfets
le droit d'approuver les travaux votés par les conseils locaux,
ce qui autrefois avait appartenu aux Ministres (Sén.-cons. du
25 mars 1852). Disons qu'en cas de contestation, il fallait toujours une décision ministérielle, et même les Préfets ne devaient
en réalité rien prendre sur eux. Ils sont en correspondance conti-
nuelle avec les Ministres pour leur donner connaissance, jour
par jour, de l'état du département et des affaires. Ils rendent
compte des matières de leur administration, des intérêts en jeu,
des difficultés qui se présentent, et ne font rien qu'après avoir reçu
des instructions. Par conséquent le Sénatus-consulte du 25 mars 1852
sur la décentralisation n'était et ne pouvait être qu'un leurre.
Cette subordination des Préfets est la conséquence de la manière
dont ils ont été choisis. Le Gouvernement n'est astreint à aucune
règle. Il nomme qui bon lui semble. De là des compétitions sans
nombre et des choix que rien ne justifie. Les favoris du jour
arrivent pour administrer un département, sans avoir jamais
connu le pays qui leur sera soumis. Ils ne savent rien, n'ont rien
vu et sont absolument incapables de rendre un service au public.
Toutes les mutations de cabinet apportent des changements dans
le personnel de ces délégués. La chose dont on s'inquiète le plus
est de savoir quelle pourra être leur influence sur les électeurs et
quel sera leur dévouement au Ministre qui les envoie. Le reste
vient ensuite et n'est pris en considération que très-secondaire-
ment. Il en résulte qu'avec certains cabinets, alors que le Gouvernement a voulu peser sur les électeurs, les Préfets ont été des
montreurs de candidats; ils ont fait des parades devant les bureaux
du scrutin, comme les saltimbanques en font devant leurs ba-

raques. Il est temps que le Gouvernement songe à régulariser le mode de recruter ces fonctionnaires, qui doivent être respectés, parce qu'ils représentent le pouvoir exécutif.

Cependant le Sénatus-consulte du 25 mars 1852 avait laissé ce qui concernait les travaux de l'Administration centrale sous l'empire des anciennes règles. Le 13 avril 1861, un Arrêté ministériel rappelant les dispositions du Sénatus-consulte, y ajouta, en ce qui touche les travaux exécutés sur les fonds du Trésor, que les Préfets pourraient, entr'autres objets soumis à leur autorité, 1° fixer la durée des enquêtes pendant lesquelles on serait admis à fournir des observations avant que les projets n'aient été envoyés au Ministère ; 2° approuver les adjudications autorisées par le Ministre des Travaux publics, lorsqu'il n'y avait aucune clause additionnelle ; 3° approuver les prix supplémentaires, s'il n'en résultait aucune augmentation de dépense. Mais, toutes les fois qu'il s'agissait de travaux concédés pour être faits de gré à gré, l'approbation du Préfet devait être autorisée par le Ministre.

La véritable décentralisation était toujours demandée. Le mouvement fut assez vif pour que les députés se fissent un devoir de promettre à leurs électeurs de s'en occuper. Il s'agissait de donner aux administrations locales le soin de régler leurs affaires. Le premier acte qui le leur attribua a été la Loi du 12 juillet 1865 sur les chemins de fer d'intérêt local. Les Conseils généraux reçurent le pouvoir d'en faire étudier les projets, d'en arrêter la direction, et enfin de les voter et concéder. Le Gouvernement, s'il n'y avait pas d'opposition dans le mois qui suivait le vote du Conseil général, n'avait plus qu'à intervenir pour déclarer le travail d'utilité publique et décréter que la compagnie concessionnaire aurait le droit d'exproprier les propriétés privées. Cette réserve de la Loi a eu des conséquences autres que celles qui avaient été prévues. Le Gouvernement s'en est emparé afin de réviser en quelque sorte la délibération du Conseil général ; s'il ne l'eût fait que pour maintenir l'ensemble des règles sur l'établissement, l'administration et l'exploitation des lignes, c'eût été bien. On a eu la preuve que souvent les refus de donner l'autorisation d'exproprier avaient été basés sur ce que la ligne départementale aurait été une concurrence aux grandes lignes ; l'examen auquel on se livrait en ce cas m'a toujours semblé un abus de pouvoir.

Mais, la décentralisation triompha par la Loi du 18 juillet 1866, sur les Conseils généraux. Il y fut dit que ces Conseils statuaient *définitivement* sur diverses questions, notamment sur le classement et la direction des routes départementales, lorsque le tracé de ces routes ne se prolonge pas sur un autre département ; sur les projets, plans et devis des travaux à exécuter pour la construction, la rectification et l'entretien des routes départementales : le tout, *sauf* l'exécution des Lois et Règlements sur l'expropriation pour cause d'utilité publique. Puis, après l'avis des Conseils municipaux et d'arrondissement, le Conseil général statuait encore sur les chemins vicinaux de grande communication et les chemins d'intérêt commun. Le même pouvoir lui était concédé sur certains bâtiments. Nous reviendrons sur les attributions de ces Conseils, lorsque nous parlerons de ce qui a été fait sous le Gouvernement républicain.

L'Administration supérieure ne subit pas de modifications importantes ; mais il y en eut une qu'il faut noter, en ce qui touche les Travaux publics. Tout ce qui concernait les Bâtiments civils fut donné au Ministre d'État.

Le 8 mai 1861, le Ministre des Travaux publics abandonna à son collègue de l'Agriculture et du Commerce la police et l'amélioration des Cours d'eau non navigables ou flottables ; les Préfets furent avisés de cet accord par une Circulaire du 17 juin de la même année.

On délimita la zone frontière par un Décret, auquel étaient jointes six cartes *in-folio*. D'après ce Décret, les chemins de grande et de petite vicinalité étaient exonérés des servitudes imposées aux routes de cette zone, sauf pour les parties comprises dans des polygones réservés, tracés sur les cartes. Des tableaux établissaient par départements, les limites de cette zone et l'énumération des territoires réservés, en ce qui concerne les chemins vicinaux (16 août 1853). L'exécution de ce Décret donna lieu à une Décision ministérielle du 11 août 1854.

Un conflit élevé entre le Ministre des Travaux publics et le Ministre de la Marine, à propos des sables maritimes et de leur exploitation, se termina par un accord constaté par une Circulaire du 15 janvier 1858.

L'administration des Ponts-et-chaussées subit certaines modifications sans importance autre que celle de montrer combien est stable l'organisation d'un Corps dont la hiérarchie est toujours conservée, quoique le nombre et le traitement des fonctionnaires puissent varier. (Voir, par exemple, les Décrets des 17-30 septembre 1853 ; 17 juin, 8 juillet 1854 ; 30 août, 18 septembre 1856 ; 17 mars, 1er avril 1856; 25 mars, 17 avril 1857; 21 décembre 1859, 7 février 1860 ; 24 septembre, 4 octobre 1860, etc.).

Il nous importe peu que le titre d'Inspecteur général des Ponts-et-chaussées ait été donné aux Ingénieurs divisionnaires, qu'il y ait eu des modifications dans le Conseil des Ponts-et-chaussées, que le traitement des Inspecteurs généraux de première classe ait été relevé ou que l'on ait modifié le nombre et les appointements des Inspecteurs généraux de chemins de fer.

Il y eut aussi des actes sur l'École polytechnique.

Les ingénieurs furent invités à faire des cours publics (Circ. 20 oct. 1864).

Il leur fut recommandé d'assister aux audiences des Conseils de préfecture, où ils ne devaient être accompagnés par des avocats que dans des cas exceptionnels (Circ., 10 déc. 1864).

La nécessité d'uniformiser les services fit prescrire aux ingénieurs de faire l'inventaire et le classement de leurs archives. Ils durent les diviser en douze sections :

1. Service général. 2. Personnel. 3. Comptabilité du Trésor. 4. Comptabilité du département. 5. Routes impériales. 6. Routes départementales. 7. Ponts suspendus et ponts à péages. 8. Travaux maritimes. 9. Rivières navigables et flottables. 10. Canaux et rivières canalisées. 11. Service hydraulique. 12. Chemins de fer. (Circ., 26 nov. 1866.)

On imposa un costume aux conducteurs ; on fit un nouveau règlement sur leur admission au titre et au grade d'ingénieurs. Mais ce qu'il y eut de plus remarquable, c'est qu'ils purent être dans certains cas nommés sous-ingénieurs (Déc. du 28 oct. 1867).

Il y eut des actes parallèles dans les autres services.

Un seul point concerne le public, c'est qu'il fut dit que les honoraires dus aux ingénieurs pour des travaux exécutés par des particuliers seraient recouvrés en vertu de mandats rendus exécutoires par les Préfets (Décret du 27 mai 1854).

Un Décret maintint que les ingénieurs ne pourraient obtenir de congé illimité que s'ils avaient cinq ans de service (25 mai 17 avril 1857).

Le service de la caisse des retraites continua à fonctionner et donna lieu à des actes divers.

Les Préfets, nous l'avons dit, virent augmenter leur pouvoir par les Décrets dit de décentralisation ; les Conseils généraux, par la Loi de 1865 sur les Chemins de fer d'intérêt local, de 1866 et de 1870, sur leurs attributions, obtinrent des droits qu'ils n'avaient pas obtenus depuis le Directoire.

Les sous-préfets reçurent le pouvoir de donner des alignements sur les routes et sur les chemins de grande communication, partout où il y avait des plans approuvés (L. du 4 mai 1864).

ROUTES.

Le Gouvernement de Napoléon III a duré longtemps. Il avait annoncé qu'il serait un Gouvernement d'affaires et, en effet, nombre des anciens projets ont été repris par lui. On continua, par exemple, à recueillir les renseignements relatifs à la statistique de la circulation sur les routes, puis on donna à cette partie des travaux publics des soins qui étaient la suite de ce qui se faisait précédemment. On uniformisa le mode de bornage kilométrique des routes. Des dessins furent adressés pour servir à la confection des bornes nouvelles. On spécifiait, en même temps qu'on donnait ces modèles, les inscriptions que l'on devait mettre sur chaque borne (Circ. 21 juin 1853).

Les ingénieurs furent invités à tenir registre des plantations sur les routes (Circ. div. : voy. 9 août 1852, et autres). On s'occupa même des plantations sur les routes départementales : cette affaire nous semble aujourd'hui dévolue aux soins des Conseils généraux.

On voulut régulariser la largeur des routes ; à cette fin l'Administration demanda des renseignements (Circ. div., notamment Circ. du 8 nov. 1862). Les rectifications proposées devaient être dressées sur des tableaux dont le modèle était fourni. Les propositions ne devaient jamais être de réduire les routes au dessous d'une largeur de 12 mètres et cette dimension, déclarée insuffisante dans les courbes, y pouvait être portée au double.

Nous avons dit que c'est ce Gouvernement qui autorisa les sous-préfets à donner des alignements sur les routes dont les plans étaient approuvés (L. du 4 mai 1864).

Le Ministre des Travaux publics adressa aux Préfets un projet d'arrêté sur les permissions en matière de grande voirie. Il y joignit plus tard treize formules pour l'application de l'arrêté préfectoral (20 sept. 1858 ; Circ. 31 déc. 1859).

Et il y eut des Circulaires pour l'entretien des routes (entr'-autres, 25 avril 1865).

Nous trouvons même qu'on statua sur l'établissement de bar-rières qui interdisaient la circulation en temps de dégel (Déc. 29 août 1863 ; Circ. aux préfets, 15 sept. même année).

Notons, comme ayant un grand intérêt, une Circulaire portant un projet de budget pour les routes impériales, qui fut adressé en 1857, aux fonctionnaires que concerne cette matière.

Le temps des insurrections vendéennes était passé, les routes stratégiques de l'Ouest furent classées comme routes impériales ou routes départementales (Déc. 10 juillet 1862).

De nouvelles routes furent créées en Corse (Déc. 12 nov. 1853).

CHEMINS VICINAUX.

Des instructions furent adressées à tous les maires pour leur recommander les Chemins vicinaux. Le Règlement sur ces chemins fut réédité. C'est un vrai traité de la matière (21 juillet 1854). On lui a reproché d'être complet, en ce qu'on y a inséré des règles empruntées aux services divers, quand ces règles sont applicables aux chemins. Le Ministère de l'Intérieur obéit, dit-on, en ce moment, à ces critiques, en modifiant et diminuant ce règlement ; c'est un tort. Lorsque les maires compareront les nouveaux règlements avec l'ancien, ils croiront que les articles omis ont été abrogés. La cri-tique est du reste sans portée sérieuse. Ceux qui l'ont faite parlent de l'art de rédiger les lois , de la nécessité de ne pas mêler ensemble les principes et leur application. Ces distinctions partent de la fantaisie et ne reposent sur rien ; ceux qui les font n'ont pas étudié les grandes œuvres législatives du Directoire et de nos Gouvernements libéraux. Lorsque les Romains firent leurs magni-fiques édits des magistrats, ils ne craignirent pas d'y répéter, tous et chacun, les mêmes articles applicables à toutes les branches des besoins du public.

Le Gouvernement avait le désir d'achever les chemins vicinaux. Une loi, qui créait une caisse spéciale, dite des chemins vicinaux, la dota de 100 millions payables en dix ans. Cette loi mentionne les chemins de grande communication et les Chemins communaux (11 juillet 1868).

En ce temps on prit des mesures pour assainir et mettre en valeur les landes de la Gascogne (Loi du 10 juillet 1857) ; les landes de la Sologne (Décret du 15 octobre 1861) ; les étangs des Dombes (Décret du 2 avril 1862).

Pour ces travaux, l'on décida la création de chemins vicinaux de grande communication, auxquels on donna le nom de Routes agricoles. L'appellation ne fait rien à la chose.

LE RÉGIME DES EAUX.

L'Administration conserva toutes ses prétentions sur le régime des Eaux. Le Gouvernement, entrant de plus en plus dans cette idée que les réglementations de l'usage des petites rivières lui appartenait, a distrait du Ministère des Travaux publics le soin de veiller sur les cours d'eaux, quand ils ne sont ni navigables ni flottables. Nous l'avons indiqué déjà.

Les inondations ont été périodiques, revenant tous les dix ans, comme par le passé. C'est une chose étrange que l'entêtement apporté dans cette question par des hommes instruits, qui ne veulent pas régler le cours des torrents, alors que tous sont d'accord pour reconnaître que la création de réservoirs établis sur le flanc des montagnes suffirait à prévenir tous les désastres. La résistance finit par dépasser les bornes permises à l'orgueil. Il est temps de faire les travaux qui donneront toute sécurité à

nos fertiles vallées et permettront de cultiver les poissons comme
on cultive le blé dans les plaines.

Peu de choses sur les Ports de commerce ; à peine la réglementation de ce que devaient faire les officiers et maîtres de port pour
la tenue de leurs bureaux (Circ. 5 mars 1860).

Des circonstances particulières, peut-être liées à des questions
électorales, ont fait voter des millions pour l'amélioration du port
de Bordeaux (L. 11 sept. 1868).

Les travaux de ce port sont très-avancés, en cette année 1879,
mais c'est insensé que de supposer qu'ils appelleront le commerce
maritime dans cette ville. Bordeaux pourrait être le centre de la
navigation étrangère et de l'intérieur ; il lui faudrait pour cela
avoir une libre communication avec le canal du Midi, et d'autre
part avec le Nord de la France. Les négociants de cette ville ont,
dans le temps, voulu que l'on fît un pont en pierres dont les voûtes
trop basses ne laisseraient pas même circuler les navires d'un
mince tonnage. Toute cargaison allant vers la Méditerranée doit
être déchargée en aval du pont et rechargée de l'autre côté. Il est
donc absurde de penser que l'on viendra ancrer à Bordeaux, si
l'on doit envoyer ses marchandises plus loin, du côté de Marseille ;
car il est préférable, pour tous les navigateurs, de prendre une
autre route que celle de la Gironde. Ceux qui, venant d'Amérique,
veulent aller dans le Levant, passent par Gibraltar ; ceux qui ne
peuvent se défaire de leurs marchandises que dans l'intérieur du
pays vont au Havre ou à Nantes. Les Bordelais bien instruits de
leurs intérêts aviseront.

En attendant, on a racheté le péage du pont de Bordeaux.

On a même racheté certains canaux, quoique de nouveaux aient
été concédés avec des cahiers des charges divers et des péages.

Une Circulaire a réglementé la question des laisser-passer sur
les canaux (31 janvier 1868).

Notons que les Préfets ne peuvent pas autoriser des prises d'eau sur les canaux ; c'est ce qui a été décidé le 19 janvier 1860, conformément à une Jurisprudence administrative constante. — Voyez encore sur les prises d'eau et les mines une Circulaire du 23 octobre 1851, que l'on ne nous reprochera pas d'avoir omise à sa date , car il aurait fallu la mentionner ici de nouveau.

Ce que nous relevons dans cette matière, comme dans tout ce qui tient au Droit administratif, c'est de n'avoir que des réglementations partielles, faveur pour ceux qui les obtiennent, malheur pour les autres. Par exemple, un Décret du 22 mars 1860 porta suppression des droits de navigation sur quelques rivières, spécialement dénommées. On les laissa subsister ailleurs.

Il y eut des Circulaires sur la pêche et la chasse sur les canaux. Le Ministre fit un modèle de cahier des charges sur l'amodiation de ces produits. Même une Loi s'occupa de statuer sur les poissons que l'on pouvait pêcher (L. 12 août 1865).

A l'égard des Ponts, il y eut des concessions nouvelles. Elles se succédaient avec une telle rapidité qu'enfin on fit un cahier des charges applicable à toutes les concessions (7 mai 1870).

Pendant ce temps, les voituriers obtenaient la liberté de donner sur les routes à leurs chargements tel poids que bon leur semblait ; mais on limitait ce poids sur les ponts suspendus (Circ. 7 mai 1866).

Le Gouvernement accordait aux grands propriétaires les faveurs qu'ils réclamaient. On parlait beaucoup du peuple et du suffrage universel, cependant on n'abrogeait pas les lois de 1845 et 1847, qui avaient livré les petits propriétaires riverains des cours d'eau à la merci des riches. Ces derniers prétendirent que, si l'on voulait leur accorder le moyen de faire écouler l'eau qui, dans certains lieux, était stagnante sous la surface de leurs propriétés, ils auraient des champs très-fertiles. On leur accorda toutes les facilités qu'ils désiraient. Ils ne se tinrent pas pour satisfaits ; ils dirent que les travaux à entreprendre coûteraient fort cher et obtinrent qu'on leur prêterait 100 millions pour drainer leurs terrains (Loi du 1er juillet 1856). Le Gouvernemet permit aux ingénieurs d'intervenir pour faire l'appréciation des propriétés sur lesquelles les prêts seraient faits. Et, en 1858, il céda au Crédit foncier les suites de l'affaire, en substituant cette banque à tous les droits de l'Etat.

Nous ne quitterons pas le voisinage des eaux, sans mentionner la manie qui prit alors certains individus de vouloir créer des dépôts de marchandises, appelés *docks,* sous la garantie de l'Etat. Cette manie eut sa réalisation dans certains lieux ; comme si l'on prenait à tâche de nous préparer peu à peu à n'agir et ne penser que par la permission du commissaire de police.

Quelques travaux furent entrepris sur la basse Seine, dont les rives ont été dévorées par la mer. Il y a là d'immenses espaces à reconquérir pour en faire des terres fertiles ou de gras pâturages. Le Gouvernement a commencé les travaux, le succès a été complet : si bien qu'on crut devoir dire qu'une partie de la dépense serait supportée par les riverains. Cette disposition a été l'occasion de résistances, qui ont été vaincues par les Cours de justice. Il eût été de saine économie politique d'affranchir, au contraire, les riverains de toute contribution sur les terrains reconquis ; si l'on eût donné cet avantage immédiat, les terrains seraient tous repris (Voy. le Décret du 15 janvier 1853).

Les Lais et les relais de la mer ont été l'objet de certaines concessions. C'est sous l'Empire que l'on mit en pratique les idées qui, depuis le règne de Louis-Philippe, tendaient à se répandre sur la pisciculture. Déjà des sommes avaient été allouées à quelques personnes vouées à l'élevage des poissons ; on concéda des lais de la mer pour la culture des huîtres.

Les marais donnèrent lieu à la constitution de quelques Syndicats, sans que rien ait été modifié dans la législation et la dissemblance des cahiers des charges.

CHEMINS DE FER.

Nous ne connaissons pas bien le résultat qui a été obtenu par l'exploitation du Chemin de fer de Lyon, pendant qu'il était au compte de l'État. Une Compagnie en a obtenu la concession le 5 janvier 1852 ; elle l'administre depuis lors.

Nous avons eu occasion de noter que les cahiers des charges variaient avec les Chemins. C'était une chose fâcheuse ; car les ingénieurs, en changeant de poste, changeaient aussi de lois pour se diriger. Des réclamations avaient été soulevées par les Compagnies, on en profita pour renouveler les conventions en vertu desquelles elles fonctionnaient ; c'est ainsi que l'on arriva peu à peu à l'unité qui, cherchée en juin 1857, fut presqu'atteinte dans des lois du 11 juin 1859, mais qui ne l'a été que par le cahier-modèle des charges de 1860. Ce cahier des charges n'a été touché depuis lors que pour une question de tarif, à propos des pompes funèbres (Décret du 12 mai 1869.)

En conséquence de l'unification, il fut recommandé de ne faire aucune étude de Chemin de fer, sans y avoir été autorisé par le Ministre. Toute étude devait se relier à l'ensemble des réseaux. (Circ. du 6 mars 1861.)

Je dis à l'ensemble des réseaux, car il y en a plusieurs. Les Lois de 1857 et 1859 reconnaissaient un ancien réseau, composé des concessions données il y avait quelques années et un nouveau réseau, concédé plus récemment. Cette division était importante, au point de vue financier, pour régler les subventions données par l'État et les avances qu'il pouvait avoir à faire.

En 1865, les lignes concédées avaient une longueur de près de 21,000 kilomètres, dont plus de 13,000 étaient en exploitation. Malgré ces développements considérables, les six grandes Compagnies, qui auraient dû achever leur second réseau, étaient

loin d'avoir satisfait à cette obligation. Cette négligence avait
soulevé de nombreuses plaintes ; c'est pourquoi l'on fit la Loi sur
les Chemins de fer d'intérêt local. Départements, communes, particuliers furent invités à faire de ces Chemins. (Loi du 12 juillet
1865). Cela n'empêchait pas l'État d'en concevoir de nouveaux et
de les concéder, soit aux grandes Compagnies, soit à des Compagnies spéciales. Ainsi l'on marchait à la constitution d'un troisième réseau ; et nous sommes maintenant au quatrième.

L'Administration réglait tout ce qui avait trait à la voie et à
l'espace occupé pour le Chemin de fer. Nous la verrions, si nous
voulions entrer dans des détails, réglementer les délais pour le
transport des marchandises, approuver les tarifs, statuer sur les in-
dustries exercées dans les gares ; tous ces détails, bons à connaître
pour les intéressés, sont trop spéciaux pour avoir ici leur place.

TRAVAUX DES VILLES.

Sous ce règne, presque toutes les grandes Villes se sont embel-
lies ; de magnifiques rues y ont été percées. Paris a été surtout
favorisé. Des boulevards nombreux y ont été créés, en même
temps que des rues larges et bien alignées y étaient faites. On a
dit que Napoléon III avait entendu non-seulement embellir la capitale, mais encore donner aux troupes le moyen de dompter les
insurrections. Il pensait que les barricades sont sans résultat,
quand les voies ont plus d'un kilomètre en ligne droite, parce que le
canon et la fusillade viennent à bout de la résistance. Mais ces
prévisions échouent devant la désaffection du peuple ; la violence
ne peut rien contre le mépris public, on l'a vu au 4 septembre 1870.

Napoléon III décrétait donc que des voies seraient ouvertes ;
l'Administration en concédait les travaux à des Compagnies qui
les faisaient. Ces Compagnies ne se constituaient pas en vue de

l'intérêt public ; les concessionnaires avaient évidemment pour but de s'enrichir. Ils déclarèrent qu'ils soumissionneraient à des prix plus avantageux pour les villes, si on leur donnait le droit de joindre aux terrains qu'il fallait prendre, pour l'établissement des voies à créer, les propriétés voisines qu'ils démoliraient pour en revendre les terrains. Ils ajoutèrent que, par ce moyen, l'on réunirait des espaces assez vastes pour que les constructions nouvelles fussent toutes spacieuses, saines et commodes. Un Décret du 26 mars 1852 autorisa donc l'Administration à exproprier les propriétés voisines de celles qui seraient occupées par des travaux opérés pour les rues de Paris. Ce Décret fut rendu applicable à toutes les villes (Décret du 2 juin 1855.)

C'était sacrifier l'intérêt des citoyens à des spéculateurs. Des abus monstrueux se produisirent ; il s'en suivit des réclamations telles, qu'il fallut en revenir aux règles générales, qui ne permettent l'expropriation que pour la partie nécessaire à l'établissement des ouvrages. Le Décret du 26 mars 1852 fut modifié, en ce sens que les propriétaires menacés d'une expropriation furent admis à s'opposer aux projets de l'administration (Décret du 27 décembre 1858.)

Nous avons vu que, déjà, l'autorité avait pris le droit de régler la Hauteur des maisons. Elle persista et il y eut à cet égard des actes divers (Voy. Décrets du 27 juin 1859 et du 1er août 1864). La hauteur est de 17 mètres sur les rues ordinaires, de 20 mètres sur les boulevards.

MINES.

Les Mines ont donné lieu à des concessions nombreuses. Parfois on a remis à quelques concessionnaires les redevances qu'ils devaient. Il y eut une mesure très-importante qu'il faut retenir : Il fut défendu aux concessionnaires de réunir plusieurs concessions, à moins d'en avoir obtenu l'autorisation (Décret du 23 octobre 1852). Nous passerons des Décrets rendus sur les redevances, sur le service etc. D'autres réglementations ont porté sur les Carrières et les minières, mais cela est peu important.

MACHINES A VAPEUR.

La question des règlements à faire sur les Machines à vapeur a été, est et sera longtemps à l'ordre du jour. C'est qu'il faut apprécier toutes les situations et traiter différemment les unes et les autres. Ainsi l'enquête est toujours ouverte. Le Ministre demanda des renseignements sur les bateaux et les machines, afin d'arriver à réviser les règlements (Circ. 25 mars 1861).

Il ne s'agit d'abord que des machines de cette espèce.

En 1856, il y eut une Loi sur l'emploi des Machines à vapeur par les bateaux ; le 10 décembre de la même année, il fut dit que les mesures de police applicables à ces machines, le seraient aux distilleries.

Des Circulaires intervinrent pour déclarer ce que l'on devait appliquer les règlements aux machines dans lesquelles on employait la tôle en acier fondu (21 décembre 1861 ; autre, du lendemain 22).

Enfin, le 25 janvier 1865, il y eut un Décret qui réglementa tout ce qui concerne les chaudières à vapeur autres que celles qui sont placées à bord des bateaux.

SUITE DES TRAVAUX PUBLICS.

L'œuvre du Reboisement des montagnes se poursuivait. Ce genre de travaux que nous laisserions volontiers à l'Administration locale, donna lieu à une Loi du 28 juillet 1860, après laquelle vinrent un Décret du 27 avril 1861 et une Circulaire du 7 octobre de la même année.

Vers cette époque, la géologie prit une grande place dans les sciences dont on devait s'occuper. Elle conduisit les Ingénieurs à rechercher les élements de la constitution du sol. Ceux des mines furent chargés de dresser des cartes géologiques et agronomiques; les Préfets furent invités à faire voter des fonds, pour cet objet. Enfin le Gouvernement se chargea de l'affaire (1er octobre 1868).

On a commencé aussi, en ce temps, la carte du nivellement de la France. Ce nivellement, donnant les altitudes et les dépressions, permet de suivre, sur les plans, les tracés divers qui peuvent être proposés pour certains travaux comme les routes et les canaux (Voy. circ. 15 juillet 1857).

La Carte de France du dépôt de la Guerre fut achevée. Elle sera l'éternel honneur de nos officiers sortis de l'École d'État-major. Le public reconnaissant donne à leur travail le nom de carte de l'État-major : c'est déjà une récompense.

QUI POUVAIT ORDONNER LES TRAVAUX PUBLICS?

L'un des premiers actes du Gouvernement fut de décider qu'à l'avenir les Travaux publics de toute nature seraient ordonnés ou autorisés par des Décrets de l'Empereur, rendus dans la forme des règlements d'administration publique (Sénatus-consulte du 25 décembre 1852, art. 4). Ce pouvoir fut bientôt trouvé trop considérable, parce que les solliciteurs arrivaient à obtenir ces Décrets, qui engageaient souvent les finances de l'État, sans que les Assemblées délibérantes eussent été mises à même d'apprécier l'utilité des travaux. Le Gouvernement proposa, lui-même, de se démettre du droit qu'il s'était arrogé. La Loi des 27 juillet-3 août 1870 porte que les grands Travaux publics ne seraient autorisés qu'en vertu d'une loi ; mais les Canaux et les Chemins de fer d'embranchement de moins de 20 kilomètres purent être autorisés, après enquête administrative, par un Décret rendu dans la forme des règlements d'administration publique. Et encore, si les dépenses des travaux devaient être en tout ou en partie à la charge de l'État, ils ne pouvaient être mis à exécution qu'en vertu de la Loi qui créait les voies et moyens, ou d'une inscription au budget.

DES CONCESSIONNAIRES DES TRAVAUX.

Le second Empire a été le temps d'un agiotage effréné. La République de 1848 avait vu naître le Comptoir d'escompte, auxiliaire du commerce pour arriver à la Banque de France ; il pouvait être excusable, dans un temps de crise, de voir le Gouvernement se mêler de ces affaires. Mais, la crise passée, il aurait fallu en revenir à la liberté. Au lieu de cela, on institua la maison privilégiée dite le *Crédit foncier*, chargée de faire des prêts hypothécaires. La Banque de France a le privilège exclusif d'émettre des billets au porteur ; le Crédit foncier obtint le privilège d'émettre des obligations aussi au porteur, mais donnant intérêt. La Banque de France et le Crédit foncier passent pour être utiles au Gouvernement, au secours duquel on les voit souvent accourir ; mais on ne prend pas garde que les services de ces institutions coûtent cher et qu'on les obtiendrait à meilleur marché par la concurrence. Les hommes de l'entourage de l'Empereur ne se tinrent pas pour contents d'avoir un monopole de plus ; ils se lancèrent dans des entreprises à gros capitaux, et destinées à réagir sur le marché financier. Ces banques d'affaires innommées devaient périr. Quel que soit le capital d'une maison, il ne peut lutter longtemps, en forçant le cours des valeurs contre le monde entier, qui vient apporter son argent à la Bourse. Quelques scandales, dont on exagérait l'importance, firent modifier le Code de commerce. On

26

commença par réglementer les sociétés en commandite par actions.

On sait que le Code de commerce avait reconnu trois espèces de sociétés : premièrement, la société en nom collectif où tous les associés s'engagent personnellement sur tous leurs biens ; secondement, la société en commandite, dans laquelle un ou plusieurs associés sont en nom, tandis que d'autres fournissent une somme déterminée, au delà de laquelle ils ne seront pas tenus ; troisièmement, la société anonyme, dans laquelle aucun des associés n'est obligé personnellement.

Cette société sans nom, ne pouvait être, depuis l'origine des peuples, créée que par acte gouvernemental. Mais les règles posées par la Restauration et conservées depuis, gênaient les faiseurs. Ils se prirent à dire que la nécessité d'obtenir une autorisation était une entrave, qui empêchait l'essor des entreprises ; comme si ce n'était pas sous l'empire de cette législation que l'on avait fait notre réseau de canalisation et aussi nos grandes compagnies de chemins de fer ; cependant on ajoutait que l'intervention du Gouvernement était la cause de récriminations contre le pouvoir, rendu, par l'opinion, responsable de toutes les fautes des compagnies anonymes.

Il était bien facile de répondre à ces cris. En premier lieu, si la demande d'autorisation semblait une gêne, il fallait s'en passer, en se contentant de faire des sociétés en commandite. Ensuite, le Gouvernement ne pouvait être responsable du bien ou du mal accompli par les compagnies, si, avant de les autoriser, il leur avait strictement imposé toutes les conditions fixées par les règlements. Au lieu de s'en tenir à ces réponses et de rejeter de vaines réclamations, on commença, en 1863, par permettre à sept individus de se réunir pour former des associations dans lesquelles la perte était limitée aux apports sociaux. Ces sociétés exceptionnelles étaient dites à responsabilité limitée. Une Loi du 24 juillet 1867 alla plus loin ; elle supprima tout à fait l'obligation de demander l'autorisation du Gouvernement et déclara que les membres des Conseils d'administration ne seraient responsables que de leurs faits directs.

Des sociétés nombreuses ont été formées sur ces bases. Il y en a eu quelques-unes dont les opérations ont été sérieuses et honnêtes ; la grande majorité n'a point été digne de ces éloges. Il est constaté dans les fastes judiciaires que le plus grand nombre des sociétés anonymes, créées sans l'intervention du Gouvernement, ont été des pièges tendus à la crédulité publique. La justice correctionnelle l'a souvent déclaré ; elle le déclarera encore.

Néanmoins, quand il s'agit de grands travaux publics, on les concède à des compagnies, c'est-à-dire à des sociétés anonymes. Le cahier général des charges des chemins de fer, la Loi de 1865 sur les chemins départementaux, semblent exiger que les concessions soient ainsi faites et non à des particuliers ou à des sociétés en commandite.

Il est vrai que ces actes sont antérieurs à la Loi de 1867.

Mais, s'il faut que l'Etat ait en face de lui une compagnie anonyme, il a le droit et il en use, de vérifier sa constitution et de rejeter quiconque semblera dans de mauvaises conditions d'existence, pour les actionnaires ou pour le public.

DES ADJUDICATIONS ET DES ENTREPRENEURS.

Une Circulaire, non publique, du 23 avril 1856, informa les Administrations diverses que les annonces des Adjudications seraient faites dans le *Journal des Travaux publics*.

Le 10 juillet 1858, les ingénieurs reçurent une Circulaire sur les modifications à faire dans l'analyse des prix. Il y avait un modèle d'évaluation et un modèle de soumission de l'entrepreneur.

Les conditions imposées aux adjudicataires des travaux publics, les formes de leurs contrats ne furent point modifiées. La règle qui excluait du concours aux adjudications les ingénieurs des Ponts-et-Chaussées et des Mines, et les conducteurs des travaux, comme l'avait rappelé le Décret du 13 octobre 1851, était toujours en vigueur. Mais les entrepreneurs élevaient de nombreuses plaintes contre la sévérité des ingénieurs et le manque de garanties que les cahiers des charges de 1811 et de 1833 leur donnaient ; ils étaient unanimes.

Le Gouvernement résolut de leur accorder satisfaction. Une commission fut chargée par le Ministre des Travaux publics d'élaborer un nouveau cahier des charges. Elle donna d'abord, en 1854, le cahier des clauses et conditions générales pour l'exécution de travaux et de fournitures, dans les Palais impériaux et dans les Bâtiments de la Couronne. Enfin, le 16 novembre 1866, elle publia le cahier des clauses et conditions générales imposées aux entrepreneurs. Le Ministre fit, le 21 du même mois de novembre, une Circulaire pour expliquer les modifications apportées à l'ancien état des choses.

Il n'y avait de modifications sérieuses que dans le titre Ier du cahier des charges nouveau. On imposa aux soumissionnaires l'obligation de faire viser leur certificat de capacité, huit jours au moins avant l'adjudication.

Le cautionnement des entrepreneurs, en cas de silence, était fixé au trentième du prix des travaux ; il devait, dans le même cas, être fourni en argent ou en rentes sur l'État.

Le Ministre avait le droit de restituer tout ou partie du cautionnement pendant l'exécution des travaux.

Le titre II contient aussi des innovations. Ainsi, les entrepreneurs, qui ne pouvaient jamais céder leurs travaux, furent autorisés à faire des cessions partielles ou totales, avec l'autorisation du Gouvernement. Il fut dit à quelles époques les entrepreneurs seraient tenus de payer leurs ouvriers. On leur accorda le droit de revendre les matériaux pris dans les carrières que leur indiquait l'Administration. Ils purent contester l'évaluation donnée aux ouvrages qu'ils exécutaient et qui n'étaient pas compris au devis. Si la masse des travaux était diminuée d'un sixième, ils avaient droit à une indemnité à régler par le Conseil de préfecture ; ce droit à une indemnité pouvait résulter d'ailleurs de tous changements faits aux devis, ou encore de la hausse des prix des matériaux ou de la main-d'œuvre. On régla une procédure pour mettre l'entrepreneur en demeure de continuer les travaux qu'il paraissait abandonner. On prévit aussi le cas de décès ou de faillite de l'entrepreneur. Alors il y avait résiliation de plein droit.

Quant aux autres titres, leurs règles statuaient sur la comptabilité et le paiement, conformément au Décret de 1849.

Une Circulaire du 17 avril 1867 rappela aux entrepreneurs qu'il y avait antinomie entre la Loi des finances du 15 mai 1850, article 8, et le cahier des charges qui fixait, d'après un ancien usage, le droit d'enregistrement à 1 franc : c'est 2 francs qu'il fallait dire. Nous notons ce mince détail, afin de montrer avec quel soin on doit toujours procéder quand on rédige des règlements.

Les ingénieurs eux-mêmes ne suivirent pas, tout d'abord, pied à pied les instructions du Ministère dans la rédaction de leurs devis et de leurs cahiers des charges. Le Ministre le leur reprocha (Circ. du 30 juin 1869).

Les entrepreneurs devaient avoir des ambulances pour les ouvriers blessés (Arrêté min. du 15 oct. 1848); ils durent s'interdire de les faire travailler le dimanche.

OCCUPATION DES TERRAINS.

Cependant il faut insister sur des mesures réglementaires, qui ont été de véritables étapes dans la voie du progrès. D'abord on réglementa la manière de déclarer que l'on occuperait temporairement des terrains.

Le Décret relatif à cette matière est des 8 février et 6 mars 1868. Cette occupation doit être autorisée par un arrêté du Préfet, désignant la commune où sont situés les terrains, le numéro qu'ils portent sur le plan cadastral et le nom du propriétaire. Cet acte vise le devis ou le rapport de l'ingénieur en chef, qui indique les terrains. L'arrêté est ensuite envoyé à l'ingénieur en chef et au maire de la commune. L'entrepreneur en reçoit une copie. S'il n'y a pas d'arrangement amiable, l'entrepreneur avertit par lettre chargée qu'il adresse au propriétaire, s'il habite la commune, ou autrement à son représentant, que tel jour, à telle heure, il se trouvera sur le terrain avec un expert pour constater l'état des lieux. Le propriétaire est averti d'avoir à se présenter avec un expert. Le maire est informé de cette communication, parce que si le propriétaire refuse de désigner son expert, le maire en nomme un d'office. S'il n'y a pas d'arbres fruitiers ou de haute futaie sur les lieux, l'entrepreneur peut, sitôt après le constat, occuper les terrains ; s'il y en a, il doit attendre, pour abattre les arbres qu'ils aient été estimés.

PROCÉDURE ADMINISTRATIVE.

Le Tribunal des Conflits fut supprimé ; on a dit que ce fut en haine de ceux qui le composaient que l'Empereur agit ainsi ; nous ne déciderons pas si l'on a eu raison.

L'Empire a cependant été entraîné à faire quelque chose de très-remarquable, les Conseils de préfecture étant conservés. J'ai su, dans le temps, que l'influence de M. Chaix d'Est-Ange sur plusieurs personnages avait été pour beaucoup dans ce qui fut alors résolu.

Depuis longtemps on se plaignait de ce que la défense n'était pas libre et publique devant les Conseils de Préfecture. Un Décret du 30 mars 1862 décida que les audiences en seraient publiques et que les parties, qui le voudraient, seraient admises à fournir leurs observations. La procédure particulière au Conseil de Préfecture du département de la Seine fut réglée par un Décret du 17 mars 1863, expliqué par un Arrêté préfectoral du 20 avril suivant.

Une Loi des 21-26 juin 1865 régla la composition des Conseils de Préfecture, édicta que les audiences seraient publiques et porta qu'un Décret déterminerait les délais et les formes dans lesquels les arrêtés pourraient être attaqués, et réglerait les formalités de procédure. Le Décret annoncé a été rendu ; il porte la date des 12 et 18 juillet 1865. Le 21 du même mois, le Ministre adressait aux Préfets une Circulaire explicative.

Les parties sont averties du jour de l'audience et de toutes les phases de leurs affaires soit par lettres chargées soit par des notifications dans la forme administrative.

Enfin les arrêtés du Conseil doivent être signifiés dans des formes et des délais, sur lesquels on consultera une Circulaire ministérielle du 27 juillet 1864.

COMPTABILITÉ.

Le point le plus important de ceux qui doivent appeler l'attention de la Représentation nationale, c'est le classement des dépenses. Les députés élus ont toujours eu le plus grand souci de maintenir cette prérogative, conquise en 1789, de voter l'emploi des fonds de l'État. Il avait été décidé, en conséquence, que les dépenses seraient classées par Ministères, puis, dans chaque Ministère par chapitres et dans chaque chapitre par articles. Les votes devaient être entendus de telle façon que, s'il y avait une économie sur un article, elle était au bénéfice du Trésor. Le Gouvernement de Napoléon III trouva que les limites étaient trop étroites et le Sénatus-consulte du 25 décembre 1852, qui détermina les droits du chef du pouvoir, contient ces dispositions aussi désastreuses pour la fortune publique, que contraires aux droits des délégués du peuple :

« Le budget des dépenses est présenté au Corps législatif avec ses subdivisions administratives par chapitres et par articles. — Il est voté par Ministère. — La répartition par chapitres du crédit accordé pour chaque Ministère est réglée par Décret de l'Empereur, rendu en Conseil d'État. — Des Décrets spéciaux, rendus dans la même forme, peuvent autoriser des virements d'un chapitre à un autre. Cette disposition est applicable au budget de l'année 1853. »

Cet article parut bientôt trop élastique à ceux qui avaient à s'en servir.

Un Sénatus-consulte du 31 décembre 1861 porta : « Le budget de chaque Ministère est voté par sections, conformément à la nomenclature annexée au présent Sénatus-consulte. — La répartition par chapitres des crédits accordés par chaque section est réglée par Décret de l'Empereur rendu en Conseil d'État. »

L'article 2 *sembla* renfermer le droit de faire des virements aux dépenses de chaque Ministère :

« Le budget des dépenses est voté par chapitres et articles. — Le budget de chaque Ministère est voté par chapitres, conformément à la nomenclature annexée au présent sénatus-consulte. »

Il semblait résulter de ces dispositions que le Gouvernement avait renoncé à distraire les sommes votées de l'emploi auquel elles étaient destinées ; mais il n'en était rien. On avait seulement décidé que les virements ne seraient faits qu'après délibération du Conseil des Ministres.

Ces Sénatus-consultes avaient profondément modifié les principes de la Comptabilité publique. Il fallut mettre les administrations diverses à même de se soumettre aux nouvelles règles et l'on révisa les instructions sur la Comptabilité publique. Le travail fut long et n'aboutit qu'en 1862, où un Décret, rendu le 31 mai, publia une instruction complète, destinée à remplacer celle de 1838.

Le Ministre d'État fit l'application des règles nouvelles aux objets de son Ministère. Il publia, le 25 juillet 1862, un Décret sur la comptabilité générale de ses divers services, avec modèles des pièces à fournir.

Le Décret de 1849 restait en vigueur, et la base de tout paraissait être, dans les diverses parties de l'Administration des Travaux publics, l'Ordonnance du 16 septembre 1843.

Bien qu'en haut lieu on se réservât le soin de disposer des fonds publics, on surveillait assez sérieusement les agissements des agents inférieurs. On leur ordonna, par une Circulaire du 5 juin 1868, d'inventorier les machines et outils appartenant à l'État.

CHAPITRE XXI

—

RÉPUBLIQUE ACTUELLE.

Le Gouvernement impérial avait tout donné à ses amis, qui étaient toujours insatiables. Il avait été entraîné par eux à faire des expéditions en Crimée, au Mexique et ailleurs. Les promoteurs de ces aventures ne cherchaient que l'occasion d'obtenir des honneurs et des récompenses.

L'affaire du Mexique ayant été un désastre, l'Empereur chercha de quel côté se trouverait une compensation. Il força la Prusse à nous faire la guerre. La vanité avait conseillé cette folie, la sottise et la trahison la conduisirent. L'armée, numériquement trop faible pour résister, fut éparpillée sur la frontière, où elle devait être battue en détail par des masses compactes. Les débris de nos troupes, s'ils avaient été réunis, auraient encore pu résister. Mais les chefs ne voulaient pas cette concentration. Le maréchal Bazaine, qui en commandait une partie, se renferma dans Metz, où il signa, plus tard, comme une capitulation, sans avoir assez fait pour son honneur ; le maréchal de Mac-Mahon, qui commandait le reste, au lieu de se replier sur Metz ou d'accourir à Paris, alla se réfugier à Sedan. C'est là que l'armée fut cernée par les Allemands et mise dans l'impossibilité de se défendre. L'Empereur capitula, se rendit et livra ses troupes prisonnières avec lui.

A la nouvelle de ces catastrophes, Paris troublé se résolut unanimement à se débarrasser de l'Empire. Le 4 septembre, la République fut proclamée sans que personne ait osé protester. Les Allemands arrivèrent bientôt sous les murs de la Capitale.

Le siège de cette grande ville a été l'honneur de ses habitants. Le courage ne leur a jamais manqué pour supporter la faim, le froid et affronter la mort. Si les armées des départements étaient arrivées à Paris, les Allemands auraient été certainement défaits, car le courage n'a jamais manqué à nos soldats toujours dévoués. Mais nous avons été vaincus, et le Gouvernement de la République dut se résoudre à signer une paix déplorable. Le roi de Prusse, proclamé empereur d'Allemagne à Versailles, a voulu nous enlever l'Alsace, la Lorraine et le pays Messin. Metz est par là devenue une ville impériale. Au lieu d'avoir pour frontière le Rhin, sa limite naturelle, la France s'arrête au sommet des Vosges, dont la partie orientale a été incorporée à l'Allemagne. Des résultats de cette nature auraient dû porter coup à toutes les tentatives de Restauration. Et, cependant, les agitateurs monarchistes n'ont pas reculé devant la folle pensée de tenter le renversement de la République. Des insurrections terribles, suscitées d'abord par un excès de patriotisme, furent le prétexte des conspirations de l'Assemblée dite constituante, qui avait été élue pour décider s'il y avait lieu de faire la paix. Heureusement cette Assemblée n'osa pas consommer son œuvre d'iniquité. Les prétendants au trône étaient trop nombreux pour qu'il fût possible de les satisfaire; leurs divisions ont assuré le triomphe de la République. Aujourd'hui, le peuple des travailleurs ne veut plus de rois et d'empereurs. Les anciens favoris des monarques ou les compétiteurs des fonctions que donnent les souverains, sont les seuls qui désirent changer la forme du Gouvernement. Ils sont trop peu importants dans le monde et surtout trop déconsidérés pour avoir une action en dehors de leurs coteries. La République restera, parce que le peuple entend que les impôts ne servent plus à rétribuer des courtisans.

Enfin, toutes les préoccupations sur la forme du Gouvernement ont cessé en 1879. M. Jules Grévy, dont les idées, bien connues, sur la séparation du pouvoir législatif et du pouvoir exécutif, avaient été comprises par les sénateurs et les députés, a été nommé Président de la République. Son passé répondait de lui. Il n'avait point besoin de formuler ses tendances ; néanmoins il s'est conformé à l'usage et a adressé aux chambres un message qu'il importe de reproduire. Il disait : « L'Assemblée nationale, en m'élevant à la Présidence de la République, m'a imposé de grands devoirs. Je m'appliquerai sans relâche à les accomplir, heureux si je puis, avec le concours sympathique du Sénat et de la Chambre des députés, ne pas rester au-dessous de ce que la France est en droit d'attendre de mes efforts et de mon dévouement.

« Soumis avec sincérité à la grande loi du régime parlementaire, je n'entrerai jamais en lutte contre la volonté nationale, exprimée par ses organes constitutionnels.

« Dans les projets de loi qu'il présentera au vote des Chambres et dans les questions soulevées par l'initiative parlementaire, le Gouvernement s'inspirera des besoins réels, des vœux certains du pays, d'un esprit de progrès et d'apaisement ; il se préoccupera surtout du maintien de la tranquillité, de la sécurité, de la confiance, le plus ardent des vœux de la France, le plus impérieux de ses besoins.

« Dans l'application des lois, qui donne à la politique générale son caractère et sa direction, il se pénétrera de la pensée qui les a dictées ; il sera libéral, juste pour tous, protecteur de tous les intérêts légitimes, défenseur résolu de ceux de l'État.

« Dans sa sollicitude pour les grandes institutions qui sont les colonnes de l'édifice social, il fera une large part à notre armée, dont l'honneur et les intérêts seront l'objet constant de ses plus chères préoccupations.

« Tout en tenant un juste compte des droits acquis et des services rendus, aujourd'hui que les deux grands pouvoirs sont animés du même esprit, qui est celui de la France, il veillera à ce que la République soit servie par des fonctionnaires qui ne soient ni ses ennemis, ni ses détracteurs.

« Il continuera à entretenir et developper les bons rapports qui existent entre la France et les puissances étrangères, et à contribuer ainsi à l'affermissement de la paix générale.

« C'est par cette politique libérale et vraiment conservatrice, que les grands pouvoirs de la République, toujours unis, toujours animés du même esprit, marchant toujours avec sagesse, feront porter ses fruits naturels au gouvernement que la France, instruite par les malheurs, s'est donné comme le seul qui puisse assurer son repos, et travailler utilement au développement de sa prospérité, de sa force et de sa grandeur. »

Ce programme répondait aux vœux de la nation. Il a calmé quelque peu les irritations et même les hommes incapables de travailler, qui ne rêvent que les faveurs des cours, ont renoncé, pendant quelques mois, à chercher un monarque.

Aussi la préoccupation des Ministres a-t-elle cessé de se porter vers le moyen d'arrêter les menées des opposants. — Le Ministère tout entier a voulu faire des œuvres utiles ; entre tous, celui des Travaux publics a pris une initiative digne d'être remarquée. M. de Freycinet, Ministre des Travaux publics, a pu adresser au Président de la République un rapport, dans lequel il a glorieusement exposé ses travaux et ses vues.

Notre Président a dû être heureux et fier d'avoir été si bien compris. A loyal maître il faut de loyaux serviteurs, et Jules Grévy avait eu ce bonheur d'en rencontrer de dignes de lui.

Voici ce rapport, textuellement emprunté au *Journal officiel* du 31 décembre 1879 :

Monsieur le Président,

« Vous m'avez invité à vous rendre compte de l'exécution du programme de travaux publics que j'ai proposé en janvier 1878 et qui a été définitivement voté par les Chambres au mois de juillet 1879.

« Je rappellerai tout d'abord que ce programme est essentiellement contenu dans les trois Lois dites de classement, savoir :

« 1° Loi relative au classement du réseau complémentaire des chemins de fer d'intérêt général ;

« 2° Loi relative au classement et à l'amélioration des voies navigables ;

« 3° Loi relative au classement des travaux à exécuter dans les ports maritimes.

« Les travaux prévus par ces trois Lois, en y comprenant ceux qui résultent des Lois antérieures qui restaient à exécuter à la date précitée de janvier 1878, représentent un total de dépenses d'environ 5 milliards, dont 3 milliards et demi pour les chemins de de fer, un milliard pour les voies navigables et 500 millions pour les ports.

« A ces 5 milliards il convient d'ajouter 7 à 800 millions pour le rachat de chemins de fer que leurs concessionnaires primitifs sont hors d'état de construire ou d'exploiter ; sur cette somme, 500 millions ont déjà été affectés, en mai 1878, au rachat et à l'achèvement des lignes de dix compagnies secondaires. Ce genre d'opération se poursuit systématiquement sur toutes les lignes placées dans le même cas.

« L'ensemble du programme absorbera donc une somme qui ne s'éloignera pas sensiblement de 6 milliards. La dépense sera répartie sur une douzaine d'exercices, de 1878 à 1890.

« Moyennant ce sacrifice, le pays aura augmenté son réseau de voies ferrées d'intérêt général d'environ 18,000 kilomètres, ce qui le portera à 42,000 kilomètres; il aura construit ou amélioré 10,000 kilomètres de voies navigables et agrandi ou transformé la presque totalité de ses ports maritimes. Nous ne pensons pas qu'un pareil sacrifice soit jamais à regretter.

« Au surplus, comme nous l'avons déjà dit bien souvent, le pays ne s'y engagera chaque année que dans la limite de ses ressources disponibles. Dans ces conditions prudentes, les Chambres ont approuvé l'entreprise et elles lui ont alloué les fonds nécessaires avec un patriotique empressement.

« La mise à exécution de cet ensemble de travaux a nécessité de la part de l'administration un effort considérable. La plupart des services ont été reconstitués; un grand nombre ont été créés de toutes pièces; tous ont été fortifiés par des adjonctions plus ou moins importantes. Pour ne citer que les chemins de fer, il existe aujourd'hui près de cinquante services spéciaux d'ingénieurs en chef, chargés des études et de la construction de toutes les lignes inscrites dans la loi. Il a fallu créer, à côté du personnel des Ponts-et-Chaussées devenu insuffisant par le nombre, un personnel auxiliaire d'ingénieurs et de chefs de section. Près d'un millier de ces agents techniques ont aujourd'hui pris place dans nos cadres et la liste en augmente incessamment.

« Si l'on se rappelle ce que j'ai déclaré à la Chambre des députés, le 29 mars 1879, à savoir : qu'avec le système actuel de nos Lois, il s'écoule en moyenne trois ans depuis le moment où une ligne de chemin de fer est conçue par le Gouvernement jusqu'au moment où le premier coup de pioche peut être donné, on ne s'attendra pas à ce qu'un grand nombre de travaux, compris dans le programme de janvier 1878, soient déjà en cours d'exécution.

« En effet, un petit nombre de ces travaux ont pu être commencés;

mais la plus grande partie a été étudiée, subit ou a subi les formalités exigées par la Loi, et entrera dans la phase d'exécution
successivement à partir du milieu de l'année 1880. On doit admettre que, dès le 1er janvier 1881, c'est-à-dire après la phase des
trois ans comptés depuis l'émission du programme, les travaux
seront en plein épanouissement.

« En attendant, l'Administration s'est préoccupée avec le plus
grand zèle de donner, dans la mesure du possible, satisfaction aux
légitimes impatiences du pays, en imprimant une vive impulsion
aux travaux entamés ou préparés antérieurement au 1er janvier
1878. Dans cette catégorie, il était permis de poursuivre des résultats pratiques dans un délai beaucoup plus court que celui des
trois ans spécifié pour des entreprises entièrement nouvelles.

« J'ai eu la satisfaction, grâce au dévouement et à l'ardeur du
corps des Ponts-et-Chaussées, d'obtenir des avantages qui ont, je
dois le dire, dépassé mes espérances. On en jugera par les chiffres
suivants :

« En 1877, sur l'ensemble des chemins de fer exécutés par l'Etat,
on avait dépensé 25 millions. En 1878, première année du programme, nous avons dépensé 60 millions ; en 1879, nous dépen-
sons 130 millions ; en 1880, la dépense s'élèvera certainement à
200 millions.

« Les résultats peuvent être résumés dans le tableau suivant, où
l'on a distingué les diverses catégories des lignes construites par
l'État :

	1877	1878	1879 (1)
Chemins de fer non concédés.........	7.992.300	22.713.700	60.035.100
Chemins de fer rachetés..............	»	13.284.800	44.844.800
Chemins de fer concédés (mais dont l'infrastructure est exécutée par l'État..	17.059.800	23.677.600	25.571.300
Totaux................	25.052.100	59.676.100	130.451.200

(1) Les chiffres de l'année 1879 sont nécessairement approximatifs, les réglements de compte n'ayant du encore avoir lieu. Nous nous sommes référés aux prévisions formulées par les ingénieurs, dans leurs comptes moraux du mois de novembre 1879.

« Si l'on veut examiner plus en détail la catégorie la plus intéressante, celle des chemins non concédés, qui embrasse à elle seule 11,000 kilomètres, on voit que la progression mensuelle de la dépense a été la suivante :

	ANNÉES		
	1877	1878	1879
Janvier.....................	103.200	609.400	3.590.700
Février.....................	105.700	721.000	2.024.700
Mars......................	177.000	1.086.900	3.032.500
Avril......................	337.200	934.800	3.085.900
Mai.......................	434.500	1.390.500	4.148.900
Juin	564.000	1.512.100	4.839.600
Juillet	563.600	1.908.300	5.108.100
Août......................	609.700	2.325.400	5.160.500
Septembre.................	819.500	3.577.300	6.022.400
Octobre	877.700	3.001.400	5.506.000
Novembre..................	1.090.600	3.169.100	6.082.500
Décembre..................	2.309.600	2.477.500	11.433.200
Totaux................	7.992.300	22.713.700	60.035.100

« Sur les voies navigables et les ports, la progression a été moins rapide, parce que, en dehors des travaux déjà engagés, peu d'entreprises nouvelles avaient été préparées avant la rédaction du programme, en sorte que les deux années 1878 et 1879 ont dû se passer presque entièrement en études, et ce n'est guère que dans un an que ces études sortiront leur plein effet en travaux. Néanmoins, on a pu, en développant les anciens chantiers, obtenir une avance assez notable, comme on en jugera par les chiffres ci-après :

1877

Voies navigables. { Rivières. 7.128.100
{ Canaux.. 16.518.540

Ports maritimes 19.670.580

Ensemble. . . 43.317.220

1878

Voies navigables. { Rivières. 8.932.520
{ Canaux.. 19.226.410

Ports maritimes. 20.598.790

Ensemble. . . 48.757.720

1879

Voies navigables. { Rivières. 17.049.810
{ Canaux.. 22.990.650

Ports maritimes. 24.757.400

Ensemble. . . 64.797.860

« Finalement, si l'on réunit les chemins de fer, les voies navigables et les ports, on voit que l'ensemble de la dépense a été celle-ci :

« Année 1877, 68,369,320 fr.

« Année 1878, 108,433,820 fr.

« Année 1879, 195,249,060 fr.

« En 1880, cette dépense atteindra certainement 300 millions et en 1881 400 millions. A partir de 1882, on peut admettre que l'exécution du programme sera dans son plein et que, pendant les années qui suivront, la dépense oscillera autour de 500 millions.

« Ce sont les résultats que j'avais annoncés à la tribune le 29 mars 1879. Les évènements ont confirmé mes prévisions, comme ils les confirmeront par la suite, car le programme est entré dans une phase où rien désormais (à l'exception de malheurs publics que nous ne devons pas envisager) ne saurait en entraver l'essor. Tout est aujourd'hui réglé, organisé et, si je puis ainsi parler, engrené de telle sorte que les choses devront suivre leur cours, sous une direction active et énergique.

« Le programme des travaux publics ne serait pas complet et le Gouvernement n'aurait rempli qu'une partie de sa tâche s'il ne s'était pas préoccupé de développer une branche de la richesse publique qu'on a trop négligée à certaines époques : je veux parler de l'aménagement des eaux.

« Il y a là une série de questions aussi intéressantes pour l'ingénieur qu'importantes pour le pays. L'irrigation, le dessèchement des terres humides, le colmatage, l'alimentation des villes en eau potable, l'emploi des eaux d'égout des centres populeux ne sauraient sans dommage être négligés. Une grande commission, nommée au Ministère des Travaux publics dans les derniers mois de l'année 1878, et qui comprend plusieurs membres du Parlement, a élucidé cette difficile matière. Deux projets de Lois, l'un réglant le régime des eaux, l'autre déterminant la participation financière de l'État dans les diverses entreprises, ont été rédigés et seront déposés devant les Chambres, dès l'ouverture de la session. Nous espérons qu'une prompte délibération permettra d'en poursuivre les applications sans retard.

« Enfin, il est du devoir du Gouvernement de porter ses regards hors de ses frontières et d'examiner quelles conquêtes pacifiques il pourrait entreprendre.

« Le Ministre des Travaux publics a un des premiers rôles à jouer en semblable occurrence. C'est, en effet, par les voies de communication que la civilisation s'étend et se fixe le plus sûrement. L'Afrique, à nos portes, réclame plus particulièrement notre attention. Il faut essayer de rattacher à nous les vastes territoires que baignent le Niger et le Congo. Au moment même où nous écrivons ce rapport, trois missions d'exploration partent du Centre, de l'Est et de l'Ouest de l'Algérie, pour rechercher s'il ne serait pas possible de jeter une voie ferrée, à travers le Sahara, jusqu'au Soudan.

« Tels sont, Monsieur le Président, les principaux résultats des deux années que je viens de passer dans l'administration des travaux publics. J'espère que les années suivantes verront s'en développer les conséquences et que mes successeurs achèveront l'œuvre que j'avais ambitionnée pour mon pays.

« Agréez, monsieur le Président, l'hommage de mon respectueux dévouement.

« *Le Ministre des Travaux publics,*

« C. DE FREYCINET. »

ASPECT DE NOS OUVRAGES PUBLICS.

Avant de parler de l'organisation des Pouvoirs publics, nous jetterons un regard sur les grands Ouvrages qui ont été faits en France. L'étranger peut en admirer partout, qu'il vienne par la frontière de terre ou par l'un de nos ports.

Nos côtes sont constellées de Phares de toutes les dimensions, dont les feux variés signalent avec précision les dangers à éviter et les lieux où l'on peut jeter l'ancre. Les Ports naturels ont été améliorés ; d'autres ont été aménagés par la main des hommes.

On a fait des Jetées, contre lesquelles se brisent les vagues de la
mer, tandis que, derrière ces ouvrages, les navires se reposent
tranquilles. Des Quais ont été construits sur tous les rivages, le
long des mers et des fleuves, afin de servir aux embarquements
et aux débarquements. Là, des agents de l'Autorité surveillent les
effets du temps et des fureurs des flots pour y porter remède.
Partout sont des Gares destinées à recevoir les voyageurs et les
marchandises et, à les répandre ensuite sur tous les points du
territoire. Les voies ferrées conduisent les wagons où l'on désire
les transporter. Près d'elles sont des routes bien entretenues, passant par-dessus les monts ou les traversant, franchis-
sant les rivières et les fleuves. Nos chemins aboutissent aux
moindres hameaux. Il n'est pas de points retirés où l'on ne puisse
arriver facilement. Les œuvres de nos ingénieurs ont dompté les
obstacles ; elles ont par des viaducs gigantesques, des tunnels
souterrains ou des travaux au ras du sol, permis la circulation
entre des régions que la nature semblait à jamais avoir rendues
étrangères les unes aux autres.

Les Marais disparaissent ; leurs eaux stagnantes, ayant pris un
cours favorable, sont employées à fertiliser des terrains stériles
jusqu'à présent.

Nos Villes sont percées de rues bien aérées. Elles sont, grâce à
nos travaux, plus saines que les campagnes. Les maladies épidé-
miques sont bannies de nos contrées, tant les assainissements ont
amélioré nos habitations.

Les nuits de nos cités sont éclairées par une lumière artificielle
qui remplace celle du jour. L'eau des rivières et des fontaines
a été mise à la disposition de tous. Nous en avons jusque dans
nos maisons.

Les grands Bâtiments d'utilité publique, destinés à tous les
besoins, se sont multipliés. Les arts ont été appelés à fournir des
ornements à ces édifices. Si quelqu'un voulait écrire, aujourd'hui,

un voyage en France, à la façon du voyage en Grèce de Pausanias, nous ne craindrions pas la comparaison. Les hyperboles de l'auteur grec seraient réduites à peu de chose, si on les mettait en regard avec la réalité de nos œuvres modernes. Pausanias a sagement et pieusement recueilli tout ce que son pays possédait de richesses. Il en a fait le tableau. Nous avons tant de grandes choses à montrer qu'il serait temps d'imiter ce voyageur. Un auteur vient de faire l'aperçu de ce que nous avons pour les chemins de fer, d'autres achèveront cette photographie curieuse autant qu'honorable.

Le lecteur de cet ouvrage a vu les grandes destructions, les ravages considérables qui ont supprimé beaucoup des monuments élevés en France. Il y a eu d'abord la guerre du Christianisme contre les dieux de l'Empire romain ; alors ont disparu les restes grandioses des temples des cités gallo-romaines. Le remplacement d'une divinité par une autre engendre toujours des catastrophes. Puis, nos belles cités devinrent iconoclastes. Les monuments les plus simples leur semblèrent impies ; ils les brisèrent. Enfin sont venues, au xvi° siècle, les guerres de religion, pendant lesquelles catholiques et protestants ont à l'envi porté le fer et le feu sur les édifices des temps anciens. Richelieu et Louis XIII ont ajouté des ruines à ces ruines, afin de faire triompher l'Autorité royale. Ainsi ont disparu les châteaux, les cathédrales et les grandes abbayes que l'artiste regrette, tout en applaudissant au changement de nos mœurs ; certains désastres ont eu des compensations dont on doit tenir compte. Mais il importe de ne pas se tromper sur l'époque où ont eu lieu les dévastations. Les temps modernes en ont été sobres, si l'on fait la comparaison entre le présent et le passé. Malgré tous nos malheurs, nous sommes riches encore, et nous ne craindrions pas de mesurer ce que nous possédons avec ce que l'étranger nous montrerait de plus parfait.

Ces ouvrages que nous avons sont le fruit de nos loisirs; les ruines sont le produit de la guerre civile ou de la guerre étrangère.

La paix, ce grand bienfait des Gouvernements, est seule capable de faire de grandes œuvres. Sans doute, les batailles les plus sanglantes sont les plus mémorables des événements; mais il ne reste derrière elles que des malheurs. Vienne donc l'heure et le moment où tout conquérant sera flétri comme coupable des crimes que cause son ambition, et alors la morale publique proscrira toutes les vues ambitieuses.

Les divers tableaux dressés par les anciens, pour présenter la nomenclature des ouvrages publics, ne font aucune distinction entre les époques qui leur ont donné naissance. De sorte que nous mêlons volontiers les œuvres du siècle de Périclès avec celles du siècle de Justinien, quoique mille ans séparent les deux époques. Imitons cet exemple, ne craignons pas de compter nos richesses, leur âge importe peu. D'ailleurs nous savons que ce qui reste des anciens âges est souvent ce qu'il y a de plus beau. Donc, en faisant nos énumérations, si nous sommes heureux de ce que nous promet l'avenir, soyons reconnaissants pour les œuvres de nos pères.

DES POUVOIRS PUBLICS.

La République de 1870 n'a point modifié sensiblement les règles suivies pour le Gouvernement de la France. Cependant le Pouvoir législatif est exercé par deux Chambres, dont les résolutions sont obligatoires, même pour le pouvoir exécutif, ce qui n'a pas et ne peut pas avoir lieu sous un Gouvernement monarchique. C'est à peu près le seul changement qu'il y ait par rapport à l'effet des délibérations de nos assemblées. Le chef du Pouvoir exécutif n'est plus héréditaire, il est élu par les députés et les sénateurs. Il a un Ministère qui répond de la politique générale, chaque

Ministre étant spécialement responsable de ses actes. Un nouveau ministère, celui des postes et des télégraphes a été créé. Nous vivons donc dans un pays où le Parlement a la toute puissance. Cependant le Pouvoir exécutif a la nomination de ses agents dont l'action s'exerce dans toutes les parties du territoire. Les autorités élues par les citoyens n'ont point droit de s'immiscer dans le commandement, sauf dans le cas où les maires, premiers magistrats des communes sont élus par leurs concitoyens, ou par les conseils municipaux.

DES ATTRIBUTIONS DE L'ADMINISTRATION CENTRALE DANS SES RAPPORTS AVEC LES TRAVAUX PUBLICS.

§ Ier. — DIVISION DES ATTRIBUTIONS ENTRE LES AUTORITÉS AUTRES QUE LE MINISTRE DES TRAVAUX PUBLICS.

Nous avons, aujourd'hui comme toujours, des travaux d'utilité générale et des travaux d'utilité locale. Le pouvoir exécutif qui étend son action sur la France entière s'exerce sur tout ce qui concerne le maintien de l'unité nationale. C'est ainsi que tous les grands travaux sont préparés, ordonnés et accomplis d'après les ordres et par les soins du Gouvernement. Les travaux qui sont d'utilité purement locale sont simplement surveillés par l'administration supérieure.

Nous avons noté comment, sous la Convention, toute la matière des Travaux publics avait été centralisée dans les attributions d'une commission spéciale, à laquelle avait succédé, pour la plus grande part, le Ministère de l'Intérieur. Puis, nous avons signalé comment divers Ministères avaient eu le soin de certains ouvrages, ce qui avait occasionné une division entre les attributions.

Ce partage n'a point pour effet d'arrêter l'action du Gouvernement ; les complications qui en résultent, n'ont pas empêché le fonctionnement de la machine gouvernementale. La création d'un Ministère des Travaux Publics n'a point non plus modifié les règles établies pour les attributions des divers départements ministériels. Ce fut d'abord un simple démembrement du Ministère de l'Intérieur, qui a laissé les choses dans l'état où elles se trouvaient au moment de la création de ce portefeuille, le Ministère de l'Intérieur, gardant même sur notre matière des attributions qui ne lui étaient pas enlevées.

Nous ne pouvons pas insister, dans un ouvrage comme celui-ci, sur les particularités et entrer dans des détails sur les diverses attributions de chaque Ministère, mais nous prendrons, dans les nomenclatures officielles, ce qui se rapporte le plus aux travaux publics. On peut, au surplus, consulter à cet égard l'*Almanach national*; on y trouvera des renseignements que l'on compléterait au besoin par les développements donnés au budget des dépenses.

Le MINISTÈRE DE L'INTÉRIEUR a une direction dite de l'Administration départementale et communale. On entend par direction l'ensemble des services se rapportant à une même matière. Ces services sont confiés à un personnel classé dans des bureaux ; la réunion de plusieurs bureaux forme une division ; les divisions tenant au même ordre d'idées constituent la direction.

Il y a deux divisions dans la direction de l'Administration départementale et communale. La première est chargée de l'administration générale et départementale. Son deuxième bureau est chargé des objets suivants : Répartition des fonds de subvention affectés par la Loi du 10 août 1871 (1) aux dépenses départementales. — Examen des délibérations des Conseils généraux. — Impositions extraordinaires. — Emprunts. — Routes départementales. — Chemins de fer d'intérêt local. — Bâtiments départementaux. — Con-

_____

(1) Loi sur les Conseils généraux.

tentieux des départements. — Construction, réparation des cours d'appel. — Menues dépenses et frais de parquet des cours.

Le troisième bureau chargé des aliénés, enfants assistés, et de la mendicité, a des attributions pour ce qui concerne les bâtiments et autres immeubles, affectés à ces malheureux. Il a de même à s'occuper du matériel mobilier qui les concerne.

La seconde division de cette direction est dite de l'administration communale et hospitalière.

Nous n'entrerons pas dans les détails, mais les titres donnés à certains bureaux en diront assez : Troisième bureau : Voirie urbaine et vicinale. — Quatrième bureau : Construction et comptabilité des chemins vicinaux. — Cinquième bureau : Hospices communaux, bureaux de bienfaisance, monts de piété.

Il y a encore, dans ce Ministère, une direction de l'Administration pénitentiaire qui a à s'occuper des ouvrages que comporte l'exécution des arrêts de condamnation, parmi lesquels sont indiqués les acquisitions et les locations d'immeubles.

Parfois l'ADMINISTRATION DES CULTES a formé un Ministère spécial. Souvent on l'a rattachée à un Ministère déterminé, par exemple à celui de la Justice, ou à celui de l'Instruction Publique. On l'a même placée à côté de quelques autres départements. C'est au Ministère de l'Intérieur qu'elle est maintenant annexée.

Elle est partagée en quatre divisions. Dans la première, nous trouvons un second bureau, qui a pour titre : *Biens des fabriques, cures et succursales. — Dons et legs. — Contrôle administratif.* Le développement de cet intitulé donne : Fabriques, cures et succursales : emploi et destination de leurs biens meubles et immeubles; acquisitions, aliénations, échanges, emprunts, transactions concernant ces établissements; approbation et autorisation des congrégations religieuses et des établissements qui en dépendent; modification de statuts; actes d'acquisition, de vente, d'échange, d'emprunt, de transaction, concernant les congrégations religieuses ; autorisation pour l'acceptation des dons et legs aux établissements ecclésiastiques et religieux.

Dans la seconde division nous passerons le premier bureau, où nous aurions pourtant quelques indications à prendre et nous arriverons au deuxième qui a pour titre : Édifices diocésains. Il s'occupe des matières suivantes : Travaux pour la construction ou la conservation des cathédrales, archevêchés, évêchés et séminaires; acquisitions concernant les édifices ; examen et approbation des projets, adjudication des travaux, nomination et personnel des architectes ; répartition et emploi des fonds affectés par le budget des cultes aux dépenses diocésaines ; ameublement des archevêchés et évêchés ; maîtrises et bas chœurs des cathédrales ; subventions pour acquisitions d'ornements ; payement de loyers pour évêchés et séminaires ; école de musique religieuse, nomination des élèves boursiers.

Dans le même bureau il y a le CONTROLE DES TRAVAUX. — Révision des devis et marchés ; examen des cahiers des charges, ainsi que des devis et marchés ; révision des mémoires ; examen des réclamations.

La troisième division de la direction n'a qu'un bureau pour les cultes non catholiques. Ce bureau a nécessairement, pour les travaux de ces cultes, les attributions appartenant pour le culte catholique au deuxième bureau de la seconde division.

Enfin, la quatrième division est chargée de la comptabilité.

Le MINISTÈRE DE LA GUERRE a des directions, mais n'a pas en général de divisions. Les bureaux dépendent immédiatement du directeur. La troisième direction est chargée de l'Artillerie et des équipages militaires. Son deuxième bureau s'occupe de la Construction et de l'entretien des établissements occupés par l'artillerie et les équipages militaires. — La quatrième direction est consacrée aux services du Génie. Son deuxième bureau, dit du

matériel du génie a les attributions suivantes : Travaux des fortifications et des établissements militaires de l'intérieur et de l'Algérie. — Travaux mixtes intéressant les divers départements
ministériels et celui de la guerre. — Assiette générale du casernement des troupes et des bâtiments de l'administration militaire.
— Abonnement des villes pour les frais de casernement. — Domaine militaire. — Servitudes militaires dans le rayon des places
de guerre. — Écoles régimentaires du Génie. — École polytechnique (administration). — Dépôt des fortifications et galerie des
plans en relief des places de guerre. — Brigade typographique.
— Service central du matériel de guerre du génie.

Le MINISTÈRE DE LA MARINE a des directions. Ses bureaux sont
de véritables divisions. Ils sont partagés en sections qui seraient
des bureaux dans les autres ministères. La deuxième direction
dite du matériel a un bureau qui s'occupe des constructions navales et travaux hydrauliques. La première section (*Constructions
navales*) a les objets suivants :

PREMIÈRE SECTION. — *Constructions navales*. — Présentation
à l'approbation, des plans et devis des navires, machines et
objets divers composant le matériel naval, à l'exception du
matériel d'artillerie et des armes portatives. — Construction et
entretien de ce matériel naval.—Devis d'armement des navires de
la flotte. — Proposition et exécution des décisions prises pour la
détermination de l'espèce et du nombre des bouches à feu de chaque
navire.—Relations avec les conseils chargés de donner leur avis à
ce sujet... — Fixation des approvisionnements et des autres objets
de matériel constitutifs du devis d'armement. — Outillage des
chantiers et ateliers de la marine. — Marchés relatifs aux entreprises de main-d'œuvre, ainsi qu'aux objets fournis à titre d'essai,
ou qui ne sont pas adoptés réglementairement pour l'approvisionnement de la flotte. — Préparation des instructions à donner à
l'inspecteur général du génie maritime pour ses missions....,

Examen et classement des rapports divers, avis et délibérations relatifs aux plans et travaux précités, ainsi qu'aux qualités des navires et de leur matériel naval. — Préparation de la liste de la flotte. — Direction de l'atelier de lithographie du ministère de la marine. — Solde des contre-maîtres, aides contre-maîtres, ouvriers et journaliers, dépendant des directions des constructions navales, des mouvements des ports et des établissements des ports autres que les établissements dépendant de l'artillerie. — Secours à la classe ouvrière. — Préparation des éléments du budget, pour les salaires d'ouvriers, des directions précitées.

DEUXIÈME SECTION. — *Travaux hydrauliques et bâtiments civils.* — Présentation à l'approbation du ministre des plans et devis des ouvrages fondés à la mer, ainsi que des édifices, voies de communication et travaux divers concernant les immeubles de la marine en France. — Mêmes attributions pour les immeubles hors de France spécialement affectés au service *marine.* — Construction et entretien de ces ouvrages. — Achat, location et administration des immeubles de la marine. — Curage des ports militaires en France et de leurs rades. — Matériel des écoles de navigation. — Éclairage des voies de communication des établissements de la marine, mobilier, chauffage et éclairage des hôtels, bureaux, postes et corps de garde, mobilier (moins le couchage) des casernes, y compris les chambres d'officiers et de sous-officiers. (L'hôtel du Ministère de la Marine à Paris est en dehors de ces services.)

Solde des contre-maîtres, aides contre-maîtres, ouvriers et journaliers dépendant des directions des travaux hydrauliques. — Marchés pour les travaux à l'entreprise et pour les achats de matériaux d'appareaux destinés aux travaux ci-dessus. — Instruction des affaires mixtes concernant les ouvrages projetés sur le littoral maritime. — Préparation des instructions à donner à l'Inspecteur général des travaux hydrauliques pour ses missions. — Examen et classements des rapports divers, avis et délibérations des conseils relatifs aux plans et travaux précités. — Préparation des éléments constitutifs du budget pour toutes les dépenses afférentes au service de cette deuxième section.

Fortifications. — Bâtiments militaires aux colonies. — Rapports avec le dépôt des fortifications des colonies.

Mais ces sections ne sont pas les seules où il soit question de travaux. Plusieurs autres bureaux ont des attributions sur des constructions, notamment le troisième qui est chargé des approvisionnements généraux.

Le MINISTÈRE DE L'INSTRUCTION PUBLIQUE a nécessairement des rapports avec le ministère des Travaux publics, pour tout ce qui concerne les bâtiments, où sont les bibliothèques et les musées, ou qui servent spécialement à donner l'instruction. — Il en a encore avec le ministère de l'Intérieur pour ce qui regarde les écoles primaires et les maisons où l'enseignement est donné.

À ce ministère est adjointe l'administration des Beaux-arts, dans le service de laquelle se trouve tout ce qui a rapport à l'enseignement des beaux-arts, à leur encouragement, aux théâtres, aux monuments historiques et à nos manufactures de Sèvres, des Gobelins et de Beauvais.

Le MINISTÈRE DES POSTES ET TÉLÉGRAPHES a de grandes attributions pour les Travaux publics, qui concernent son Administration. Le service technique des Télégraphes forme une direction, dont le premier bureau a dans une première section (dite § 1er, on ne sait pourquoi), la construction et l'entretien des lignes aériennes ; le § 2e a le matériel des bureaux. Le second bureau a dans un § 1er la construction et l'entretien des lignes spéciales, le § 2e la liquidation des dépenses et la comptabilité-matière.

Nous allons dire ce qui se fait par les soins de ces bureaux :

1er *bureau*, § 1er. — *Construction et entretien des lignes aériennes.* — Révision des devis de dépenses. — Ordres. — Expédition du matériel de lignes. — Conventions avec les particuliers pour dommages causés par les lignes. — Installation des fils pour le service des chemins de fer. — Conventions avec les compagnies d'intérêt local. — Établissements de lignes dans l'intérêt des services publics, des départements et des communes. — Réseau pour le service de la navigation. — Nomenclature des fils du réseau général et du réseau secondaire. — Organisation des équipes d'ouvriers. — Surveillance. — Recherche des dérangements. — Exécution des conventions relatives aux concessions de lignes d'intérêt privé. — Adjudications publiques. — Marchés et commandes se rapportant au matériel de lignes. — Cahiers des charges. — Cautionnements des entrepreneurs et des fournisseurs. — Dépôt des poteaux télégraphiques. — Éléments de statistique spéciale à fournir à la division de la statistique.

Dans le § 2ᵉ, consacré au matériel des bureaux, nous trouvons : Magasins ou dépôts de matériel à Paris et dans les départements. — Entretien et réparation des appareils. — Recrutement et instruction des mécaniciens. — Préparation des traités avec les entrepreneurs de travaux et les fournisseurs. — Construction, réparation et entretien des bâtiments et du mobilier de l'hôtel des télégraphes, à Paris, et des autres établissements dépendant du service des télégraphes dans les départements. — Surveillance et réception des travaux de construction...

2ᵉ *bureau*. — § 1ᵉʳ. — Construction et entretien des lignes spéciales. — Études, construction et entretien des lignes souterraines. — Télégraphie sous-marine. — Pose et réparation des câbles. — Réseau électro-sémaphorique. — Surveillance des opérations de l'atelier de réparation de Toulon. — Entretien des navires affectés à la télégraphie sous-marine. — Télégraphie pneumatique. — Établissement des tubes pour la distribution des télégrammes dans les villes. — Lignes spéciales (téléphones, etc.).

— Adjudications publiques, marchés et commandes se rapportant au matériel des lignes souterraines, sous-marines, pneumatiques et spéciales. — Cahiers des charges. — Cautionnements des entrepreneurs et des fournisseurs. — Rapports de la commission de perfectionnement du matériel. — Éléments de statistique spéciale à fournir à la division de la statistique.

L'exploitation postale est partagée en trois divisions; le bureau du matériel est dans la seconde. Il a' pour attributions : Préparation des traités avec les entrepreneurs de travaux et les fournisseurs. — Construction, réparation et entretien des bâtiments et du mobilier des hôtels des postes à Paris et dans les départements...

Le MINISTÈRE DE L'AGRICULTURE ET DU COMMERCE a reçu le soin de s'occuper des forêts.

Les autres ministères ont aussi des attributions sur certains ouvrages publics, au moins en ce qui touche les bâtiments du Ministère même, à l'effet de quoi, ils doivent s'entendre avec le ministère des Travaux publics qui a les bâtiments civils dans ses attributions. Nous passerons ces détails. Nous laisserons aussi de côté ce qui concerne les Manufactures spéciales des Tabacs, qui sont dans le ressort du Ministère des Finances; comme nous avons laissé les Manufactures d'armes et de munitions qui dépendent du Ministère de la Guerre.

Nous n'avons point non plus parlé des Travaux publics de l'Algérie. Ils sont nombreux et importants. Leur développement va se faire avec un progrès accentué, grâce à l'impulsion d'un Gouverneur éminent par sa bonne volonté et son aptitude.

Quant aux rapports entre les divers Ministères sur les Travaux publics, ils sont maintenant tels que les précédents les ont établis. Il n'y a donc rien ou à peu près rien de nouveau. Cependant le Ministre de la Guerre et le Ministre des Travaux publics ont eu à s'entendre pour le raccordement des routes, des chemins de fer

et autres, des canaux et de tous les ouvrages dont les traités de 1871 ont occasionné la détérioration.

Enfin, les choses étant à peu près rétablies, un Décret du 8 septembre 1878, rendu en forme de Règlement d'administration publique, a établi la délimitation de la zone frontière et la réglementation des travaux mixtes :

1° Dans toute l'étendue de la zone frontière ;

2° Dans les territoires réservés de la zone fortifiée ;

3° Dans le rayon des enceintes fortifiées.

Nous n'avons pas le courage d'indiquer les coupures que la guerre de 1870 a faites à notre territoire, déjà trop diminué par les traités de 1815.

Ceux qui aiment la France savent apprécier ce que la famille Bonaparte nous coûte !

Le Conseil d'État a aussi sa part d'action en notre matière. Il est chargé de donner son avis : 1° Sur les projets d'initiative parlementaire que les Chambres jugent à propos de lui renvoyer ; 2° sur les projets de lois préparés par le Gouvernement, et qu'un Décret spécial ordonne de soumettre au Conseil d'État ; 3° sur les projets de Décrets et, en général, sur toutes les questions qui lui sont soumises par le Président de la République ou par les Ministres ; 4° et surtout sur les Décrets qui sont rendus dans la forme de Règlements d'administration publique. Ce corps est divisé en cinq sections, dont une est spécialement chargée des travaux publics, de l'agriculture et du commerce. Cette dernière se compose de cinq conseillers en service ordinaire, trois conseillers en service extraordinaire, quatre maîtres des requêtes et deux auditeurs, l'un de première, l'autre de seconde classe. C'est une Commission consultative permanente, à laquelle le Ministre peut toujours recourir.

§ II. — LE MINISTÈRE DES TRAVAUX PUBLICS.

On peut poser comme règle que les Travaux publics, qui ne sont pas réservés par des Lois spéciales à certaines Administrations, dépendent de ce Ministère. — Il est dirigé par un secrétaire d'État portant le titre de Ministre et par un sous-secrétaire d'État. Le Ministre est aujourd'hui sénateur, le sous-secrétaire d'État est député. Le temps approche où l'on comprendra que les membres de nos Chambres, chargés de contrôler les services publics, ne peuvent pas être les directeurs de ces services ; la règle qui veut que le Pouvoir législatif et le Pouvoir exécutif soient distincts l'un de l'autre, conduit à ce résultat. C'est un *desideratum* dont la réalisation nous débarrassera de bien des luttes dites politiques.

Les attributions du Ministère des Travaux publics se résument comme il suit :

Travaux et administration des routes nationales et des routes départementales, sauf, pour ces dernières, les questions de finance et de comptabilité réservées au Ministre de l'Intérieur. — Navigation fluviale; défense contre les rivières et torrents ; canaux de navigation ; contrôle des canaux concédés ; police et surveillance de la pêche fluviale. — Ports maritimes de commerce ; éclairage des côtes. — Bacs. — Travaux d'amélioration agricole ; dessèchement des marais et irrigations. — Police des cours d'eau non navigables ni flottables. — Règlement des usines sur les cours d'eau. — Police des usines métallurgiques. — Recherches et concessions de mines ; police des mines, carrières. — Recherche et conservation des sources minérales. — Mesures de sûreté pour les appareils à vapeur : Chemins de fer ; étude et travaux de construction ; contrôle des travaux des compagnies; contrôles de l'exploitation. — Bâtiments civils et palais nationaux.

Ce Ministère est partagé, pour l'expédition des affaires, en directions, divisions et bureaux.

La première des directions mentionnées dans l'*Annuaire du Ministère des Travaux publics* pour 1880, est dite direction du cabinet et des services administratifs qui y sont rattachés.

Vient, comme sorte de bureau, le cabinet particulier du Ministre, c'est une espèce de division.

Il a pour attributions les affaires d'un caractère intime et confidentiel. — Demandes d'audience. — Réceptions. — Rapports personnels avec les chambres. — Communications avec la presse. — Affaires réservées.

Sous la seconde division sont trois Bureaux.

PREMIER BUREAU. — Ouverture et enregistrement des dépêches à l'arrivée. — Contrôle de la suite donnée aux affaires. — Départ des dépêches. — Franchises postales et télégraphiques. — Contre-seing. — Correspondance avec les membres des deux Chambres. — Réponses aux recommandations. — Réunion du travail pour le Conseil d'État, et pour la signature du Président de la République. — Réunion des documents pour les discussions dans les Chambres. — Rapports avec le *Journal officiel*. — Insertions au *Bulletin des Lois*. — Conservation et expédition des décrets et arrêtés. — Dépôt des circulaires et instructions ministérielles.—Bibliothèque du Ministère. — Souscriptions et abonnements. — Distribution d'ouvrages. — Questions générales et affaires qui ne ressortissent spécialement à aucune division.

SECOND BUREAU. — Expédition et autographies. — Impressions de l'Administration centrale ; contrôle des impressions du service des Ponts et chaussées.

TROISIÈME BUREAU. — *Service intérieur.* — Règlement des dépenses intérieures. — Personnel des gens de service. — Conservation du mobilier du Ministère. — Travaux d'entretien et de réparation des bâtiments ; fourniture et conservation d'effets d'habillement, d'objets d'équipement.

Viennent ensuite les autres directions. La première est dite : Direction du personnel et des mines.

Le personnel est soumis à une division partagée en deux sections, ayant chacune deux bureaux.

1re SECTION. — *Nominations, promotions, et mouvements.*

PREMIER BUREAU. — Employés de l'Administration centrale. — Ingénieurs des corps des Ponts et chaussées et des mines. — Sous-ingénieurs des Ponts et chaussées. — Ingénieurs du cadre auxiliaire des travaux de l'État. — Inspecteurs des ports, garde-ports (navigation intérieure).—Officiers et maîtres de ports(service maritime). — Personnel de l'Inspection commerciale et du service de surveillance administrative des chemins de fer. — Personnel des Palais nationaux et des bâtiments civils. — Questions relatives à la réglementation du costume, de l'habillement, de l'équipement, etc., des fonctionnaires et agents de divers services. — Conseils, comités et commissions permanentes.

Écoles nationales des Ponts et chaussées et des Mines. — Écoles des mineurs de Saint-Étienne, et des maîtres ouvriers mineurs d'Alais et de Douai. — Nomination des professeurs ; classement des élèves-ingénieurs ; nomination des élèves externes français et étrangers et des élèves libres.

Nominations et promotions dans la Légion d'honneur. — Décorations étrangères.

DEUXIÈME BUREAU. — Conducteurs des Ponts et chaussées et garde-mines. — Employés secondaires des Ponts et chaussées. — Chefs et sous-chefs de section du cadre auxiliaire des travaux de l'État. — Personnel du service de surveillance de la pêche fluviale. — Personnel du service de gardes de navigation, éclusiers, pontiers et autres agents inférieurs attachés au service de la navigation intérieure et au service des ports maritimes de commerce. — Maîtres et gardiens de phares. — Agents temporaires.

2ᵉ SECTION. — *Frais et indemnités, pensions, contrôle et statistique du personnel.*

PREMIER BUREAU. — Règlement des frais de voyage et de mission. — Indemnités, gratifications, etc. — Questions relatives au règlement des frais et honoraires des ingénieurs et agents pour travaux d'intérêt communal ou privé. — Répartition et recouvrement des sommes à payer par les compagnies pour frais de contrôle et de surveillance des chemins de fer et autres travaux concédés. — Règlement du budget des Écoles des Ponts et chaussées et des Mines. — Règlement des pensions de retraite. — Secours aux employés et agents, à leurs veuves et orphelins. — Secours aux ouvriers des travaux publics.

DEUXIÈME BUREAU. — Préparation de documents statistiques et de situations périodiques, au point de vue des effectifs des différents services et des crédits de personnel. — Règlement des frais fixes des ingénieurs des Ponts et chaussées et des frais annuels de bureau et de tournées des ingénieurs des mines et des garde-mines. — Dispositions relatives à la perception des retenues sur les traitements des fonctionnaires en service détaché, congé renouvelable, etc. — Versements des cantonniers à la caisse des retraites. — Tenue des contrôles et registres matricules. — Rédaction de l'*Annuaire du Ministère*.

II. MINES.

DIVISION DES MINES ET USINES. — BUREAU DES MINES ET USINES. — Recherches et concessions de mines. — Études de terrains. — Surveillance des mines, tourbières, carrières. — Avis à donner sur les statuts des sociétés anonymes formées pour les exploitations de mines, d'usines minéralurgiques, etc. — Secours aux ouvriers mineurs, etc. — Procès-verbaux de visite de Mines en Algérie.

Police des usines métallurgiques et minéralurgiques, des usines pour l'élaboration du sel gemme et le traitement des eaux salées. — Recherche, captage, aménagement et conservation des sources minérales. — Cartes géologiques et agronomiques. — Collections géologiques et minéralogiques. — Laboratoires de chimie pour l'analyse des substances minérales et des engrais industriels. — Examen des inventions se rapportant à l'industrie métallurgique. — Redevances des mines. — Topographies souterraines. — Machines et appareils à vapeur. — *Annales des Mines.*

STATISTIQUE DE L'INDUSTRIE MINÉRALE.

Réunion et coordination des Documents statistiques sur les mines, minières, carrières et tourbières ; sur les usines à fer et les usines métallurgiques de toute nature ; sur les machines à vapeur fixes et locomobiles; sur les machines locomotives et les bateaux à vapeur naviguant sur mer et sur les fleuves, rivières, lacs et canaux. — Questions de douanes et d'octrois. — Questions techniques. — Publication des résumés statistiques.

DIRECTION DE LA COMPTABILITÉ

1re DIVISION. — 1er BUREAU. — Mesures générales de comptabilité. — Comptes d'exercice. — Situations provisoires. — Comptabilité spéciale des créances d'exercices clos et périmés. — Correspondance y relative. — Relevé mensuel des résultats constatés dans les bordereaux des préfets et des payeurs. — Tenue des écritures en partie double, journaux, grands livres, livres auxiliaires, livres du caissier-payeur central, balances mensuelles. — Rapports avec le Conseil d'Etat (pourvois). — Rapports avec la Cour des Comptes et le Ministère des Finances (injonctions, débets, questions diverses).

2ᵉ Bureau. — Surveillance de l'emploi des crédits législatifs. — Ordonnancement général des dépenses. — Vérification des pièces à produire au soutien des ordonnances. — Avis aux parties prenantes, aux préfets et aux ingénieurs. — Extraits pour les payeurs. — Demandes mensuelles de fonds. — Tenue des livres spéciaux pour les crédits et l'ordonnancement. — Correspondance relative aux opérations d'ordre. (Virements de compte, annulations, réimputations, reversements, etc.) — Situations financières. — Service des formules.

Caisse. — Payement des traitements de l'Administration centrale, — des Inspecteurs généraux des Ponts et chaussées et des mines, — des Architectes, — des Contrôleurs et agents de service des Bâtiments civils et des palais nationaux, — des Ingénieurs des Ponts et chaussées et des Mines, — des Conducteurs des ponts et chaussées et des garde-mines attachés à divers services. — Payement des salaires des ouvriers des palais nationaux, — des frais de mission, indemnités, secours et dépenses diverses. — Établissement des états de traitement et préparation des ordonnances concernant les dépenses payées directement à la caisse du Ministère. — Contrôle des dépenses du personnel des Bâtiments civils et des Palais nationaux. — Délivrance de mandats. — Livres de caisse, d'émargement et livres auxiliaires.

2ᵉ DIVISION. — 1ᵉʳ Bureau. — Opérations diverses relatives à la préparation du budget et des projets de loi de crédits supplémentaires et extraordinaires. — Fonds de concours. — Projets de décrets de rattachement de versements. — Titres de perception. — Distribution de fonds aux ingénieurs pour les dépenses du personnel dans les départements. — Contrôle de ces dépenses. — Règlement des frais de voyage pour changement de résidence. — Tenue des livres spéciaux pour le contrôle des dépenses.

2ᵉ Bureau. — Enregistrement général des pièces de comptabilité. — Situations par exercices des crédits spéciaux ouverts pour chacun des services des travaux. — Distribution de fonds pour les dépenses des travaux : correspondance y relative.—Tenue des livres pour la vérification de ces dépenses par département et par service d'ingénieur en chef : correspondance y relative.— Questions contentieuses (subventions, acquisitions de terrains, payement aux entrepreneurs, débets). Rapports avec la Cour des Comptes pour cette partie du service. — Examen des comptes de tournées des Inspecteurs généraux des Ponts et chaussées : correspondance y relative. — Compte annuel des recettes et dépenses des mines de Rancié. — Service des formules (comptabilité des Ingénieurs),

DIRECTION DES CARTES, PLANS ET ARCHIV   DE LA STATISTIQUE GRAPHIQUE.

DIVISION DES CARTES, PLANS ET ARCHIVES ET DE LA STATISTIQUE GRAPHIQUE.

1er BUREAU. — *Cartes et Plans.* — Exécution de cartes, plans et dessins. — Publication et révision périodique de la grande Carte de France au 500,000e, de la Carte de navigation intérieure et de plusieurs autres cartes de France. — Publication de l'Atlas des canaux. — Exécution de l'Atlas des irrigations de la Carte nationale au 200,000e. — Publication de l'*Album de statistique graphique.*

Atelier de photographie pour reproductions de plans et dessins.

Centralisation des opérations du nivellement général de la France.

2e BUREAU. — *Archives.* — Dépouillement et classement des Archives du Ministère. — Classement et conservation des plans de traverses des routes et des plans de bornage des chemins de fer. — Réception et communication de pièces. — Rédaction du catalogue général.

Correspondance administrative concernant les trois bureaux.

3e Bureau. — *Statistique graphique.* — Traduction sous forme graphique des documents statistiques relatifs aux voies de communication et à toutes les questions économiques intéressant les travaux publics.

Rédaction des dessins de l'*Album de statistique graphique.*

Préparation du répertoire général de législation des travaux publics.

Etudes des questions générales se rattachant aux projets de lois et de règlements généraux en matière de travaux publics.

DIRECTION DES ROUTES ET DE LA NAVIGATION.

DIVISION DES ROUTES ET PONTS.

1er Bureau. — *Routes nationales.* — Construction, rectification et entretien des routes nationales. — Construction et entretien des ponts qui en font partie. — Exécution des lois et règlements sur la grande voirie en ce qui concerne les routes nationales. — Contentieux relatif au service de ces routes.

2e Bureau. — *Routes départementales.* — *Police du roulage.* — Classement, construction et rectification des routes départementales. — Construction des ponts qui en font partie. — Examen des projets de ponts communaux communiqués par le département de l'Intérieur. — Exécution des lois et règlements sur la grande voirie en ce qui concerne les routes départementales. — Routes agricoles de la Sologne, des Dombes, de la Double, de la Brenne, de Lot-et-Garonne et des Landes. — Routes salicoles. — Contentieux relatif au service de ces routes.

Règlements des alignements des routes nationales et départementales dans les traverses des villes, bourgs et villages.

Police du roulage sur les routes nationales et départementales.

Établissements de voies ferrées à traction de chevaux sur les routes nationales et départementales.

Dans cette division se trouve encore un :

LE SERVICE SPÉCIAL DE STATISTIQUE.

DIVISION DE LA NAVIGATION.

1er Bureau. — *Ports maritimes.* — *Phares et Balises.* — Travaux d'amélioration et d'entretien des ports maritimes de commerce. — Construction des digues de défense et des travaux à la mer ; organisation des associations syndicales pour l'exécution de ces travaux. — Instruction des questions relatives aux projets de concession des lais et relais de mer. — Service de l'éclairage et du balisage des côtes : établissement et entretien des phares, feux de port, balises. Exécution des lois et règlements sur la grande voirie, en ce qui concerne les ports maritimes de commerce. — Contentieux relatif à ce service.

2e Bureau. — *Rivières navigables et flottables.* — Entretien et amélioration des fleuves et rivières navigables. — Construction et entretien des chemins de halage, des barrages, écluses, quais, bas ports. — Amélioration et règlement du flottage sur les rivières flottables en trains. — Travaux de défense contre les rivières et torrents ; organisation des associations syndicales pour l'exécution de ces travaux. — Matériel et administration du service des bacs. — Exécution des lois et règlements sur la grande voirie en ce qui concerne les rivières navigables ou flottables en trains. — Contentieux relatif à ces divers services.

Pêche fluviale : surveillance, police et exploitation de la pêche dans les fleuves, rivières et canaux navigables et flottables, non compris les dépendances de la pêche maritime ; service de la pisciculture.

3ᵉ Bureau. — *Canaux de navigation.* — Canaux de navigation maritime et intérieure. — Construction et entretien des ouvrages. — Questions relatives au tarif des canaux appartenant à l'État. — Contrôle des canaux concédés. — Service de l'inspection des ports dans le bassin de l'approvisionnement de Paris.

Exécution des lois et règlements sur la grande voirie en ce qui concerne les canaux de navigation.

Contentieux relatif à ce service.

Nous rencontrons ici encore un :

SERVICE SPÉCIAL DE STATISTIQUE.

DIVISION DU SERVICE HYDRAULIQUE.

1ᵉʳ Bureau. — *Irrigations et services divers.* — Études d'irrigations. — Canaux d'irrigation et travaux relatifs à l'aménagement des eaux exécutés par l'État ou concédés, soit à des Compagnies, soit à des associations syndicales. — Organisation de ces associations syndicales. — Règlement des barrages et prises d'eau d'irrigation sur les cours d'eau non navigables ni flottables. — Concessions de prises d'eau d'irrigation sur les canaux et cours d'eau du domaine public. — Études de distribution d'eau dans les villes et communes. — Épuration des eaux d'égoûts. — Améliorations agricoles diverses : Sologne, Dombes, etc., etc. Amélioration des marais salants de l'Ouest. — Exécution de la loi du 28 juillet 1860 sur la mise en valeur des marais et terrains communaux. — Contentieux relatif à ces divers services.

2ᵉ Bureau. — *Usines, desséchements, assainissements.* — Règlements d'eau des usines sur les cours d'eau navigables et non navigables. — Partages d'eau entre l'agriculture et l'industrie. — Police des cours d'eau non navigables ni flottables. — Entretien, curage, redressement et amélioration de ces cours d'eau. — Desséchement des marais. — Assainissement des étangs et terrains insalubres. — Organisations des associations syndicales pour l'exécution de ces travaux. — Contentieux relatif à c es divers services.

DIRECTION GÉNÉRALE DES CHEMINS DE FER.
DIRECTION DE LA CONSTRUCTION.

1re DIVISION. — ÉTUDES ET TRAVAUX DES CHEMINS DE FER NON CONCÉDÉS. — 1er BUREAU. — Études des chemins de fer d'intérêt général en France et en Algérie.—Instruction relative aux avant-projets. — Préparation des actes concernant les déclarations d'utilité publique.—Préparation et modification des actes de concession. — Préparation des actes de rachat par l'Etat des concessions de chemins de fer d'intérêt général ou d'intérêt local. — Tenue au courant d'une carte d'ensemble à 1/80.000e et d'un répertoire des études faites et à faire.

2e BUREAU. — Construction des chemins de fer non concédés exécutés par l'État, y compris les lignes faisant partie du réseau de l'État. — Mesures relatives au recouvrement des subventions des départements et des communes pour les chemins de fer d'intérêt général. — Contentieux relatif à ces divers services. — Propositions pour la préparation du budget des chemins de fer et ouvertures de crédit.

2e DIVISION. — ÉTUDES ET TRAVAUX DES CHEMINS DE FER CONCÉDÉS. — 1er BUREAU. — Travaux exécutés par l'État sur les chemins de fer concédés. — Chemins de fer d'intérêt local en France et en Algérie. — Embranchements industriels. — Contentieux relatif à ces divers services.

2e BUREAU. — Travaux exécutés par les compagnies sur les chemins de fer concédés.— Exécution des cahiers des charges. — Payement des subventions allouées sur les fonds du Trésor pour

les chemins de fer d'intérêt général. — Émission d'obligations. — Séquestre administratif. — Déchéance. — Contentieux relatif à ces diverses affaires.

3e DIVISION. — CONTROLE DES COMPTES DES COMPAGNIES DE CHEMINS DE FER. — 1er BUREAU. — *Contrôle des comptes des Compagnies de chemins de fer.* — Vérification des comptes des compagnies. — Affaires relatives à la garantie d'intérêt, au partage de l'État dans les bénéfices, à l'exécution des clauses financières stipulées par les actes de rachat. — Statistique financière des chemins de fer français. — Relevé et classement méthodique des actes législatifs en vigueur. — Publication concernant ces différents services.

2e BUREAU. — *Statistique des Chemins de fer.* — Centralisation et coordination des renseignements statistiques concernant la législation, la construction, l'exploitation et la situation financière des chemins de fer d'intérêt général, des chemins de fer industriels, des embranchements particuliers et des chemins de fer d'intérêt local. — Réunion et publication des documents statistiques français et étrangers relatifs aux chemins de fer.

DIRECTION DE L'EXPLOITATION.

DIVISION DE L'EXPLOITATION.

1er BUREAU. — *Exploitation commerciale.* — Surveillance de l'Exploitation commerciale. — Tarifs. — Frais accessoires. — Vœux des Conseils généraux. — Réclamations des Chambres de Commerce et du public.

2e BUREAU. — *Exploitation technique.* — Surveillance de l'Exploitation technique. — Ordres de service relatifs à la marche des trains. — Règlements d'exploitation. — Trains extraordinaires. — Police des gares. — Accidents et contraventions. —

Recours en grâce. — Vœux des Conseils généraux et réclamations du public.

3ᵉ Bureau. — *Rapports avec les autres départements ministériels. — Conventions internationales. — Services extérieurs des Compagnies. — Inventions.* — Transports des Administrations de la Guerre, de la Marine, de l'Intérieur, des Finances, etc. — Transports des matières explosibles ou inflammables. — Conventions internationales. — Traités d'exploitation entre les Compagnies. — Embranchements particuliers. — Classification et réglementation des passages à niveau. — Services extérieurs des Compagnies (Omnibus, Factage, Camionnage). — Inventions. — Contrôle spécial des chemins de fer de l'État. — Réclamations et affaires diverses.

DIRECTION DES BATIMENTS CIVILS ET PALAIS NATIONAUX.

1ʳᵉ DIVISION. — BATIMENTS CIVILS. — 1ᵉʳ Bureau. — *Bâtiments civils.* — Étude et rédaction des projets de construction des bâtiments civils. — Examen des devis, séries de prix, cahiers des charges. — Adjudications et rédaction des marchés. — Commande des ouvrages d'art relatifs à la décoration des monuments publics. — Préparation des budgets, projets de lois et décrets. — Expropriations pour cause d'utilité publique, acquisitions et aliénations relatives aux bâtiments civils. — Pourvois devant le Conseil d'État. — Autorisation des dépenses d'entretien et des constructions neuves. — Exécution et surveillance des travaux. — Contrôle et révision des mémoires et pièces de dépenses relatives aux travaux d'entretien et aux travaux neufs. — Examen des réclamations des entrepreneurs.

2ᵉ Bureau. — *Comptabilité.* — Régularisation des pièces comptables et liquidation des dépenses. — Tenue des écritures sur la situation des crédits. — Réception et enregistrement des mémoires des entrepreneurs. — Situation des marchés.

2ᵉ DIVISION. — PALAIS NATIONAUX. — 1ᵉʳ BUREAU. — *Palais nationaux. — Service des Eaux.* — Étude et rédaction des projets concernant les bâtiments, parcs et jardins des palais nationaux. — Examen des devis, séries de prix, cahiers des charges. — Adjudications et rédaction des marchés. — Service des eaux de Versailles et de Marly. — Préparation des budgets, projets de lois et décrets. — Autorisation des dépenses d'entretien, de grosses réparations et des constructions neuves. — Exécution et surveillance des travaux. — Expropriations. — Aliénations et acquisitions relatives aux palais et au service des eaux. — Contrôle et révision des mémoires et pièces de dépenses. — Examen des réclamations des entrepreneurs.

2ᵉ BUREAU. — *Mobilier national et régies des Palais.* — Ameublement des Palais. — Installation pour fêtes et cérémonies officielles. — Inventaires et mouvements de meubles. — Lingerie. — Dépenses relatives à l'ameublement. — Garde et surveillance des palais, parcs et jardins. — Dépenses de régies. — Contrôle et révision des mémoires et pièces des dépenses.

SECRÉTARIATS DES CONSEILS GÉNÉRAUX DES PONTS ET CHAUSSÉES, DES MINES ET DES BATIMENTS CIVILS.
SECRÉTARIATS DES ÉCOLES DES PONTS ET CHAUSSÉES ET DES MINES.

CONSEILS GÉNÉRAUX ET COMMISSIONS PERMANENTES.

CONSEIL GÉNÉRAL DES PONTS ET CHAUSSÉES.

LE MINISTRE, *Président.*

Le Sous-Secrétaire d'État et le Directeur général des chemins de fer sont membres permanents du Conseil général. Le Directeur des routes et de la navigation peut assister aux séances du Conseil, et a voix délibérative pour les affaires concernant son service.

Pour l'expédition des affaires qui, à raison de leur nature et de leur moindre importance, n'exigent pas la réunion du Conseil entier, le Conseil général est divisé en trois sections qui s'occupent des affaires de toute nature dépendant des arrondissements d'inspection compris dans chaque section.

Membres du Conseil :

POUR TOUTE LA SESSION.

Onze inspecteurs généraux de première classe, dont un est Vice-Président.

Un Inspecteur général de seconde classe est secrétaire.

DU 1er JANVIER AU 30 JUIN.

Treize inspecteurs généraux de 2e classe.

DU 1er JUILLET AU 31 DÉCEMBRE.

Quinze inspecteurs généraux de 2e classe.

SECTIONS DU CONSEIL GÉNÉRAL

Première Section.

Trois Inspecteurs généraux de 1re classe.

MM. les Inspecteurs généraux de 2e classe, chargés des 3e, 4e, 5e, 6e, 7e, 8e, 14e, 15e et 24e arrondissements d'inspection.

Deuxième Section.

Trois Inspecteurs généraux de 1re classe.

MM. les Inspecteurs généraux de 2e classe, chargés des 1er, 2e, 9e, 10e, 11e, 12e, 13e et 16e arrondissements d'inspection.

Troisième Section.

Trois Inspecteurs généraux de 1re classe.

MM. les Inspecteurs généraux de 2e classe chargés des 1er, 7e, 16e, 17e, 18e, 19e, 20e, 21e, 22e et 23e arrondissements d'inspection.

SECRÉTARIAT DU CONSEIL.

Un Inspecteur général de 2e classe, *Secrétaire du Conseil.*

Un Ingénieur ordinaire de 3e classe, *attaché au Secrétariat du Conseil.*

SECRÉTAIRES DES SECTIONS.

Un Ingénieur en chef de 1re classe. . . . { Routes nationales, routes départementales et ponts suspendus sur les chemins vicinaux.

Un Ingénieur en chef de 2e classe. . . . . { Service hydraulique, ports maritimes, phares, fanaux, etc.

Un Ingénieur en chef de 2e classe. . . . { Navigation intérieure, rivières navig. et canaux.

Un ingénieur en chef de 1re classe. . . . (

Un ing. ordin. de 1re cl. { *Secr.-adjoints* } Construction des Chemins de fer.

Un ing. ordin. de 2e cl. (

Bureau du Secrétariat du Conseil.

Service des expéditions des Inspecteurs généraux de 2e classe chargés d'un arrondissement d'inspection.

CONSEIL GÉNÉRAL DES MINES.

LE MINISTRE, *Président.*

Le Directeur des mines est membre permanent du Conseil général des Mines.

Le Directeur général des chemins de fer siège dans le Conseil général des Mines avec voix délibérative pour les affaires concernant le service des Chemins de fer.

Membres du Conseil :

Trois Inspecteurs généraux de 1re classe, dont un est Vice-Président.

Huit Inspecteurs généraux de 2e classe.

Un Ingénieur en chef de 2e classe, *Secrétaire du Conseil.*

Un Ingénieur ordinaire de 3e cl., *attaché au Secrétariat du Conseil.*

Un bureau est chargé du Secrétariat du Con   l.

CONSEIL GÉNÉRAL DES BATIMENTS CIVILS.

LE MINISTRE, *Président.*

Le Conseil des Bâtiments civils est présidé par le Ministre et, en son absence, par le Sous-Secrétaire d'État.

En cas d'absence du Ministre et du Sous–Secrétaire d'État, le Conseil est présidé par celui des Inspecteurs généraux qui est désigné à cet effet par le Ministre.

Le Directeur des Bâtiments civils et Palais nationaux est membre permanent du Conseil.

Quatre Inspecteurs généraux, membres permanents.

Quatre architectes, membres temporaires.

Deux auditeurs.

Un contrôleur et un secrétaire du Conseil.

COMMISSION SUPÉRIEURE DES BATIMENTS CIVILS ET PALAIS NATIONAUX.

Les Ministres des Finances et de l'Instruction publique, des Cultes et des Beaux-Arts, le Vice-Président du Conseil d'État, le Sous-Secrétaire d'État des Beaux-Arts, le Sous-Secrétaire d'État du Ministère des Travaux Publics, le Préfet de la Seine et le Directeur des Bâtiments civils et Palais nationaux font partie de droit de cette commission. Divers sénateurs et députés, le Secrétaire perpétuel de l'Académie des beaux-arts, des membres de l'Institut, le Secrétaire général de l'Administration des Beaux-Arts.

Quatre Inspecteurs généraux des Bâtiments civils.

Le chef de division à la direction des Bâtiments civils, *Secrétaire de la Commission.*

Deux Secrétaires-adjoints.

COMMISSION CHARGÉE D'ARRÊTER LES BASES D'UN NIVELLEMENT GÉNÉRAL DE LA FRANCE.

Membres de la Commission.

MM.

Le Ministre des Travaux publics, *Président.*

Le Conseiller d'État, Directeur de l'Administration départementale et communale au Ministère de l'intérieur.

Un Inspecteur général des Ponts et Chaussées : *Vice-Présidents.*

Et divers fonctionnaires d'un ordre élevé parmi lesquels des agents voyers en chef de plusieurs départements ; des officiers du génie, de l'État-major, etc.

COMMISSION SUPÉRIEURE POUR L'AMÉNAGEMENT
ET L'UTILISATION DES EAUX.

Les Ministres et les Sous-Secrétaires d'État, le Vice-Président du Conseil d'État, le Gouverneur de la Banque de France, le Directeur des Routes et de la Navigation et le Directeur de l'Agriculture font partie de droit de cette Commission.

MM. LE MINISTRE DES TRAVAUX PUBLICS, *Président.*
Un Sénateur ;
Un Vice-Président du Conseil d'État : *Vice-Présidents de la Commission supérieure.*

1° *Un certain nombre de membres appartenant aux Chambres.*
2° *Vingt membres pris dans l'Administration.*
3° *Seize membres représentant les intérêts agricoles et industriels.*

Le Président de la Société centrale d'Agriculture de France.
Le Président de la Société des Agriculteurs de France.
Le Président du Conseil général de l'Ain.

idem	des Alpes-Maritimes.
id.	des Bouches-du-Rhône.
id.	de la Drôme.
id.	du Gard.
id.	de la Gironde.
id.	de la Haute-Garonne.
id.	de l'Isère.
id.	de Loir-et-Cher.
id.	du Nord.
id.	du Rhône.
id.	de la Seine.

Le Président du Conseil général du Var.

id.   de Vaucluse.

(En cas d'empêchement chacun des Présidents peut être suppléé par un membre délégué par lui à cet effet.)

Un secrétaire, trois secrétaires adjoints et un adjoint au secrétariat.

COMMISSION DES IRRIGATIONS.

Membres de la Commission :

Un Inspecteur général des Ponts et chaussées, *Président.*
Deux Inspecteurs généraux des Ponts et chaussées.
Un Inspecteur général des Finances.

COMMISSION DE L'ATLAS STATISTIQUE DES IRRIGATIONS.

Membres de la Commission :

Un Inspecteur général des Ponts et chaussées en retraite, *Président.*

Un Inspecteur général des Ponts et chaussées.

Un Ingénieur en chef des Ponts et chaussées, Membre de l'Institut.

Un Conseiller d'État, Directeur des routes et de la navigation au Ministère des Travaux publics.

Le Chef de la Division de la Navigation au Ministère des Travaux publics.

Un Ingénieur en chef des Ponts et chaussées.

Un Ingénieur en chef des Ponts et chaussées, Directeur des cartes, plans et archives et de la statistique graphique au Ministère des Travaux publics, *Secrétaire de la Commission.*

CONSEIL SUPÉRIEUR DES VOIES DE COMMUNICATION.

Les Ministres et Sous-Secrétaires d'État, le Vice-Président du Conseil d'État, le Gouverneur de la Banque de France, le Directeur général des Chemins de fer et le Directeur des Routes et de la Navigation, font partie de droit de ce Conseil.

MM. le Ministre des travaux publics en est le Président.

Un Sénateur
Le Vice-Président du Conseil d'État } sont *Vice-Présidents*.

On y trouve :

1° *Des Membres appartenant aux Chambres.*

2° *Des Membres de l'Administration.*

Ces derniers sont :

Un Inspecteur général des Ponts et chaussées de 1re classe, Président de section au Conseil d'État.

Un Conseiller d'État (section des Travaux Publics).

Le Conseiller d'État, Directeur de l'Administration départementale et communale au Ministère de l'Intérieur.

Le Conseiller d'État, Directeur général des Douanes.

Le Directeur du mouvement général de fonds.

Le Directeur du Génie au Ministère de la Guerre.

Un Général de division.

Un Général de brigade, sous-chef d'état-major général au Ministère de la Guerre.

L'Inspecteur général des Ponts et chaussées chargé de l'Inspection générale des travaux maritimes au Ministère de la Marine.

Un Inspecteur général des Mines en retraite.

Un Inspecteur général des Mines.

Un Inspecteur général des Ponts et chaussées en retraite.

Quatre Inspecteurs généraux des Ponts et chaussées.

3° *Des Membres représentant l'industrie, le commerce et l'agriculture.*

Un Maître des requêtes au Conseil d'État, *Secrétaire du Conseil supérieur.*

Et enfin :

Un Ingénieur des Mines.

Deux auditeurs au Conseil d'État. } *Secrétaires-Adjoints.*

Un Sous-Chef de bureau, *attaché au Secrétariat.*

COMMISSION DES ROUTES NATIONALES.

Membres de la Commission :

Un Inspecteur général des Ponts et chaussées, *Président.*

Quatre Inspecteurs généraux.

Un Ingénieur en chef des Ponts et chaussées.

Un Ingénieur en chef des Ponts et chaussées, Directeur des cartes, plans et archives, et de la statistique graphique au Ministère des travaux publics, *Secrétaire de la Commission.*

COMMISSION SPÉCIALE POUR L'EXAMEN PRÉALABLE DES PROJETS DE TRAVAUX PUBLICS INTÉRESSANT L'ALGÉRIE.

Membres de la Commission :

Un Inspecteur général des Ponts et chaussées, *Président.*

Quatre Inspecteurs généraux des Ponts et chaussées.

Un Ingénieur ordinaire des Ponts et chaussées, *Secrétaire de la Commission.*

COMITÉ CONSULTATIF DES CHÉMINS DE FER.

Le Directeur général des Chemins de fer et le Directeur du Personnel et des Mines font partie de droit de ce Comité.

Membres du Comité :

Un Président de Section au Conseil d'État, *Président*.

Quatre conseillers d'État, parmi lesquels le directeur du cabinet du ministre du commerce.

Un général de brigade, directeur du génie au Ministère de la Guerre.

Un Conseiller Maître à la Cour des Comptes.

Un inspecteur général des Finances.

Un Inspecteur général des Ponts et chaussées en retraite.

Un Inspecteur général des Mines en retraite.

Un Inspecteur général des Mines.

Deux Inspecteurs généraux des Ponts et chaussées.

Un Inspecteur général des Chemins de fer en retraite.

Un Administrateur des Postes.

Un ancien chef de la Division de l'Exploitation des Chemins de fer

Un Maître des Requêtes au Conseil d'État.

Un Auditeur au Conseil d'État, *Secrétaire du Comité*.

Un autre Auditeur au Conseil d'État, *Secrétaire adjoint*.

Un Sous-Chef de bureau, d. n., *attaché au Secrétariat*.

COMITÉ DE L'EXPLOITATION TECHNIQUE DES CHEMINS DE FER.

Membres du Comité :

Un Inspecteur général des Mines, *Président*.

Trois Inspecteurs généraux des Mines. ⎰ *Directeurs du Contrôle*

Quatre Inspecteurs généraux des Ponts ⎱ *de l'exploitation des*

et chaussées.   *chemins de fer.*

Le *Directeur de l'exploitation des chemins de fer.*

L'Ingénieur en chef de Mines, Secrétaire du Conseil général des Mines.

Un Ingénieur en chef des Mines.

Cinq Membres désignés par le syndicat des chemins de fer.

Un Ingénieur en chef des Ponts et chaussées, *Secrétaire du Comité.*

Deux Ingénieurs ordinaires des Mines, *Secrétaires adjoints.*

Un Sous-Chef de bureau, et un expéditionnaire attachés au Secrétariat.

COMMISSIONS CHARGÉES DE L'EXAMEN DES COMPTES DE PREMIER ÉTA-BLISSEMENT DES CHEMINS DE FER.

1° RÉSEAU DU NORD.

Membres de la Commission :

Un président de section au Conseil d'État, *Président.*

Le Directeur du Mouvement général des fonds au Ministère des Finances.

Un Conseiller-Maître à la Cour des Comptes.

Un Inspecteur général des Finances.

Deux Inspecteurs généraux des Ponts et chaussées.

Un Inspecteur général des Mines.

2° RÉSEAU DE L'OUEST ET CHEMIN DE FER DE CEINTURE AUTOUR DE PARIS.

Même composition de la Commission que pour le premier réseau et ainsi pour :

3°, RÉSEAU DE L'EST.

4°, RÉSEAU D'ORLÉANS.

5°, RÉSEAU DE PARIS A LYON ET A LA MÉDITERRANÉE.

6ᵉ, RÉSEAU DU MIDI.

7ᵉ, CHEMINS DE FER ALGÉRIENS.

8ᵉ, CHEMINS DE FER DE BONE A GUELMA.

ET ENFIN LES CHEMINS DE FER DE L'EST-ALGÉRIEN.

LA COMMISSION CHARGÉE D'EXAMINER ET DE VÉRIFIER LES COMPTES DE L'ADMINISTRATION DES CHEMINS DE L'ÉTAT

Est composée de :

Un Président de section au Conseil d'État, *Président ;*
Le Directeur général du mouvement des fonds ;
Un Inspecteur général des finances ;
Un Conseiller maître à la Cour des comptes ;
Deux Inspecteurs généraux des Ponts et chaussées ;
Un Inspecteur général des Mines.

LA COMMISSION DES INVENTIONS

A pour Membres de la Commission :

Le Directeur de l'École des Ponts et chaussées, *Président.*
L'Inspecteur et les Professeurs de l'École.
Un Ingénieur des Ponts et chaussées, *Secrétaire-Rapporteur de la Commission.*

COMMISSION DES FORMULES.

Membres de la Commission :

Un Inspecteur général des Ponts et chaussées, *Président.*
Quatre Inspecteurs généraux des Ponts et chaussées.
Un Ingénieur en chef des Ponts et chaussées, *Secrétaire de la Commission,*

COMMISSION DES PHARES.

La Commission des Phares est présidée par le Ministre.

Membres de la Commission :

Un Vice-Amiral, *Vice-Président de la Commission.*

Un Inspecteur général des Ponts et chaussées en retraite.

Un Inspecteur général des Ponts et chaussées, chargé de l'Inspection générale des Travaux hydrauliques de la Marine.

Un Inspecteur général des Ponts et chaussées.

Un Inspecteur général du Génie maritime.

Deux Contre-Amiraux.

Un Membre de l'Académie des Sciences.

Un Ingénieur hydrographe en chef de la Marine.

Un Inspecteur général des Ponts et chaussées, attaché au service central des Phares et balises.

Un Ingénieur en chef des Ponts et chaussées, *Secrétaire de la Commission.*

COMMISSION SUPÉRIEURE POUR L'ÉTUDE DES QUESTIONS RELATIVES A LA MISE EN COMMUNICATION PAR VOIE FERRÉE DE L'ALGÉRIE ET DU SÉNÉGAL AVEC L'INTÉRIEUR DU SOUDAN.

Les Ministres, le Gouverneur général de l'Algérie, les Sous-Secrétaires d'État des Travaux Publics et de l'Agriculture et du Commerce, le Directeur général et le Directeur de la Construction des chemins de fer font partie de droit de cette Commission.

Les Membres de la Commission sont pris dans les deux Chambres et dans tous les corps savants. Ils sont au nombre de quarante-huit sans compter des Membres correspondants. Un Ingénieur en chef des Ponts et chaussées est Secrétaire de la Commission. Il a trois Secrétaires-adjoints.

COMMISSION MIXTE DES TRAVAUX PUBLICS.

Membres de la Commission :

Un Président de section au Conseil d'État, *Président.*

Un Président de section au Conseil d'État, et deux Conseillers d'État.

Un Général de brigade, Membre du Comité des fortifications.

Un Général de division, Membre du Comité d'artillerie. Deux Généraux de division.

Un Général de brigade.

Deux Inspecteurs généraux des Ponts et chaussées.

Un Vice-Amiral.

Un Inspecteur général des Ponts et chaussées, Membre du Conseil des travaux de la Marine.

L'Inspecteur général, Secrétaire du Conseil général des Ponts et chaussées.

Le Chef de bataillon, Secrétaire du Comité des Fortifications.

Le Colonel d'Artillerie, Secrétaire du Comité d'Artillerie.

Le Commissaire de la Marine, Secrétaire du Conseil d'Amirauté.

Un Ingénieur des Constructions navales.

Un chef de bataillon du Génie, *Secrétaire de la Commission.*

COMMISSION MILITAIRE SUPÉRIEURE DES CHEMINS DE FER.

Membres de la Commission :

Un Général de division, *Président.*

Un général de brigade, *Vice-Président.*

Un Ingénieur en chef des Mines.

Un Inspecteur général des Ponts et chaussées.

L'Ingénieur en chef des Ponts et chaussées, Directeur de la Compagnie des chemins de fer de l'Est.

Un Colonel d'Artillerie.

Un Colonel du Génie.

Un Sous-Intendant Militaire.

Un Capitaine de vaisseau.

Un Lieutenant Colonel d'État-Major.

Un Membre à désigner.

Un Chef d'Escadron d'État-Major, *Secrétaire de la Commission.*

COMMISSION CENTRALE DES MACHINES A VAPEUR.

Membres de la Commission :

Un Inspecteur général, Vice-Président du Conseil général des Mines, *Président.*

Un Inspecteur général des Ponts et chaussées.

Un Inspecteur général des Mines.

Un Constructeur de machines à vapeur.

Un Directeur des Constructions navales au Ministère de la Marine.

Le Membre de l'Institut, Sous-Directeur du Conservatoire des Arts et Métiers.

L'Ingénieur en chef de la Traction et du matériel au chemin de fer d'Orléans.

L'Ingénieur en chef des Ponts et chaussées, Directeur de la Compagnie des chemins de fer de l'Est.

Un Ingénieur en chef des Mines.

L'Ingénieur en chef, Secrétaire du Conseil général des Mines.

Un Ingénieur des Ponts et chaussées, professeur à l'École des Ponts et chaussées.

Un Ingénieur, Professeur à l'École des Mines.

Un Ingénieur en chef des Mines, *Rapporteur.*

Un Ingénieur ordinaire des Mines, *Secrétaire de la Commission.*

Un Garde-mines de 3ᵉ classe, attaché au *Secrétariat de la Commission.*

COMMISSION CHARGÉE D'EXAMINER ET DE COMPARER ENTRE EUX LES DIFFÉRENTS SYSTÈMES DE MOTEURS APPLICABLES AUX VOITURES DE TRAMWAYS.

La Commission est présidée par le Ministre.

Membres de la Commission.

Quatre Inspecteurs généraux des Ponts et chaussées (en retraite).

Un Inspecteur général des Mines.

Le Membre de l'Institut, Sous-Directeur du Conservatoire des Arts et Métiers.

L'Ingénieur en chef de la Traction et du matériel au chemin de fer d'Orléans.

·L'Ingénieur en chef de la Traction et du matériel au chemin de fer de l'Est.

L'Ingénieur en chef de la Traction et du matériel au chemin de fer de l'Ouest.

Le Chef de la Division des Routes et ponts au Ministère des Travaux publics.

Un Ingénieur en chef des Ponts et chaussées, *Secrétaire.*

COMMISSION SPÉCIALE DE LA CARTE GÉOLOGIQUE DÉTAILLÉE DE LA FRANCE.

Le Directeur du service de la Carte géologique détaillée assiste aux séances de la Commission avec voix consultative.

Membres de la Commission :

Un Inspecteur général des Mines (en retraite), Président.

Un Inspecteur général des Mines, Membre de l'Institut, Professeur au Muséum.

Un Inspecteur général des Mines, Professeur de géologie à l'École des Mines.

Deux Inspecteurs généraux des Mines.

Deux Ingén. en chef des Mines, Professeurs à l'Ecole des Mines.

Un Ing. ord. des Mines, *Secrétaire de la Commission.*

COMMISSION DES ANNALES DES PONTS ET CHAUSSÉES.

Le Directeur général des chemins de fer, le Directeur du Personnel et des Mines, le Directeur des Routes et de la Navigation, les Inspecteurs généraux des Ponts et Chaussées de 1re classe, ainsi que le Secrétaire du Conseil général des Ponts et chaussées font partie de la Commission.

Les Membres de la Commission sont en outre au nombre de dix.

COMMISSION DES ANNALES DES MINES.

Le Directeur du Personnel et des Mines fait partie de la Commission.

Les Membres de la Commission sont au nombre de dix-sept.

Le Ministre vient de créer en cette année 1880 un recueil mensuel destiné au parlement sous ce titre :

BULLETIN DU MINISTÈRE DES TRAVAUX PUBLICS.

Ce Recueil sera le complément nécessaire des *Annales des Ponts et chaussées* et des *Annales des Mines.*

ADMINISTRATIONS LOCALES

Ici nous avons à noter la persistance avec laquelle on a continué la décentralisation au profit des Administrations départementales.— Nous avons indiqué les Lois de 1865, 1866 et 1868, qui ont attribué aux Conseils généraux le soin de voter et concéder les chemins de fer d'intérêt local et leur ont donné en outre une sorte de toute-puissance sur les routes départementales. Une Loi du 10 août 1871, faite dans le même ordre d'idées que les précédentes, a remanié la législation sur les Conseils généraux. Elle porte dans son article 46 : « Le Conseil général statue définitivement sur les objets ci-après désignés, savoir : 1° Acquisition, aliénation et échange des propriétés départementales, mobilières et immobilières, quand ces propriétés ne sont pas affectées à l'un des services énumérés au n° 4° ; — 2° Mode de gestion des propriétés départementales ; 3° Baux de biens donnés ou pris à ferme ou à loyer, quelle qu'en soit la durée ; — 4° Changement de destination des propriétés et des édifices départementaux autres que les hôtels de préfecture ou de sous-préfecture et les locaux affectés aux cours d'assises, aux tribunaux, aux écoles normales, au casernement de la gendarmerie et aux prisons ; — 5° Acceptation ou refus de dons et legs faits aux départements, quand ils ne donnent pas lieu à réclamation ; — 6° Classement et direction des routes départementales ; — projets, plans et devis des travaux à exécuter pour la construction, la rectification ou l'entretien desdites routes ; — désignation des services qui seront chargés de leur construction et de leur entretien ; — 7° classement et direction des chemins vicinaux de grande communication et d'intérêt commun ; désignation des communes qui doivent concourir à la construction et à l'entretien desdits chemins, et fixation du contingent actuel de chaque commune ; le tout sur l'avis des Conseils compétents ; — répartition des subventions accordées, sur les fonds de l'État ou du département, aux chemins vicinaux de toute catégorie ; — désignation des services auxquels sera confiée l'exécution des travaux sur les chemins vicinaux de grande communication et d'intérêt commun, et mode d'exécution des travaux à la charge du département ; — Taux de la conversion en argent des journées de prestation ; — 8° Déclassement des routes départementales, des chemins vicinaux de grande communication et d'intérêt commun ; — 9° Projets, plans et devis de tous autres travaux à exécuter sur les fonds départementaux et désignation des services auxquels ces services seront confiés ; — 10° Offres faites par les communes, les associations ou les particuliers pour concourir à des dépenses quelconques d'intérêt départemental ; — 11° Concessions à des associations, à des compagnies ou des particuliers, de travaux d'intérêt départemental ; — 12° Direction des chemins de fer d'intérêt local, mode et conditions de leur construction, traités et dispositions nécessaires pour en assurer l'exploitation ; — 13° Établissement et entretien des bacs et passages d'eau sur les routes et chemins à la charge du département ; fixation des tarifs de péage ; — 14° Assurances des bâtiments départementaux ;..... — 22° Part contributive du département aux dépenses des travaux qui intéressent à la fois le département et les communes ; — 23° Difficultés élevées relativement à la répartition de la dépense des travaux qui intéressent plusieurs communes du département...... »

L'art. 47 de cette Loi déclare que les délibérations par lesquelles les Conseils généraux statuent définitivement sont exécutoires, si dans le délai de vingt jours à partir de la clôture de la session, le préfet n'en a pas demandé l'annulation pour excès de pouvoir ou pour violation d'une disposition de la Loi ou d'un Règlement d'administration publique.

La même loi a organisé tout un système de garanties au profit
du département. Elle a voulu que, chaque année, à la fin de la session du mois d'août, fût élue une commission composée de quatre
membres au moins et de sept au plus, afin de s'occuper des suites
à donner aux résolutions du Conseil général pour régler les affaires
que le Conseil lui renvoie, dans les limites de la délégation qui lui
en est faite. Cette commission délibère sur toutes les affaires qui
lui ont été déférées par les lois et elle donne son avis sur tout ce
qui lui est demandé par le préfet.

Lorsque le préfet a formé un recours contre une délibération
rendue par le Conseil général sur un des objets sur lesquels ce Conseil statue définitivement, il doit le notifier au président de la
Commission et au président du Conseil général.

Nous avons dit que le recours doit être fait et par conséquent
notifié dans les vingt jours qui suivent la clôture de la session du
Conseil général ; l'annulation doit intervenir dans les deux mois
après la notification du recours ; elle doit être prononcée par un
Décret rendu dans la forme des Règlements d'administration
publique.

Le Conseil général délibère : 1° Sur l'acquisition, l'aliénation
et l'échange des propriétés départementales affectées aux hôtels
de préfecture et de sous-préfecture, aux écoles normales, aux
cours d'assises et aux tribunaux, au casernement de la gendarmerie et aux prisons ; — 2° Sur le changement de destination des
propriétés départementales affectées aux services que nous venons
d'indiquer ; 3° Sur la part contributive à imposer au département
dans les travaux exécutés par l'État qui intéressent le département.

Il y a encore d'autres objets sur lesquels les délibérations
peuvent porter, nous n'en parlerons pas, parce qu'il ne s'agit plus
de Travaux publics.

Mais, nous devons faire observer que ces délibérations ne sont
pas forcément exécutoires. Elles ne le sont que si un Décret,

rendu dans les trois mois de leur date, n'en a pas suspendu l'effet.

Enfin le Conseil général donne son avis sur tous les Travaux publics et autres objets intéressant le département.

Outre ce droit, cette assemblée en a un plus précieux dont elle n'use pas assez, celui de former des vœux pour tous les travaux qui lui paraissent utiles au point de vue de l'intérêt général, et, en particulier, de l'intérêt du département.

Nous remarquerons que cette émancipation de l'Administration départementale a donné de mauvais résultats en ce qui touche les matières des Travaux publics. Plusieurs départements ont profité de la Loi qui les autorisait à régler ce qui concerne les routes départementales pour en prononcer le déclassement total, résolutions qui ont changé les conditions des dépenses relatives à ces voies de communication. Les Lois ont encore laissé à l'arbitraire du département la conservation ou la suppression de ces routes. Le Gouvernement n'a pas paru s'émouvoir de faits, dont la gravité ne saurait être méconnue par les esprits sérieux. Un jour viendra que l'on aura à réparer, au nom de l'intérêt national, des mesures désastreuses, qu'il eût été plus sage de ne pas autoriser.

Mais, aujourd'hui que toute l'attention se porte sur les chemins de fer, on a trop de laisser-aller en matière de routes et de chemins (1).

Nous avons déjà dit que les conseils d'arrondissement n'avaient rien à voter ; cependant ils donnent leur avis sur les projets, qui leur sont communiqués, et peuvent former des vœux pour demander les travaux qui intéressent leurs circonscriptions.

L'Administration municipale n'a jamais été émancipée comme

(1) Nous avions si bien raison d'écrire ces lignes qu'une Loi nouvelle vient d'amoindrir les droits accordés aux départements sur les chemins de fer d'intérêt local (V. *infrà*.) Il est bien évident que, si les départements ont la liberté de rétrécir les routes, les Conseils généraux seront maîtres d'empêcher la création des tramways que le Gouvernement voudrait établir.

l'Administration du département.Il faut en féliciter le législateur. Sans doute, il y a des communes dont les droits seraient utilement reconnus. Mais, c'est pitié que de lire les dissertations que l'on fait, dans les partis politiques, sur l'émancipation des communes. Le dernier recensement nous en donnait 36,056. Plusieurs centaines de ces unités ont moins de cent habitants ; la majorité n'en a pas mille. Il est évident que, si on laissait à de si minimes fractions le soin de réglementer les voies de communication, l'instruction publique et tout ce qui concerne les choses de la vie sociale, bientôt nous serions retombés dans l'état d'anarchie dont la Révolution de 1789 nous a tirés.

Cependant les communes règlent, par leurs délibérations : 1° les affaires relatives à des acquisitions, quand la dépense votée dans le même exercice ne dépasse pas le dixième de leur revenu ; 2° les conditions du bail des maisons et bâtiments, qui leur appartiennent, pourvu que la durée des baux ne dépasse pas 18 ans ; 3° les projets, plans et devis de grosses réparations et d'entretien, lorsque la dépense totale d'un exercice ne dépasse pas le cinquième du revenu et ne s'élève pas à 50,000 francs. Les Conseils municipaux règlent encore ce qui concerne la bonne administration des biens communaux.

Tous les projets de Travaux publics sont soumis aux Conseils municipaux qui y sont intéressés. On doit leur demander leur avis. Ce n'est pas tout ; ces Conseils sont autorisés à former des vœux dans l'intérêt de la commune, et notamment en ce qui touche la création des ouvrages publics.

Les communes sont chargées des chemins vicinaux. C'est pour ces chemins que les prestations en nature sont autorisées et employées. (Voir, sur les attributions des Conseils municipaux, les Lois du 18 juillet 1837 et 24 juillet 1867.)

Les Administrations de l'assistance publique, les fabriques, les pompes funèbres ont aussi à paraître pour certains travaux et certaines dépenses; mais, comme leur intervention ne vient jamais seule, on ne doit ici que la mentionner.

Des Associations particulières peuvent obtenir le droit de faire certains ouvrages d'utilité publique. Par exemple, une Loi a consacré ce droit à l'occasion de l'église que l'on bâtit à grands frais sur le sommet de la butte Montmartre, sous l'invocation de Notre-Dame du Sacré-Cœur.

Même, un particulier a obtenu l'autorisation de faire un port pour y débarquer des huiles de pétrole.

DU PERSONNEL EMPLOYÉ POUR LES TRAVAUX PUBLICS.

Le personnel employé par le Ministère des Travaux publics se compose d'abord des ingénieurs des Ponts et chaussées. Il y a quinze inspecteurs généraux de 1re classe, 32 inspecteurs généraux de 2e; 101 ingénieurs en chef de 1re, 129 ingénieurs en chef de 2e classe. Les ingénieurs ordinaires de 1re classe sont au nombre de 154. Ceux de seconde sont 157; il y en a 105 de 3e. Il n'y a pas de différence entre les ingénieurs du contrôle et les autres.

Les élèves de l'École des Ponts et chaussées sont au nombre de 19 pour la 2e classe; de 31 pour la 3e. L'*Annuaire du Ministère* ne donne pas ceux de la 1re classe.

Il faut ajouter à ce personnel 34 anciens conducteurs des Ponts et chaussées, devenus sous-ingénieurs, et un nombre considérable de conducteurs, divisés d'abord en principaux, puis en quatre classes.

On a rappelé que les sous-ingénieurs et les conducteurs pouvaient concourir pour le grade d'ingénieur. — Cette réglementation existe, à peu de chose près, depuis de longues années.

On peut concourir à 18 ans pour être nommé conducteur; on

ne le peut plus après 30 ans. Cette limite est portée à 32 ans pour ceux qui ont cinq ans de service militaire ou deux ans de service administratif. (Déc. minist. 23 jan. 1878).

Le grand changement qui s'est produit depuis les derniers temps a été la création pour la période des grands travaux publics d'un cadre auxiliaire comprenant :

1° Des Ingénieurs auxiliaires des travaux de l'État, répartis en trois classes, correspondant respectivement aux ingénieurs ordinaires de 1re, 2e et 3e classe ;

2° Des chefs de section principaux assimilés aux conducteurs principaux des Ponts et chaussées ;

3° Des chefs de section de 1re et 2e classe, assimilés aux conducteurs de 1re et 2e classe ;

4° Des sous-chefs de section de 1re et 2e classe, assimilés aux conducteurs de 3e et 4e classe.

Les nominations aux emplois du cadre auxiliaire sont faites par le Ministre des Travaux publics sur l'avis d'une commission composée pour les ingénieurs, d'inspecteurs généraux désignés par le Ministre ; pour les chefs et sous-chefs de section, composé d'ingénieurs désignés de même.

Après deux ans, les ingénieurs auxiliaires de 3e classe peuvent obtenir le grade d'ingénieur de seconde ; de même après deux ans, l'ingénieur de 2e classe peut être promu à la première. L'ingénieur auxiliaire de 1re classe peut après le même temps devenir ingénieur auxiliaire en chef.

Ce cadre auxiliaire, créé par Décret du 20 décembre 1878 a donné lieu à un arrêté ministériel indiquant les pièces que chaque candidat doit fournir avec sa demande, et invitant les employés à titre temporaire dans le service des ingénieurs divers à réclamer leur admission dans le cadre auxiliaire.

Les fonctionnaires du cadre permanent et ceux du cadre auxiliaire ont les mêmes traitements et allocations. Ceux du cadre auxiliaire ont une indemnité d'un tiers, en sus de leur traitement et ce à titre de précarité.

Les ingénieurs du cadre permanent sont en service ordinaire, en service détaché, en disponibilité ou en congé renouvelable.

Sont en service détaché des ingénieurs attachés au Ministère de la Marine, savoir : deux inspecteurs généraux, un de 1re, l'autre de 2e classe, pour l'inspection générale des travaux hydrauliques ; des ingénieurs pour le service des ports militaires ou pour les colonies.

Au Ministère de la Guerre, les ingénieurs de tous grades, attachés à l'École polytechnique, et quelques conducteurs pour des travaux militaires, sont dits en service détaché. Il en est de même de quelques conducteurs de travaux employés à des travaux militaires.

Le Ministère de l'Agriculture et du Commerce a des ingénieurs, qui professent au Conservatoire des arts et métiers et à l'École centrale des arts et manufactures.

Un conducteur principal est détaché à une Ferme-école.

Le Ministère de l'Instruction publique a un ingénieur qui professe à l'École des Beaux-arts.

Un inspecteur général de 1re classe est président de section au Conseil d'Etat; un ingénieur ordinaire de 3e classe y est en qualité de simple auditeur.

De nombreux ingénieurs de tous grades, depuis celui d'ingénieur en chef de 1re classe, sont détachés pour les services de l'Algérie Il y en a encore pour les services départementaux de la France proprement dite ; pour certains services municipaux, et surtout pour la ville de Paris, dont les voies, les promenades, les eaux devaient être confiés à des hommes expérimentés à la tête desquels est un inspecteur général de 1re classe.

Les canaux ont de même des ingénieurs détachés pour aider à la conservation des ouvrages.

Nous retrouvons des ingénieurs en nombre avec des ingénieurs auxiliaires employés par les Chemins de fer de l'État.

Un ingénieur en chef de seconde classe a été détaché pour les Travaux publics de la Turquie.

Quelques ingénieurs sont sénateurs ou députés et sont réputés en service détaché.

Presque pour tous les services détachés, il y a des conducteurs à côté des ingénieurs ; même il y a parfois des conducteurs en pareil service, sans qu'il y ait d'ingénieurs avec eux.

Il y a un certain nombre d'ingénieurs en congé temporaire ou en disponibilité.

Il y en a beaucoup qui sont non plus, comme on le disait autrefois, en congé illimité, mais en congé renouvelable (Décret du 30 octobre 1879). La plupart sont employés par les compagnies de chemins de fer. De grandes entreprises particulières en ont aussi quelques-uns ; l'Autriche et l'Italie nous en ont encore emprunté. Mais ce que l'on ne comprend pas, c'est qu'il y ait des ingénieurs en congé illimité, qui n'ont pas de destination et même que l'un d'eux soit receveur particulier des finances.

Les ingénieurs des Mines sont par les anciens règlements, placés avant les ingénieurs des Ponts et chaussées. Ils sortent comme ceux-ci de l'École polytechnique. L'organisation de leur corps est celle du corps des Ponts et chaussées. Il y a des inspecteurs généraux de 1re classe au nombre de trois, des inspecteurs généraux de 2e classe au nombre de dix. Le cadre comprend en outre seize ingénieurs en chef de 1re classe et vingt-cinq de 2e. Les ingénieurs ordinaires de 1re classe sont au nombre de trente et un ; ceux de 2e sont trente-trois ; il y en a dix de 3e classe. L'École des Mines a neuf élèves ingénieurs, deux de 1re, quatre de 2e, trois de 3e classe. Elle a trois élèves hors concours et des élèves libres. Sous les ordres des ingénieurs des Mines, sont des agents analogues aux conducteurs des Ponts et chaussées, ils ont le titre de garde-mines et sont divisés en quatre classes.

Les ingénieurs des Mines peuvent être comme ceux des Ponts et chaussées en service détaché, en disponibilité ou en congé illimité.

Une règle commune à tous les ingénieurs est aujourd'hui qu'ils peuvent employer indifféremment à tous les services qui leur sont confiés, les agents qu'ils ont sous leurs ordres (Déc. minist. 17 mai 1879).

Les services divers auxquels sont employés les ingénieurs sont aussi variés que les besoins. Le détail ne saurait en être donné ici, ce serait entrer dans des explications oiseuses. Mais nous devons rappeler que le Ministère des Travaux publics a encore d'autres agents dont il faut mentionner l'existence.

Tels sont les inspecteurs généraux et particuliers de l'exploitation commerciale des chemins de fer, au nombre de dix pour les premiers, de vingt-cinq pour les seconds.

A côté se trouvent les commissaires de surveillance administrative des chemins de fer, divisés en quatre classes.

Ensuite, sont les officiers et maîtres de ports ayant la surveillance et la police des ports maritimes de commerce. Les officiers sont des capitaines de port de première ou de 2e classe, des lieutenants ayant aussi le titre de lieutenant de 1re ou de 2e classe, et enfin des maîtres de ports, divisés en quatre classes.

Il y a le service d'inspection des ports de la navigation intérieure, ayant un inspecteur principal à Paris et six inspecteurs dans le voisinage, tous en amont de Paris.

Les chemins de fer établis sur les routes, appelés *tramways*, ont donné lieu à la création d'inspections dans les départements de la Seine, de Seine-et-Oise et du Rhône. C'est un service en formation.

Les employés dans le service des Travaux publics sont soumis à un contrôle qui détermine leur situation dans l'armée territoriale ou la réserve. Une instruction du Ministère de la Guerre a donné le modèle des états qu'on a à lui fournir.

Comme chargé des Bâtiments civils, le Ministère des Travaux publics emploie un grand nombre d'architectes. Chacun d'eux s'occupe de certains édifices déterminés.

Le soin des Palais nationaux et du Mobilier national a aussi un personnel dont les attributions varient comme les appellations données à leurs fonctions.

Les agents du Ministère des Travaux publics ont tous, depuis les inspecteurs généraux des ponts et chaussées jusqu'aux simples cantonniers, le droit de constater les contraventions commises au préjudice des ouvrages sur lesquels ils exercent leurs fonctions. Leurs procès-verbaux doivent ordinairement être affirmés. En général le délai de l'affirmation est de trois jours, quelquefois de quatre, d'autres fois encore de vingt-quatre heures. Il vaut mieux que l'affirmation soit faite plus tôt que plus tard. Des Lois et des Décrets ont statué diversement sur l'autorité qui doit recevoir l'affirmation. Ainsi pour les procès-verbaux dressés pour contraventions à la police des routes, l'affirmation peut être faite devant le maire ou l'adjoint du lieu (Déc. 16 déc. 1811, art. 112).

Les officiers et préposés à la garde des Travaux militaires ont aussi le droit de constater les dégradations commises sur les ouvrages dont ils ont la garde et ils peuvent verbaliser.

Il en est ainsi du personnel chargé de la conservation des forts ;

Des préposés à la garde des canaux, à la surveillance des cours d'eau naturels ou artificiels et des gardes-pêche, pour les objets qui rentrent dans leurs attributions ;

Des gardiens de phare ;

Des agents voyers des départements chargés de garder les

chemins vicinaux, concurremment avec les maires, adjoints, commissaires de police, gardes-champêtres et autres agents assermentés.

L'invasion allemande de 1870 avait obligé le Gouvernement à faire usage de tous ses agents dans l'intérêt de la défense nationale. Un Arrêté du 30 novembre 1870 voulait que les ingénieurs employés aux travaux de défense eussent un droit de réquisition.

Chaque corps d'armée, d'abord, devait avoir quatre ingénieurs des Ponts et chaussées ou des Mines, dont un avait les fonctions d'ingénieur en chef. Faute d'ingénieurs, on pouvait prendre des agents-voyers, des ingénieurs civils ou d'autres personnes. Ces fonctionnaires pouvaient être accompagnés d'agents ne dépassant pas le nombre quarante (Décret du 30 nov. 1870, 11 janv. 1871).

Puis, d'autres Arrêtés leur donnèrent un costume et à chacun un rang dans la hiérarchie militaire, l'ingénieur en chef devant être colonel, l'ingénieur ordinaire, chef de bataillon, etc. Le corps des ingénieurs et ouvriers attachés à chaque corps d'armée était d'un ingénieur en chef, trois ingénieurs ordinaires, trois chefs de section principaux, six chefs de section, neuf piqueurs, dix-huit chefs de chantier, une compagnie d'ouvriers de soixante hommes, pouvant être portée à trois cents. (Décret du 14 déc. 1870).

Le Ministère de la Guerre a tout un personnel employé aux Travaux publics. Parmi les comités qui s'en occupent nous trouvons : 1° le Comité consultatif de l'artillerie ; 2° le Comité consultatif des poudres et salpêtres ; 3° le Comité consultatif des fortifications ; 4° la Commission de télégraphie militaire ; 5° la Commission supérieure des chemins de fer ; 6° et par-dessus tout la Commission mixte des travaux publics.

Grâce à l'organisation de l'École de l'Artillerie et du Génie, tout officier ayant appartenu à l'un de ces corps est un ingénieur. Nous avons trente-huit régiments d'artillerie ; deux régiments d'artillerie pontonniers; dix compagnies d'ouvriers d'artillerie.

D'autres compagnies sont formées à la manœuvre des aérostats et des chemins de fer. L'artillerie a des ateliers de construction, des poudreries, des manufactures d'armes, une fonderie. Elle est chargée de l'inspection des forges. C'est de ce service que relève ce qui concerne les raffineries et poudreries des poudres et salpêtres.

Le Génie militaire a, à Paris, le dépôt des fortifications, la direction supérieure des fortifications de Paris. Il y a, en dehors, dix directions supérieures, trente et une directions, dont trois pour l'Algérie. Il y a aussi trois directions pour le service colonial. C'est donc trente-quatre en tout. Quatre régiments appartiennent à cette arme ; ils sont appelés régiments de sapeurs-mineurs. Les exercices militaires alternent, dans ces corps, avec les travaux de fortifications ou autres qui sont ordonnés aux soldats. L'habitude du travail et de la discipline fait de ces régiments des modèles, sur lesquels on désirerait voir se former nos troupes ordinaires.

Les commandants d'armes, les gardes du Génie, les portiers-consignes sont aussi chargés d'aider les officiers dans leurs opérations et de veiller à la conservation des ouvrages militaires.

Le Ministère de la Marine a un corps dit du Génie maritime, composé d'ingénieurs sortant de l'Ecole polytechnique et formés à l'Ecole d'application du Génie maritime. Les grades de ces ingénieurs correspondent à ceux des ingénieurs des Ponts et chaussées.

D'ailleurs, comme nous l'avons déjà dit, un certain nombre d'ingénieurs des Ponts et chaussées sont employés aux ouvrages maritimes.

LES ÉCOLES.

Nous commencerons par l'Ecole polytechnique, que nous avons suivie depuis sa naissance jusqu'à ce jour. Cette École, réorganisée par Décret du 15 avril 1873 , continue à être la mère de nos grandes Écoles d'application et à fournir nos ingénieurs civils et militaires.Ainsi les élèves de l'Ecole polytechnique sont employés dans les principaux services publics, savoir : l'Artillerie de terre et de mer, le Génie militaire et le Génie maritime, la Marine et le corps des ingénieurs hydrographes, les Ponts et chaussées et les Mines, le service des Poudres et salpêtres, les Lignes télégraphiques et l'administration des Tabacs. Ils sont recrutés au moyen d'un concours, dans lequel les postulants sont interrogés sur les lettres françaises et latines, s'ils n'ont pas le diplôme de bachelier, sur une langue vivante et sur les mathématiques dites élémentaires, quoique l'on y comprenne certaines parties de l'algèbre, de la géométrie à trois dimensions, de la trigonométrie etc. Le concours porte aussi sur des travaux graphiques d'une certaine difficulté et se rapportant à des problèmes de trigonométrie ou de géométrie descriptive. Les cours de l'École sont identiques pour tous les élèves ; leur durée est de deux ans. L'État assure une fonction à tous ceux de ces jeunes gens qui satisfont à des examens de sortie. L'enseignement est donné par quatorze professeurs, quatre maîtres de langue allemande, cinq maîtres de dessin, un chef des travaux graphiques. Douze répétiteurs, dix répétiteurs adjoints, concourent à cet enseignement qui est surveillé par un directeur des études. L'École, étant soumise au régime militaire, est dans les attributions du Ministre de la Guerre. Ce qui s'y fait est bien, mais on se plaint avec quelque raison de ce que les jeunes élèves, supérieurs par certains côtés, ne sont pas toujours au niveau du vulgaire sous d'autres rapports, quand ils arrivent dans le monde pour y remplir les fonctions que leurs études leur font accorder.

Ces jeunes gens n'ont pu acquérir les connaissances que leurs contemporains ont reçues dans les lycées. La cause de ce mal est parfaitement connue, elle tient au mode dont on use pour le recrutement de l'École. Les élèves sont dispensés d'avoir achevé leurs études littéraires et de fournir des certificats constatant qu'ils ont suivi les cours de rhétorique et de philosophie; on n'exige même pas d'eux le diplôme de bachelier ès lettres. Les examens auxquels on les soumet sont faits par des hommes dont les questions sont connues à l'avance. L'état de ces questions est dressé ; il est dans les mains des entrepreneurs de succès des jeunes gens, autrement dit des chefs d'institution. C'est pourquoi à treize ou quatorze ans, les enfants destinés à l'Ecole polytechnique quittent l'étude des lettres et sont dressés à apprendre, non les sciences mathématiques d'une manière raisonnée comme ensemble, mais la matière spéciale de ce qui est demandé aux examens. L'enseiment peut en être fait dans un an; et il est ainsi donné par quelques professeurs. Il suit de là que de treize à vingt ans, les futurs élèves de l'Ecole polytechnique passent leur temps à rabâcher les mêmes choses, à faire et refaire les mêmes problèmes, les mêmes dessins. Or, à l'École, on reprend et recommence cet enseignement, qui dure donc neuf ans, lorsque deux années suffisent à tout homme intelligent pour l'avoir suivi et s'en être pénétré. La méthode que nous signalons est déplorable; nous la devons peut-être à certains maîtres, qui aiment les esprits dociles ; mais sa pratique est loin de faciliter le développement de l'intelligence. L'enseignement de l'Ecole polytechnique ne s'en trouve pas bien. On constate qu'il est moins élevé qu'il ne l'était il y a une trentaine d'années.

La discipline de l'Ecole polytechnique est sévère. Les chefs ont rarement occasion de s'en mêler. Les élèves se chargent de maintenir les traditions qui assurent le prestige de leur uniforme. Un code, appelé le code X, rédigé par leurs soins, contient les règles auxquelles chacun d'eux est soumis. Celui qui contrevient aux dispositions de cette loi, est puni par ses camarades, plus sévèrement qu'il ne le serait par les directeurs de l'école. La surveillance mutuelle que ces jeunes gens exercent les uns sur les autres ne nuit point à leurs bonnes relations. Une grande intimité règne entre les élèves; leurs anciens, qui sont leurs supérieurs, les traitent comme des égaux. Cette fraternité remarquable a bien quelques inconvénients, mais elle a tant d'heureux effets qu'il importe de la respecter. L'autorité n'a point à en souffrir, quoi qu'en ait dit le père de l'illustre Mirabeau.

Les ingénieurs des Ponts et chaussées sont en général d'anciens élèves de l'École polytechnique, qui ont terminé leurs études à une École spéciale, dite des Ponts et chaussées, dont nous avons raconté la naissance et les progrès. Là sont des professeurs d'un mérite incontestable, dont les sages leçons théoriques ne laissent rien à désirer. Un conseil de perfectionnement, présidé par le Ministre, détermine les améliorations que les cours auront à recevoir. Les professeurs composent ce conseil, auprès duquel on aimerait à voir figurer un nombre de savants, d'industriels ou autres amis des arts et des sciences, qui n'auraient pas appartenu à l'École polytechnique et qui ne seraient pas liés par de longues habitudes.

Le Ministre des Travaux publics vient d'appeler à l'École des Ponts et chaussées des élèves qui ne sortiraient pas de l'École polytechnique. C'est la conséquence du cadre des ingénieurs auxiliaires. Une École préparatoire a été créée pour préparer aux examens, qui doivent être passés par ces élèves d'un nouveau genre (Instruction min. de juin 1880).

L'Ecole des Ponts et chaussées est dans les attributions du Ministre des Travaux publics.

A côté de cette École, et sous les ordres du même Ministre, il y a l'Ecole des Mines. Les ingénieurs qui y sont formés, comme nous l'avons indiqué, ont le pas sur les ingénieurs des Ponts et chaussées. D'ailleurs ces ingénieurs divers reçoivent souvent des destinations pareilles, et où les uns font défaut, les autres les remplacent. Un Règlement ministériel de cette année a créé une

École préparatoire destinée à former des élèves externes pour l'École des Mines.

L'enseignement de l'Ecole des Ponts et chaussées et de l'Ecole des Mines dure trois ans.

L'enseignement pratique pour les maîtres ouvriers mineurs est donné à Saint-Étienne, à Alais et à Douai. De ces Écoles sortent les maîtres mineurs, qui deviendront plus tard des gardes-mines.

D'autres Écoles peuvent fournir des agents, qui seront attachés à des Travaux publics. Nous citerons, en première ligne, l'École d'application de l'Artillerie et du Génie, qui était autrefois à Metz et et qui est maintenant à Fontainebleau. Elle avait été réorganisée par un Décret du 14 août 1867, qui a été modifié par un autre du 13 avril 1878.

Elle ne reçoit d'élèves que des jeunes gens sortant de l'École polytechnique. Ils arrivent avec le grade de sous-lieutenants passent deux ans, trois au plus à l'École et sont ensuite, s'ils ont satisfait aux examens de sortie, classés par ordre de mérite.
Parmi les professeurs, l'un d'eux assisté d'un adjoint fait un cours de construction ; un autre assisté de trois adjoints, enseigne l'art d'établir des fortificatious permanentes. Différents autres cours pourraient être mentionnés, tels sont ceux de topographie, d'art militaire et de géodésie.

Les élèves qui sortent de cette École sont d'excellents ingénieurs.

A l'École spéciale militaire de Saint.Cyr, nous trouvons un cours de topographie avec un professeur et quatre adjoints ; un cours de fortification, ayant de même un professeur et quatre adjoints.

A l'École d'application de cavalerie à Saumur, un cours de topographie et d'art militaire, un professeur d'artillerle et de fortification.

Il y a une École d'application des Poudres et salpêtres dont les élèves sortant de l'École polytechnique, suivent pour différentes matières, notamment les constructions, la résistance des matériaux, etc., les leçons de l'École des mines (Décision min. du 25 mars 1878).

A l'École des sous-officiers d'infanterie, établie au camp d'Avord, nous trouvons encore un cours de fortification et de topographie.

La Marine a aussi ses Écoles.

L'École d'application du Génie maritime, à Cherbourg, recrutée parmi les élèves de l'École polytechnique, rentre dans celles dont nous avons à nous occuper.

Le Ministère de l'Agriculture et du Commerce peut aussi fournir des sujets pour nos Travaux publics. Nous citerons, en première ligne, ceux qui sortent de l'École centrale des Arts et manufactures. Cette École, fondée en 1829, est devenue établissement de l'État par une Loi du 19 juin 1857. Elle forme des ingénieurs civils qui sont destinés à l'industrie privée et qui peuvent aussi, en certains cas, être utilisés par le Gouvernement. Les élèves français ou étrangers ne sont admis qu'après avoir subi un concours. L'État et les départements viennent en aide à des élèves. Cette École enseigne à la fois la théorie et la pratique. Elle a des cours de : Mécanique appliquée, constructions civiles, Travaux publics, exploitation des Mines, Chemins de fer, etc.

Les Écoles d'arts et métiers sont une pépinière pour le recrutement du personnel des conducteurs des Ponts et chaussées. Nous ne mentionnerons ici que les Écoles d'Aix, d'Angers et de Châlons, qui toutes trois sont au compte de l'État; mais il y en a d'autres, notamment une à Paris.

Nous ne devons pas oublier l'École des Forêts, qui dépend aussi maintenant du Ministère de l'Agriculture et du commerce.

Un Arrêté, du 25 juin 1878, du Ministre des Postes et télégraphes, a institué une École supérieure de Télégraphie. Elle donne l'enseignement : 1° à des élèves de l'École polytechnique, d'après leur numéro de sortie dans les télégraphes; 2° à des agents des postes et des télégraphes comptant deux ans de service ; à des licenciés ès sciences, à d'anciens élèves de l'École polytechnique, de l'École normale ou des Ponts et chaussées, de l'École forestière, de l'École centrale. Elle reçoit des auditeurs libres ; français et étrangers peuvent être admis à suivre les cours. Les élèves sont dits élèves ingénieurs des télégraphes. La durée des cours est de deux ans. Après l'examen de sortie, ceux qui y ont satisfait sont nommés sous-ingénieurs. Les auditeurs libres peuvent obtenir un diplôme spécial.

L'École des beaux-arts, qui forme des architectes, ne doit point être oubliée.

Le service des Tabacs emploie des ingénieurs formés dans une École d'application, où l'art des constructions leur est enseigné. Ces ingénieurs sont d'anciens élèves de l'École polytechnique, auxquels on fait suivre des cours de l'École des Ponts et chaussées.

Des cours libres ont été institués en vue d'instruire les agents des Ponts et chaussées. Le Ministre a aussi manifesté le désir que d'autres personnes y fussent appelés, afin de préparer des aspirants conducteurs des Ponts et chaussées (Circ. 5 août 1879).

Il y a donc un grand nombre d'écoles qui fournissent le personnel des Travaux publics. Nous trouvons, sortant de l'École polytechnique, des élèves pour les sept Écoles suivantes :

Des Ponts et chaussées,

Des Mines,

De l'Artillerie et du Génie,

Du Génie maritime,

Des Tabacs,

Des Poudres et salpêtres,

Et des Télégraphes.

En général l'enseignement dure trois ans. Chaque semestre d'hiver est consacré à la théorie ; le semestre d'été est employé à la pratique. Les élèves des écoles civiles sont alors envoyés en mission, ceux dépendant de la Guerre ou de la Marine rejoignent les corps dont ils feront partie. Partout la partie théorique est à peu près pareille. Elle est absolument la même pendant la première année, dans toutes les Écoles. On se rend donc difficilement raison de la multiplicité de ces centres d'enseignement. Évidemment il y a là une réforme importante à faire. Les meilleurs des anciens élèves de chacune de ces Écoles reconnaissent que le premier semestre devrait au moins laisser ensemble tous les élèves de l'École polytechnique, dont la spécialité pourrait être constatée au moment de distribuer les missions. D'autres vont plus loin, surtout en ce qui regarde les ingénieurs des Ponts et chaussées et des Mines, dont les attributions sont toujours et partout pareilles, les uns remplaçant les autres ; la réforme devrait avoir pour but de n'avoir qu'une seule École à Paris pour tous les ingénieurs de l'État, quels que soient les services auxquels on les destine, sauf bien entendu, la spécialisation qui résulterait des études faites dans les missions du semestre d'été.

Ce n'est pas là une simple question de budget, c'est une affaire sérieuse pour le développement de l'instruction et de l'intelligence de l'humanité.

DES TRAVAUX PUBLICS.

Des eaux. — Le nombre des ouvrages projetés ou entrepris dépasse ce que toute autre période pourrait nous offrir. Le calme revenu dans les esprits permet de se livrer aux plus grands travaux. Ainsi l'a compris le Gouvernement républicain. On nous excusera, si nous ne traçons pas ici le tableau complet de ce qui se fait. Aucune époque n'a eu des vues plus larges que le Gouvernement actuel. Le rapport de M. de Freycinet au Président de la République l'a montré. En ce qui touche les travaux pour la navigation intérieure, nous nous contenterons de donner le texte de la Loi du 5 août 1879 relative au classement et à l'amélioration des voies navigables.

Cette Loi a été préparée de longue main. Cinq commissions techniques, créées en 1878, avaient été chargées de dresser, pour nos grands bassins, le programme des travaux nécessaires. Une commission supérieure formée le 5 septembre de la même année avait centralisé les projets pour l'aménagement des eaux, et c'est à la suite de ces préparations que l'on a fait la Loi dont nous donnons immédiatement le texte :

ART. 1er. — Les voies navigables du territoire sont, suivant a nature et l'importance des besoins qu'elles desservent, divisées en deux classes :

1° Les lignes principales ;

2° Les lignes secondaires.

Les premières sont administrées par l'État. Les autres peuvent être concédées avec ou sans subvention, pour un temps limité, à des associations ou à des particuliers.

ART. 2. — Les lignes principales doivent avoir au minimum les dimensions suivantes :

Profondeur d'eau . . . . $2^m,00$

Largeur des écluses . . . . $5^m,20$

Longueur des écluses entre la corde du mur de chute
et l'enclave des portes d'aval . . . . $38^m,50$

Hauteur libre sous les ponts (pour les canaux) . . $3^m,70$

Il ne peut être dérogé à cette règle que par mesure législative.

ART. 3. — Sont classées comme lignes principales les voies navigables dont la désignation suit :

LIGNES EXISTANTES OU EN CONSTRUCTION.

I. Ligne de Paris à la frontière belge vers Mons, empruntant les rivières et canaux ci-après :

Seine, Oise canalisée, canal latéral à l'Oise, canal de Manicamp, canal de Saint-Quentin, Escaut, canal de Mons à Condé.

II. Embranchement de la ligne précédente vers Charleroi, empruntant le canal de la Sambre à l'Oise et la Sambre canalisée.

III. Ligne de jonction de l'Oise à la Meuse, empruntant l'Aisne canalisée, le canal latéral à l'Aisne et le canal des Ardennes.

IV. Ligne de jonction de l'Escaut à la mer du Nord, empruntant le canal de la Sensée, la Scarpe moyenne, la Deule, le canal d'Aire à la Bassée, le canal de Neuffossé, l'Aa, le canal de Calais et le canal de Bourbourg.

V. Embranchement de la ligne précédente vers la frontière belge : canal de Dunkerque à Furnes et canal de Bergues, canal de la Colme, Lys canalisée, canal de la Deule et canal de Roubaix, Scarpe inférieure, et Escaut de Condé.

VI. Canal de la Somme : de Saint-Simon, point d'embranchement sur le canal de Saint-Quentin, à la baie de la Somme.

VII. Ligne de Paris à la frontière de l'Est, par la Marne, le canal latéral à la Marne, le canal de la Marne au Rhin, la Moselle canalisée.

VIII. Canal de l'Est, de Givet à Port-sur-Saône, empruntant la Meuse canalisée, le canal de la Marne au Rhin, la Moselle et le canal de la Moselle à la Saône ; branches de Nancy et d'Epinal.

IX. Canal du Rhône au Rhin.

X. Jonction des lignes du Nord et de l'Est : canal de l'Aisne à la Marne.

XI. Ligne de la Manche à la Méditerranée par la Seine, l'Yonne, le canal de Bourgogne, la Saône et le Rhône.

XII. Jonction du canal de l'Est avec la ligne précédente : Saône, de Port-sur-Saône à Saint-Jean-de-Losne.

XIII. Canal de la Haute Marne, s'embranchant à Vitry-le-Français sur le canal de la Marne au Rhin et se prolongeant jusqu'à Donjeux.

XIV. Jonction de la Seine à la Loire : canaux du Loing, de Briare et d'Orléans.

XV. Ligne latérale à la Loire : canal de Roanne à Digoin, canal latéral de Digoin à Châtillon-sur-Loire.

XVI. Jonction de la Saône à la Loire : canal du Centre.

XVII. Ligne de l'Océan à la Méditerranée : Garonne, canal latéral à la Garonne, canal du Midi.

XVIII. Jonction du Rhône à la ligne précédente : canal de Beaucaire, canal de la Radelle, canal des Étangs.

XIX. Lignes du Sud-Ouest, Charente, Sèvre Niortaise, canal de Marans à la Rochelle.

XX. Canal de Berry et Cher canalisé.

LIGNES NOUVELLES.

XXI. Jonction de l'Oise à l'Aisne.

XXII. Jonction de la Marne à la Saône.

XXIII. Jonction du Doubs à la Saône, de Montbéliard à Conflandey.

XXIV. Jonction de l'Escaut à la Meuse.

XXV. Canal latéral à la Loire, d'Orléans à Nantes.

XXVI. Jonction du bassin de la Loire au bassin de la Garonne.

XXVII. Canal latéral à l'étang de Thau.

XXVIII. Prolongement du canal latéral à la Loire, de Roanne à Saint-Rambert et la Fouillouse.

XXIX. Canal destiné à mettre en communication la région industrielle du Nord avec Paris.

XXX. Canal du Havre à Tancarville.

Art. 4. — Les rivières et canaux navigables non classés parmi les lignes principales sont considérés comme lignes secondaires. Ils ne sont point assujettis aux règles posées par l'article 2.

Art. 5. — Les canaux ou rivières navigables actuellement concédés qui sont classés comme lignes principales, par la présente loi, seront rachetés au fur et à mesure que les ressources du budget et les circonstances le permettront.

Art. 6. — Il sera procédé dans la forme prescrite par les Lois et Règlements, aux études et à l'instruction des projets concernant la construction ou la transformation des voies navigables énumérées au tableau annexé à la présente loi, de manière à ce qu'elles satisfassent aux conditions indiquées à l'article 2.

Art. 7. — Les travaux de construction ou de transformation desdites voies seront exécutés successivement, en tenant compte de l'importance des intérêts engagés, ainsi que du concours financier qui sera offert par les départements, les communes et les particuliers.

Art. 8. — Il sera pourvu aux dépenses nécessitées par l'exécution de ces travaux au moyen des ressources extraordinaires inscrites au budget de chaque exercice.

Tableau annexé au projet de loi relatif au classement et à l'amélioration des voies navigables (1).

DÉSIGNATION des voies navigables.	DÉSIGNATION DES TRAVAUX.
	RIVIÈRES.
Aa	Perrés. Dérivation à Saint-Omer.
Acheneau	Améliorations diverses.
Adour	Elévation du mouillage jusqu'à Mugron.
Aisne canalisée	Exhaussement et reconstruction de barrages. Amélioration des digues et chemins de halage, etc.
Aube	Amélioration du flottage entre Marcilly et Brienne.
Baïse	Augmentation du mouillage et empierrement du chemin de halage.
Boutonne	Création d'un mouillage de 1^m,60.
Charente	Augmentation du tirant d'eau, dragages, améliorations diverses.
Dordogne	Augmentation du tirant d'eau entre Souillac et Libourne.
Doubs et Loue	Amélioration du flottage.
Erdre	Chemin de halage à construire entre Nantes et Quiheix. Barrage de la Vilaine à Redon. Amélioration entre le canal de Nantes à Brest et Nort.
Etier de Méan	Amélioration entre Pont-Château et la mer.
Garonne	Dragages et grosses réparations entre Roquefort et Toulouse. Elévation du mouillage à 1^m,40 entre Agen et Castets. Dragages, redressement et améliorations diverses entre Castets et Bordeaux.
Garonne maritime	Amélioration des passes et des petits ports.
Gaves réunis	Dragage des passes. Amélioration du port de Peyrehorade et du chemin de halage.
Isle	Amélioration de la navigation jusqu'à Périgueux.
Lacs de la Savoie	Ports, quais et embarcadères.
Lawe	Restauration générale.
Leyre	Etablissement de la navigation de Moustey au bassin d'Arcachon.
Loir	Canalisation entre son confluent avec la Sarthe et Vars.
Loire maritime	Dragages et amélioration entre Nantes et Paimbœuf.
Lot	Travaux complémentaires d'amélioration.
Lys	Amélioration du mouillage, perrés, ports, etc.
Maine	Amélioration et chemin de halage.
Marne	Création d'un mouillage de 2^m,20 entre Charenton et Dizy et sur le canal de Meaux à Chalifert.
Mayenne	Augmentation de la longueur des écluses.
Meurthe	Amélioration du flottage entre Nancy et la limite des Vosges.
Midouze	Elévation du mouillage à 1 mètre.
Moselle canalisée	Allongement des écluses. Amélioration des digues et chemins de halage, ports, quais, raccordements, etc.
Oudon	Améliorations diverses.
Rhône	Amélioration du passage de Chaffard. Dérivation éclusée au saut du Rhône et traversée de Lyon. Reconstruction de ponts et amélioration des ports dans la traversée de Lyon.
Saône	Amélioration entre Port-sur-Saône et Lyon. Construction d'une seconde écluse à l'île Barbe. Ports, gares. Amélioration dans la traversée de Lyon.

(1) Ne figurent pas dans ce Tableau les voies navigables dont les travaux, non encore exécutés, ont déjà été votés par les Chambres.

DÉSIGNATION des voies navigables.	DÉSIGNATION DES TRAVAUX.
Sarthe............	Travaux complémentaires d'amélioration et canalisation jusqu'à Beaumont. Allongement des écluses.
Scarpe moyenne....	Perrés, Ports. Dérivation autour de Douai, etc.
Scarpe supérieure....	Allongement des écluses. Elargissements. Perrés, ponts, ports, etc.
Sèvre Nantaise......	Réfection de l'écluse de Verton.
Sèvre Niortaise......	Etablissement de réservoirs d'alimentation et travaux destinés à assurer l'écoulement des crues.
Seine maritime......	Restauration des digues en amont de Caudebec. Elargissement et amélioration de la passe des Meules. Endiguement de la passe de Bardouville.
Seine.............	Traversée de Paris. Réfection successive des quais, bas ports et banquettes qui se trouveront submergés par suite du relèvement du plan d'eau à 3ᵐ,20. Quai et port de Bercy. Quais aux abords du pont au Double. Quai et port de Grenelle. Quai insubmersible et banquette perreyée d'Auteuil.
Tarn.............	Transformation des écluses. Dragages. Chemins de halage.
Vendée...........	Etablissement d'un réservoir d'alimentation. Approfondissement et améliorations diverses.
Vézère.	Augmentation du tirant d'eau.

CANAUX.

§ 1er. — AMÉLIORATION DES VOIES EXISTANTES OU EN COURS DE CONSTRUCTION.

Aire à la Bassée.....	Allongement des écluses. Perrés, ponts, etc.
Aisne à la Marne....	Allongement des écluses. Augmentation du mouillage, etc.
Aisne (Latéral à l')..	Augmentation du mouillage. Allongement des écluses. Ports, quais, etc.
Ardennes	Augmentation du mouillage. Allongement des écluses. Travaux complémentaires d'alimentation. Etanchement. Relèvement des ponts, etc.
Bergues à Dunkerque.	Approfondissement. Perrés. Amélioration des communications avec les bassins de Dunkerque.
Berry	Amélioration, élargissement et approfondissement du canal. Augmentation des ressources alimentaires. Amélioration du Cher canalisé. Curages, étanchements, ports, etc.
Bourbourg.........	Perrés et ports.
Briare............	Allongement des écluses. Augmentation du mouillage.
Calais	Perrés et ponts.
Centre............	Allongement des écluses. Augmentation du mouillage et exhaussement de ponts, etc.
Colme............	Elargissement. Augmentation du mouillage. Reconstruction d'écluses.
Deule	Augmentation du mouillage, Rectifications. Perrés. Ports, etc.
Est...............	Travaux complémentaires d'alimentation. Allongement d'écluses. Etanchements, etc.
Etangs	Etablissement du mouillage de 2 mètres et améliorations diverses.
Hazebrouck........	Amélioration de la Bourre à Merville.
Hourtins à Arcachon.	Etablissement du flottage sur le canal.
Ille et Rance.......	Augmentation du mouillage. Amélioration de l'alimentation. Travaux divers.
Loing	Allongement des écluses. Augmentation du mouillage.
Loire (Latéral à la)..	Allongement des écluses. Augmentation du mouillage. Améliorations diverses.

DÉSIGNATION des voies navigables.	DÉSIGNATION DES TRAVAUX.
Marans à la Rochelle.	Communication avec le port de la Rochelle.
Marne au Rhin	Augmentation du mouillage. Allongement d'écluses. Alimentation complémentaire. Etanchements, etc.
Marne (Latéral à la).	Allongement des écluses. Augmentation du mouillage.
Mons à Paris	Allongement des écluses. Travaux complémentaires d'alimentation. Amélioration des souterrains du canal Saint-Quentin. Restauration des barrages, chemins de halage, ports, quais, etc.
Nantes à Brest, Blavet.	Augmentation du mouillage. Amélioration de l'alimentation. Travaux divers.
Neuffossé...........	Allongement des écluses. Elargissements. Perrés, etc.
Nivernais	Allongement des écluses. Augmentation du mouillage.
Orléans	Allongement des écluses. Augmentation du mouillage.
Rhône au Rhin.....	Allongement des écluses. Augmentation du mouillage. Travaux divers.
Roubaix	Allongement des écluses. Elargissements. Perrés et ponts.
Seclin	Augmentation du mouillage et restauration des ouvrages d'art.
Sensée............	Curages. Ponts. Ports. Allongement des écluses.

§ 2. — CRÉATION DE LIGNES NOUVELLES.

Lignes principales.

Doubs à la Saône...	Construction d'un canal de jonction du Doubs à la Saône entre Montbéliard et Conflandey, afin de rétablir la communication de ce canal avec les voies navigables de l'Est. (Ce projet a été voté par la Chambre depuis le dépôt du projet de loi.)
Escaut à la Meuse...	Construction d'un canal de jonction de la Meuse à l'Escaut.
Etang de Thau (Latéral à)	Construction d'un canal latéral à l'étang de Thau, pour l'amélioration des communications existantes entre les deux grandes lignes de navigation de l'Océan et de la Méditerranée.
Loire à la Garonne, à la Charente et à la Sèvre Niortaise....	Construction d'un canal destiné à mettre en communication le bassin de la Loire avec celui de la Garonne. Embranchement de ce canal sur Niort, reliant le port de la Rochelle au réseau intérieur de navigation.
Prolongement du canal latéral à la Loire, de Roanne à la Fouillouse...........	Le canal est destiné à relier le bassin industriel de Saint-Etienne avec le canal latéral à la Loire. Il devra être prolongé jusqu'au Rhône et réunira ce fleuve à la Loire.
Loire (Latéral à la)..	Construction d'un canal latéral à la Loire entre Combleux et Nantes.
Marne à la Saône....	Jonction de la Marne à la Saône, consistant dans le prolongement du canal de la Haute-Marne entre Donjeux et Pontarlier. (Un projet de loi a été déposé pour la déclaration d'utilité publique de cette entreprise.)
Oise à l'Aisne.......	Construction d'un canal de jonction de l'Oise à l'Aisne, d'Abbécourt à Bourg. (Un projet de loi a été déposé pour la déclaration d'utilité publique de cette entreprise, qui abrège de 58 kilomètres les communications par eau entre le Nord et l'Est de la France, et il a été adopté par la Chambre.)
Canal direct du Nord sur Paris	Ce canal est destiné à mettre en communication la région industrielle du Nord avec Paris.
Canal du Hâvre à Tancarville..........	Ce canal est destiné à relier le port du Hâvre avec notre réseau de navigation intérieure.

DÉSIGNATION des voies navigables.	DÉSIGNATION DES TRAVAUX.
	Lignes secondaires.
Corre à Darney.......	Canalisation de la Saône entre Corre et Darney.
Dombasle à Saint-Dié.	Construction d'un canal latéral à la Meurthe entre Dombasle et Saint-Dié.
Épinal à Remiremont.	Canalisation de la Moselle entre Epinal et Remiremont.
Frouard à Nancy....	Canalisation de la Meurthe entre Frouard et Nancy et raccordement avec le canal de la Marne au Rhin à Nancy.
Longwy à la Meuse..	Canalisation de la Chiers entre Longwy et la Meuse.
Nancy au canal de la Marne au Rhin....	Raccordement de la Meurthe avec le canal de la Marne au Rhin. (Projet voté.)
Sauldre.............	Prolongement sur 4 kilomètres vers l'amont.
Saint-Dizier à Vassy.	Construction d'un canal de Saint-Dizier à Vassy, destiné à l'exploitation des ressources minières et forestières de la vallée de la Blaise.
Lens à la Deule.....	Construction d'un canal de Lens à la Deule.
Tourcoing à Roubaix.	Construction d'un canal destiné à relier la ville de Tourcoing au canal de Roubaix.
Canal des Grandes-Landes..........	Construction d'un canal destiné à relier le bassin de l'Adour au bassin de la Garonne.

Nous signalerons, dans le Tableau, le quatrième des ouvrages à créer, compris dans les lignes principales et destiné à mettre en communication la Loire et la Garonne. C'est ce qui reste à construire pour achever le canal vraiment français, qui relierait Dunkerque, le Hâvre, Nantes, avec Bordeaux et le canal du Midi. Cette voie de navigation, demandée sous Charles VII, dont François Ier et Henri IV se sont occupés, a été l'objet de concessions et de travaux sous Louis XIV et Louis XVI. M. Becquey en avait marqué l'importance dans ses projets de 1819 ; en 1832, quelques ouvrages de terrassement ont été entrepris en vue de la réalisation de ce projet, dont en 1829 Dutens évaluait la dépense à 23 millions. 600 mille francs. Espérons que l'opération va être reprise dans le plus bref délai et qu'elle sera continuée jusqu'à bonne, fin.

Du reste le service des eaux est devenu une affaire capitale. Ainsi l'*Annuaire* du Ministère des Travaux publics pour 1880, partage la France en vingt-quatre inspections générales, ayant pour objet le service hydraulique, la navigation intérieure et les ports maritimes de commerce.

On trouvera sur les règlements d'eaux et les canaux d'irrigation des documents qui partent de 1871 et qui se succèdent sans interruption. Comme il s'agit d'affaires particulières nous n'en donnerons pas le détail. Il y en a sur le Rhône, la Seine, la Meuse, etc. On s'est occupé de tout, par exemple du curage des rivières.

Les Cours d'eau ni navigables ni flottables ont donné lieu à un règlement (18 juin 1878), appuyé par diverses circulaires (notamment 13 décembre 1878).

Un canal dérivé du Rhône pour l'arrondissement d'Uzès a fait l'objet d'une concession (Décret du 7 août 1878). On a aussi réglementé ce qui concerne les eaux de certains lacs pour obvier aux inondations par des barrages (Décret du 8 août 1874).

On s'est occupé activement des Ports maritimes de commerce. Un projet de règlement sur leur police avait été préparé en 1867, on en a continué l'étude, et les *Annales des Ponts et chaussées* de 1879 l'ont reproduit.

Des actes divers se sont occupés du port de Bordeaux. Il y en a eu sur le port de Boulogne (V. not. Loi du 7 janvier 1878), et l'on trouverait facilement que la sollicitude du Gouvernement s'est fixée sur tous les ports et les havres de la terre de France et des colonies.

La police des ports maritimes de commerce a continué à être exercée par des officiers portant le titre de capitaines de 1re ou 2e classe, lieutenants de 1re ou 2e, maîtres de port de 1re, 2e, 3e et 4e classe. Leur service est placé sous la direction des ingénieurs des Ponts et chaussées chargés des travaux maritimes.

Rien n'a été, d'ailleurs, véritablement modifié sur les règles précédemment posées pour les fleuves et rivières, les chemins de halage ou de contre-halage, c'est-à-dire les marchepieds des cours d'eau. Il en est de même sur les canaux. Les Lois pour le drainage continuent aussi à être en vigueur. Il faut en dire autant des Lois de 1845 et 1847 sur les irrigations, et de celles qui ont été faites sur l'asséchement des Marais.

DES CHEMINS DE FER.

Aujourd'hui, la plus grande affaire du Ministère des Travaux publics est le soin des Chemins de fer. Il y a d'abord les grandes lignes créées sous le Gouvernement de Juillet, auxquelles s'est ajoutée plus tard la ligne du Midi. Les parcours desservis directement sont augmentés par des lignes d'ordre secondaire, dites du second ou du troisième réseau. Il y a en outre les lignes qui ne sont pas rattachées à celles exploitées par les six grandes Compagnies. Elles sont d'intérêt général ou d'intérêt local. Les premières ont été concédées par l'État à des Compagnies qui s'en sont chargées ; les secondes ont été votées par les autorités locales. Nous avons raconté comment est née la loi qui a autorisé l'établissement des chemins d'intérêt local. D'abord on l'a exécutée sans difficulté, puis les départements ont concédé des chemins qui étaient dans les prévisions du Ministère. Il en est résulté de graves conflits entre les départements et l'Administration centrale. Les Conseils généraux, s'appuyant sur le texte de la Loi, prétendaient que les concessions par eux faites étaient définitives, lorsqu'elles n'avaient pas été critiquées dans les délais de la loi. En conséquence, ils demandaient à être autorisés à procéder à l'expropriation des terrains nécessaires à leurs entreprises. Le Ministère refusait de se soumettre à ces exigences, inventait de faux prétextes, parce que le moment de faire les chemins, comme étant d'intérêt général, ne lui semblait pas venu, et le Conseil d'État, se mettant d'accord avec l'Administration, refusait de donner un avis favorable aux demandes qui étaient formulées. La guerre a été vive entre les départements et le Ministre, jusqu'au jour où il a paru bon à ce dernier de dire ce qui était dans ses intentions. Plusieurs Lois, rendues à partir de 1875, ont classé les Chemins que l'État entend faire. Il est maintenant facile pour les intéressés de connaître s'ils veulent ou non entreprendre un chemin que le Gouvernement s'est réservé. Le nombre des Lois est tel que la longueur des lignes exécutées, votées ou projetées est, à l'heure présente (mai 1880), de 42,000 kilomètres.

Le classement des lignes projetées dans le réseau des chemins de fer d'intérêt général a fait naître tant de Lois, que ce serait un hors-d'œuvre d'en donner la liste. Nous mentionnerons seulement celle du 17 juillet 1877, qui a classé, d'un seul coup, 181 lignes dans ce réseau. Ces Lois ont donné des espérances aux localités qui seront desservies par ces lignes. Les concéder séparément ou par grandes fractions serait évidemment prématuré. Le Gouvernement s'est fait autoriser à en entreprendre la construction (Loi 29 déc. 1876).

La fièvre qui s'est produite à un moment avait eu pour résultat la création de nombreux Chemins de fer, qui ne pouvaient donner des bénéfices aux compagnies concessionnaires. Beaucoup de ces sociétés sont tombées en déconfiture au moment où elles commençaient l'exploitation de leurs voies, de sorte que les contrées situées sur le parcours de ces lignes se trouvaient, après en avoir eu, menacées de rester sans chemins de fer. Le Gouvernement a vu cette situation et, pour y obvier, il s'est fait autoriser à racheter, pour les exploiter, les lignes dont les compagnies étaient en faillite ou près de tomber. Les Lois ont dit que cette exploitation serait temporaire. Cependant le Ministère a dû s'entourer d'un personnel considérable, chargé de ces services.

Il y a d'abord un Conseil d'administration des Chemins de fer de l'État, dans lequel figurent des sénateurs, des députés, un conseiller maître de la Cour des comptes, un membre du Conseil supérieur de l'Agriculture, du Commerce et de l'Industrie, un ingénieur en chef des Mines et deux ingénieurs des Ponts et chaussées.

Des ingénieurs des Mines et des Ponts et chaussées sont chargés de la direction, de l'exploitation, du matériel, de la traction, de l'entretien et de la surveillance de la voie et des bâtiments. Ils ont sous leurs ordres un certain nombre de conducteurs des Ponts et chaussées, de garde-mines, de chefs et de sous-chefs de section. Le Contrôle de l'exploitation de ces chemins est confié à un inspecteur général des mines, ayant des conducteurs sous ses ordres. Le contrôle technique est de même dirigé par des ingénieurs de l'État, la plupart ingénieurs des mines. La surveillance administrative appartient à des commissaires qui sont placés simultanément sous les ordres des ingénieurs chargés de la surveillance technique et des inspecteurs de l'exploitation commerciale. Cette exploitation se fait à titre provisoire.

Les six grandes lignes servent à délimiter le service des ingénieurs de l'État en ce qui concerne tous les chemins de fer. Chacune groupe autour d'elle les chemins d'un ordre inférieur, lesquels sont énumérés dans les ordres administratifs, pour qu'il n'y ait pas de confusion. La direction de ces services appartient, pour le Nord et Paris-Lyon-Méditerranée, à des chefs pris dans les ingénieurs des Mines ; pour l'Est, l'Ouest, l'Orléans, le Midi, les directeurs du service sont des ingénieurs des Ponts et chaussées. Outre cette division, il faut tenir compte des circonscriptions sur lesquelles s'exerce l'autorité des inspecteurs-généraux.

La France est partagée, comme nous l'avons vu, en 24 inspections, dont chacune est confiée à un des inspecteurs généraux de 2me classe des Ponts et chaussées.

Ces fonctionnaires ont les chemins de fer de leur circonscription dans leurs attributions, et, pour qu'il n'y ait pas de difficultés entre eux, le Ministère a eu soin de déterminer la part que chacun doit surveiller.

Les six grandes Compagnies s'entendent entre elles pour l'application de leurs tarifs. Elles ne se font guère concurrence. Mais elles ne se croient pas tenues à la même réserve vis-à-vis des autres chemins. Elles diminuent le prix des transports, quand cela leur semble bon pour attirer le trafic vers les voies qu'elles exploitent. Le public gagne beaucoup à cette concurrence. Les Chemins de fer de l'État en souffrent, comme en avaient souffert les Compagnies qui les ont possédés. Cette situation financière se révèle à chaque instant. Ainsi, les recettes des Chemins de l'État ne paieraient pas la reconstitution du matériel ; c'est pourquoi le Ministre des Travaux publics a déposé, le 1er mai de cette année (1880), un projet de Loi, par lequel il réclame des chambres un million destiné à faire des acquisitions d'objets nécessaires pour le transport des voyageurs et des marchandises. Les tarifs des chemins de l'État n'ont point été abaissés ; ils ne le seront pas. Nos mœurs ne permettent pas que l'Administration se fasse le rival du commerce privé. En présence du déficit que son exploitation éprouve, le Gouvernement avait pensé qu'il serait avantageux pour lui de posséder un réseau un peu plus étendu. C'est une idée fausse ; cependant il y avait un accord entre l'Administration et la Compagnie d'Orléans, pour que celle-ci cédât quelques petites lignes, lesquelles auraient été, croyait-on, fort utiles au développement des chemins de l'État. La commission de la Chambre des députés a repoussé cette convention ; elle conclut au rachat total des lignes concédées à la compagnie d'Orléans. C'est un système qui ne doit pas réussir. Les fonctionnaires publics ne sauraient, sans danger pour la liberté du commerce, être transformés en agents d'une entreprise de transports. Nous subissons assez de monopoles ; nous ne désirons pas qu'il en soit créé de nouveaux.

Les raisons données par la commission de la Chambre des députés ne sont pas même spécieuses. Le rapport, déposé le 20 mars, publié dans le n° du *Journal officiel* du 18 mai 1880, annonce que le but cherché est l'abaissement des tarifs, abaissement que l'on ne fait pas alors même qu'il est commandé par la concurrence. Le prétendu but cherché n'est donc qu'un prétexte. Dans ces conditions, il y a tout lieu d'espérer que les choses resteront ce qu'elles sont ; que l'État complétera son réseau et qu'il en fera ensuite la concession à une ou plusieurs Compagnies.

Nous n'avons point à signaler ici les dispositions diverses qui sont intervenues sur des points de détail. Elles sont insignifiantes. Qu'importe que le Ministère ait cru devoir donner des modèles de tableaux et enseigner des procédés graphiques pour les projets de chemins de fer (Circ. 30 juillet 1879).

Mais, ce qui est grave et peut-être regrettable, c'est que l'on ait eu la pensée de faire des lignes à voies étroites, ce qui occasionnera des transbordements de marchandises et de voyageurs ; et que l'on ait modifié certains cahiers des charges (1878).

Le Ministre a aperçu quelques difficultés provenant de ce que les cahiers des charges sont uniformes ; il verra bientôt que ces embarras sont peu de chose, en comparaison de ceux qu'occasionne le labyrinthe de la diversité.

Le classement par avance d'un nombre considérable de Chemins de fer comme étant d'intérêt général, ne saurait prévenir toutes les hypothèses, de sorte que, malgré les précautions prises par la loyauté du Gouvernement de la République, quelques conflits pourront encore surgir entre le Ministère et les Administrations départementales. Le Ministre des Travaux publics l'a compris et, pour obvier à cette difficulté, il a présenté, le 29 avril 1878, un projet de Loi sur les Chemins d'intérêt local.

Ce projet est aujourd'hui converti en Loi. Les droits des départements sont heureusement modifiés. Mais, pour éviter toutes les contestations, on aurait dû rectifier la Loi de 1871 sur les attributions des Conseils généraux, qui est aussi changée par celle dont nous nous occupons et qui porte la date du 11 juin 1880. Désormai les projets de Chemins d'intérêt local départementaux ou communaux seront soumis à l'examen du Conseil général des Ponts et chaussées et du Conseil d'État. Pour surcroît de précaution, dans les deux mois de la concession votée par le département ou la commune, le Ministre a le droit, sur la réclamation du Préfet, et après avoir pris l'avis du Conseil général des Ponts et chaussées, d'appeler le département à voter de nouveau. Le Gouvernement aura en tout temps le droit de classer les Chemins d'intérêt local parmi les chemins d'intérêt général. Le classement donnera lieu à une indemnité qui sera réglée conformément aux conditions des cahiers des charges. Tels sont les points principaux de cette loi.

DES TRAMWAYS.

L'habitude de voir circuler les locomotives a rendu les hommes familiers avec ces machines énormes, dont on ne craint plus autant la rencontre, parce que l'on a appris à s'en garer. C'est pourquoi le Gouvernement a permis d'établir des voies ferrées sur certaines routes. Ces voies sont de véritables chemins de fer, comme ceux qui, renfermés entre des obstacles, sont réservés au passage de trains remorqués. On les appelle voies ferrées sur les routes à traction de locomotives. Ces chemins viennent d'être réglés par la Loi dont nous avons parlé ; déjà les contrées privées de lignes ferrées ordinaires demandent et obtiennent qu'il leur soit donné des chemins à traction de locomotives sur les routes qui les traversent. Il y en a eu de concédés à des Compagnies anonymes, dont les statuts ont été arrêtés d'accord entre ces compagnies et l'État. Un cahier des charges leur a été imposé. Il diffère peu de celui qui est adopté pour les chemins de fer ordinaires. Cependant nous noterons qu'il s'en distingue en ce qu'il fixe la largeur des voies autrement qu'elle n'est en général, la faisant ici plus étroite. Les chemins sur route doivent traverser à niveau toutes les voies de communication. Leurs locomotives dévoreront leur fumée, ce que l'on ferait bien d'ordonner partout. Il y a aussi, comme on le comprend, des dispositions spéciales à ces voies, qui sont sur des routes auxquelles elles ne sauraient nuire et dont elles ne sauraient entraver l'entretien, la réparation ou l'usage.

Les wagons étant moins importants que ceux des chemins ordinaires, on a dû modifier ici les obligations des compagnies au regard des voyageurs, qui n'ont que des places de deux classes à leur disposition.

Enfin la vitesse des trains de ces chemins de fer ne peut jamais dépasser vingt kilomètres par heure, et elle est toujours réglée par le Ministre des Travaux publics sur la proposition des compagnies. Elle est même réduite à 6 kilomètres par heure, dans tous les parcours déterminés par le Ministre (V. le cahier des charges annexé à un Décret du 7 mai 1879).

Après les Chemins de fer placés sur les routes et à traction de locomotives, nous avons depuis longtemps des chemins de fer, dits Tramways. On emploie à la traction des voitures qui y circulent des chevaux ou de petites locomotives spéciales. Le Ministère des Travaux publics s'était attribué la haute main sur ces voies. Il avait réglé le mode des enquêtes de *commodo et incommodo* qui devaient précéder leur autorisation (Circ. portant instruction, du 13 déc. 1878). Un cahier des charges spécial avait été dressé pour leur concession. Les articles de cet acte pouvaient être modifiés par les parties, avec le consentement du Ministre. Il résulte de la rédaction imprimée de ce travail, que les tramways auxquels ils se rapportaient sont ceux qui sont établis pour le service des villes. Néanmoins les conditions qui s'y trouvent pouvaient être appliquées aux tramways placés sur des routes. La distinction entre les uns et les autres est pour le présent que dans le cas où il s'agit de routes, la concession doit émaner de l'Autorité centrale ou tout au moins du Conseil général du département, tandis que, si le parcours est limité à une ville, elle est faite par l'autorité municipale. Le modèle du cahier des charges des tramways était du 21 déc. 1876 ; il avait été modifié par une circulaire du 9 mai 1879.

Au surplus, le Gouvernement, toujours soucieux d'obtenir des renseignements statistiques, a adressé aux Préfets des modèles de tableaux, dans lesquels doivent être établis trimestriellement les comptes-rendus de l'exploitation des tramways (Circ. du 7 avril 1878).

On comprend qu'il peut y avoir de grandes ressemblances entre les chemins à traction de locomotives et les simples Tramways ; c'est ce qui a été parfaitement compris. Nous reviendrons à ce propos à la Loi du 11 juin 1880, pour montrer comment elle a été faite. Le 29 avril 1878, le Gouvernement a soumis au Sénat deux projets de lois relatifs, l'un aux chemins de fer d'intérêt local, l'autre aux voies ferrées établies sur les voies publiques. Les deux projets ont été acceptés successivement, le premier, le 12 décembre 1878 ; le second, le 7 mars 1879. Ils ont été portés à la Chambre des députés le 13 mars 1879. Après certaines hésitations, la commission de la Chambre des députés, chargée d'étudier ces projets, a pensé qu'il convenait d'en faire un seul, divisé en deux chapitres dont le premier concerne, comme nous l'avons dit, les chemins d'intérêt local, tandis que le second statue sur les tramways. Le projet a été déposé sur le bureau de la Chambre, le 18 mars 1880. Il est maintenant converti en Loi. On y donne ainsi la définition du Tramway : *voie ferrée concédée sur une voie publique,* sans distinguer si cette voie doit avoir des rails plats ou des rails saillants, — ces derniers pouvant faire obstacle à la circulation des voitures, mais permettant celle des piétons.

La concession des Tramways sera toujours précédée d'enquêtes, dans les formes déterminées par un Règlement d'administration publique; cette concession sera faite par les auto-rités locales. Les expropriations nécessaires pour l'établissement de ces lignes seront autorisées par un Décret rendu après avis du Conseil d'État; elles seront faites conformément aux prescriptions de la Loi du 25 mai 1836, sur les chemins vicinaux, complétées par la loi du 8 juin 1864. Cette Loi de 1864 veut que pour les propriétés bâties, on suive les formes établies par la Loi du 3 mai 1841. De même, dans le cas où les travaux concerneraient des routes qu'il serait nécessaire d'élargir ou redresser, la Loi de 1841 resterait encore seule applicable.

La Loi nouvelle permet au Gouvernement de faire un cahier des charges unique, qui sera applicable à tous les chemins qui sont des tramways d'après la définition nouvelle. Ce cahier des charges paraît devoir être imposé tant aux lignes à concéder qu'à celles qui existent déjà.

LES ROUTES.

Le Gouvernement n'a pas donné d'état général des routes depuis 1860. On trouve cet état dans un volume publié, en 1873, par le Ministère des Travaux publics, sous le titre de *Documents statistiques sur les Routes et Ponts*. Le voici :

1. — De Paris à Calais ;
2. — De Paris à Maubeuge et à Bruxelles, par Mons ;
3. — De Paris à Metz et à Mayence, par Sarrebruck ;
4. — De Paris à Strasbourg et en Allemagne;
5. — De Paris à Genève et en Italie, par le Simplon ;
6. — De Paris à Chambéry et en Italie, par le mont Cenis ;
7. — De Paris à Antibes et en Italie, par Nice ;
8. — De Paris à Marseille et à Toulon ;
9. — De Paris à Perpignan et en Espagne ;
10. — De Paris à Bayonne et en Espagne ;

10 bis. — De Paris à Bordeaux, par Chevanceau, Guitres et Libourne ;

11. — De Paris à Rochefort ;

12. — De Paris à Brest ;

13. — De Paris à Cherbourg et au fort de Querqueville ;

14. — De Paris au Havre ;

14 bis. — De Gisors à Ecouis, par Etrépagny ;

15. — De Paris à Dieppe ;

15 bis. — De Paris au Tréport, par Aumale, Senarpont, Gamaches et Eu ;

16. — De Paris à Dunkerque ;

17. — De Paris à Lille et à Ostende ;

18. — De Paris à Longwy et à Luxembourg ;

19. — De Paris à Bâle ;

20. — De Paris à Toulouse et en Espagne ;

21. — De Paris à Barèges et à Cauterets ;

22. — De Paris à la Rochelle ;

23. — De Paris à Nantes et à Paimbœuf ;

24. — De Paris à Lorient.

24 bis. — De Paris à Granville, par Laigle, Argentan, Flers et Vire ;

25. — Du Havre à Lille ;

26. — De Rouen à Fécamp ;

27. — De Rouen à Dieppe ;

28. — De Rouen à St-Omer ;

29. — De Rouen à Valenciennes et à Mons ;

30. — De Rouen à la Capelle ;

31. — De Rouen à Reims ;

32. — De Paris à St-Quentin ;

33. — De Paris à Châlons par Champaubert ;

34. — De Paris à Vitry-le-Français, par Sézanne ;

35. — De Compiègne à Abbeville ;

36. — De Soissons à Melun ;

37. — De Château-Thierry à Béthune ;

38. — De Noyon à la Fère ;

39. — De Montreuil-sur-Mer à Mézières ;

40. — De Paris à Dunkerque et à Menin, par Bergues et Ypres ;

41. — De St-Pol à Lille et à Tournay ;

42. — De Lille à Boulogne ;

43. — De Bouchain à Calais ;

44. — De Châlons à Cambrai ;

45. — De Marle à Valenciennes et à Tournay ;

46. — De Marle à Verdun ;

47. — De Vouziers à Longuyon ;

48. — De Valenciennes à Condé et à Gand ;

49. — De Valenciennes à Luxembourg ;

50. — De Douai à Arras ;

51. — De Givet à Orléans ;

52. — De Metz à Longwy ;

53. — De Metz à Luxembourg ;

53 bis. — De Metz à Trèves, par Sierck.

54. — De Metz à Sarrelouis ;

55. — De Metz à Strasbourg, par Château-Salins ;

56. — De Metz à Strasbourg, par St-Avold ;

57. — De Metz à Besançon ;

57 bis. — De Plombières à Aillevillers ;

58. — De Metz à St-Dizier ;

59. — De Nancy à Schelestadt ;

60. — De Nancy à Orléans, par Troyes ;

61. — De Strasbourg à Sarrebruck ;

62. — De Strasbourg à Deux-Ponts, par Bitche ;

63. — De Strasbourg à Wissembourg et Landau ;

64. — De Neufchâteau à Mézières ;

65. — De Neufchâteau à Bonny-sur-Loire ;

66. — De Bar-le-Duc à Bâle ;

67. — De St-Dizier à Lausanne, par Pontarlier ;

68. — De Bâle à Strasbourg et à Spire, par la rive gauche du Rhin ;

69. — D'Huningue en Suisse, par Alschviller ;

70. — D'Avallon à Combeau-Fontaine ;

71. — De Dijon à Troyes ;

72. — De Dijon à Pontarlier ;

73. — De Moulins à Bâle, par Besançon ;

74. — De Châlon-sur-Saône à Sarreguemines et vers Deux-Ponts ;

75. — De Châlon-sur-Saône à Sisteron, par Gourmes, Cuiserey et sur la Croix-Haute et Aspres.

76. — De Nevers à Tours, par Bourges ;

77. — De Nevers à Sedan et à Bouillon ;

77 bis. — De Nevers à Dijon ;

78. — De Nevers à St-Laurent, par Lons-le-Saulnier ;

79. — De Nevers à Genève, par Mâcon et Nantua ;

80. — De Mâcon à Châtillon-sur-Seine ;

81. — De Roanne à Clermont ;

82. — De Roanne au Rhône ;

83. — De Lyon à Strasbourg ;

83 bis. — De Châlon-sur-Saône à Strasbourg ;

84. — De Lyon à Genève ;

85. — De Lyon à Antibes, par Grenoble et Gap ;

86. — De Lyon à Beaucaire, par la rive droite du Rhône ;

87. — De Lyon à Béziers ;

88. — De Lyon à Toulouse, par le Puy ;

89. — De Lyon à Bordeaux ;

90. — De Grenoble à Aoste, par Chambéry et le Petit Saint Bernard ;

91. — De Grenoble à Briançon ;

92. — De Valence à Seyssel et à Genève ;

93. — De Valence à Sisteron ;

94. — Du Pont-Saint-Esprit à Briançon et en Piémont ;

95. — De Brignolles à Antibes ;

96. — De Toulon à Sisteron ;

97. — De Toulon à Antibes ;

98. — De Toulon à Saint-Tropez ;

99. — D'Aix à Montauban, par Nîmes et Albi ;

100. — De Montpellier à Coni, par Digne.

101. — Du Pont-Saint-Esprit à Mende ;

102. — De Viviers à Clermont, par le Puy ;

103. — De la Voulte au Puy ;

104. — De la Voulte à Alais, par Privas ;

105. — Du Puy à Annonay et au Rhône ;

106. — De Nîmes à Moulins, par le Puy ;

107. — De Nîmes à Saint-Flour ;

108. — De Montpellier à Cette ;

109. — De Montpellier à Lodève ;

110. — De Montpellier au Puy, par Alais ;

111. — De Milhau à Tonneins, par Cahors ;

112. — D'Agde à Toulouse, par Castres ;

113. — De Narbonne à Toulouse ;

114. — De Perpignan à Port-Vendre ;

115. — .De Perpignan en Espagne, par Prats-de-Mollo ;

116. — De Perpignan en Espagne, par Puycerda.

117. — De Perpignan à Bayonne.

118. — D'Albi en Espagne, par Carcassonne et Montlouis ;

119. — De Carcassonne à Saint-Girons ;

120. — De Rodez à Limoges, par Aurillac ;

121. — De Rodez à Saint-Flour ;

122. — De Toulouse à Clermont, par Aurillac ;

123. — De Toulouse à Bordeaux, par Castel-Sarrazin ;

124. — De Toulouse à Bayonne ;

125. — De Toulouse à Bagnères-de-Luchon et en Espagne ;

126. — De Montauban à Saint-Flour, par Aurillac ;

127. — De Montauban à Bordeaux, par la rive droite de la Garonne ;

128. — De Montauban à Auch ;

129. — D'Auch en Espagne, par Ancizan ;

130. — D'Auch à Port-Sainte-Marie ;

131. — D'Agen à Bayonne :

132. — De Bordeaux à Saint-Jean-Pied-de-Port, par les grandes Landes et Bayonne ;

133. — De Périgueux en Espagne, par Mont-de-Marsan et Saint-Jean-Pied-de-Port ;

134. — De Bordeaux à Pau et en Espagne, par Oléron ;

134 bis. — De Pau aux Eaux-Bonnes ;

135. — De Bordeaux à Bagnères-de-Bigorre, par Tarbes ;

136. — De Bordeaux à Bergerac ;

137. — De Bordeaux à Saint-Malo, Rochefort, la Rochelle et Nantes ;

138. — De Bordeaux à Rouen, par Niort, Saumur et Alençon ;

138 bis. — Du Mans à Mortagne, par Bonnétable, Saint-Côme et Bellesme ;

139. — De Périgueux à la Rochelle ;

140. — De Figeac à Montargis, par Bretenoux, Beaulieu, etc., Argens et Gien ;

141. — De Clermont à Saintes, par Limoges ;

142. — De Clermont à Poitiers ;

143. — De Clermont à Tours, par Châteauroux ;

144. — De Clermont à Bourges ;

145. — De Limoges à Moulins ;

146. — De Limoges à Varennes ;

147. — De Limoges à Saumur ;

148. — De Limoges à Nantes ;

149. — De Fontenay aux Sables-d'Olonne ;

150. — De Poitiers à Saintes ;

151. — De Poitiers à Avallon, par Bourges ;

152. — De Briare à Angers, par la rive droite de la Loire ;

152 bis. — D'Angoulême à Nevers ;

153. — D'Orléans à Moulins, par Bourges ;

154. — D'Orléans à Rouen ;

155. — D'Orléans à Saint-Malo, par Alençon ;

156. — De Blois à Châteauroux ;

157. — De Blois à Laval ;

158. — De Tours à Caen ;

159. — De Tours à Rennes, par la Flèche ;

160. — De Saumur aux Sables-d'Olonne ;

161. — D'Angers aux Sables-d'Olonne ;

162. — D'Angers à Caen ;

163. — D'Angers à Rennes ;

164. — D'Angers à Rennes, par Redon ;

164 bis. — De Rennes à Brest ;

165. — De Nantes à Audierne, avec embranchement sur Douar-
nenez ;

166. — De Vannes à Dinan ;

167. — De Vannes à Lannion ;

168. — De Quiberon à Saint-Malo, par Napoléonville ;

169. — De Lorient à Saint-Paul et à Roscoff ;

170. — De Quimper à Lesneven et à la mer, près Plounéour ;

171. — De Granville à Carentan ;

172. — De Granville à Bayeux ;

173. — De Granville à Avranches ;

174. — De Cherbourg à Vire et à Nantes ;

175. — De Caen à Granville ;

176. — De Caen à Lamballe et à Brest ;

177. — De Caen à Redon, par Rennes ;

178. — De Caen aux Sables-d'Olonne, par Nantes ;

179. — De Honfleur à Alençon ;

180. — De Honfleur à Rouen ;

181. — D'Évreux à Breteuil, par Beauvais ;

182. — De Mantes à Rouen ;

183. — De Magny à Chartres, par Maintenon ;

184. — De Versailles à Pontoise ;

185. — De Versailles à Saint-Cloud, par Ville-d'Avray ;

186. — De Versailles à Choisy ;

187. — De Sèvres à Neuilly, par la rive gauche de la Seine ;

188. — De Paris à Chartres, par Orsay ;

189. — De Paris à Versailles, par Vaugirard ;

190. — De Paris à Mantes, par Chatou ;

191. — De Corbeil à Mantes ;

192. — De Neuilly à Pontoise ;

193. — D'Ajaccio à Bastia, par Corte ;

194. — De Bastia à Saint-Florent ;

195. — De Sagone à la forêt d'Aïtone ;

196. — D'Ajaccio à Bonifacio, par Sartène ;

197. — De Calvi à Corte, par Ponte-alla-Leccia ;

198. — De Bonifacio à Macinaggio ;

199. — Occidentale d'Ajaccio à Bastia, par Calvi ;

200. — De Corte à Aleria, par la vallée de Tavignano ;

201. — De Chambéry à Genève, par Annecy ;

202. — De Grenoble à Thonon, par Albertville et Sallanches ;

203. — D'Annecy à Thonon, par Bonneville ;

204. — De Nice à Turin, par le Col-de-Tende ;

205. — De Nice à Barcelonnette, par les vallées du Var et de la Tinée ;

206. — De Collonges à Annemasse, par Saint-Julien et le pont d'Étembière ;

La longueur totale de ces routes était de 37,071 kilomètres. Par suite de nouveaux travaux, la longueur était à la fin de 1863 de 38,262 kilomètres. A ce chiffre, il fallait ajouter 1,467 kilomètres de routes stratégiques, et 501 kil. 3 pour les routes forestières de la Corse, ce qui donnait déjà un total de plus de 39,000 kilomètres de routes nationales. C'est par suite du classement de plusieurs des routes stratégiques et des routes forestières que l'on était arrivé, avec les nouveaux travaux, au chiffre de 38,262 kilomètres, pour 1863. Le classement avait causé un doublement de onze numéros :

23 bis. — D'Alençon à Nantes, par Prez-en-Pail, Bais, Château-Gontier, Segré, Condé et Ancenis ;

137 bis. — De Napoléon-Vendée à Nantes, par Rocheservière ;

138 ter. — De la Rochelle à Saumur, par Parthenay, Bressuire et Chouars ;

148 bis. — De Poitiers à Nantes, par Fontenay, Bressuire et Clisson ;

149 bis. — De Poitiers à Napoléon-Vendée, par Parthenay et Chantonnay ;

153 bis. — De la Flèche à Rennes, par Châteauneuf, Château-Gontier et Craon ;

160 bis. — De Saumur à Napoléon-Vendée, par Bressuire et Chantonnay ;

161 bis. — De Segré à Chollet, par Chalonnes et Chemillé ;

162 bis. — De la Flèche à Mayenne, par Sablé et Montsurs ;

163 bis. — D'Angers à Rennes, par Segré, Craon et la Guerche ;

178 bis. — De Laval à Nantes, par Craon, Pouance et Ancenis.

Il est à regretter qu'il n'y ait pas eu un nouveau volume de statistique. Plusieurs routes n'y figureraient malheureusement plus, mais nous serions à jour pour donner un tableau exact de la situation actuelle.

Quant aux routes départementales, elles avaient 47,225 kilomètres de long en 1860 et 48,185 kilomètres en 1863, parce que encore plusieurs routes stratégiques étaient devenues départementales.

Le nombre des Ponts sur les routes nationales était de mille soixante-sept ; sur les routes départementales, de huit cent quatre-vingt-onze.

On compte que la dépense annuelle pour les cailloux employés sur les routes nationales est de 31 millions ; elle est de 20 millions pour ceux qui servent à empierrer les routes départementales.

Dans la période que nous parcourons, on a vu naître des routes qui, intéressant plusieurs communes limitrophes, ont été dites consortiales.

D'ailleurs toutes les règles que nous avons indiquées précédemment sur la création, l'entretien et la police des routes sont toujours en vigueur.

Nous rappellerons, une fois encore, les pouvoirs absolus que les lois modernes ont donnés aux Conseils généraux sur les routes départementales. Nous avons mentionné les abus qui en sont résultés ; nous espérons que le pouvoir législatif va mettre un terme à des déclassements que rien n'excuse. On n'a jamais trop de routes.

Il existe un cahier des charges pour la concession des travaux à faire sur les routes, soit pour les établir, soit pour les entretenir.

De nouvelles formules de la décomposition des dépenses d'entretien sur les routes nationales avec modèles à l'appui ont été données par une Circulaire du 4 mai 1879.

DES CHEMINS VICINAUX.

On a vu que les Chemins vicinaux étaient de trois classes, à savoir : les chemins vicinaux proprement dits, propres à la com-

mune, les chemins communs qui servent en général-pour un
intérêt assez restreint et sont utiles pour certains propriétaires,
tels que des communistes propriétaires de marais défrichés ; enfin et en troisième lieu, les chemins vicinaux de grande communication, qui sont souvent comparables pour leur utilité à
des routes départementales.

La commune, le département, l'État concourent aux dépenses
de ces chemins. La commune par des prestations en nature et
des centimes additionnels au principal des contributions directes ;
le département aussi par des centimes additionnels ; l'État par
des subventions. Les communes sont invitées à emprunter pour
leurs travaux à la Caisse des chemins vicinaux dont les fonds
ont été renouvelés par une Loi du 10 avril 1879, qui a affecté
300 millions à ce service.

La Loi de 1836 est encore en vigueur pour ce qui concerne cette
matière.

Le Règlement de 1854 sur les chemins vicinaux a été remanié,
ainsi que l'Instruction générale qui en est le commentaire. Le Règlement nouveau est du 5 décembre 1870 ; l'Instruction, du lendemain 6 décembre. On s'en occupe encore. Une nouvelle Instruction a été préparée en novembre 1874. Elle n'est pas encore
publiée.

Le personnel chargé des chemins peut être celui des Ponts et
chaussées, dans les départements qui le demandent par leurs
Conseils généraux.

Ailleurs ce personnel est formé dans le département, qui doit
avoir des agents-voyers, au moins un par arrondissement.
Ces agents peuvent être sous les ordres de l'un d'eux, nommé
agent-voyer en chef.

Dans presque tous les départements, des cantonniers placés sur
les chemins veillent à leur conservation et à leur entretien. Ces
cantonniers constatent avec les agents-voyers, les maires,

adjoints, gardes champêtres et autres préposés, les contraventions qui sont commises sur les chemins. Je dis « et autres préposés » parce que les gardes du Génie, pour les chemins militaires,
les gardes forestiers pour les chemins des forêts, les gardes-
pêche, etc., peuvent aussi verbaliser.

En 1868, on constatait qu'il y avait 364,000 kilomètres de chemins vicinaux de classés ; 83,000 kilomètres de chemins d'intérêt
commun et 84,000 kilomètres de chemins de grande communication.

Ce qui restait à achever était évalué à 182,000 kilomètres.

Nous n'avons pas de statistique plus récente.

La seule dépense des cailloux employés pour empierrer les chemins vicinaux s'élève chaque année à la somme de 75 millions,
pour 260 mille kilomètres de chemins.

DES TRAVAUX MILITAIRES.

Nos désastres de 1870 nous ont appris que Paris devait être à
l'abri d'un siège ; ce siège ne fut-il qu'un blocus. C'est pourquoi
l'on a décidé la création de forts détachés, placés à telle distance
que l'envahisseur, arrêté par eux, ne pourrait exercer aucune influence sur la capitale (Loi 29 mars 1874). Des chemins de fer,
véritables chemins stratégiques, relieront ces forteresses.

L'ambition des Prussiens nous a enlevé notre frontière. Il a
fallu construire des places fortes pour assurer qu'aucune surprise
ne viendrait troubler nos populations. Cela a donné lieu à des Lois
dont les dates importent peu (V. cependant L. du 17 juillet 1874).

Les travaux considérables nécessités par les circonstances ont
porté le Ministre de la Guerre à publier un cahier général des
charges, presque calqué sur celui du Ministre des Travaux publics ;
il est du 25 novembre 1876. La grande différence qui existe entre
ces deux ordres de service est que les difficultés nées entre les

entrepreneurs des travaux publics et le Ministre de la Guerre, sont tranchées par ce Ministre en dernier ressort, après la décision des directeurs des contrées dans lesquelles s'exécutent les travaux ; tandis que les difficultés pour les travaux publics ordinaires sont du ressort des tribunaux administratifs.

La comptabilité de ce Ministère demeure telle qu'elle a été établie par le Règlement du 3 avril 1869.

DE QUELQUES TRAVAUX PARTICULIERS.

Parmi les objets qui ont occupé nos savants, l'*Astronomie* a été placée en première ligne. On dit que le premier Observatoire public a été formé, en 1561, par Guillaume IV, landgrave de Hesse-Cassel. Celui de Tycho-Brahé ne serait que de 1582. L'Observatoire de Paris, commencé en 1667, a été achevé en 1671. Depuis lors l'étude de l'astronomie a été reliée à celle de la météorologie. On a enfin compris que les phénomènes relatifs aux vents, à la pluie, au froid et au chaud n'ont aucune relation avec des volontés émanés d'êtres surnaturels, et l'on commence à étudier la marche des nuages, quoique l'on reste encore dans le vague à l'occasion de leur origine. Il est pourtant certain que les modifications de la température et de la condition hygrométrique du globe tiennent aux mouvements des glaces qui se détachent des pôles. Dans une brochure intitulée *Le printemps perpétuel en France et en Angleterre*, j'ai exposé les théories de l'Observatoire que m'avait transmises M. Babinet. Ces théories sont certainement incomplètes. Cependant la publication de mon travail a eu son importance. Déjà on a fait à Paris, dans le parc de Montsouris, un Observatoire central de météorologie et de physique du globe (Déc. du 15 juin 1872). Cet établissement a été suivi de la création d'un certain nombre de centres d'observations analogues. On y recueille les nouvelles qui nous viennent des contrées les plus lointaines sur l'état du ciel. Il n'y a qu'un pas de plus à faire pour voir naître les causes des orages ; ce pas sera franchi avant peu.

Une Loi du 26 juillet 1872 a accordé des fonds pour des observations de la parallaxe du soleil.

Ces ouvrages publics sont de la plus haute importance.

Rappelons encore que l'on s'occupe de nos *montagnes*, pour arrêter les dégradations qui les font descendre dans la plaine.

La carte du nivellement. — Des ordres antérieurs à 1870 avaient prescrit de faire une Carte de France établissant la superficie du sol comme il se trouverait, si toutes les aspérités étant enlevées, elle présentait la surface plane de niveau avec la mer. Lorsque ce travail sera terminé, il sera d'un grand secours pour les ingénieurs, qui seront avertis par la *figuration* du terrain, à l'aide de courbes tracées de 20 en 20 mètres, de tous les accidents qui pourraient donner lieu à quelques modifications dans l'exécution de leurs projets. Ce nivellement, de nouveau prescrit par le Ministère, sera établi à l'échelle de un cent-millième pour le service vicinal (5 oct. 1878).

Le Ministre a adressé aux Préfets des modèles d'états et de tableaux qui doivent être dressés pour ce nivellement. Il a en même temps demandé la formation d'une Commission départementale (25 nov. 1878).

La dépense totale de cette carte a été évaluée à 19 millions (11 juillet 1879).

Les Lois, Décrets, Règlements sur *les Mines* sont demeurés en vigueur. Une commission a été formée pour rechercher les moyens propres à prévenir les explosions du grisou (Loi du 26 mars 1877).

Peut-être aurions-nous dû, dans le cours de ce travail, noter l'établissement des travaux auxquels ont donné lieu *les Expositions publiques.* Malheureusement ces ouvrages sont presque toujours destinés à être détruits après la fin de ces foires, où le monde entier vient comparaître. La seconde République avait érigé, aux Champs-Élysées, pour l'Exposition de 1849, un bâtiment auquel on a donné le nom de Palais de l'Industrie. La République de 1870 a un Palais analogue dit du Trocadéro, à cause de la place qu'il occupe. — Cet édifice a un certain aspect vu du quai de la Seine, surtout quand les eaux de ses bassins sont en mouvement ; il est indigne du goût français, quand on le regarde du côté du Nord. On dit, pour excuser l'architecte, que les nécessités de la destination de ce bâtiment sont la cause des dispositions qu'il a prises. Ces excuses ne sont pas acceptables. Le laid n'a jamais bonne raison d'être.

On a réglementé la manière de tenir les *dépôts de pétrole* (27 janvier 1872).

Des précautions ont été indiquées pour la fabrication et les *dépôts de dynamite* (Loi du 28 mars 1875).

Et puis on a statué sur des modifications au classement des *Établissements insalubres* (V. not. Décret du 31 juin 1872).

La question des *Machines à vapeur* est toujours d'intérêt actuel. Le Gouvernement s'en occupe sans cesse, parceque l'emploi de ces engins devient de plus en plus fréquent. Un questionnaire sur les modifications à apporter aux règlements sur les machines à vapeur, placées sur les bateaux, a été adressé à ses agents par le Ministre des Travaux publics par une Circulaire du 27 janvier 1877. Un nouveau Règlement sur ces machines a été fait en cette année 1880.

Les Forêts ont cessé d'être dans les attributions du Ministère des finances ; elles sont une dépendance du Ministère de l'Agriculture et du Commerce.

RÈGLES GÉNÉRALES A TOUS LES TRAVAUX PUBLICS.

Les Lois ont déterminé le mode de faire les projets de travaux publics, d'occuper temporairement ou à toujours les propriétés qui devront servir à leur exécution.

Nous n'avons pas à revenir sur les explications précédentes, relatives aux constructions que l'on veut faire le long et joignant ces travaux. Quiconque veut en faire doit obtenir un alignement, qui est donné par les autorités chargées du soin de la conservation des ouvrages.

Il faut, pour les villes, observer les prescriptions relatives à la hauteur des constructions. Nul ne peut placer des échafaudages ou des matériaux sur la voie publique, sans en avoir demandé et obtenu la permission ; puis les précautions prescrites pour la sécurité publique doivent être observées.

Le Maire, le Sous-Préfet, le Préfet sont, suivant la nature des ouvrages, les fonctionnaires à qui les demandes doivent être adressées. Les délégués qui veillent à l'exécution des autorisations seront pris dans ceux que l'affaire concerne.

Ainsi, d'une part, l'Administration doit respecter les propriétés particulières et ne peut y toucher qu'en suivant certaines règles déterminées par les Lois ; de l'autre, les particuliers ne sauraient rien faire sur ou contre les propriétés publiques, sans s'exposer à une poursuite pour réparation du dommage causé et à une plainte devant un tribunal de répression, pour avoir contrevenu aux lois.

Les projets de travaux peuvent émaner de simples particuliers (1). Si les études sont faites par eux, ils s'entendent avec les personnes sur les propriétés desquelles se feront leurs opérations ; la

_____

(1) Un particulier a été autorisé à établir, à l'Est du Hâvre, un port pour la réception des pétroles, ayant acquitté les droits (L. 27 juillet 1872).

question n'est point administrative. Ajoutons que, si l'État ou une administration locale s'empare de ces projets, leurs auteurs doivent être indemnisés. Ainsi, le 20 février 1877, on a réglé ce qui pouvait être alloué aux auteurs d'études faites pour l'établissement d'un chemin de fer.

Lorsque les projets sont conçus par l'Administration locale ou centrale, tous les conseils électifs des communes, arrondissements ou départements intéressés doivent être immédiatement appelés à donner leur avis. Cependant il faut faire les études nécessaires et il peut y avoir lieu à se transporter sur les propriétés privées.

Nous avons déjà parlé des mesures prises pour que le service soit fait rapidement en cette matière. Le Ministère ne se lasse pas de le rappeler à ses agents. Il a encore fait un Règlement à cet égard le 28 décembre 1878.

Les ingénieurs, les conducteurs, les agents-voyers ne sont point autorisés par leurs fonctions à opérer sur le terrain d'autrui, qu'il soit ouvert ou fermé. Mais le Préfet a le droit de prendre un arrêté par lequel il leur permettra de s'introduire sur les terres ouvertes. Pour peu qu'il y ait le moindre ouvrage à faire sur un terrain, on doit se conformer au Décret du 8 février 1868, relatif aux *occupations temporaires* et à la prise des matériaux.

'Lorsque les projets ont été vus et arrêtés par les supérieurs, ils sont dits avant-projets. Alors il y a lieu aux enquêtes de *commodo et incommodo*, dont nous avons raconté l'histoire.

C'est après ces enquêtes et des informations nouvelles qu'intervient ordinairement la Loi ou le Décret qui ordonne les travaux. Le Gouvernement est d'accord avec les Chambres pour admettre qu'une Loi est nécessaire pour tous les travaux importants. Il accepte volontiers l'obligation de se soumettre à cet égard aux dispositions de la Loi du 3 mai 1841.

Le lecteur voudra bien remarquer que les formalités antérieures à la Loi et au Décret ne sont point obligatoires pour que l'acte qui ordonne les travaux soit valable. Ces formalités sont de convenance ; si elles sont violées nul n'a le droit de s'en plaindre devant les tribunaux.

Lorsque les travaux ont été ordonnés, il y a lieu à observer les Lois sur l'expropriation pour cause d'utilité publique. Les particuliers ne peuvent être expropriés que par un jugement émanant d'un tribunal ordinaire ; ils ne peuvent être privés de leur chose qu'après paiement d'une juste et préalable indemnité. Toutes les formalités prescrites par les Lois doivent être alors rigoureusement observées, et, si on ne s'y est pas conformé, les propriétaires ont le droit de s'en plaindre et les tribunaux doivent obliger l'expropriant à les remplir.

Supposons tout régulièrement fait, c'est alors que la concession des travaux est accordée, ou que leur établissement s'opère par les soins des agents de l'Administration. Nous avons dit comment.

Nous avons de même fait connaître les obligations des entrepreneurs, et nous avons expliqué que les travaux pouvaient être exécutés en régie ou par économie.

Sans vouloir revenir sur des explications déjà données, nous devrons rappeler que les règles sur adjudications de travaux, sur les obligations des entrepreneurs de travaux publics, n'ont point été changées pendant notre période. Elles sont consignées dans tous les cahiers des charges, à savoir dans celui des Bâtiments civils de 1854,

Du Ministère des Travaux publics de 1866,

Du Ministère de la Guerre de 1878,

Des chemins de fer de 1860,

Des travaux des routes,

Des chemins de fer sur routes,

Des tramways dans les villes,

Des ponts ordinaires,

Des ponts suspendus,

Des ponts métalliques,

De l'adjudication des bacs,

De la concession des canaux.

Il y a encore à consulter fructueusement l'ordre des services adressé par le Ministre de la Guerre au personnel du Génie militaire.

Les règlements sur la comptabilité de la Guerre et des Travaux publics sont les compléments de tous ces actes.

Cet ensemble de documents forme le meilleur commentaire de toutes les Lois sur notre matière.

Il serait à souhaiter que les Ministères, chargés de nos Travaux publics, voulussent le compléter en y ajoutant en résumé des ordres de service en régie ou par économie, à propos desquels nous trouvons que des modèles de feuilles de commande ont été adressés aux ingénieurs en chef, le 3 janvier 1878.

Le recueil des documents, dont je viens de donner la liste, n'a pas encore été publié. Je me réserve le droit d'en donner l'ensemble, en y ajoutant quelques explications. Mais, tout ce que nous venons de rappeler doit être observé en faisant attention à la grande distinction qu'il y a entre les choses du Domaine public et celles du Domaine de l'État. Les biens du Domaine de l'État sont susceptibles d'une appropriation ; les choses du Domaine public ne peuvent pas être vendues ; elles sont imprescriptibles. Cependant il peut arriver que leur destination soit changée. Alors l'Autorité peut déclasser ces biens et les faire rentrer parmi ceux qui seront dans le commerce.

Les aliénations des biens de l'État, des départements et des communes se font par adjudication publique. Un cahier des charges a été dressé, en 1850, sur la vente des biens de l'État ; il est évident que les départements et les communes feront bien de l'imposer à leurs acquéreurs.

Mais, que les Travaux publics aient eu pour objet l'une ou l'autre catégorie de ces biens, les mêmes règles sont applicables en général à leur établissement, leur conservation et leur entretien.

DE LA COMPTABILITÉ.

La Comptabilité publique avait, sous le second Empire, subi des modifications, qui avaient donné lieu à des actes que nous avons relatés. D'autre part, l'édition de l'Ordonnance du 16 septembre 1843, relative aux Travaux publics, qui avait été modifiée en 1849, se trouvant épuisée, il y a lieu d'en donner une édition nouvelle. Cette édition nouvelle doit être sanctionnée par un Décret rendu après accord entre le Ministre des Finances et le Ministre des Travaux publics. En attendant, une Instruction provisoire a été préparée en 1878 par le Ministère des Travaux publics et adressée à ses agents. Quoique cette œuvre puisse être réputée définitive, elle ne saurait encore être invoquée dans les pièces officielles.

Quelques Circulaires sur la révision de certaines formules ont été adressées aux Ingénieurs en chef, notamment le 25 mars 1879. Nous ne nous y arrêtons pas. Mais nous devons recommander aux délégués du Ministère de se conformer à celle du 23 décembre 1878, qui a décidé que les pièces de Comptabilité devaient être écrites sur du papier de couleurs variées, d'après leur contenu.

DE LA COMPÉTENCE.

La matière des Travaux publics continue à être du ressort de la Juridiction administrative. Nous avons indiqué quels étaient les magistrats administratifs, nous avons vu figurer dans ce nombre les maires, les sous-préfets, les préfets, les Ministres. Le véritable Tribunal ordinaire est le Conseil de préfecture, dont nous avons rapporté l'origine. De bons esprits s'étonnent de voir que ce corps, toujours attaqué, résiste à tous les coups qui lui sont portés.

L'Assemblée, dite nationale, qui a siégé en 1871 et années suivantes, s'en était occupée. Un rapport très-bien fait, dû à M. Lefèvre-Pontalis, concluait à la suppression. Les recours contre les décisions du Conseil de préfecture sont jugés par la section du Contentieux du Conseil d'Etat.

Dans le cas où il y a désaccord sur la compétence entre les Tribunaux civils et administratifs, la question est jugée par le Tribunal des conflits. La Loi du 24 mai 1872 sur le Conseil d'État a rétabli cette juridiction et remis en vigueur le Règlement du 26 octobre 1849 et la Loi du 4 février 1850. Le président du Tribunal des conflits est le Garde des sceaux, Ministre de la Justice ; un président de section au Conseil d'Etat est vice-président. Trois présidents de section du Conseil d'Etat, trois membres de la Cour de cassation, deux membres élus par le Tribunal et deux suppléants composent ce Tribunal. Un maître des requêtes, un avocat général à la Cour de cassation sont commissaires du Gouvernement exerçant les fonctions du ministère public. Chacun d'eux a un suppléant.

Les avocats au Conseil d'Etat et à la Cour de cassation soutiennent les intérêts des parties qui plaident au tribunal des conflits.

OBLIGATIONS DÉRIVANT DES TRAVAUX.

Les Travaux publics une fois établis doivent être entretenus, pour être conservés. De là dérivent des Servitudes, dont la principale est l'obligation de payer les dépenses qui seront nécessaires à cet entretien. Mais, il y a aussi les servitudes que l'on aime, dans nos livres, à chercher et trouver au Moyen âge, à l'époque de la Renaissance, tandis que l'on irait avec juste raison au temps où les Lois romaines se sont introduites dans notre pays.

Ces servitudes sont souvent dites dériver d'usages anciens, alors elles sont sanctionnées par la Loi des finances du 25 juin 1841,

portant règlement du budget de 1842. Celle qui met les *trottoirs* à la charge des riverains a été, pour le cas où il n'y aurait pas d'usages reconnus, rappelée par une Loi du 7 juin 1845. Une loi des 5 janvier-1er février 1853 a grevé les propriétés qui bordent les ports de commerce d'une servitude analogue pour les trottoirs et le pavage.

Le curage et l'entretien des fossés des routes ne sont plus à la charge des riverains, qui peuvent encore être tenus de planter des arbres sur le bord des voies publiques.

Les Péages à payer sur les ponts, les routes, les canaux, les rivières tendent à disparaître. Une loi du 30 juillet 1880 porte qu'il ne sera plus créé de ponts à péage sur les routes nationales ou départementales.

Les maisons ne peuvent être bâties au long des voies publiques qu'après certaines formalités, dont la principale est l'obtention d'un alignement.

Dans certaines villes la Hauteur des constructions est réglée.

Puis viennent des obligations concernant la Salubrité publique. Les propriétaires de Logements insalubres peuvent, en certains cas, être poursuivis en police correctionnelle.

Le voisinage des cimetières, des fortifications, des chemins de fer et même de certains édifices publics soumet les voisins à des Servitudes.

Par exemple, on a réglé (1880) la distance qui doit exister entre un cabaret et une église.

On voit que les mêmes causes donnent les mêmes effets, car ce qui s'est produit depuis la plus haute antiquité existe encore et est bien près d'être une nécessité sociale.

GÉNÉRALISATION.

Emporté par le détail des faits dont l'accumulation est la base de cet ouvrage, nous avons cependant essayé de montrer comment la société marche vers le résultat auquel tend l'effort de l'humanité, c'est-à-dire l'utilité commune. L'Histoire du développement et de la législation des Travaux publics est un document précieux à ce sujet. On y voit comment les particuliers et les petites agglomérations résistent, dans des intérêts toujours sacrés, mais souvent mal compris, à ce progrès qu'il ne faut jamais perdre de vue. Les particuliers font trop souvent obstacle à la collectivité et cette résistance ne peut être vaincue que par la force, dont l'énergie ne doit jamais êtr arbitraire. Elle est injuste, si elle ne protège pas les intérêts de chacun, en même temps qu'elle sert l'intérêt général. — De là viennent les grands problèmes que l'on doit résoudre quand on est à la tête du Gouvernement ; parce que si les intérêts particuliers sont trop sacrifiés, les forces sociales sont employées à des œuvres de peu d'utilité. C'est en cela que le Gouvernement républicain se distingue des États monarchiques. Les monarques mettent au-dessus de tout la satisfaction de leur orgueil, ce pourquoi ils pressurent les peuples. Grâce aux idées que la Révolution française a fait prévaloir, le passage des tyrans ne saurait avoir de durée chez nous. C'est pourquoi nos Lois modernes sont peut-être les plus grandes, les plus nobles conceptions de l'esprit humain, en notre matière. Elles ont posé pour règle que les particuliers pouvaient être dépossédés dans l'intérêt public ; mais elles ont respecté ce principe nouveau que chacun doit avoir la complète propriété de ses biens. L'Expropriation n'est pas arbitrairement faite ; elle ne peut avoir lieu que là où se montre la nécessité de la faire servir au bien de tous. Surtout, elle ne peut être autorisée que moyennant une compensation, un juste prix qui doit être payé d'avance à ceux qui sont dépossédés.

Ce droit des particuliers se combine donc avec celui de l'État ; la grande difficulté est de savoir où sont les limites de l'un et de l'autre.

En second lieu, il importe de remarquer que les petites agglomérations d'habitants ont toujours été les adversaires des dépenses dont elles ne voyaient pas qu'un effet immédiat pût leur profiter. Les habitants d'un hameau placé loin des routes, des canaux, des chemins de fer ne comprennent pas bien qu'en contribuant à la construction ou l'entretien des grandes voies de communication, ils font une œuvre dont ils retireront des fruits. Lorsqu'ils auront vu comment le branle donné aux choses d'un intérêt général se continue jusqu'aux frontières les plus éloignées, ils modifieront leurs opinions et seront plus patriotes. Les administrateurs doivent employer leurs efforts à démontrer l'avantage qu'il y a pour tous et pour chacun à développer les moyens par lesquels les hommes se rapprocheront pour se communiquer leurs idées et leurs produits.

Une autre question, qui n'a jamais été nettement posée, est celle de savoir comment les contributions destinées aux Travaux publics doivent être assises et perçues ? Si les fonds destinés aux routes sont payés par tous, proportionnellement à la fortune de chacun, la répartition sera faite autrement que si ces fonds sont dus par une seule catégorie de citoyens. Ici se rencontre le vice des contributions, qui, comme les prestations en nature, l'impôt personnel, sont dues indépendamment de l'importance des facultés pécuniaires des débiteurs.

Les riches tendent à faire prévaloir l'impôt payé par tête, les pauvres demandent à ce que les charges soient réparties proportionnellement à la fortune. Dans la situation de notre Législation financière, il y a antagonisme entre les riches et les pauvres, ce qui est un mal au point de vue moral, et rend les choses difficiles à régler en pratique. Les départements où les pauvres sont en grand nombre classent, le plus qu'ils le peuvent, leurs chemins parmi les routes, parce que les prestations en nature n'y seront plus employées. Dans les autres départements, les routes seront déclassées, pour être mises au rang des simples chemins, parce que ces derniers sont surtout entretenus par les habitants convoqués pour y travailler.

On voit donc que le système adopté pour le recouvrement des fonds employés aux Travaux publics se relie aux plus hauts problèmes des régimes financiers, en même temps que le développement de ces moyens d'action soulève les plus grandes questions relatives à l'influence que le Gouvernement doit exercer sur les administrations locales.

L'action nationale doit être sentie partout et toujours ; l'unité se maintient ainsi. Pour que la patrie soit une, il faut que les moindres vibrations du plus petit groupe soient perçues sur les points les plus éloignés du territoire d'un peuple. Malheureusement les agents de l'autorité ne sont pas toujours choisis avec discernement. Les besoins qu'ont les Ministres d'avoir des appuis en tout lieu leur font prendre pour représentants des hommes liés à leur situation, des auxiliaires de leur politique. Ces auxiliaires sont trop souvent étrangers aux moindres notions des règles d'une bonne administration. Le pays a peu d'estime pour eux et les voit paraître et disparaître, sans plus s'en occuper que s'il assistait à une représentation où on lui montrerait des ombres chinoises. L'on ferait sagement d'exiger des conditions sérieuses d'admissibilité pour les préfets, les receveurs des finances, etc., comme on l'a demandé pour les magistrats et les ingénieurs.

C'est maintenant qu'il faut travailler à ces réformes. Grâce à la sécurité que nous promet une longue paix, nous pouvons étudier sérieusement ce qui convient pour le bien de tous.

En attendant, nos Travaux publics se développent. Leur portée n'est pas d'étonner le monde par des singularités ou des énormités coûteuses. Ils tendent à l'utilité commune, ce que l'on cherche dans les États démocratiques, tandis que l'on cherche le faste, si les gouvernés sont soumis à des monarques.

Sûr que mes déductions sont conformes à la vérité et à la logique, je les confie aux hommes de bonne volonté. Qu'ils étudient donc sans parti pris et ils aimeront notre temps et notre pays.

La France, trop calomniée, mérite l'amour et l'admiration de ses enfants. Elle est en avant sur toutes les nations, parce qu'elle est le pays le plus démocratique et le plus libéralement gouverné. Puisse-t-elle conserver cette situation, et bientôt sa grandeur étonnera les peuples de l'Univers, qui, jaloux de monter au même niveau, chercheront, eux aussi, à vivre librement, en respectant l'égalité !

FIN.

TABLE DES MATIÈRES.

ADMINISTRATION DES MINES.
(*Voy.* MINES).

ADMINISTRATION DES PONTS ET CHAUSSÉES.
(*Voy.* PONTS-ET-CHAUSSÉES).

ADMINISTRATION DES TRAVAUX PUBLICS.
(*Voy.* DIRECTION DES TRAVAUX PUBLICS. — TRAVAUX PUBLICS.)

FIN.

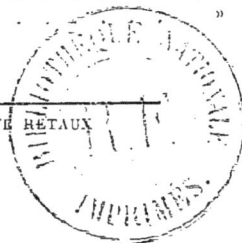

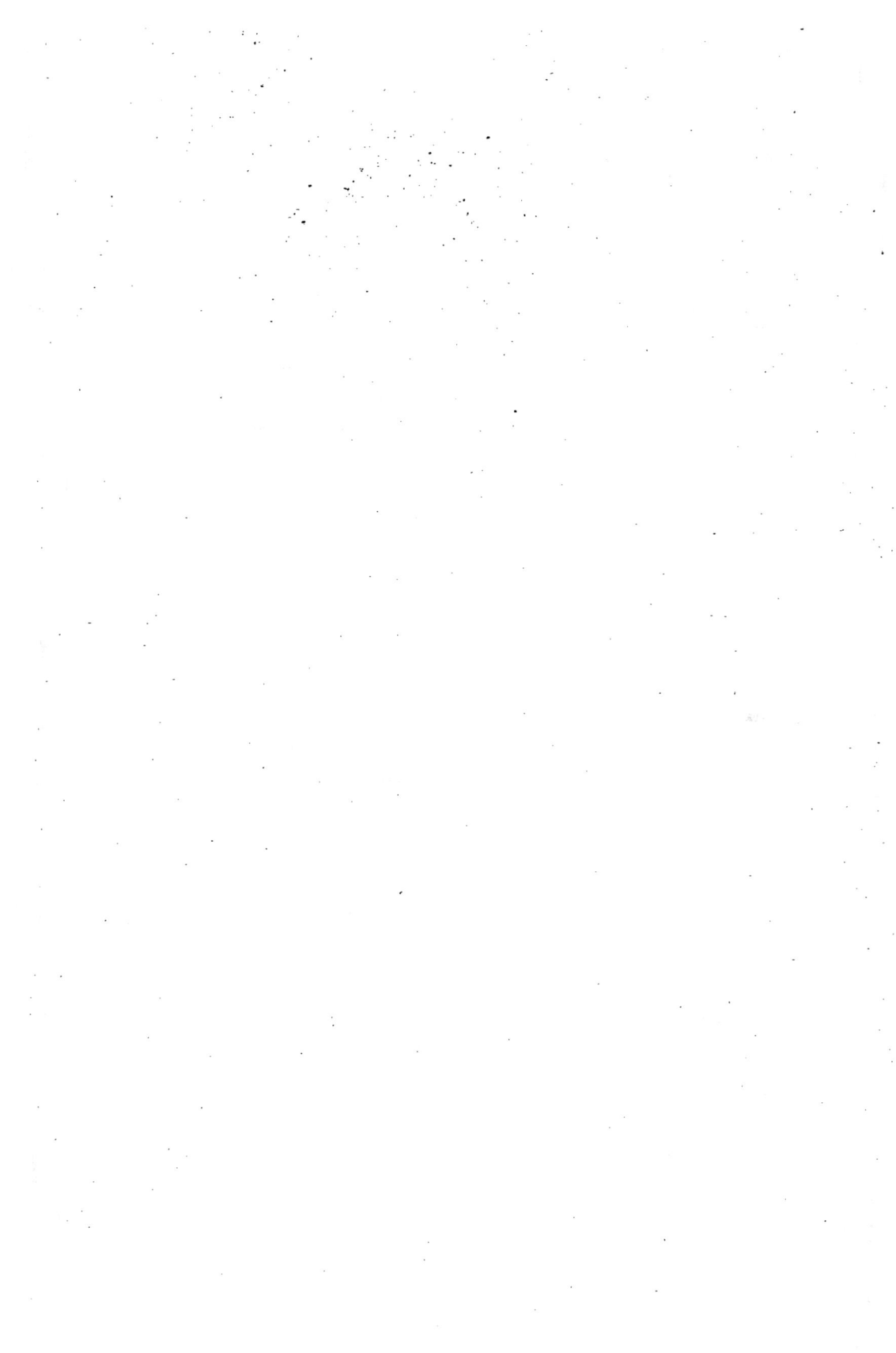

www.ingramcontent.com/pod-product-compliance
Lightning Source LLC
Chambersburg PA
CBHW070712280326
41926CB00087B/1779